零距离上岗
高职高专电子商务专业系列规划教材

电子商务物流

（第2版）

刘　磊　梁娟娟　主　编
许四化　秦建玲　周　娜　杨文明　王　华　副主编

DIANZI SHANGWU WULIU

電子工業出版社
Publishing House of Electronics Industry
北京 · BEIJING

图书在版编目（CIP）数据

电子商务物流 / 刘磊，梁娟娟主编. —2 版. —北京：电子工业出版社，2014.8
（零距离上岗）
高职高专电子商务专业系列规划教材
ISBN 978-7-121-23545-0

Ⅰ. ①电… Ⅱ. ①刘… ②梁… Ⅲ. ①电子商务－物流－高等职业教育－教材 Ⅳ. ①F713.36 ②F252

中国版本图书馆 CIP 数据核字(2014)第 131714 号

责任编辑：刘淑敏
印　　刷：三河市鑫金马印装有限公司
装　　订：三河市鑫金马印装有限公司
出版发行：电子工业出版社
　　　　　北京市海淀区万寿路 173 信箱　邮编 100036
开　　本：787×980　1/16　印张：20.75　字数：339 千字
版　　次：2011 年 7 月第 1 版
　　　　　2014 年 8 月第 2 版
印　　次：2015 年 7 月第 2 次印刷
定　　价：38.00 元

凡所购买电子工业出版社图书有缺损问题，请向购买书店调换。若书店售缺，请与本社发行部联系，联系及邮购电话：（010）88254888。
质量投诉请发邮件至 zlts@phei.com.cn，盗版侵权举报请发邮件至 dbqq@phei.com.cn。
服务热线：（010）88258888。

前 言

电子商务向传统物流提出了挑战，如何实现当今用户坐在电脑前轻松点击鼠标下单后就迅速组织物流服务的需求，是电子商务经营者面临的问题。物流作为电子商务发展的重要瓶颈之一，越来越引起广泛关注。

本书第 1 版被多所院校选用，得到了广大教师和读者的认可。但随着时间推移，电子商务物流管理思想有所变化。我们在第 1 版的基础上，保留了本书同考证紧密结合的特点，增加了习题类型，方便教师和学生使用，同时补充了新内容。

本书首先介绍现代物流基础知识和物流的基本功能，通过探讨电子商务与物流的关系，引出物流模式，随后对企业物流管理进行详尽的论述，强调物流信息技术和信息管理的重要性，并延伸到供应链物流管理。本书中的理论部分仍按照传统的方式编写，但学生需要实际操作的部分以任务教学的形式编写，让学生一看就能明白。这样既克服了全理论化教材较枯燥的缺点，又克服了部分任务型教材仅将原来的章节简单命名为任务的缺点。根据内容来决定编号的形式，既能使学生学到基本理论知识，又使其掌握实际的工作过程。

电子商务专业的学生除了学习岗位知识外，还应该考取职业资格证。因此，本书从岗证课一体化出发，使学生学习的内容同考证知识点相结合，降低学习重复度，提高考证通过率。本书中所列的“考证知识点”是电子商务专业学生考取电子商务师或助理电子商务师资格证的物流部分内容。

本书由广东职业技术学院的刘磊、梁娟娟等编写，刘磊编写第 1、3、4 章，梁娟娟编写第 5、6 章及第 4 章的任务部分，许四化编写第 2、8 章，秦建玲编写第 7 章，湖南安全技术职业学院的周娜编写第 9 章，陕西交通职业技术学院的王华参加了第 3 章的编写，佛山市安星阳管理咨询服务有限公司创始人、广东安国律师事务所合伙人杨文明（注册会计师、律师）对案例进行了设计，全书由刘磊策划和统稿。

教师在使用过程中若有任何意见和建议，请同编写组联系，我们的邮箱是liouleі@163.com。书中参考或引用了许多专家学者的资料，在此对他们表示衷心的感谢，部分资料没有指出资料出处，对此表示歉意。由于时间仓促和水平所限，书中难免有错漏之处，敬请读者批评指正。

编 者

目　录

第 *1* 章　电子商务物流的工作基础……1

1.1　认识物流［电子商务师（员）考证知识点］……2
1.2　电子商务与物流的关系……11
1.3　电子商务环境下物流网络的规划……20
1.4　电子商务环境下物流模式的选择……28
实践与实训……30
复习思考题……31

第 *2* 章　电子商务环境下的仓储管理……34

2.1　仓储管理概述……35
2.2　仓储设施与设备……47
2.3　包装……50
2.4　装卸与搬运……62
实践与实训……74
复习思考题……75

第 *3* 章　电子商务环境下的运输管理……77

3.1　运输的概念、功能……78
3.2　物流线路［电子商务师（员）考证知识点］……80
3.3　运输设施与设备……82
3.4　电子商务环境下的运输合理化……102
实践与实训……107
复习思考题……108

第 4 章 电子商务环境下的配送管理……111
4.1 电子商务物流配送基础［电子商务师（员）考证知识点］……112
4.2 物流配送中心和工作流程［电子商务师（员）考证知识点］……115
4.3 电子商务物流配送方案设计……119
4.4 电子商务物流配送评估……129
4.5 流通加工……134
实践与实训……140
复习思考题……140

第 5 章 电子商务环境下的第三方物流管理和新型物流……143
5.1 第三方物流的概念和特点……145
5.2 电子商务环境下的第三方物流管理决策……153
5.3 电子商务环境下的新型物流［电子商务师（员）考证知识点］……165
实践与实训……169
复习思考题……172

第 6 章 电子商务环境下的供应链管理……175
6.1 供应链管理基础知识……178
6.2 供应链的结构和设计……183
6.3 电子商务在供应链管理中的实施……194
实践与实训……207
复习思考题……208

第 7 章 电子商务环境下的国际物流……210
7.1 国际物流概述［电子商务师（员）考证知识点］……212
7.2 国际物流的报关报检过程……215
7.3 国际货物运输保险……235
实践与实训……249
复习思考题……251

第 8 章 电子商务环境下的物流信息技术……253
8.1 物流信息技术概述……254
8.2 条形码技术［电子商务师（员）考证知识点］……255

8.3 射频识别技术［电子商务师（员）考证知识点］······259
8.4 电子数据交换［电子商务师（员）考证知识点］······262
8.5 GPS/GIS 技术［电子商务师（员）考证知识点］······264
8.6 信息管理系统软件······269
实践与实训······278
复习思考题······278

第 9 章 电子商务环境下的物流法律制度······281

9.1 电子商务法和物流法概述······282
9.2 电子合同和电子签名······284
9.3 运输法律法规······288
9.4 仓储法律法规······306
9.5 加工、配送法律法规······311
实践与实训······315
复习思考题······317

参考文献······320

第 1 章

电子商务物流的工作基础

引导案例　疯狂的电商物流

电子商务的快速发展促进了物流业的繁荣。2013 年，根据阿里巴巴位于杭州西溪的新总部园区电子屏显示的信息，阿里巴巴在“双 11”第 1 分钟交易额破亿，交易笔数接近 34 万笔。交易开始后 6 分钟，交易额突破 10 亿元。10 分钟不到，整体成交额已经超过 15 亿元。1 小时内，成交额总共为 67 亿元，交易笔数超 2 500 万笔。

据阿里巴巴宣布，其“双 11”当天促销的支付宝总销售额 350.18 亿元，这意味着每分钟有 98 000 个包裹产生，全天产生了 1.3 亿个包裹。与去年相比，包裹数同比增长 170%。上述数据还仅仅是阿里巴巴的统计，如果算上其他电商的数据，估计“双 11”当天包裹数量在 3 亿个以上。

“‘双 11’网购狂欢节”落幕后是一场“快递之战”。申通、圆通、韵达和中通四大快递公司均突破 1 000 万票，创下历史新高。全天分拣、不停派送，快递业务量的“井喷”使快递人员纷纷进入“疯狂”送货模式。

微博网友曝光了广东申通公司的一个营业网点快递包裹从仓库涌到马路上的图片。据称，该网点从凌晨就开始派件，但当天没能消化完堆积如山的快件。

石家庄中通快递部的马经理介绍：“从‘双 11’晚上开始，我们仓库就几乎 24 小时全在工作了。”马经理说，公司不但中午为员工加了一个肉菜，晚上还会为上夜班的员工提供 3 个鸡蛋补充体力，在食堂吃饭是免费的。“现在，每天都会有 300 多位工作人员在仓库工作，货车集中到达时，公司的 40 多位办公人员也会到仓库帮忙。下午，还会有 60 多位大学生来此处兼职。这是一年中最忙的时候了，每天会有十五六万个快件，最多的时候可能会达到 20 多万个。”

在距离 2013 年“双 11”还有半个多月的时候，“三通一达”等快递公司就开始招兵买马了。记者在智联招聘、58 同城和赶集网等网站搜索后发现，顺丰、圆通、申通、韵达等多家快递公司都在急聘快递人员。薪资待遇基本都在3 000～5 000元，并且“可提供交通工具和通信工具”。一家快递公司的投递站站长王先生说：“最近招聘业务员，就是为‘双11’期间做准备的，如果肯吃苦努力干活，工资5 000多元肯定没问题。”

学习目标

1. 了解现代物流的基本理论与现状。
2. 了解电子商务的基本情况与现状。
3. 理解电子商务与物流的依存关系。

学习导航

随着电子商务的进一步推广与应用，物流的重要性对电子商务活动的影响日益明显。试想，在电子商务环境下，消费者在网上浏览后，通过轻松点击完成了网上购物，但所购物品迟迟不能送到手中，甚至出现买电视机却送来洗衣机的情况，其结果可想而知，消费者只能放弃电子商务，选择更为安全可靠的传统购物方式。

究竟电子商务和物流是怎样的依存关系？什么在制约中国电子商务的发展？物流业的服务水平如何与国际巨头看齐？在价格与服务质量之间，消费者最终如何选择？这是我们要讨论的内容。

1.1 认识物流［电子商务师（员）考证知识点］

1.1.1 物流的概念

物流是指原材料、产成品从起点至终点及相关信息的有效流动，主要是创造时间价值和空间价值，也创造一定加工价值的过程。《中华人民共和国国家标准——物流术语》对物流的定义：物品从供应地向接收地的实体流动过程。从这个定义中可以这样理解物流：

① 物流是为实现商务价值，使实体从生产者手中转移到消费者手中的过程。

② 物流是一个综合性过程，这个过程包括有计划地控制物品流动和信息传递的过程，同时是创造价值的过程。

③ 物流是产品流、商流、信息流的相互融合和统一。

图1-1是某物流中心。

图 1-1　某物流中心

1.1.2　物流的基本功能和分类

1．物流的基本功能

物流的基本功能包括运输、储存保管、装卸搬起、包装、流通加工及与其联系的物流信息处理，它们相互联系构成物流系统的功能组成要素。通过这些要素，保障了社会生产的连续进行，提供了一系列的功能平台，提高了社会的整体效益。

① 物流是生产过程的基本保障。

② 物流是实现从生产到消费的重要环节。

③ 物流提高了经济效益，增加了销售和赢利。

④ 物流提高了企业的综合能力。

2．物流的分类

（1）按照物流系统的性质分类（见图 1-2）

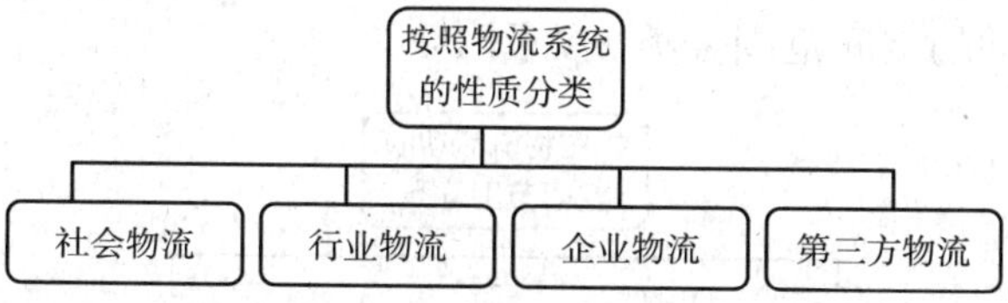

图 1-2　按照物流系统的性质分类

① 社会物流。社会物流是指以全社会为范畴，面向广大用户的超越一家一户的物流。由于社会物流涉及在商品流通领域所发生的所有物流活动，因此社会物流带有宏观性和广泛性，也称为大物流或宏观物流。伴随商业活动的发生，物流过程通过商品的转移，实现商品的所有权转移，这是社会物流的标志。

② 行业物流。一个行业内部发生的物流活动被称为行业物流。在一般情况下，同一行业的各个企业往往在经营上是竞争对手，但为了共同的利益，在物流领域中却又常常互相协作，共同促进物流系统的合理化。许多行业均有自己的行业协会或学会，并对本行业的行业物流进行研究。在行业的物流活动中，有共同的运输系统和零部件仓库，以实行统一

的集体配送；有共同的新旧设备及零部件的流通中心；有共同的技术服务中心来培训本行业的维护人员；有统一的设备机械规格、统一的商品规格、统一的法规政策和统一的报表等。行业物流系统化的结果使行业内的各个企业都得到相应的利益。

③ 企业物流。企业物流是指企业内部的物品实体流动。它从企业角度上研究与之有关的物流活动，是具体的、微观的物流活动的典型领域。企业物流又可区分为以下不同类型的具体物流活动：企业供应物流、企业生产物流、企业销售物流、企业回收物流、企业废弃物物流等。企业物流可理解为围绕企业经营的物流活动，是具体的、微观物流活动的典型领域。企业系统活动的基本结构是投入→转换→产出，对于生产类型的企业来讲，是原材料、燃料、人力、资本等的投入，经过制造或加工使之转换为产品或服务；对于服务型企业来讲，则是设备、人力、管理和运营，转换为对用户的服务。物流活动便是伴随着企业的投入→转换→产出而发生的。对应于投入的是企业外供应或企业外输入物流，对应于转换的是企业内生产物流或企业内转换物流，对应于产出的是企业外销售物流或企业外服务物流。由此可见，在企业经营活动中，物流是渗透到各项经营活动之中的活动。

④ 第三方物流。第三方物流主要是相对于供应方和需求方而言的，它是第三方。生产经营企业为集中精力搞好主业，把原来属于自己处理的物流活动，以合同方式委托给专业物流服务企业，同时通过信息系统与物流企业保持密切联系，以达到对物流全程管理控制的一种物流运作与管理方式。第三方物流企业不销售具体的产品，不生产具体的产品，也不去采购具体的原材料，它是一个服务型的行业，帮企业运输、仓储、控制库存和处理库存信息，第三方物流是帮助供应方把货物从总供应地运输到需求点的一种企业。严格来说第三方物流可以称为物流企业。

（2）按照物流活动的空间范围分类（见图1-3）

图1-3 按照物流活动的空间范围分类

① 地区物流。地区物流是指在一国疆域内，根据行政区或地理位置划分的一定区域内的物流。

② 国内物流。国内物流是指在国家自己的领地范围内开展的物流活动。国内物流作为国民经济发展的一个重要方面，应该纳入国家总体规划的内容，我国的物流事业是国家现代化建设的重要组成部分。因此，国内物流的建设投资和发展必须从全局着眼，清除部门和地区分割所造成的物流障碍，尽早建成一些大型物流项目，为国民经济服务。

③ 国际物流。国际物流是指在两个或两个以上国家（或地区）之间所进行的物流。国

际物流的一个非常重要的特点是，各国物流环境的差异，尤其是物流软环境的差异。不同国家的不同物流适用法律，使国际物流的复杂性远高于一国的国内物流，甚至会阻断国际物流；不同国家不同的经济和科技发展水平，会造成国际物流处于不同科技条件的支撑环境下，有些地区由于根本无法应用某些技术，而迫使国际物流全系统水平下降；不同国家不同标准，也造成国家间“接轨”的困难，从而使国际物流系统难以建立；不同国家的风俗人文也使国际物流受到很大局限。物流环境的差异造成一个国际物流系统需要在几个不同法律、人文、习俗、语言、科技、设施的环境下运行，无疑会大大增加物流的难度和系统的复杂性。

（3）按照物流的作用分类（见图 1-4）

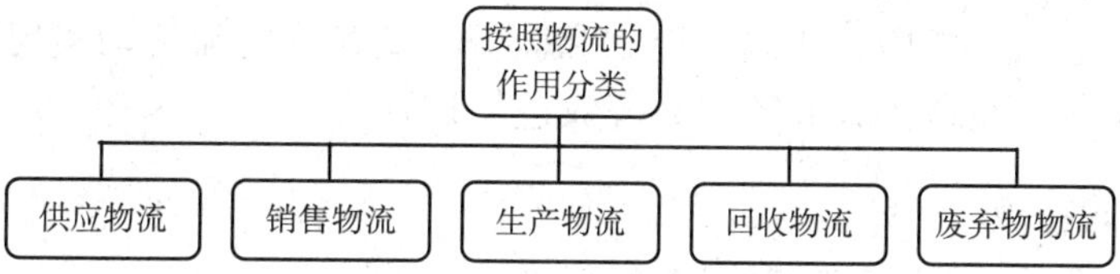

图 1-4　按照物流的作用分类

① 供应物流。供应物流是指包括原材料等一切生产物资的采购、进货运输、仓储、库存管理、用料管理和供应管理，也称为原材料采购物流。它是生产物流系统中相对独立性较强的子系统，并且和生产系统、财务系统等生产企业各部门及企业外部的资源市场、运输部门有密切的联系。供应物流是企业为保证生产节奏，不断组织原材料、零部件、燃料、辅助材料供应的物流活动，这种活动对企业进行正常、高效率的生产发挥着保障作用。企业供应物流不仅要实现保证供应的目标，而且要在低成本、少消耗、高可靠性的限制条件下来组织供应物流活动。

② 销售物流。销售物流是企业在销售过程中，将产品的所有权转给用户的物流活动，是产品从生产地到用户的时间和空间的转移，是以实现企业销售利润为目的的，销售物流是包装、运输、储存等诸环节的统一。

③ 生产物流。企业的生产物流是指在生产工艺中的物流活动。一般是指原材料、燃料、外购件投入生产后，经过下料、发料，运送到各加工点和存储点，以在制品的形态，从一个生产单位（仓库）流入另一个生产单位，按照规定的工艺过程进行加工、储存，借助一定的运输装置，在某个点内流转，又从某个点内流出，始终体现着物料实物形态的流转过程。生产物流是保障企业生产正常运作的基础。

④ 回收物流。回收物流指不合格物品的返修、退货，以及周转使用的包装容器从需方返回到供方所形成的物品实体流动。企业在生产、供应和销售的活动中，总会产生各种边角余料和废料，这些东西的回收是需要伴随物流活动的。如果回收物品处理不当，往往会

影响整个生产环境，甚至影响产品的质量，占用很大空间，造成浪费。

⑤ 废弃物物流。废弃物物流是指将经济活动中失去原有使用价值的物品，根据实际需要进行收集、分类、加工、包装、搬运、储存等，并分别送到专门处理场所时所形成的物品实体流动。它仅从环境保护的角度出发，不管对象物有没有价值或利用价值，而将其妥善处理，以免造成环境污染。

1.1.3 现代物流管理

1. 物流管理的定义

物流管理是指根据物质资料实体流动的规律，应用管理的基本原理和科学方法，对物流活动进行计划、组织、指挥、协调、控制和监督，使各项物流活动实现最佳的协调与配合，以降低物流成本，提高物流效率和经济效益的过程。

2. 物流管理的特点

（1）物流管理是企业战略管理的重要组成部分

在推进企业竞争战略的过程中，要努力发挥“第三利润源”的作用。通过加强企业的物流成本管理，提高物流运作效率，运用先进的科学管理方法，实现物流与信息流的有机结合，努力降低企业的物流成本，从而提升企业的核心竞争能力。

（2）物流管理是系统化的管理

物流包括输送、装卸、保管、流通加工、包装等机能，以力求省力和高效，同时还包括订发货、在库、出货管理等机能，力求完成商品流通全过程的信息活动。它们是一个有机的整体，通过各大要素的相互结合，利用必要的资源，开展物流服务，促进商流有效、合理地展开，形成一个有效的运作系统。

（3）物流管理与现代化管理手段和工具是紧密联系的

货物全球流动，信息集中管理。现代物流企业需要现代化的管理手段，通过移动通信等技术完成物流产业的现代化管理是现代物流行业的特征之一。

3. 物流管理的内容与工作要点

（1）物流管理的内容

物流管理的内容包括过程管理、具体职能管理、控制要素管理，其关系如图1-5所示。

① 对物流活动过程诸多要素的管理，包括运输、仓储等实体环节的管理。

② 对物流各活动控制要素管理，包括人、财、物、设备、方法和信息六大要素的管理。

③ 对物流活动中具体职能实施管理，包括对物流计划、质量、技术、经济等职能进行管理。

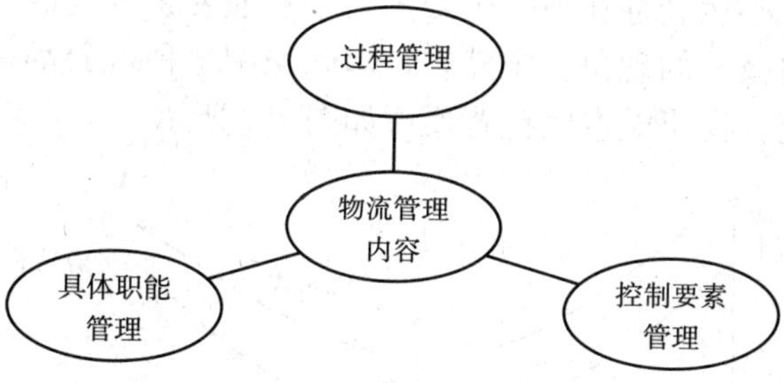

图 1-5 物流管理的内容

（2）物流管理的工作要点（本节中此点非考证内容）

① 控制物流成本。物流成本是指产品的空间移动或时间占有中所耗费的各种活劳动和物化劳动的货币表现。具体来说，它是产品在实物运动过程中，如包装、搬运装卸、运输、储存、流通加工等各个活动中所支出的人力、物力和财力的总和。由于物流成本没有列入企业的财务会计制度，如不进行特别计算，不容易把握。

物流成本的隐蔽性，也被称为物流冰山现象。我们知道，冰山露出茫茫海面的只不过是其庞大身躯的一小部分，更大部分隐藏在海面之下，而物流成本也具有相似的特征。在企业中，传统会计所计算的外付运费和外付储存费不过是“冰山一角”，企业内部绝大多数的多数物流成本则混入其他的费用之中，如不把这些费用计算清楚，很难看到物流费用的全貌。航行在市场之流上的“企业巨轮”如果看不到海面下物流成本的“庞大身躯”，那么最终会遭到与“泰坦尼克号”同样的厄运。物流冰山现象如图 1-6 所示。

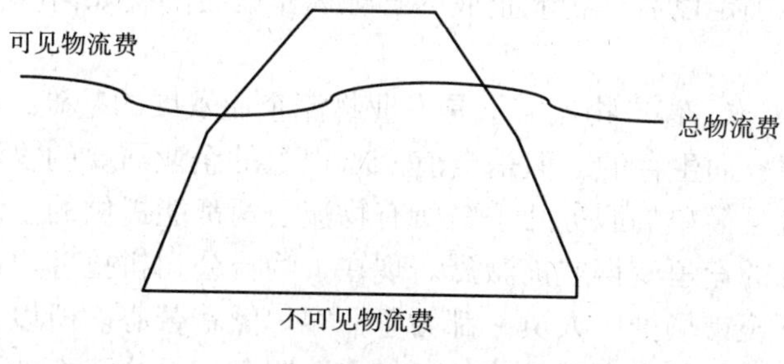

图 1-6 物流冰山现象

在实际工作中，我们常常会遇到这样的情况：在产品运输过程中，假定其他成本因素不变，如果我们选择快捷的航空运输，货物生产出来即可运走，这样，我们的仓储费用就降低了；如果我们选择大批量的火车运输，则产品生产出来，还需要储存到一定的量才能发运，则仓储费用增加了。这就是运输与库存背反。

效益背反指的是物流的若干功能要素之间存在着损益的矛盾，即某一个功能要素的优化和利益发生的同时，必然会存在另一个或另几个功能要素的利益损失，反之也如此。这是一种此消彼长、此盈彼亏的现象，虽然在许多领域中这种现象都是存在的，但物流领域中，这个问题尤其严重。物流成本效益背反说如图 1-7 所示。

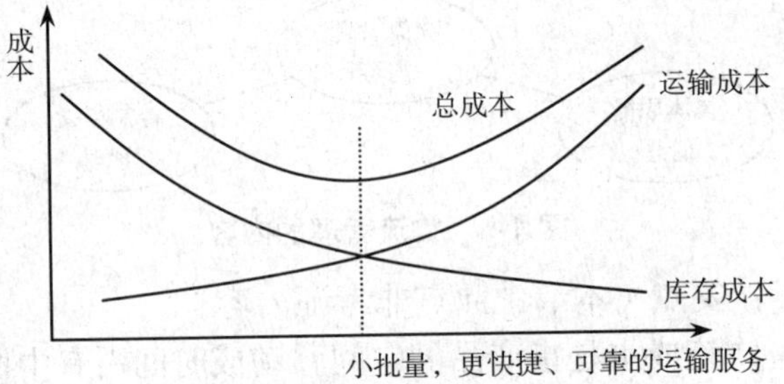

图 1-7　物流成本效益背反说

物流管理的目的是降低物流总成本，所以需要在一些要素间做权衡，例如：

- 运输成本与库存成本的权衡；
- 采购批量与存货成本的权衡；
- 减少承运人的数量与分散货运风险的权衡；
- 实行集中存货管理与货运成本和脱销成本的权衡；
- 增值服务成本与客户服务水平的权衡；
- 物流自营与物流外包及保持企业对物流运作控制权的权衡；
- 信息共享与保持企业核心竞争力的权衡。

在客户服务水平确定以后，物流企业的管理运作就会围绕如何降低客户的物流总成本这个中心来展开。

② 满足客户的需求。客户物流需求是专业物流企业发展的基础，专业物流公司是靠为客户企业提供物流服务而生存的，但是当前 95%以上的企业需要的物流服务都集中在仓储和运输，而这种传统且简单的服务几乎是所有物流公司都能提供的，因此物流公司的无差异性使提供这种服务的竞争变得空前激烈。现在，物流公司拼抢客户已达到了白热化的程度：上至总经理，下至市场推广人员，都为争取客户煞费苦心。所以，弄清客户的真正需要，满足其需要，为客户提供高附加值的“魅力”服务，是物流企业赢得客户的“灵丹妙药”。

A．积极整合企业资源，提高物流服务水平。物流管理是跨边界的活动，常有在某个物流服务环节上运作的物流企业，如从事单纯运输、仓储和货代的企业。现代物流企业在快速发展的商品流、资金流、信息流等紧密联系形成的供应链系统内，为客户提供运输、装卸、仓储、配送等服务。

尽管我国物流业近几年有了较快发展，但与西方发达国家相比，我国物流企业数量少、规模小，服务意识和服务质量也不尽如人意。首先，服务方式和手段比较原始和单一。目前，多数从事物流服务的企业只能简单地提供运输（送货）和仓储服务，而在流通加工、物流信息服务、库存管理、物流成本控制等物流增值服务方面，尤其在物流方案设计及全程物流服务等更高层次的物流服务方面还没有全面展开。其次，物流企业组织规模较小，缺乏必要的竞争实力。除少数企业以外，大多数物流企业的技术装备和管理手段仍比较落后，服务网络和信息系统不健全，大大影响了物流服务的准确性与及时性。目前从事物流服务的企业，包括传统的运输和储运等流通企业和新型的专业化物流企业，规模和实力都还比较小，网络化的经营组织尚未形成。最后，物流企业经营管理水平较低，物流服务质量有待进一步提高。多数从事物流服务的企业缺乏必要的服务规范和内部管理规程，经营管理粗放，很难提供规范化的物流服务，服务质量较低。更重要的是，企业缺乏通晓现代物流运作和物流管理的复合型专业人才，员工素质不高，服务意识不足，缺少市场开拓的主动权。

这就对物流资源整合提出了新要求：建立新型战略伙伴关系，这种战略伙伴关系的建立，一方面使用户减少了物流经营成本，提高了服务质量，有了稳定的物流支持保障系统；另一方面使运输企业有了可靠的货源保证，降低了经营风险。这样的模式，消除了供应链中的迂回、浪费和重复，提高了整个物流过程的效率，使双方在市场中的地位与作用变得更加巩固。通过合作能提供更多的机会，通过共生促进双赢。

B．加强物流基础设施的建设，做好总体物流规划。现代物流体系建立的前提是必须有先进的物流基础设施。因此，物流企业应该加大在物流基础设施方面的投资力度，并从长远方面入手，制定出本企业发展的近期规划、中期规划和长期规划，将有限的资金合理规划，权衡使用。

物流要高效、合理运行，首先，必须信息化。物流信息化表现为物流信息收集的数据库化和代码化、物流信息处理的电子化和计算机化、物流信息传递的标准化和实时化、物流信息存储的数字化等。相应可用条形码技术、数据库技术、电子数据交换技术（Electronic Data Interchange，EDI）、企业资源计划技术（Enterprise Resource Planning，ERP）等来实现。物流信息化为物流现代化管理打下了基础，使物流管理上了一个档次。其次，物流要自动化。自动化的核心是机电一体化，也就是要充分运用自动化的物流设施和技术，如自动分拣系统、自动存取系统、自动导向车等，来实现物流的高效运行。最后，物流要网络化。网络化在信息化上的基础上进行，网络化一方面要求整个物流配送体系网络化，包括物流配送中心、供应商、制造商和消费者，另一方面还要求各组织内部也网络化，这样可做到物流全过程的实时控制。可通过 EDI 技术和因特网技术来建立物流配送信息网络和组织内部网（Intranet）。

C．为顾客提供个性化的服务。随着中国经济的发展，物流企业的服务更需要个性化。

主要表现为传统服务的整合和专业化服务的创新。普通型的低端服务利润会越来越薄，而创新型业务、增值型服务和适合客户需要的特色服务将获得更大发展空间，专业化物流的发展会更加深入。不单单提供仓储和运输服务，还提供配货、配送和各种提高附加值的流通加工服务项目，也可按需要提供物流咨询，设计物流全面解决方案，管理专业物流园区，完善物流供应链，提供物流仿真、物流中心规划、招商运营和物流培训等一站式服务。同时，制造、商贸企业对供应链管理的重视，将会推动物流企业向专业领域渗透，加速与供应链上下游的联动。物流企业针对客户个性化的需求，大力发展增值型、创新型业务，自主物流服务的品牌价值将越来越高。

1.1.4 现代电子商务环境下物流业的发展趋势

现代物流的发展呈现出社会化、信息化、系统化和一体化的趋势，其中信息化是现代物流的核心。现代物流充分利用现代信息技术，打破了运输环节独立于生产环节之外的行业界限，通过供应链建立起对企业产供销全过程的计划和控制，从而实现物流信息化，即采用信息技术对传统物流业务进行优化整合，达到降低成本、提高水平的目的。

1．物流中心、批发中心、配送中心社会化趋势

在市场激烈竞争压力下，越来越多的制造企业开始从战略高度重视物流功能整合和物流业务分离外包，外包的环节由销售物流向供应物流、生产物流、回收物流扩展，由简单的仓储、运输业务外包向供应链一体化延伸；同时，企业物流的专业化趋势也相当明显，几乎所有大型连锁企业都在力图优化自己的专业供应链，第三方物流日益成为物流服务的主导方式。从欧美市场看，生产加工企业不再拥有自己的仓库，而由另外的配送中心为自己服务，已经成为一种趋势。据美国某机构对制造业 500 家大公司的调查显示，将物流业务交给第三方物流企业的货主占 69%（包括部分委托）。研究同时表明，美国 33%和欧洲 24%的非第三方物流服务用户正积极考虑使用第三方物流服务。

2．现代物流信息化趋势

信息技术和网络技术日益广泛地用于物流领域，物流与电子商务日益融合。20 世纪 70 年代电子数据交换技术（EDI）在物流领域的应用曾简化了物流中烦琐、耗时的订单处理过程，使得供需双方的物流信息得以即时沟通，物流过程中的各个环节得以精确衔接，极大地提高了物流效率。而因特网的出现则导致物流行业发生了革命性的变化，基于因特网的及时准确的信息传递，满足了物流系统高度集约化管理的信息需求，保证了物流网络各点和总部之间及各网点之间信息的充分共享。

3．现代物流系统化的趋势

物流系统化首先是要把物流的运输、储存、装卸、包装、配送、流通加工和物流信息作为一个系统来构造、组织和管理。物流各子系统的共同目的是物流的效率化，正是这个共同目的，才使物流各职能紧密地结合在一起成为必要，即以物流总体系统成本最低来实现一定的物流服务。

4．仓储、运输的现代化与综合化趋势

现代物流条件下，商品储存更加高度机械化、自动化和标准化。商品运输由单一的传统运输方式变成多种运输方式的最佳组合，提高了运输效率，缩短了中间储存和中转的时间，加速了商品流动，大大降低了运输成本，加快了商品使用价值的实现。以现代电子网络为平台的信息流，极大地加快了物流信息的传递速度，为客户赢得了宝贵的时间，使货物运输环节、方式科学化和最佳化。

5．物流、商流、信息流一体化的趋势

现代物流以快节奏的商流和先进的信息流为基础，能够有效地减少流动资金的占压，加速资金周转，充分发挥资本的增值作用。货物流、商流和信息流的统一，更快更优地满足了客户的个性化需求。

1.2　电子商务与物流的关系

伴随着信息技术发展和经济全球化背景而产生的电子商务，已经越来越多地被中国企业应用，显示出巨大的活力和潜力。专家预测，未来几年中国电子商务将会以超过 50%的年增长速度进入“无场地交易的经济时代”。

由于企业销售范围的扩大，企业和商业销售方式及最终消费者购买方式的转变，使得送货上门等业务成为一项极为重要的服务业务，促使了物流行业的兴旺。然而，物流配送能否适应电子商务的需求，将直接影响电子商务的发展。同时，电子商务的发展也给物流配送带来巨大的商机和需求，两者是一种互动的发展关系。如何实现电子商务与物流配送的无缝衔接和良性互动发展？如何让电子商务配送的物流更加安全、快捷？如何解决 B2C 电子商务配送中代收货款的安全问题？如何让物流配送成为电子商务发展的“高速公路”？如何加快物流配送企业的信息化、产业化、智能化和人性化建设？这些已成为当前我国电子商务发展亟待解决的重要问题，在本书后面的内容中，我们将详细讨论这些问题。

小知识

电子商务（Electronic Commerce, EC）是指对整个商业活动实现电子化。电子商务中的

“电子”指的是采用的技术和系统，而“商务”指的是传统的商业模式。电子商务被定义为一整套通过网络支持商业活动的过程。从狭义上讲，电子商务是指在因特网、企业内部网和增值网上，以电子交易方式进行交易活动和相关服务活动，是传统商业活动各环节的电子化、网络化。从广义上讲，是指应用计算机与网络技术、现代信息化通信技术，按照一定标准，利用电子化工具来实现包括电子交易在内的商业交换和行政作业的商贸活动的全过程。电子商务包括电子货币交换、供应链管理、电子交易市场、网络营销、在线事务处理、电子数据交换、存货管理和自动数据收集系统。在此过程中，利用到的信息技术包括因特网、外联网、电子邮件、数据库、电子目录和移动电话。在“.COM”时代，电子商务增加了新的组成部分——“网络商务”，客户在数据加密传输技术的支持下，利用网上商店的虚拟购物车和信用卡等电子货币支付形式，通过因特网完成商品和服务的采购。如今，电子商务涵盖十分广泛的商业行为，从电子银行到信息化的物流管理。

1.2.1 电子商务环境下的物流［电子商务师（员）考证知识点］

1. 物流、商流和信息流的关系

A企业与B企业经过商谈，达成了一笔供货协议，确定了商品价格、品种、数量、供货时间、交货地点和运输方式，并签订了合同，也可以说商流活动开始了。要认真履行这份合同，下一步要进入物流过程，即货物的包装、装卸搬运、保管、运输等活动。如果商流和物流都顺利进行了，接下来进入支付的过程，即付款和结算。整个过程都离不开信息的传递和交换，没有及时的信息流，就没有顺畅的商流、物流。

所谓商流，是指物品在流通中发生形态变化的过程，即由货币形态转化为商品形态，以及由商品形态转化为货币形态的过程。而物流是商品物理移动的过程。商流是物流、信息流的起点，也可以说是“三流”的前提，一般情况下，没有商流就不可能发生物流、信息流，反过来，没有物流和信息流的匹配和支撑，商流也不可能达到目的。它们之间互为存在的前提条件，又互为依存的基础。

① 信息流是由商流和物流引起并反映其变化的各种信息、情报、资料、指令等在传递过程中形成的经济活动，因此信息流是具有价值和使用价值的，没有信息流，商流和物流不能顺利进行。

② 信息流既制约着商流，又制约着物流，它为商流和物流提供预测和决策依据，同时，信息流又将商流和物流相互沟通，完成商品流通的全过程。

③“三流”之间相辅相承，紧密联系，互相促进，因此，“三流”不仅有利于提高流通企业的经济效益，而且有利于提高社会效益。

案例

某单位搬进新办公地点后要采购几台空调，这个单位可能直接去商店选购，也可能打电话或网上采购，就产生了商流活动。由此也产生资金流（如现金支付、支票付款或银行转账）和信息流。可是只完成这些，并不是业务的完结，还必须将空调送给买主，最终还是少不了运输、装卸等物流过程。

那么，怎样才能保证将卖出去的空调按用户要求的时间、地点和数量，准确、安全地送货上门呢？首先，出售空调的商店里有库存，或者商店给厂家打电话，让厂家从仓库取货。无论是从商店取货，还是从仓库取货，都需要有车将空调运过去，如果销售量过于集中，车子跑不过来，或者司机调整不过来怎么办?如果仓库里缺这种型号的空调又怎么办?由此看来，这都属于物流要解决的问题。再往复杂一点说，假如空调厂家对空调的销量预测得不准确，预测的销量大于市场需要，就会产生库存积压，浪费仓库保管费，多占压生产流动资金；如预测的销售量小于市场需要，则不仅少赚利润，失去市场，而且还可能影响企业声望。怎样才能既不浪费保管费和占压资金，又能保证供货呢?这就要构筑一个先进、合理的物流系统，及时掌握各种信息，准确地进行市场需求预测。比如，首先要进行商品的需求、购买力、市场容量、销售时点、销售数量等基础性调查研究，然后，在进行信息分析的基础上，制定一个与商流相配套的物流规划，最后根据市场情况，决定设立几个配送中心，建多大规模，如何构筑配送网络等。

由此可见，物流是受商流制约，随商流变化而变化的。企业往往为了占领市场、扩大销售而牺牲物流利益。因此，在当前竞争激烈的商品经济社会中，要加强对物流问题的研究和对信息技术等现代科学手段的充分利用。

2. 电子商务物流与传统物流的差别

电子商务物流与传统物流有显著的不同，表现在以下五个方面。

① 企业内、外部之间的物流运作实行供应链管理。实行供应链管理可以使供应链中的各成员企业之间的业务关系得到强化，可以显著提高物流的效率，降低物流成本。

② 实现零库存生产。零库存生产是指将必要的原材料、零部件以必要的数量在必要的时间，并且只按需求数量生产，它是电子商务条件下对生产阶段物流的新要求。

③ 物流信息化。物流信息化表现为物流信息的商品化，物流信息收集的数据化和代码化，物流信息处理的电子化和计算机化，物流信息传递的标准化和实时化，物流信息储存的数字化等。

④ 物流配送的全球化。电子商务为众多企业拓展市场的同时，也对企业的物流配送提出了全球化服务的要求。

⑤ 物流服务的多功能化与社会化。电子商务物流要求为企业提供全方位的服务，包括

仓储、运输服务，还包括配货、分发和各种用户需要的配套服务，使物流成为连接生产企业与最终用户的重要环节。同时，在电子商务条件下，物流服务也将更多地依靠专业的物流公司来提供，物流服务的社会化趋势将越来越明显。

传统物流与电子商务物流比较，如表1-1所示。

表1-1 传统物流与电子商务物流比较

比　较	传统物流	电子商务物流
服务理念	以规模为中心	以客户为中心
配送体系	单一性配送网	网状网络配送体系
技术支持	传统管理技术	网络管理技术
信息响应	信息传递迟缓、响应慢	信息化程度高、反应迅速
管理特征	刚性化	柔性化
合作程度	格局分散	强调协同合作

3．电子商务物流的重要性

① 物流是信息流、商流和资金流最终实现的根本保证。物流是电子商务全过程中的关键环节，没有商品或服务的转移，信息流、商流和资金流无法真正实现。

② 电子商务物流是体现电子商务优势性的重要条件。广义的物流包括原材料物流、生产物流和销售物流三个部分，要体现电子商务的真正价值，必须在整个生产经营过程中，保证物流的畅通、高效及低成本，否则电子商务只能是“高速公路”与“羊肠小道”的对接，无法显示其显著优势。

③ 物流配送效率是用户评价电子商务满意程度的重要指标。当信息流、商流和资金流通过网络得以实现后，物流服务水平的高低成为用户选择商家的重要因素，如网上购书，在价格基本相同的情况下，读者选择网上书店的最基本依据是最短的配送时间。因此，没有真正让用户满意的物流服务，电子商务就无法为用户创造应有的价值。

④ 电子商务物流问题的解决也是提高我国企业的国际竞争力，适应经济全球化发展的迫切需要。国内的企业对物流问题一直重视不够，因物流的漏洞造成的经济损失十分巨大。中国加入WTO后，国外许多专业从事物流服务的企业将进入中国市场，展开“第三利润”的争夺战，如果意识不到这一点，那么在电子商务飞速发展的今天，物流解决能力的不足将会直接影响国内企业的国际竞争力。

4．电子商务物流系统的组成

电子商务物流系统由物流作业系统和物流信息系统两部分组成，如图1-8所示。

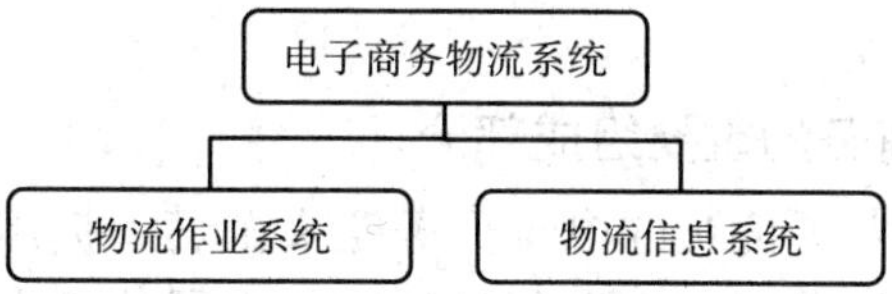

图 1-8　电子商务物流系统的组成

（1）物流作业系统

物流作业系统包括运输系统、储存保管系统、装卸搬运和流通加工系统，这些系统保障运输、保管、搬运、包装和流通加工的过程顺利进行，并使生产据点、运输配送线路、运输手段等现代化。

物流作业系统的真正效率来源于人机系统，科学、高效的人机系统设计，可以有效地减少由于人机协调性差造成的功效浪费，同时也能极大地提高物流作业系统的整体效益。在对人机系统设计的研究中，人为失误的类型有取代失误、调整失误、遗忘失误、颠倒错误、无意启动、无法触及等，所以系统设计上应采取容错设计、增加设计可靠度、可逆措施、防误防呆设计、记忆辅助措施、警示措施等方法加以解决。

所有物流作业都是依靠人去操作的，减少人员的作业浪费，就等于提高了物流系统的整体利润。工作负荷、工作姿势、频率、工作时间、振动、异常温度及社会心理压力等方面都是细化作业动作的重要考量指标。物流作业研究符合人体构造，通过合理的作业分解，普遍推广标准化，提高整体物流作业的效率，通过物流作业对人员因素的考虑，总结和规划合理的作业动作组合，增加作业的连贯性，减少浪费。

（2）物流信息系统

物流信息系统是由人员、计算机硬件、软件、网络通信设备及其他办公设备组成的人机交互系统，其主要功能是进行物流信息的收集、存储、传输、加工整理、维护和输出，为物流管理者及其他组织管理人员提供战略、战术及运作决策的支持，以达到组织的战略竞优，提高物流运作的效率与效益。它是高层次的活动，是物流系统中最重要的方面之一，涉及运作体制标准化、电子化及自动化等方面的问题。计算机技术、网络技术及相关的关系型数据库、条形码技术、EDI 等技术的应用，使物流活动中的人工、重复劳动及错误发生率减少，效率提高，信息流转加速，使物流管理发生了巨大变化。

1.2.2　物流对电子商务的影响

如同传统商务过程一样，电子商务中的任何一笔交易，都包含着基本的“流”的并存，即信息流、商流、资金流和物流。但是在过去，人们对电子商务过程的认识往往局限于信息流、资金流的电子化、网络化，而忽视了物流的电子化过程，认为对于大多数商品和服务来说，物流仍然可以通过传统的经销渠道进行。但随着电子商务的进一步推广与应用，物流的重要性日益明显。

1. 物流电子化是电子商务的重要组成部分

广义的电子商务概念扩大了传统的电子商务定义范畴，提出了包括物流电子化过程的电子商务概念，指出电子商务是实施整个贸易活动的电子化。电子化的对象是整个交易过程，不仅包括信息流、商流、资金流，还包括物流。电子化的工具也不仅仅指计算机和网络通信技术，还包括叉车、自动导向车、机械手臂等自动化工具。可见，从根本上来说，物流电子化应该是电子商务的组成部分，缺少了现代化的物流过程，电子商务过程就不完整。

2. 物流是电子商务概念模型的基本要素

电子商务概念模型是对现实世界中电子商务活动的一般抽象描述，它由电子商务实体、电子市场、交易事务和信息流、商流、资金流、物流等基本要素构成。其中电子商务实体指能够从事电子商务的客观对象，如企业、银行、商店、政府机构和个人等；电子市场是指电子商务实体从事商品和服务交换的场所，它由各商务活动参与者通过通信网络连接成一个统一的整体；交易事务是指电子商务实体之间所从事的具体商务活动的内容，如查询价格、网上支付、广告宣传、货物运输等。在电子商务概念模型的建立过程中，强调信息流、商流、资金流和物流的整合。

3. 物流是实现电子商务的保证

目前的电子商务是在网上订货，用传统物流体系送货。许多网上商店由于解决不了物流问题，往往限制送货范围，从而失去了电子商务的跨地域优势；或者要求消费者除支付商品费用外，还要额外支付邮寄费，这么做迫使消费者放弃电子商务，而选择更为安全可靠的传统购物方式。由此，物流是实施电子商务的关键所在。

（1）物流保障生产

无论是在传统的贸易方式下，还是在电子商务下，生产都是商品流通之本，而生产的顺利进行需要各类物流活动的支持。现代化的物流，通过降低成本、优化库存结构、减少资金占压、缩短生产周期，保障了现代化生产的高效进行。相反，缺少了现代化的物流，生产将难以顺利进行，电子商务无论是多么便捷的贸易形式，都将难以实施。

（2）物流服务于商流

在商流活动中，商品所有权在购销合同签订、付款完成的那一刻起，便由供方转移到需方，而商品实体可能并没有因此而移动。在传统的交易过程中，除了非实物交割的期货交易，一般的商流都伴随着相应的物流活动，即商品实体由供方向需方转移。而在电子商务下，消费者通过网上购物，完成了商品所有权的交割过程，即商流过程。但电子商务的活动并未结束，只有商品和服务真正转移到消费者手中，商务活动才告终。总之，先有商流，才有物流，但没有物流，商流也无从实现。

（3）物流是实现“以顾客为中心”理念的根本保证

电子商务的出现，在最大限度上方便了最终消费者。买卖双方通过网络进行商务活动，降低了交易成本，提高了交易效率。但若缺少了现代化的物流技术，商品迟迟不能到达消费者手中，电子商务给消费者带来的购物便捷就等于零，消费者必然会转向他们认为更为安全的传统购物方式，因此，物流是电子商务中实现以“以顾客为中心”理念的最终保证。

由上可知，物流是电子商务重要的组成部分。我们必须摒弃原有的“重信息流、商流和资金流的电子化，而忽视物流电子化”的观念，大力发展现代化物流，以进一步推广电子商务。

1.2.3　电子商务物流的特征［电子商务师（员）考证知识点］

电子商务物流的特征，如图 1-9 所示。

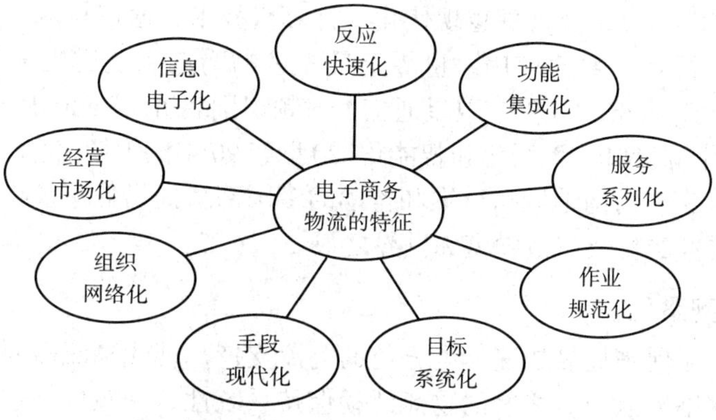

图 1-9　电子商务物流的特征

1．物流反应快速化

物流服务提供者对上游、下游的物流，配送需求的反应速度越来越快，前置时间越来越短，配送间隔时间越来越短，物流配送速度越来越快，商品周转次数越来越多。

2．物流功能集成化

现代物流着重于将物流与供应链的其他环节进行集成，包括物流渠道与商流渠道的集成，物流渠道之间的集成，物流功能的集成，物流环节与制造环节的集成等。

3．物流服务系列化

现代物流强调物流服务功能的恰当定位与完善化、系列化。除了传统的储存、运输、包装、流通加工等服务外，现代物流服务在外延上，向上扩展至市场调查与预测、采购及订单处理，向下延伸至配送、物流咨询、物流方案的选择与规划、库存控制策略建议、货款回收与结算、教育培训等增值服务；在内涵上则提高了以上服务对决策的支持作用。

4．物流作业规范化

现代物流强调功能、作业流程、作业和动作的标准化与程式化，使复杂的作业变成简单的易于推广与考核的动作。

5．物流目标系统化

现代物流从系统的角度统筹规划一家公司整体的各种物流活动，处理好物流活动与商流活动及公司目标之间、物流活动与物流活动之间的关系，不求单个活动的最优化，但求整体活动的最优化。

6．物流手段现代化

现代物流使用先进的技术、设备与管理为销售提供服务，生产、流通和销售规模越大、范围越广，物流技术、设备及管理越现代化。计算机技术、通信技术、机电一体化技术、语音识别技术等都得到了普遍应用。世界上最先进的物流系统运用了全球卫星定位系统（Global Positioning System，GPS）、卫星通信、射频识别装置（Radio Frequency，RF）及机器人，实现了自动化、机械化、无纸化和智能化。20世纪90年代中期，美国国防部（Department of Defense，DOD）为在前南地区执行维和行动的多国部队提供的军事物流后勤系统就采用了这些技术，其技术之复杂与精尖堪称世界之最。

7．物流组织网络化

为了保证对产品促销提供快速、全方位的物流支持，现代物流需要有完善、健全的物流网络体系，使网络上点与点之间的物流活动保持系统性、一致性，这样可以保证整个物流网络有最优的库存总水平及库存分布，运输与配送快速、机动，既能铺开又能收拢。分散的物流单体只有形成网络才能满足现代生产与流通的需要。

8．物流经营市场化

现代物流的具体经营采用市场机制，无论是企业自己组织物流，还是委托社会化物流企业承担物流任务，都以“服务—成本”的最佳配合为总目标，谁能提供最佳的“服务—成本”组合，就找谁服务。国际上既有大量自办物流相当出色的“大而全”、“小而全”的例子，也有大量利用第三方物流企业提供物流服务的例子，比较而言，物流的社会化、专业化已经占到主流，即使非社会化、非专业化的物流组织也都实行严格的经济核算。

9. 物流信息电子化

由于计算机信息技术的应用，现代物流过程的可见性（Visibility）明显增加，物流过程中库存积压、延期交货、送货不及时、库存与运输不可控等风险大大降低，从而可以加强供应商、物流商、批发商、零售商在组织物流过程中的协调和配合及对物流过程的控制。

案例　电商加快布局，物流将是下一个比拼核心

不论是卖书起家的当当网，还是做家电发迹的苏宁和京东，到最后都变成了无所不容的大百货电商。

近日，苏宁易购开卖生鲜，易迅也进军百货，国内电商同质化竞争倾向加剧。电商观察人士表示，同质化将引发更加凶猛的价格比拼。

电商跨界卖生鲜。武昌的万小姐在网上闲逛时发现，苏宁易购新上架了江苏“阳澄湖大闸蟹”提货券，并支持全国下单配送。随后，记者上网一查，果真如此，苏宁易购武汉区域相关负责人也向记者证实了这一消息。“目前苏宁易购上线的‘大闸蟹’产品，是打算在今年 9 月提货高峰期时，开通门店自提和送货上门两种生鲜配送方式，并借此试水整合苏宁的冷链物流配送系统。”该负责人表示，“后期肯定会拓展其他生鲜商品，但具体细节目前总部还没有透露。”在此之前，天猫、京东、顺丰、1 号店等电商也推出了生鲜业务。

而近期玩跨界的电商并非苏宁易购一家。本月开始，主营 3C 数码、通信产品的易迅网也一改家电电商的形象，高调杀入百货领域，并和 1 号店拼起了百货品类促销。

易迅网运营总监潘彪告诉记者，为了进一步扩大市场规模，食品和快销品将是易迅下半年在品类扩张上的主要突破口，到今年年底，预计将引入 1 500 家一二线中高端精品百货品牌。

同质化引发价格战。放眼当下国内电商企业，似乎不管做什么品类起家的电商都奔着大百货的方向而去。做家电出身的京东、苏宁、易迅如此，做图书起家的当当网、卓越亚马逊也是，连做食品的 1 号店和做物流的顺丰也都齐刷刷地做起了百货。

出身各异的“专业选手”都变成了同质化杂家。在人有我亦有的市场环境下，同样的商品如何争宠于消费者？价格成了首先被考虑的因素。

电商观察人士鲁先生表示，国内电商成立之初，都是相安于自己的专业领域，卖书的卖书，倒腾家电的倒腾家电，井水不犯河水。“但是，当电商纷纷都做全产业大百货后，在经营领域上难免有交集，也就有了竞争和摩擦，因此才有了‘双 11’，‘8·15’和‘6·18’这样大规模的全行业价格战。”

“不过，虽然都是全品类电商，但是各家还是有自己的核心竞争力。例如，当当的图书、亚马逊的电子图书、京东的 3C 产品、1 号店的食品，每家电商都有自己做得比别人专的领域。”鲁先生表示。

物流将是下一个比拼核心。“不过，价格战也不会无底线无节制。”鲁先生表示，几乎所有行业在经历野蛮生长期后，都会经历一次充分的洗牌，而当利润空间被压缩到盈亏临界点时，后台服务就会成为下一个比拼的核心。

鲁先生表示，电商平台之间的比拼，做到最后其实就是物流和供应链的竞争，之所以要争着进入生鲜这样对冷链物流要求较高的领域，就是为了在竞争中不落于人后。他称，消费者在网上购物都会有一个兴奋时间段，如果物流配送的时间过长，消费者的兴奋期一过，就难有购物的快感，如此一来，物流糟糕的电商也将失去用户的黏性。（资料来源：佚名，荆楚网，2013年7月30日）

1.3 电子商务环境下物流网络的规划

1.3.1 学会规划物流中心

物流中心是指处于枢纽或重要地位、具有较完善的物流环节，并能实现物流集散和控制一体化运作的物流据点。物流中心是进行商品流通必要的基础设施，许多新型企业，特别是高科技制造企业、全球分销企业及全球第三方物流企业建设了许多物流中心，不少跨国公司在全球的产品分销仅靠一个物流中心，因此物流中心是决定公司成败的战略性业务实体。物流中心的规划设计，从物流中心的选址，物流中心类型、规模的确定，物流中心功能设施的设计，到物流中心的经营管理模式的选择等，都必须与市场环境和战略发展目标紧密相连，物流中心的建设是非常复杂的，需要进行系统的规划和详细的论证。

1．物流中心的主要功能

物流中心可以具备如下一些基本功能：① 运输功能；② 储存功能；③ 装卸搬运功能；④ 包装功能；⑤ 流通加工功能；⑥ 物流信息处理功能。另外，物流中心还具有增值性功能：① 结算功能；② 需求预测功能；③ 物流系统设计咨询功能；④ 物流教育与培训功能。但这并不是说所有的物流中心都必须具备所有这些功能，或者不能有其他的功能。事实上物流中心应该有其核心功能，并且根据实际情况向上、向下进行延伸。在实际设计中最为关键的是要确定如何根据实际情况向上、向下进行延伸及延伸的范围。

2．物流中心规划设计的影响因素

影响物流中心合理规划的因素很多，在进行规划时需要考虑的主要因素：

① 区域经济发展背景资料，包括社会经济发展规划，产业布局，工业、农业、商业及住宅布局规划。

② 交通运输网及物流设施现状，包括交通运输干线、多式联运小转站、货运站、港口及机场布局现状。

③ 城市规划，包括城市人口增长率，产业结构与布局。物流中心选址不合适，往往会

在主干线通道上因为交通阻塞、运距过长造成能源浪费、车辆空载率高、调度困难等问题。

④ 环境保护与社会可持续发展，包括在规划物流中心时应充分注意到环境保护和社会可持续发展问题，它不仅涉及城市交通阻塞、物流中心选址，而且涉及筹资组建与运营，以及运输经营集约化等综合问题。

3．物流中心的规划设计

物流中心的规划设计各要素之间关系如图 1-10 所示。

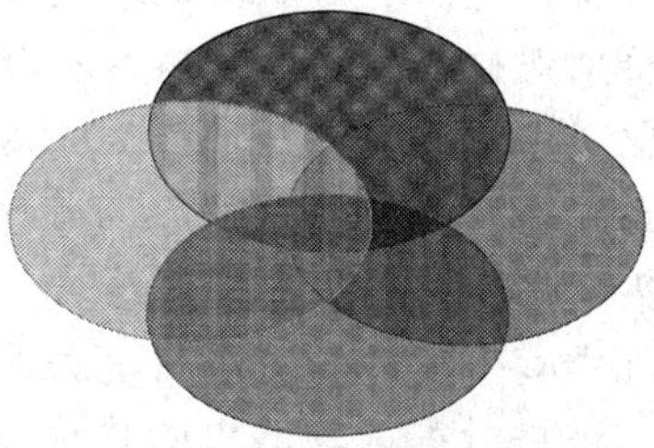

图 1-10　物流中心的规划设计

（1）物流中心的布局与选址

物流中心选址是指在一个具有若干供应网点及若干需求网点的经济区域内，选一个地址设置物流中心的规划过程。较佳的物流中心选址方案是使商品通过物流中心的汇集、中转、分发，直至输送到需求网点的全过程的效益最好。通常，物流中心拥有建筑物、构筑物及设备，如果选址不当，将产生极大的负面影响。因而，在物流中心的选址规划中，应对物流中心的选址问题进行全面的、系统的、综合的分析。物流中心布局与选址是很复杂的问题，涉及法律、法规、规划、土地使用权、物流业务种类、物流设施、筹资能力、交通环境、经营环境、自然条件等因素。因此，物流中心布局选址所涉及的一些关键因素，需要将定性分析和定量分析结合起来进行全面衡量，或采用综合集成的方法进行选址工作。

（2）物流中心的规模设计

根据市场总容量、发展趋势及竞争对手的状况，来决定物流中心的规模。规模设定应注意两方面的问题：第一，要充分了解社会经济发展的大趋势，应进行地区、全国乃至世界经济发展的预测，预测范围包含中、长期内容。第二，要充分了解竞争对手的状况，如生产能力、市场占有份额、经营特点、发展规划等。因为市场总容量是相对固定的，不能正确地分析竞争形势，就不能正确地估计出自身能占有的市场份额。如果预测发生大的偏差，将导致设计规模过大或过小。估计偏低，将失去市场机遇或不能产生规模效益；估计偏高，将造成多余投资，从而使企业效率低下，运营困难。

小知识 国外物流中心规模

目前，国际上暂时还没有一套较为成熟的物流中心规模确定方法，我们一般是通过横向对比国内外已有的物流中心建设规模的方法，来确定新建物流中心的规模。

根据已存在的配送中心建设规模来看，就单个配送中心而言，一般用地规模在5公顷以内。地方性配送中心多在5公顷以下；区域性配送中心用地规模多为1～12公顷，最大不超过50公顷。

从产品类型来看，大宗生产原料的配送中心用地规模较大，多在5公顷以上。不过，国外配送中心的占地规模并无特别严格和统一的标准，往往是由其所服务市场的需求量的大小、运输距离与费用，以及配送中心的规模经济等因素综合决定的；也可以说与每个配送中心的空间服务范围、在商品配送网络中的地位、经营的产品类型等有关。近年来，一些发达国家的配送中心建设向集中化和大型化方向发展。

物流货物处理能力还和物流中心处理的物流品种有关系，不同的物流商品，相应的物流中心处理能力也是不一样的。根据对美国物流中心建设情况的分析，一般食品及轻工业产品的物流处理能力比大宗生产资料的处理能力要强一些。

（3）物流中心的设施规划

物流设施就是指进行各项物流活动和物流作业所需要的设备与设施的总称。它既包括各种机械设备、器具等可供长期使用，并在使用中基本保持原有实物形态的物质资料，也包括运输通道、货运站场和仓库等基础设施。物流设施设备是组织物流活动和物流作业的物质技术基础，是物流服务水平的重要体现。

设施规划与设计应根据系统的观念，运用系统分析的方法求得整体优化。要减少或消除不必要的作业流程，在时间上缩短作业周期，在空间上少占用面积，在物料上减少停留、搬运和库存，才能保证投入的资金最少、生产成本最低。作业地点的设计，实际是人—机—环境的综合设计，要考虑创造一个良好、舒适、安全的工作环境。

为了追求先进性，就要配备高度机械化、自动化的设备，往往会给投资方面带来很大的负担。实际上，欧洲物流界认为“先进性”就是合理配备，能以较简单的设备、较少的投资，实现预定的功能。计算机管理信息系统、管理与控制软件的开发，要瞄准国际先进水平，而机械设备等硬件设施则要根据我国资金不足、人工费用便宜、空间利用要求不严格等特点，在满足作业要求的前提下，更多选用一般机械化、半机械化的装备。例如，仓库机械化，可以使用叉车或与货架相配合的高位叉车；在作业面积受到限制，一般仓库不能满足使用要求的情况下，也可以考虑建设高架自动仓库。

物流中心的主要活动是物资的集散和进出，在进行设施规划设计时，环境条件非常重要。相邻的道路交通、站点设置、港口和机场的位置等，这些如何与中心内的道路、物流路线相衔接，形成内外一体、圆滑通畅的物流通道，至关重要。

（4）物流中心信息系统的规划设计

物流信息系统一般包括七个信息管理子系统：需求管理系统（也可称为客户管理系统）、采购管理系统、仓库管理系统、财务管理和结算系统、配送管理系统、物流分析系统和决策支持系统。物流信息系统是高层次的活动，是物流系统中最重要的方面之一，涉及运作体制、标准化、电子化及自动化等方面的问题。由于计算机及计算机网络的广泛应用，物流信息系统的发展有了一个坚实的基础，计算机技术、网络技术及相关的关系型数据库、条形码技术、EDI 等技术的应用使得物流活动中的人工、重复劳动及错误发生率减少，效率提高，信息流转加速，使物流管理发生了巨大变化。

作为一个现代化的物流中心，其最主要的业务功能是依靠物流信息的科学运筹管理，通过系列化的先进物流技术支撑，实现及时化、信息化与智能化的物流服务操作与管理，集储存保管、集散转运、流通加工、商品配送、信息传递、代购代销、连带服务等多种功能于一体。所以物流中心的信息系统应以现有的公共信息基础设施为通路，以电子商务服务平台为支撑，按照物流市场运行的要求，改变原有物流信息系统的封闭、单向、单通道的特征，建立具有开放、双向、多通道特征的，能够支持物流体系高效运作的，分层次的物流信息应用系统，以增强物流企业服务国内外市场的能力。

物流中心的信息系统必须是对各类管理系统的有机整合与集成，建立相互之间的信息交换与传递，建立相应的功能连接，从而实现对物流中心业务的统筹运作与科学管理，其规划设计要求如图 1-11 所示。

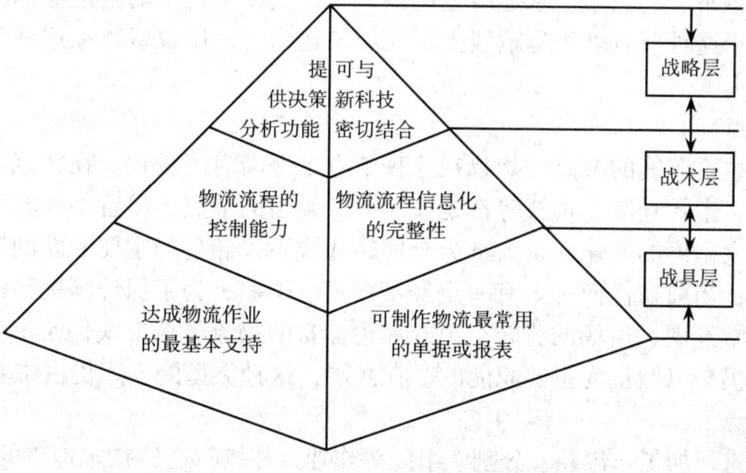

图 1-11　物流中心信息系统的规划设计要求

1.3.2 怎样规划物流节点

物流节点是指物流网络中连接物流线路的结节处。广义的物流节点是指所有进行物资中转、集散和储运的节点，包括港口、空港、火车货运站、公路枢纽、大型公共仓库及现代物流（配送）中心、物流园区等。狭义的物流节点仅指现代物流意义的物流（配送）中心、物流园区和配送网点。

1. 物流节点的类型［电子商务师（员）考证知识点］

物流节点的类型如图1-12所示。

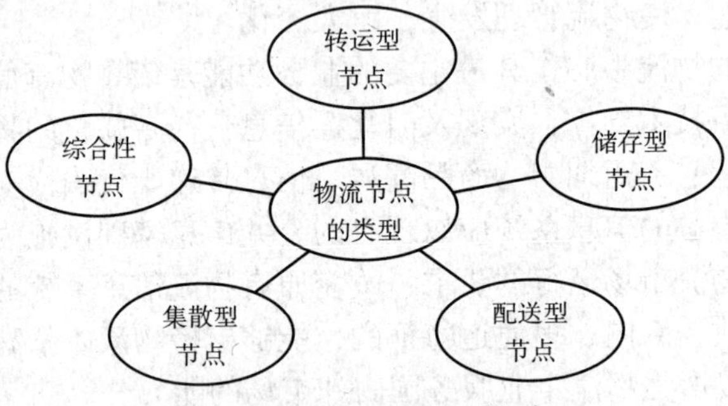

图1-12 物流节点的类型

（1）转运型节点

以接连不同运输方式为主要职能的节点。铁道运输线上的货站、编组站、车站，不同运输方式之间的转运站、终点站，水运线上的港口、码头，空运中的空港等都属于此类节点。一般而言，由于这种节点处于运输线上，又以转运为主，所以货物在这种节点上停滞的时间较短。

（2）储存型节点

以存放货物为主要职能的节点，货物在这种节点上停滞时间较长。在物流系统中，储备仓库、营业仓库、中转仓库、货栈等都是属于此种类型的节点。尽管不少发达国家仓库职能在近代发生了大幅度的变化，一大部分仓库转化成不以储备为主要职能的流通仓库甚至流通中心，但是，当前在任何一个有一定经济规模的国家，为了保证国民经济的正常运行、企业经营的正常开展、市场的流转，以仓库为储备的物流节点形式仍是不可缺乏的，还是有一大批仓库仍会以储备为主要职能的。在我国，这种类型的仓库仍占主要地位。

（3）配送型节点

对物资进行拣选、加工、包装、分割、组配等作业，并按时送达指定地点的物流节点。现代物流中常提到的配送中心就属于这类节点。需要说明的是，在各种以主要功能分类的节点中，都可以承担其他职能。例如，转运型节点中，往往设置有储存货物的货场或站库，从而具有一定的配送功能，但是，由于其主要职能是转运，所以应按其主要功能归入转运型节点之中。

（4）集散型节点

以集中货物或分散货物为主要功能的节点，包括集货中心和分货中心。集货中心将一定范围内来源分散、批量小但总量较大的货物集中起来，以便大批量处理或发货。分货中心对集中到达的数量巨大的货物进行拆分处理。

（5）综合性节点

在物流系统中集中于一个节点中全面实现两种以上主要功能，并且在节点中并非独立完成各自功能，而是将若干功能有机结合于一体，有完善设施，能有效衔接和协调工艺的集约型节点。这种节点是适应物流大量化和复杂化、适应物流更为精密准确，以及在一个节点中要求实现多种转化而使物流系统简化、高效的要求出现的，是现代物流系统中节点发展的方向之一。

2．物流节点的功能［电子商务师（员）考证知识点］

（1）连接功能

物流节点将各个物流线路连接成一个系统，使各个线路通过节点变得更为贯通而不是互不相干，这种作用称为衔接作用。在物流未成系统化之前，不同线路的衔接有很大困难。例如，轮船的大量输送线和短途汽车的小量输送线，两者输送形态、输送装备都不相同，再加上运量的巨大差异，所以往往只能在两者之间有长时间的中断后再逐渐实现转换，这就使两者不能贯通。物流节点利用各种技术的、管理的方法可以有效地起到衔接作用，将中断转化为通畅。物流节点的衔接作用可以通过多种方法实现，主要有：通过转换运输方式衔接不同运输手段；通过加工衔接干线物流及配送物流；通过储存衔接不同时间的供应物流和需求物流；通过集装箱、托盘等集装处理衔接整个“门到门”运输，使之成为一体。

（2）收集、处理、传输信息功能

物流节点是整个物流系统或与节点相接物流的信息传递、收集、处理、发送的集中地，这种信息作用在现代物流系统中起着非常重要的作用，也是复杂物流储备单元能联结成有机整体的重要保证。在现代物流系统中，每一个节点都是物流信息的一个点，若干个这种类型的信息点和物流系统的信息中心结合起来，便形成了指挥、管理、调度整个物流系统的信息网络，这是一个物流系统建立的前提条件。

（3）管理功能

物流系统的管理设施和指挥机构往往集中设置于物流节点之中。实际上，物流节点大多是集管理、指挥、调度、信息、衔接及货物处理为一体的物流综合设施。整个物流系统运转的有序化和正常化，整个物流系统的效率和水平，都取决于物流节点的管理职能实现的情况。图 1-13 是某物流节点。

图 1-13　某物流节点

3．影响物流节点选址的因素（本节中此点非考证内容）

影响物流节点选址的因素如图 1-14 所示。

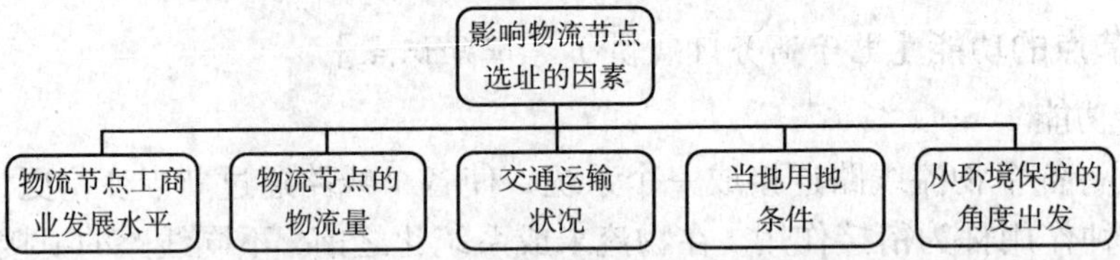

图 1-14　影响物流节点选址的因素

（1）物流节点工商业发展水平

工商企业是物流服务需求主体，工商业的发展水平高，则说明对物流服务的需求或潜在需求大。物流节点在此布局，一方面要考虑有助于促进当地工商业的发展，另一方面应便于吸引物流企业入驻，提高运营效益。这是判定物流节点类型的重要依据。工商业发展水平一般包括以下几个指标。

① 工业发展水平。较大的工业发展规模对于物流节点的发展具有很大的支持作用，有利于大型物流园区的建设和运营。该指标采用工业增加值加以衡量。

② 工业市场物流客户潜在规模。这对投资于物流节点的企业有重要影响。此指标可采用工业总产值 500 万元以上工业企业数进行衡量。

③ 地区零售市场规模。国民经济各有关行业通过各种渠道向居民和社会集团供应生活消费品，均需要通过物流服务得以实现，其规模大小对于建设不同层次的物流节点具有重要影响。此指标可用社会消费品零售总额加以衡量。

④ 工业总产值。以地区工业总产值进行衡量。该值越大，表明该物流节点所服务地区的工业实力越强，物流节点提供的物流服务的功能也越全面。

⑤ 商业发展水平。此指标可用批发零售贸易总额加以衡量。

⑥ 与物流相关行业的产值。运输、仓储是物流环节中最重要和最基本的环节，运输、

仓储业的发展水平，也可以用来衡量物流节点所服务区域的物流服务需求程度的高低。此指标通常采用运输仓储业产值占 GDP 的百分比加以衡量。

（2）物流节点的物流量

由于物流节点的建设投资大、建设周期长，所以物流节点的类型确定不仅要适应现在发展的需要，还要适应将来发展的需要。所以指标的取值应取近期、中期和远期的平均值，主要包括两个方面。

① 物流节点的物流量。物流量是反映物流节点作业能力的指标。传统上反映物流量的主要指标是吞吐量和周转量。但是，这两个指标无法适应多种物品小批量、高频度的趋势。如物流节点的顾客距离越远，则周转量越大，费用也越高；如以吨公里最大为决策目标，则物流节点与顾客的距离越远，周转量越大。这显然违背设置物流节点的根本目的。所以本文采用第三方物流作业量进行衡量。

② 物流节点作业量的发展水平。可以采用第三方物流作业量的增长率加以衡量。

（3）交通运输状况

物流节点作为物流诸要素活动的主要场所，为保证物流作业的顺畅进行，必须具有良好的交通运输联络条件，一般物流节点最好是航空、铁路、公路和港口的交会点。交通运输状况衡量的指标有四个。

① 物流节点所在区域的货物运输量。它可以从一个侧面表明运输物流市场的供给情况，反映运输业的发展水平。一般包括铁路、公路货运量和港口吞吐量。此指标可用地区货物运输总量加以衡量。

② 交通通达度。用路网密度能很好地表明物流节点所服务地区的交通通达质量，该因素可以用铁路网及公路网密度加以衡量。

③ 物流节点货物平均运距。它表明一般情况下物流节点可能的覆盖范围。可采用地区货物周转量与地区总货运量之比进行衡量。

④ 交通运输设施的发展水平。交通运输设施发展水平较高的地区，较有利于未来物流节点的集疏运。此指标可用交通运输设施建设投资的增长率加以衡量。

（4）当地用地条件

当地用地条件的衡量指标主要有两个。

① 土地价格。物流节点的建设需要占用大面积的土地，所以土地价格的高低将直接影响物流节点的规模大小。有的区域鼓励物流企业的发展，对在当地建设物流节点予以鼓励支持，土地的获得就相对容易，地价及地价以外的其他土地交易费用也可能比较低。该指标用单位土地的开发成本进行衡量。

② 大面积土地的可得性。用预留用地规模指标进行衡量。

（5）从环境保护的角度出发

物流节点的设置需要考虑保护自然环境与人文环境等因素，尽可能降低对城市生活的干扰，大型的物流节点应尽量设置在远离市区的地方。

1.4 电子商务环境下物流模式的选择

1.4.1 电子商务物流模式[电子商务师（员）考证知识点]

电子商务物流模式如图1-15所示。

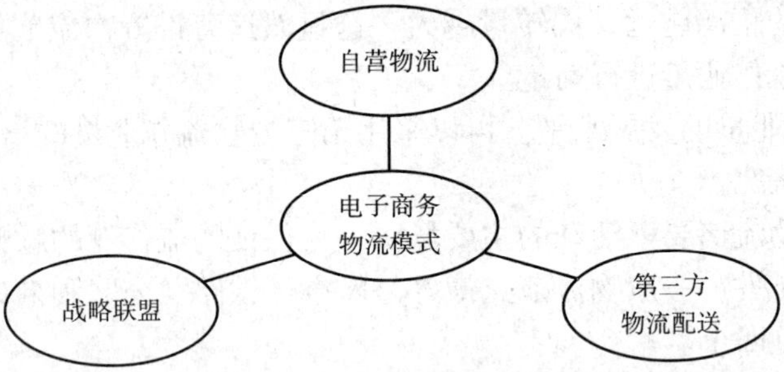

图1-15 电子商务物流模式

1．自营物流模式

物流服务是企业核心竞争力所在，从我国企业的具体情况来看，不少企业在全国范围内经营多年，都已建立起自己的分销渠道，企业自身拥有良好的物流网络与相当现代化的物流技术和管理经验。随着网络经济的发展，这些企业在经营电子商务时可通过不断整合自身资源、吸收外界资源、搞好自身物流网络建设，形成适合自我的物流配送体系。

海尔成立的电子商务有限公司，投资一亿多元人民币，依靠雄厚的财力和以前形成的营销网络，建立了一套相对完善的配送体系，在完成对海尔服务的同时还能为其他企业提供配送服务。

2．第三方物流配送模式

第三方物流就是电子商务主体将一部分或全部物流活动，委托给外部的专业物流公司来完成。物流公司本身不拥有商品，而是与企业或商家签订合作协定或结成合作联盟。采用这种物流管理方式，商品送达消费者的时间比前述两种方式都要快，而且服务是专业化的、多功能的和全方位的。但是如果送货量太小，送货费用一般比EMS服务还要高。这种管理模式要求专业物流公司在基础设施、人员素质、信息系统等方面加强建设。

3．战略联盟模式

战略联盟模式是电子商务企业与第三方物流企业，由业务伙伴关系向战略伙伴关系转换的模式。电子商务企业要想取得稳定、快速的发展，必须把同第三方配送企业的关系，从目前普遍存在的业务关系转变成战略伙伴关系，建立起适合自己的供应链渠道，并通过供应链上各方的共同努力，增强供应链的竞争能力。

1.4.2　影响企业物流模式选择的因素

企业在进行物流决策时，应根据自己的需要和资源条件，综合考虑以下主要因素，慎重选择物流模式，以提高企业的市场竞争力。

1．企业对物流控制力的要求

越是市场竞争激烈的行业，企业越是要强化对供应和分销渠道的控制，此时企业应该自营物流。一般来说，最终产品制造商对渠道或供应链过程的控制力比较强，往往选择自营物流，即作为龙头企业来组织全过程物流活动，制定物流服务标准。

2．企业产品自身的物流特点

对于大宗工业品原料的回运或鲜活产品的分销，则应利用相对固定的专业物流服务供应商和短渠道物流；对全球市场的分销，宜采用地区性的专业第三方物流企业提供支援；对产品线单一的企业，则应在龙头企业统一下自营物流；对于技术性较强的物流服务，如口岸物流服务，企业应采用委托代理的方式；对非标准设备的制造商来说，企业自营虽有利可图，但还是应该交给专业第三方物流企业去做。

3．企业的规模和实力

一般来说，大中型企业由于实力较雄厚，通常有能力建立自己的物流系统，制定合适的物流需求计划，保证物流服务的质量。另外，还可以利用过剩的物流网络资源拓展外部业务。而中小企业则受人员、资金和管理资源的限制，物流管理效率难以提高，此时，企业为把资源用于主要的核心业务上，就应该把物流管理交给第三方专业物流代理公司。

4．物流系统总成本

在选择是自营还是物流外包时，必须弄清两种模式物流系统总成本的情况。因为成本之间存在着二律背反现象，例如，减少仓库数量时，可降低仓储费用，但会带来运输距离和次数的增加而导致运输费用增加；另外，如果运输费用的增加部分超过了仓储费用的减少部分，总的物流成本反而增大。所以，在选择和设计物流系统时，要对物流系统的总成本加以论证，最后选择成本最小的物流系统。

5．外包物流的客户服务能力

在选择物流模式时，考虑物流成本虽然很重要，但外包物流为本企业及企业客户提供服务的能力是选择物流服务所应重点考虑的。如果企业选定为自营物流后，在选择具体的自营物流方式上，主要还要看企业是否将物流业务作为企业利润增长点，以及该选择是否符合企业总战略。

案例 沃尔玛的物流系统

全球第一大零售商沃尔玛拥有52年历史，如今在全球拥有10 700多家连锁店，连续多年荣登世界500强第一的宝座。高效的物流配送体系是沃尔玛制胜的法宝之一。

先进的电子通信网络：沃尔玛巨资建立的卫星通信网络系统使其供货系统更趋完美。这套系统的应用，使配送中心、供应商及每一分店的每一销售点都通过电子系统形成连线作业，在短短数小时内便可完成“填妥订单→各分店订单汇总→送出订单”的整个流程，大大提高了营业的高效性和准确性。

高效率的配送中心：沃尔玛的供应商根据各分店的订单将货品送至沃尔玛的配送中心，配送中心则负责完成对商品的筛选、包装和分拣工作。沃尔玛的配送中心具有高度现代化的机械设施，送至此处的商品85%都采用机械处理，这就大大减少了人工处理商品的费用。同时，由于购进商品数量庞大，使自动化机械设备得以充分利用，规模优势充分显示。

迅速的运输系统：沃尔玛的机动运输车队是其供货系统的另一个无可比拟的优势。在1996年的时候，沃尔玛就已拥有了30个配送中心、2 000多辆运货卡车，保证进货从仓库到任何一家商店的时间不超过48小时，相对于其他同业商店平均每两周补货一次，沃尔玛可保证分店货架平均每周补两次。快速的送货，使沃尔玛各分店即使只维持极少存货也能保持正常销售，从而大大节省了存储空间和费用。由于这套快捷运输系统的有效运作，沃尔玛85%的商品通过自己的配送中心运输，而凯马特的这一商品运输比例只有5%，其结果是沃尔玛的销售成本低于同行业平均销售成本2%～3%，这成为沃尔玛全年低价策略的坚实基石。

实践与实训

推荐：体会物流过程的小游戏——物流大亨

物流大亨是风靡全球的网络小游戏，通过鼠标控制物品的流向，将货物运送往正确的地方，送货地点正确，得分，送货地点错误，不得分。图1-16是其一个界面的截图。

图 1-16　游戏截图

攻略说明

你要控制很多的货物，有的运往码头，有的运往机场，而你的协调是保证这些运输正确的希望。你可以使用鼠标控制物品的流向，作为运输大亨，越到后面越会手忙脚乱。

物流大亨小游戏单机版下载

可免费在线体验游戏；也可在百度上搜索“物流大亨”，单击游戏页面的“下载”按钮，出现单机版物流大亨小游戏版本下载页面，然后完成单机物流大亨小游戏的下载。

复习思考题

一、判断题

1. 从物流的定义我们可以看出，物流是为实现商务价值，使实体从生产者手中转移到消费者手中的过程。(　　)

2. 不同国家的不同物流适用法律，使国际物流的复杂性远高于一国的国内物流，甚至会阻断国际物流。(　　)

3. 物流管理由于只在物流方面进行，并没有涉及企业全局的管理，所以物流不是企业战略管理的组成部分。(　　)

4. 没有物流就不可能发生商流、信息流，反过来，没有商流和信息流的匹配和支撑，物流也不可能达到目的。它们之间互为存在的前提条件，又互为依存的基础。(　　)

5. 由于物流节点的建设投资大、建设周期长，所以物流节点的类型确定不仅要适应现在发展的需要，还要适应将来发展的需要。(　　)

二、单项选择题

1．企业的（　　）是指在生产工艺中的物流活动。

A．生产物流　　B．销售物流

C．回收物流　　D．废弃物物流

2．（　　）是指根据物质资料实体流动的规律，应用管理的基本原理和科学方法，对物流活动进行计划、组织、指挥、协调、控制和监督。

A．物流　　B．物流活动

C．电子商务物流　　D．物流管理

3．现代物流的发展呈现出社会化、信息化、系统化和一体化的趋势，其中（　　）是现代物流的核心。

A．社会化　　B．信息化

C．系统化　　D．一体化

4．（　　）是电子商务全过程中的关键环节，没有商品或服务的转移，信息流、商流和资金流无法真正实现。

A．汽车　　B．搬运

C．运输　　D．物流

5．（　　）是电子商务企业与第三方物流企业，由业务伙伴关系向战略伙伴关系转换的模式。

A．自营物流模式　　B．第三方物流配送模式

C．战略联盟模式　　D．合并物流模式

三、多项选择题

1．物流的基本功能包括（　　），它们相互联系构成物流系统的功能组成要素。

A．运输　　B．储存保管

C．装卸搬起　　D．包装

E．流通加工　　F．物流信息处理

2．按照物流系统的性质分类，物流可分为（　　）。

A．社会物流　　B．行业物流

C．企业物流　　D．第三方物流

3．物流管理的内容包括（　　）。

A．过程管理　　B．具体职能管理

C．物流宏观规划　　D．控制要素管理

4．物流管理的工作要点包括（　　）。

A．防止错误发生　　B．控制物流成本

C．运输时间控制　　D．满足客户的需求

5．电子商务物流系统由（　　）两部分组成。

A．物流作业系统　　B．物流信息系统

C．物流价格系统　　D．物流加工系统

四、简答题

1．简述物流的概念、功能和分类。（考证复习题）

2．物流管理的概念、特点是什么？（考证复习题）

3．按照功能要素分类的物流管理内容有哪些？（考证复习题）

4．简述物流、商流和信息流的关系。（考证复习题）

5．简述电子商务物流的特征和模式。（考证复习题）

6．简述物流节点的类型和功能。（考证复习题）

7．物流中心规划设计的影响因素有哪些？

8．影响企业物流模式选择的因素有哪些？

第 2 章

电子商务环境下的仓储管理

引导案例 仓库管理不善，酿成爆炸事故

14 日凌晨 3 时 25 分左右，位于广东省佛山市三水区西南街道金本彭坑村的一个烟花仓库发生爆炸。爆炸发生时传出三声巨响，佛山市三水区、南海区、禅城区、高明区均有震感。南海区罗村一居民称，爆炸发生时，他家的房子门窗都有震动，全村的狗吠声不断，村内的很多居民跑出来了解情况。在三水区西南至金本彭坑村沿线有不少居民家中的窗户玻璃被震碎。图 2-1 是爆炸现场图片。

图 2-1 爆炸现场图片

发生爆炸事故的是佛山粤通仓储有限公司烟花爆竹仓库储存的烟花爆竹，爆炸的为七号仓库。爆炸发生时，有四名保安在值班。佛山粤通仓储有限公司在金本彭坑村有 20 座仓库，占地 173 亩。仓库存储着大量烟花爆竹，产地多为湖南，计划从三水港中转出口。大爆炸产生了强烈的冲击波，不仅事故周围的居民玻璃窗户被震碎，几十米外的仓库铁门也受到损毁。

事故发生后所有人员均及时撤离现场，并迅速启动应急预案。当地官方发布的信息称，事故中有一人受伤，并没有造成人员死亡。（资料来源：温庆强，《佛山日报》，2008 年 02

月 14 日）

学习目标

1. 理解仓储管理的主要内容。
2. 可以进行简单货位分配的设计。
3. 理解包装内容、功能和方法。
4. 理解装卸搬运的概念、功能、特点和分类。

学习导航

20 世纪 90 年代中后期，跨国物流企业纷纷进入中国并陆续通过新建、收购、合资、改建等多种途径组建了庞大的仓储设施，包括大型的物流中心、配送中心、连锁超市、港口设施、物流园区设施等。国外著名跨国物流企业带来的先进物流运作模式和管理技术，为消费者、生产制造商等提供了更完善的物流增值服务。

在电子商务发展越来越普及的条件下，未来仓储业的竞争，将主要是以外资或合资物流企业为代表的现代仓储业，与国内计划体制下逐步成长起来的传统仓储业之间的竞争。中国企业如何在这场激烈的竞争中获胜？仓储业应该具备怎样的仓储管理能力？从本章的内容中可以得到一定的启示。

2.1　仓储管理概述

在物流活动中，运输和仓储是最主要的活动。仓储的存在解决了商品生产和消费在时间上的差异，也就是仓储可以创造商品的“时间效应”。一般而言，物流总成本中除了运输成本以外，仓储成本是第二大支出项目。仓储管理的一个主要目的就是通过合理的计划、组织、协调和控制，以最低的仓储成本给客户提供最好的服务。

2.1.1　仓储管理的概念

仓库是保管、储存物品的建筑物和场所的总称。仓库也可以理解为用来存放货物，包括商品、生产资料、工具或其他财产，并对其数量和价值进行保管的场所或建筑物等设施，还包括用于防止减少或损伤货物而进行作业的土地或水面。仓库通常有库房、货场、货棚、容器、天然洞穴等形式。仓库是经济不断发展的产物，是社会生产力发展的结果，具有鲜明的时代特征和社会背景。

仓储管理（Warehouse Management）是指对仓储设施布局和设计及仓储作业所进行的

计划、组织、协调与控制。简单来说，仓储管理就是对仓库及仓库内的物资所进行的管理，是仓储机构为了充分利用所具有的仓储资源，提供高效的仓储服务所进行的计划、组织、控制和协调活动的过程。具体来说，仓储管理包括仓储资源的获得、经营决策、仓储商务管理、仓储保管、仓储作业管理、安全管理、人事管理、经济管理等一系列相关管理工作。

仓储管理是随着储存物资品种的多样化，仓库结构和技术设备的科学化、现代化的不断发展而发展的。一般而言，仓储管理主要经历了简单仓储管理、复杂仓储管理和现代仓储管理三个发展阶段。简单仓储管理开始于仓储出现的初期，并存在于后来相当长的时间内，由于生产力水平低下和发展缓慢，库存数量和品种都很少，仓库结构简单，设备简陋，因此，仓储管理内容比较单一，主要负责产品出入库的计量及看管好库存物资使之不受到损失。随着生产力水平的提高，特别是机械化生产代替手工生产之后，社会储存产品的数量不断增加，品种变得越来越复杂，产品性质也各不相同，对存储条件提出了不同的要求。同时，由于社会分工越来越细，许多生产性活动也逐渐转移到流通流域，使得仓库职能发生了变化，仓库不仅仅是进行储存和保管商品的场所，还增添了商品的分类、挑选、整理和加工等活动，从而使商品增值。储存商品的复杂性和仓储职能的多样化，必然引起仓储建筑结构的变化及技术和设备的变化，使得仓储活动向复杂化方向发展，这个阶段可称为复杂仓储管理阶段。科学技术的进步，特别是电子计算机的出现和电子商务的蓬勃发展，给仓储业带来了一系列重大的变化。在整个仓储活动过程中，可以使用计算机进行控制。现代仓库的出现，要求仓储管理人员专业化、仓储管理科学化、仓储手段现代化。目前，许多发达国家的仓储活动，已从传统意义上的简单仓储演变成为经营范围巨大的商品配送服务，发展成为现代化仓储管理。

2.1.2 仓储管理的基本原则

仓储管理的目标是快进、快出、多储存、保管好和费用省，因此其基本原则应该是注重效率、讲求效益、确保安全、保证质量和提供服务，如图 2-2 所示。

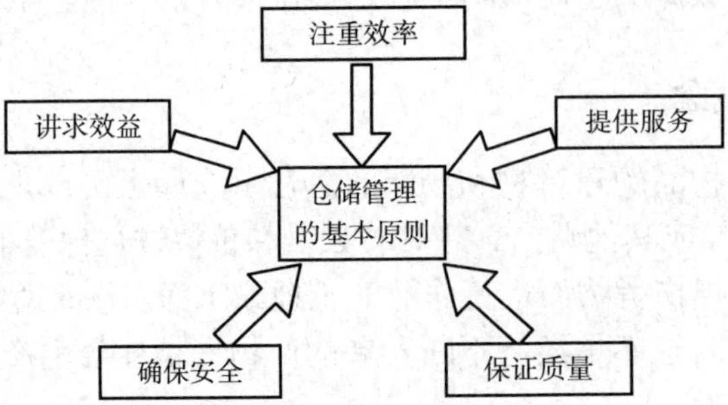

图 2-2 仓储管理的基本原则

1．注重效率

效率是指在一定劳动要素投入量时的产品产出量。只有较小的劳动要素投入和较高的产品产出才能实现高效率。高效率是现代仓储管理的基本要求。在仓储管理过程中，效率的体现指标主要有仓容利用率、货物周转率、破损率、误差率、进出库时间、装卸车时间等，具体表现就是“快进、快出、多存储、保管好”。

仓储作业管理的核心是效率管理，就是实现以最少的劳动量的投入来获得最大的产品产出。劳动量的投入主要包括生产工具、劳动力的数量及他们的作业时间和使用时间。效率是其他仓储管理的基础，没有仓储作业的效率就没有经营的效率，就无法开展优质的服务。

如何实现仓储管理的高效率？一方面，高效率是管理艺术的体现，要通过准确的核算，科学的组织，妥善的场所和空间安排，机械设备与人员的合理配合，部门与部门、人员与人员、设备与设备、人员与设备的合理搭配，使仓储作业过程有条不紊地进行。另一方面，高效率的实现还需要有效管理过程的保证，包括现场的组织、督促，标准化、制度化的操作管理，严格的质量责任制的约束。

2．讲求效益

企业生产经营的最终目的就是赚取最大的经济利润。同样，作为社会主义的企业经营也是以这个目的为最终动机的，所以作为参与市场经济活动主体之一的仓储业，也应围绕着获得最大经济效益的目的进行组织和经营。

3．确保安全

仓储活动中不安全因素很多，有的来自仓储物，有的来自装卸搬运作业过程，有的来自人为破坏。因此要特别加强安全教育，提高安全意识，制定安全制度，贯彻执行“安全第一，预防为主”的安全生产方针。

4．保证质量

仓储管理的最基本原则就是保证质量。仓储管理中的一切活动，都必须以保证在库商品的质量为核心。没有质量的数量是无效的，甚至是有害的，因为商品依然占用资金，产生费用，占用仓库空间。因此，为了完成仓储管理的基本任务，仓储活动中的各项作业必须有质量标准，并严格按照标准进行作业操作。

5．提供服务

仓储活动本身就是向社会提供服务产品。服务是贯穿仓储管理中的一条主线，从仓储定位、仓储具体操作到对储存货物的控制都围绕着服务进行。仓储管理就需要围绕着服务定位，研究如何提供服务、改善服务、提供服务质量等，它包括直接的服务管理和以服务为原则的生产管理。

2.1.3 仓库的功能和分类

1．仓库的功能

仓库作为物流服务的据点，在物流作业中发挥着重要的作用。一般来说，仓库的基本功能如图 2-3 所示。

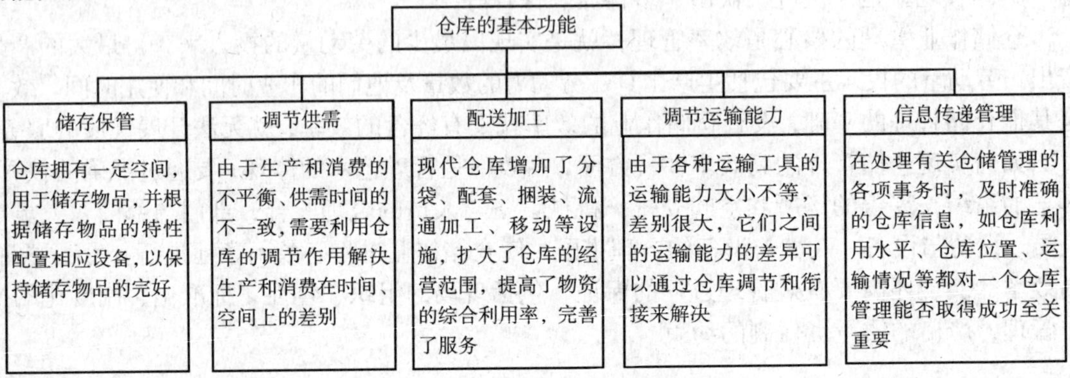

图 2-3 仓库的基本功能

2．仓库的分类

仓库可从使用对象及权限、职能、技术处理方式及保管方式、仓库结构和特种仓库等多个角度进行分类，如表 2-1 所示。

表 2-1 仓库的分类

分类标准	类型	主要内容
使用对象及权限	自备仓库	企业自建、主要从事内部物流业务的仓库
	营业仓库	为货主代管货物，以经营为手段、以营利为目的，为仓储企业所有的仓库
	公共仓库	为公用事业配套服务的仓库，其本身不单纯经营
职能	生产仓库	为企业生产或经营储存原材料、燃料及产成品等的仓库
	流通仓库	从事中转、代存等流通业的仓库
	储备仓库	长期存放物资，以储存保管为主要功能的仓库
技术处理方式及保管方式	普通仓库	在常温下存放大量物品的仓库
	冷藏仓库	在低温下存放、冷冻仓储物品的仓库
	恒温仓库	能调节温度并能保持某一温度的仓库
	水上仓库	利用水面或水下来存放物品，在高湿度条件下储存物品的仓库
	露天仓库	露天堆码、保管的室外仓库
	危险品仓库	储存保管危险品的仓库

续表

分类标准	类　型	主要内容
仓库结构	平房仓库	单层的、有效高度不超过 5～6 米的仓库
	楼房仓库	两层以上的楼房仓库
	高层货架仓库	采用多层货架保管的仓库
	罐式仓库	以各种罐体为储存库的大型容器型仓库
特种仓库	移动仓库	不固定在某一特定位置，而利用自身可移动的性能，能移动到所需地点完成仓储任务的仓库
	保税仓库	经海关批准，在海关监管下，专供存放未办理关税手续而入境或过境货物的场所

2.1.4　仓储管理的内容

仓储管理就是指服务于一切库存物资的经济技术方法与活动。显然，从仓储管理的定义可以看出其所管理的对象是“一切库存的物资”，管理的手段既有经济的，又有纯技术的，具体包括如下几个方面。

1. 仓库的选址与建筑问题

仓库的选址与建筑问题是仓储管理战略层面首先需要考虑的问题。例如，仓库选址的原则，仓库建筑面积的确定，库内运输道路与作业的布置等。

2. 仓库机械作业的选择与配置

仓库机械作业的选择与配置对整个仓库的运行效率有着直接的影响，仓储机械设备的高效利用主要指如何对机械设备进行管理、使用，以最大效率地发挥它们的使用价值。例如，如何根据仓库作业特点和所储存物资的种类及其理化特性，选择机械装备及应配备的数量，如何对这些机械进行管理等。

3. 仓库的库存管理问题

库存管理是仓库管理的重中之重。批发商应根据企业需求状况，存储合理数量的货物，既要保证不能因储存过少而造成销售中断，又不能因存储过多而占用大量的流动资金。库存管理的首要目标是保证企业获得稳定的商品供应，但这不是库存管理的唯一目标。众所周知，如果库存商品过多，不仅会造成商品积压，还会大大增加保管费用，更糟糕的是还会占用大量的流动资金。资金是一种稀缺资源，它可以投资于其他方面产生利润，可以存入银行产生利息。但是当流动资金以库存的形式存在时，它既不产生利润，也不产生利息。从这个角度来说，积压商品，实际上是积压资金。

4．仓库的业务管理问题

仓库的业务管理问题主要包括如何组织货物入库前的验收，如何存放入库物资，如何对在库物资进行保管保养、发放出库等。

5．仓库的组织管理

仓库的组织管理主要包括货源的组织、仓储计划、仓储业务、货物包装、货物养护、仓储成本核算、仓储经济效益分析、仓储货物的保税类型、保税制度和政策、保税货物的海关监管、申请保税仓库的一般程序等。

6．仓库的信息技术

仓库的信息技术包括仓库管理中信息化的应用及仓库管理信息系统的建立和维护等问题。

此外，仓储业务的考核、新技术新方法在仓库管理中的运用、仓库安全与消防等，都是仓储管理所涉及的内容。

良好的仓储管理不仅能保证企业获得及时、准确、质量完好的货物供应，而且有利于企业通过占用较少的流动资金，降低产品成本，从而提高企业的综合竞争实力。一般认为，企业库存资金占资金总额比重的大小，虽然与企业性质或行业特点有关，但很大程度上也取决于企业的仓库管理水平。因此，现代企业必须抓好仓储管理工作。

案例 北京某汽车制造厂自动化仓库拆除案

20 世纪 70 年代，北京某汽车制造厂建造了一座高层货架仓库（自动化仓库）作为中间仓库，存放装配汽车所需的各种零配件。此厂所需的零配件大多数是由其协作单位生产，然后运至自动化仓库的。该厂是我国第一批发展自动化仓库的企业之一。

该仓库结构分高库和整理室两部分，高库是采用固定式高层货架与巷道堆垛机结构，从整理室到高库之间设有辊式输送机。当入库的货物包装规格不符合托盘或标准货箱时，则需要对货物的包装进行重新整理，这项工作就是在整理室进行的。由于当时的货物包装没有规格化，因此，整理工作的工作量相当大。

货物的出入库是运用电脑控制与人工操作相结合的人机系统。这套设备在当时来讲是相当先进的。但该库建在该厂的东南角，距离装配车间较远，因此，在仓库与装配车间之间需要进行二次运输，即将所需的零配件先出库，装车运输到装配车间，然后才能进行组装。由于自动化仓库建成后所起的作用并不理想，利用率逐年下降，最后不得不拆除。

2.1.5 自动化立体仓库

1．自动化立体仓库概述

立体仓库是指采用高层货架，配以货箱或托盘储存货物，用巷道堆垛起重机及其他机械进行作业的仓库。自动化仓库指由电子计算机进行管理和控制，不需人工搬运，而实现收发作业的立体仓库。自动化立体仓库又称自动化高架仓库或自动存储系统，它是指能自动储存和输出物料，由多层货架、运输系统、计算机系统和通信系统组成的，集信息自动化技术、自动导引小车技术、机器人技术和自动仓储技术于一体的集成化系统，如图 2-4 所示。

图 2-4　自动化立体仓库

资料　自动化立体仓库

1956 年美国建立第一座自动化立体仓库，目的是解决军事上自动化搬运弹药的问题，之后又成功运用在航空母舰舰载机的换装上，由于自动化立体仓库具有占地面积少、差错少、节省人力等优点，大大提升了航空母舰战斗机群轮番战斗能力。之后的 50 年里，由于冷战的结束，东西方世界对立情绪的减弱，国际贸易的增加和全球化浪潮的兴起，自动化立体仓库技术逐渐有民用化趋势。整个 20 世纪 60 年代，美国建造了 1 836 座自动化立体仓库，其中大部分分布在以五大湖为核心的工业地带上。自动化立体仓库可靠性高，节省劳动力，零件容易维修更换，操作简单方便，使得工业生产中的生产物流成本下降，建设费用和土地资源得到有效节约。因此，在美国各个地区都掀起了建设自动化立体仓库的热潮。

自动化立体仓库不是单一设备堆积而成的仓库，它是一个仓库系统。自动化立体仓库中所有设备在控制软件的管理下统一高效地运行。这些设备包括：搬运设备，如堆垛机、AGV 小车；输送设备，如输送带；容器，如托盘；货架，如高位货架；扫描系统，如激光读码系统；传感器等。

2．自动化立体仓库的优点和缺点

自动化立体仓库的出现推动了仓储管理的发展，是仓储领域新技术的集成，它的使用产生了巨大的社会效益和经济效益。自动化立体仓库有很多优点，但也有不足，如图 2-5

所示。

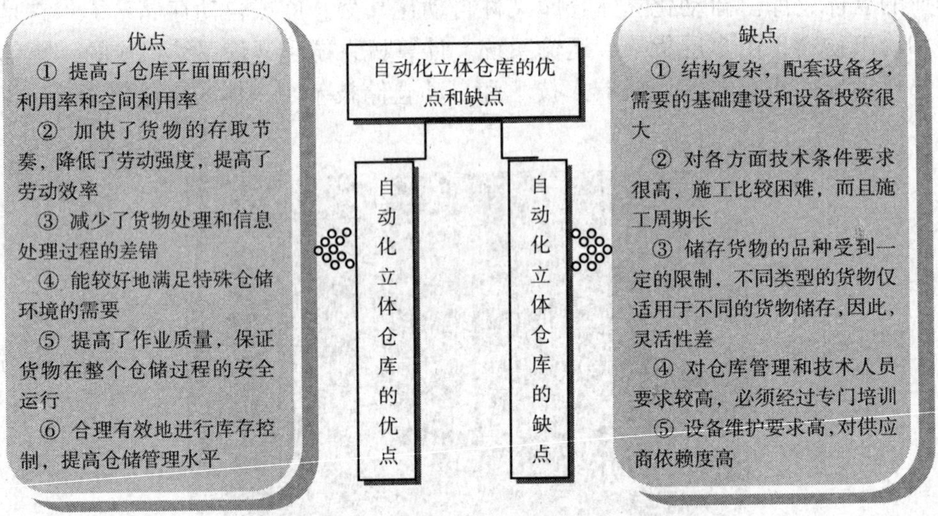

图2-5 自动化立体仓库的优点和缺点

3．自动化立体仓库系统的组成

自动化立体仓库系统主要由货架、传输设备、存储设备、堆垛机、控制系统、通信系统、计算机管理监控系统等组成。它能够按照指令自动完成货物的存取，并能对库存货物进行自动化管理，完全实现自动化作业。

4．自动化立体仓库的功能

（1）大量储存

自动化立体仓库一般是指采用几层、十几层乃至几十层高的货架来储存单元货物，并用相应的搬运设备进行货物入、出库作业的仓库。一个自动化立体仓库拥有的货位数可以达到30万个，可储存30万个托盘，以平均每托盘储存货物1吨计算，则一个自动化存取系统可同时储存30万吨货物。

（2）自动存取

自动化立体仓库的出入库及库内搬运作业，全部实现由计算机控制的机电一体化作业。

（3）信息处理

自动化立体仓库的计算机系统，能随时查询仓库的有关信息和伴随各种作业所产生的信息报表单据。

除以上功能外，自动化立体仓库还具有分类、计量、包装、分拣、配送等多种功能。

任务　货位分配设计

货物到达仓库之后，由于其理化性质、来源、去向、批号、保质期等各方面都不同，仓库要为这些物品分配一个合理的货位。货物分配不仅要保证保管的合理性，更要便于仓库的有效作业和管理。

步骤一：设计货位管理的步骤，货位管理如图 2-6 所示。

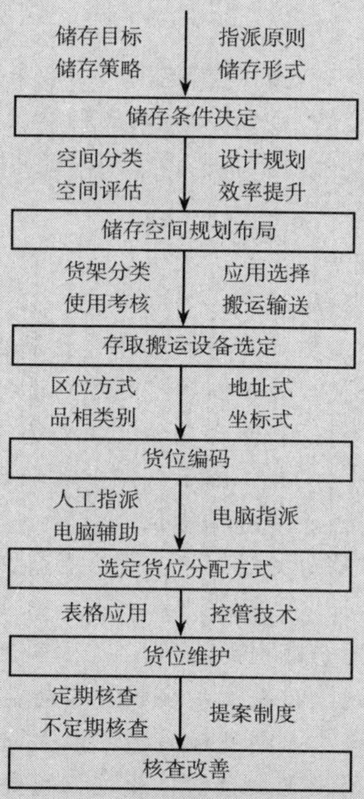

图 2-6　货位管理的基本步骤

步骤二：根据商品类型，选择货位的存货方式

货位的存货方式一般分为固定式和流动式两种。

1. 固定式

固定式是一种利用信息系统事先将货物货架进行分类、编号，并粘贴货架代码，对各个货架内将要存放的物品事先加以确定的货位存货方式。在固定式管理方式下，各货架内存放的物品长期是一致的，这样就使物品备货作业变得较为容易，同时使信息管理系统的建立也较为方便，因为只要将货架编号及物品代码输入计算机一次，以后就能很容易地掌握物品的出入库动态，并利用信息管理系统随时掌握账目和实际的剩余库存量，便于及时补充库存。

采用固定式存货方式必须注意，每个货位的容量必须大于在该货位存放的物品的最大在库量，否则会出现货位不足、物品无法及时入库的情况。

2. 流动式

流动式就是所有物品是按照顺序放在空的货架上，不事先确定各类物品专用的货架。流动式存货方式由于各货架内存放的物品是不断变化的，因而在物品变更登记时出差错的可能性较高。

固定式和流动式各有一定的适用范围，一般来说，固定式存货方式适用于非季节性物品、重点用户的物品，以及库存物品种类比较多且性质差异较大的情况；季节性物品或物流量变化较大的物品，由于周转速度较快，出入库频繁，更适用于流动式的存货方式。

步骤三：仓库货位布局

1. 选择和确定货位的原则

① 根据货物的尺寸、货量、特性、保管要求选择货位。

② 根据"先进先出"、"缓不围急"的原则选择货位。

③ 根据出入库频率高低和储存期的长短来选择货位。

④ 根据"小票集中"、"大不围小"、"重近轻远"的原则选择货位。

⑤ 根据操作的便利性原则选择货位。

⑥ 根据作业量分布均匀的原则来选择货位。

2. 仓库货物布局设计

仓库货物布局是指对仓库内的存货区、入库检验区、理货区、备货区、通道及辅助作业区在规定范围内进行全面的安排。布局是否合理，将对仓库作业的效率、储运质量、储运成本和仓库盈利目标的实现产生很大的影响。

合理的仓库货位布局应满足仓储作业过程的要求，便于仓储业务的顺利进行。货位布局应该以单一的物流流向、最短的搬运距离、最少的装卸环节和最大限度地利用空间为目标，这是货物布局的基本要求，是根据物流移动路线和相关功能区域的联系程度进行布置的主要依据，适用于物流作业区域的平面布置，仓库内部的布局如图 2-7 所示。

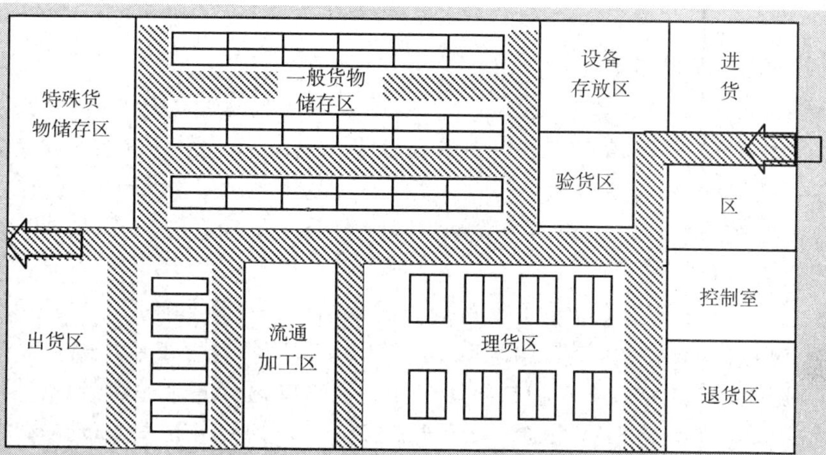

图 2-7　某仓库布局

步骤四：货位的选择

货位就是仓库中实际可用于堆放商品的面积。货位选择是在商品分区分类的基础上进行的，所以货位选择应遵循以下原则。

1. 确保商品安全原则

商品安全主要是指质量安全，货位选择过程中要注意：怕潮、易霉、易锈的商品应选择干燥和密封的货位；怕光怕热、易融的商品应选择低温的货位；怕冻的商品应选择不低于 0℃的货位；易燃、易爆、有毒、有腐蚀性、有放射性的危险品，应在郊区仓库分类储存；性能相互抵触或有挥发性、串味的商品，不能同区储存；消防灭火方法不同的商品，要分开储存。

2. 方便吞吐发运原则

货位的选择要尽可能符合方便吞吐的原则，要方便商品的进出库，尽可能缩短收发货作业时间。

3. 力求节约仓容原则

选择货位的同时，还要符合节约的原则，以最小的仓容储存尽可能多的商品。在货位负荷量和高度基本固定的情况下，应从储存商品不同的体积、重量出发，使货位与商品的重量、体积紧密结合起来。对于轻泡商品，应安排在负荷量小和空间高的货位；对于实重的商品，应安排在负荷量大而且空间低的货位。

步骤五：货位的编号

货位编号就是按照位置的排列将商品存放在场所，采用统一标记编上顺序号码，并做出明显标志。货位编号在保管工作中有着重要的作用。在商品收发作业过程中，按照货位编号可以迅速、方便地进行查找，不但提高了作业效率，而且有利于减少差错。

1. 货位编号的原则

货位安排好之后，需要进行编号。编号应按下列原则进行。

① 唯一原则。库存所有物料都有自己唯一的编号，号码不能互相重复。

② 系列化原则。编号要按物料分类的顺序分段编排。物料的编号不是库存所有物料的一般顺序号，而是运用分类的分段顺序号。编号的分段序列应符合物料分类目录的分段序列。

③ 实用性原则。编号应尽量简短，便于记忆和使用方便。

④ 通用性原则。编号要考虑各方面的需要，使物料的编号既是货位编号，又是储备定额的物料编号，也是物料账的账号，也可以是计算机的物料代号。

货位编号具有广泛的用途。由于货位按分类序列编号，知道了编号就知道了该物料的位置，使存取方便。即使不是本库专职人员，也能很快找到所指物料。保管人员和会计人员按出入库单据的物料编号，可准确记入实物账和会计账，可减少和消除账物不符的现象。

2. 货位编号的要求

货位的编号必须符合“标志明显易找，编排循规有序”的原则。具体编号要求如图2-8所示。

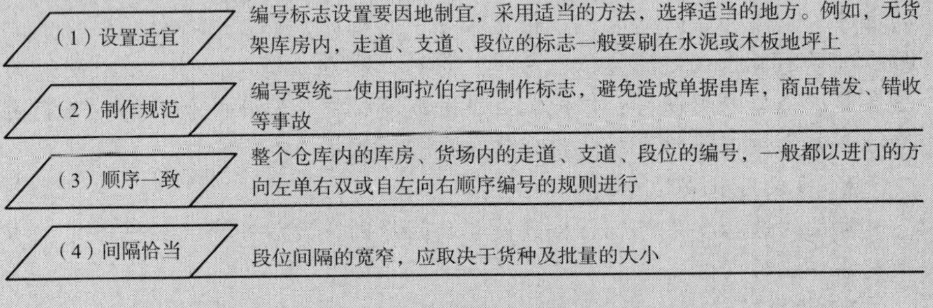

图2-8 货位编号的要求

3. 货位编号的方法

仓库中一般货位编号常用的方法有三种。

① 仓库内储存场所的编号。整个仓库内的储存场所若有库房、货棚、货场，则可以按一定的顺序（自左向右或自右向左）各自连续编号。库房的编号一般写在库房的外墙上或库门上，字体要统一、端正，色彩鲜艳、清晰醒目、易于辨认。货场的编号一般写在场地上，书写的材料要耐摩擦、耐雨淋、耐日晒。总之，书写的地方和字体都要做到让人一目了然。

② 库房编号。库房编号一般采用“三位数编号”、“四位数编号”或“五位数编

号"。在商业仓库中，"四位数编号"是一种既简单又实用的货位编号方法，即采取四组数字来表示商品存放的位置。通常，在采用货架存放商品的仓库中，四组数字依次代表库房的编号、货架的编号、货架层数的编号和每一层中各格的编号。例如，四组数字 3-10-4-5，它们依次表示第 3 号库房第 10 个货架第 4 层中的第 5 个货格。

③ 货位编号。货位布置的方式不同，其编号的方式也不同。货位布置的方式一般有两种，横列式和纵列式。横列式即货位横向摆放，可采用横向编号。纵列式，即货位纵向摆放，常采用纵向编号。

2.2 仓储设施与设备

仓储设备是进行仓储作业的工具和手段，是物流设备的重要组成部分。这里介绍仓储中经常使用的一些基本设备。

2.2.1 计量设备

计量设备是利用机械原理或电测原理确定物质物理量大小的设备，主要用于商品进出时的计量、点数，以及存货期间的盘点、检查等。仓储中使用的计量设备包括：重量计量设备，如电子秤、台秤和汽车衡；流体容积计量设备，如流量计量仪及液面液位计量仪；长度计量设备，如直尺、卷尺、游标卡尺和千分尺；个数计量设备，如自动计数器和自动计数显示装置。

1. 汽车衡

汽车衡是一种无轨地下磅秤，实际上就是将台秤的台面安装在与汽车道路面同一水平上，以便进出库运料的非轨行车辆通过其上时能够迅速称出质量。汽车衡的设置地点，一般应在主要料场附近，以便就近过秤，汽车衡如图 2-9 所示。

图 2-9 汽车衡

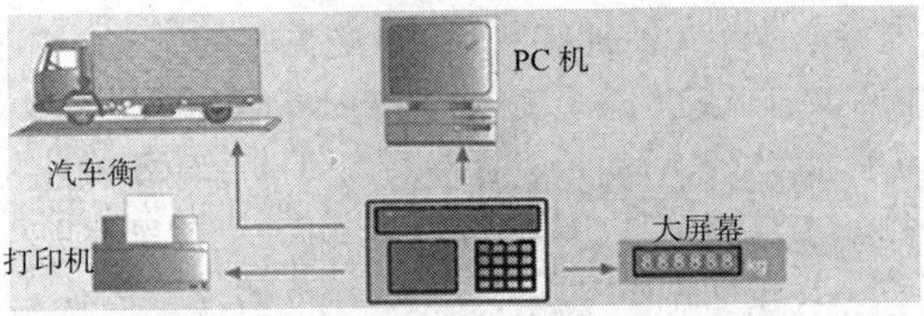

图 2-9　汽车衡（续）

2．电子秤

电子秤是用来对货物进行称重的自动化称重设备，通过传感器的力电转换，经称重仪表处理来完成对货物的计量，适用于各种散货的计量。与传统的机械秤不同，电子秤有如下特点：结构简单、体积小、重量轻、受安装地点的限制小；没有作为支点的刀垫和刀口，没有机械磨损，稳定可靠，维修方便，且寿命长；反应速度快，称重数据可以储存、远距离传输以实现安全报警和作业自动化；有足够的精度，称重值数码显示，避免人为的误差等。

电子秤的工作原理是秤重物品经由装在机构上的称重传感器，将重力转换为电压或电流的模拟信号，经放大及滤波处理后由 A/D 处理器转换为数字信号，数字信号由中央处理器（CPU）运算处理，而周边所需要的功能及各种接口电路也和 CPU 连接应用，最后由显示屏幕以数字方式显示。电子秤如图 2-10 所示。

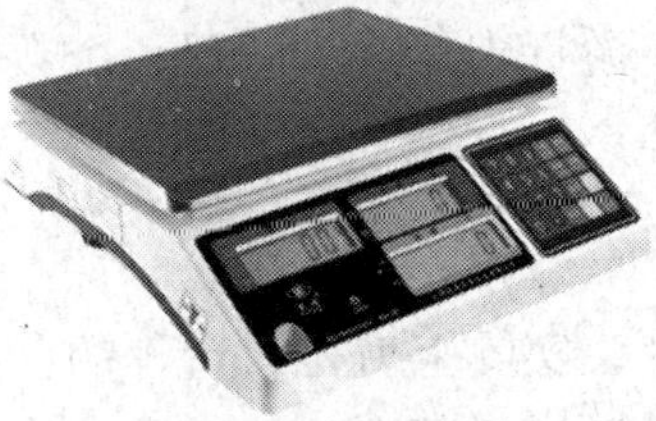

图 2-10　电子秤

3．自动检重秤

自动检重秤又称为分选秤、选别机或自动分选检衡器，是一种对不连续成件载荷进行自动称量的仪器。它能按照预先设定的重量大小对被称商品的重量进行检验，当被称商品不在设定的重量范围内时，自动检重秤能够自动检测出来，并从生产流程中将商品剔除，同时发出报警信号。

自动检重秤的主要作用是保证包装商品标称重量和实际重量要相符，它能够对批量包装商品进行全部检测，使不合格的商品不能进入流通领域。一方面，自动检重秤可以保护消费者的利益；另一方面，自动检重秤为生产者提供了保证产品质量的手段，使生产者获得大量有价值的信号，随时掌握商品的包装精度、生产能力等流程状态，及时控制商品欠重和超重现象的发生，自动检重秤如图 2-11 所示。

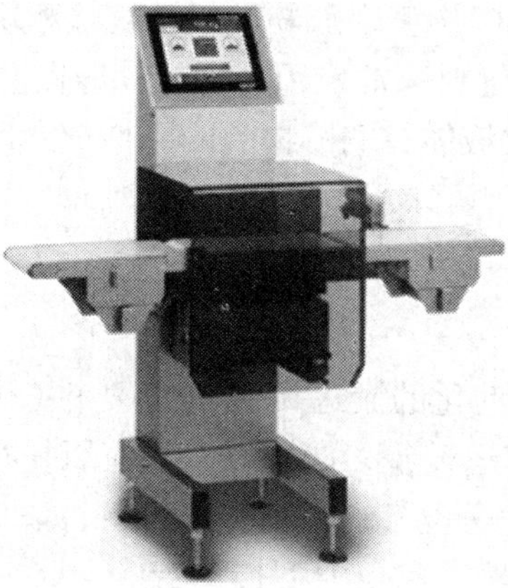

图 2-11 自动检重秤

2.2.2 储存设备

1. 高层货架

高层货架是用支架、隔板或托架组成的立体储存货物的设施。它是仓储面积的扩大和延伸，可提高仓储能力，如图 2-12 所示。

图 2-12 高层货架

2. 料棚

料棚是供储存某些物品的简易建筑物，一般没有或只有部分围壁。其造价低、建造速度快，适合对环境条件要求不高的物资的存放或适合物资的临时存放。

3．储存容器

① 储仓，又称料仓，指专门用于存放粉状、颗粒状和块状等散装非包装物品的刚性全封闭结构容器。粮食、水泥、化肥等常采用这种储存容器。

② 储罐，指专门用于存放液体、气体物品的刚性全封闭结构容器。油料、煤气等常采用这种储存容器。

2.2.3 物料搬运设备

动力型搬运设备包括：自动化的搬运设备，如叉车（见图 2-13）、无人搬运车（见图 2-14）、驱动式搬运车；机械搬运设备，如堆垛机、液压托板机、吊车、跨车、牵引车；输送带设备（见图 2-15）；分类输送设备；装卸托盘设备；垂直搬运设备等。非动力型搬运设备包括手推车、平板拖车、滚轮车和重力型传送带。

图 2-13　叉车

图 2-14　无人搬运车

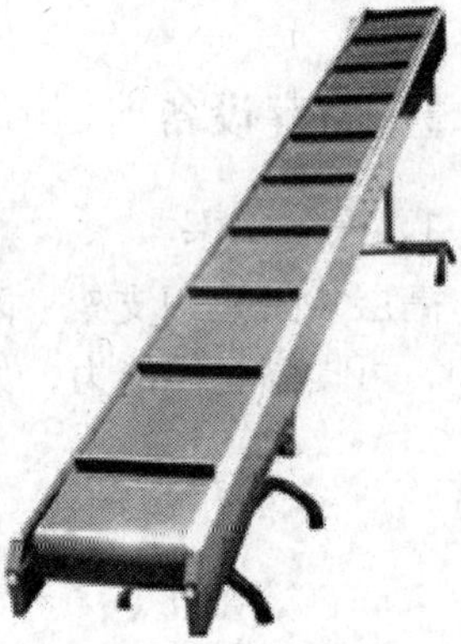

图 2-15　输送带设备

2.3 包装

包装是物流系统的构成要素之一，与运输、保管、搬运、流通加工均有十分密切的关系，是把运输、储存、装卸等物流活动有机联系起来的重要手段。在物流活动中占有特殊的地位。包装是生产的终点，同时又是物流的起点。包装在保护商品、方便流通、降低物流费用等方面起着重要作用。

2.3.1 包装概述

我国国家标准（GB/T 18354—2006）中将包装（Package/Packaging）定义为："包装是为在流通过程中保护商品，方便储运，促进销售而按一定技术方法采用的容器、材料及辅助物等的总称，也指为了达到上述目的而对采用容器、材料和辅助物的过程施加一定技术方法等的操作活动。”因此，包装具有双重含义：一是静态的含义，指能合理容纳商品，抵抗外力，保护和宣传商品，促进商品销售的包装物，如包装材料和包装容器等；二是动态的含义，指包裹、捆扎商品的工艺操作过程。简言之，包装是包装物及包装操作的总称。

人们对包装概念的理解，是随着社会生产的发展而不断深化的。在现代物流形成以前，包装仅被看成生产的最后一道工序，属于生产领域的活动，包装的设计主要从生产的需要出发，因此常常不能完全满足流通的要求。现代物流认为，包装是物流系统的重要组成部分，与运输、保管、搬运、流通加工均有十分密切的关系，对现代物流的发展起着不可低估的作用。现代物流的迅速发展也对包装提出了更高的要求。

2.3.2　包装的分类和功能

1. 包装的分类

一般产品都需要包装，这些产品种类繁多，性能和用途千差万别，因而对包装的要求各有不同。包装可以按以下方法分类。

（1）按照包装的作用

可分为商业包装和运输包装。

商业包装（Sales Package）又称内包装或销售包装，是直接接触商品并随商品进入零售网点和消费者或同用户直接见面的包装。商业包装一般要与商品直接接触，包装体与商品体是在生产中结成一体，如化妆品盒、饮料瓶等。商业包装除了能保护商品、方便运输外，还具有美化商品、宣传商品和促销的作用。

运输包装（Transport Package）是指以满足运输储存要求、保护产品为主要目的的包装。它具有保障产品的安全，方便储运装卸，加速交接、点验等作用。通常运输包装不随商品卖给顾客。它一般不与商品直接接触，而是由许多小包装（销售包装）集装而成。如烟、酒、化妆品等，商品先装进小包装，然后集装于包装容器内。运输包装要在达到保护商品的目的基础上使包装费用越低越好。

（2）按包装形态

可分为逐个包装、内包装、外包装三大类。

（3）按包装使用次数

可分为一次性包装、复用性包装两大类。一次性包装如纸盒、塑料袋。复用性包装如能直接消毒、灭菌再使用的玻璃瓶，或回收再复制的金属、玻璃容器等。

（4）按包装的保护技术

可分为防潮包装、防锈包装、防虫包装、防腐包装、防震包装、危险品包装等。

2．包装的功能

包装的材料、容器和技法及外形设计都会对物流其他环节起到重要的作用。具体来讲，包装主要具有保护、便利和促销等功能。

（1）保护功能

保护功能即保护商品不受损伤，它是包装的最基本功能。主要表现在以下四个方面。首先，保护商品不受机械损坏。商品从生产领域进入到消费领域，要经过装卸搬运、储存保管和运输配送等各种作业流程，科学合理的包装可以防止商品在上述过程中发生破损变形。其次，保护商品不受环境损害。外界温度、湿度、光线等条件的变化，会使商品发生受潮、发霉、变质、生锈等化学变化，科学的包装可以在一定程度上起到阻隔水分、潮气、光线及空气中各种有害气体的作用，防止商品发生上述化学变化。再次，保护商品不受生物损害。商品包装采取一定的措施封闭严密，可以防止有害生物对商品的侵害，这点对食品具有重要意义。最后，保护商品不受人为损害。包装可以防止异物流入，减少污染，避免商品丢失、散失。

（2）便利功能

便利功能是指包装便于运输、装卸搬运和仓储，同时也便于消费者使用。

首先，包装的规格、形状和重量与物品运输关系密切。包装尺寸与运输车辆、船舶和飞机等运输工具的箱、仓容积是否吻合，直接影响运输效率。其次，科学合理的商品包装便于各种装卸搬运机械的使用，可以提高装卸搬运机械的工作效率。再次，在物品进、出库时，适合仓库内作业的规格尺寸、重量、形态商品包装，为仓库提供了装卸搬运的方便。在物品储存保管时，包装便于维护物品的使用价值；包装物的各种标志使仓库管理者便于识别、存取和盘点。在物品验收时，科学合理的包装易于开包和重新打包。最后，人性化的包装设计极大地方便了消费者的使用。例如，在日本，装金针菇的塑料袋上下分为两种颜色，上面为透明的，下面是蓝色的，吃的时候就从两色分界的地方切开，因为蓝色包装那部分是根，不能食用。

（3）促销功能

包装设计在促进商品销售的手段中占有重要地位。适度合理的包装具有广告效力，可以美化商品的形象，唤起消费者的购买欲望，达到促进商品销售的目的。一方面体现在通过包装上的文字说明，可以传达商品信息，指导消费；另一个方面精美包装可以体现商品本身价值，激发顾客购买欲望。

小资料　杜邦定律

企业在竞争激烈和销售方式不断演变的现代市场中脱颖而出，除了靠产品创新和优质快速的服务取胜外，包装显得越来越重要。通过它可以使消费者产生购买欲望，从而刺激消费。美国最大的化学工业公司杜邦公司的一项调查表明：63%的消费者是根据商品的包装来选购商品的，这一发现就是著名的"杜邦定律"。另据英国市场调查公司报告，一般在超级市场购物的妇女，由于受精美包装的吸引，所购物品通常超出计划购物数的 45%。现代包装，既是商品在生产领域的延续，又能够方便商品运输、装卸和存储保管，同时包装又向消费领域延伸，成为商品"无声的销售员"。

2.3.3　包装材料与包装容器

包装材料是指制作包装容器所采用的材料。包装材料的好坏对包装技法的实施和由其所制成的容器影响很大。常见的包装材料主要有纸和纸制品、塑料、木材和木制品、金属材料、玻璃与陶瓷。包装材料和造型设计相结合就形成包装容器。由于包装材料对包装容器的特点影响较大，包装容器常以包装材料来分类。不同的包装容器，采用不同的包装材料，是为了适应不同商品包装的要求。包装材料与包装容器的选择和设计是否合理，是保证包装质量的关键。

1. 木制包装容器

木制包装容器的主要特性是能抗弯曲破裂，它在包装容器中所占比重较大。所采用的材料主要是木材，这种容器一般用于商品的外包装，主要是因为它抗压、抗冲击、机械性能好；同时它便于商品在运输、储存中垛码，充分利用仓库容积，对商品起到良好的保护作用。

2. 纸制包装容器

纸制包装容器在商品包装中占有非常重要的位置，一般占包装材料的 30%～40%。这种容器所用包装材料主要是各种纸板。商品的内包装、中包装及外包装，根据商品的要求，一般都可采用纸或纸板包装。

3. 塑料包装容器

塑料包装是随着科学技术的发展、新型材料的使用而出现的一种现代包装容器，主要采用各种塑料，如低密度聚乙烯、聚丙烯、聚苯乙烯、乙烯、醋酸乙烯共聚物、热塑性聚酯等。塑料包装已经渗透到人们生活的各个方面，特别是在食品包装方面，使用日益广泛。从发展的前景来看，塑料包装容器仍然是大有前途的一种包装材料。

4. 金属包装容器

金属容器具有机械强度高、抗冲击能力强、不易破碎等优点。金属容器所用材料主要有马口铁、铝箔、焊接剂、内层涂料（防腐、防毒）、外层涂漆等。金属容器按外形和使用一般分为罐和桶。

5. 玻璃包装容器

玻璃包装容器主要用于包装液体、固体药物及液体饮料类商品。用玻璃制作包装容器，是由玻璃材料本身的优点决定的，其优点是：原材料丰富，价格便宜；化学稳定性好，适宜于包装液体；可回收利用；透明度好；造型变化快，有利于宣传和美化商品；没有气味，不会污染；长期保存不变质；没有透气性；坚硬而不变形。由于有以上的优点，玻璃被广泛地用于包装材料。但它同时也存在着耗能高、易破碎、重量重等不足。从国际市场来看，各国玻璃容器的销售呈逐年递增的趋势。玻璃容器的发展趋势是逐步标准化、轻量化。

2.3.4 包装机械

包装机械即完成全部或部分包装过程的机器。包装过程包括充填、裹包、封口等主要包装工序，以及与其相关的前后工序，如清洗、堆码和拆卸等。此外还包括盖印、计量等附属工序。包装机械可以降低劳动强度，改善劳动条件，提高劳动生产率，确保包装质量，降低包装成本，减少流通费用。表 2-2 所示为常用包装机械的种类和作用。

表 2-2 包装机械的种类和作用

包装机械的种类	主要有封口机、装箱机、封箱机、捆扎裹包设备及包装生产线等
包装机械的应用领域	食品、医药、化工、邮电、出版、机械、电子、纺织、钢铁、冶金及军工等各个领域
包装机械的作用	（1）劳动生产率大大提高 （2）包装产品质量稳定、卫生、可靠 （3）劳动条件改善：操作者免于直接接触．防止污染；同时也可使操作者摆脱紧张重复的手工操作及繁重的体力劳动，使劳动条件大为改善 （4）综合效益提高：实现了标准化，减少了物料损耗，降低了包装成本，提高了包装的综合效益
包装机械的发展方向	机械化、自动化、智能化

2.3.5 包装标志

包装标志是指在包装件外部用文字、图形、数字制作的特定记号和说明事项。其主要作用是便于在物流管理中识别和辨认货物，良好的包装标志能加速货物的交接和点验。包装标志主要有运输标志、指示性标志和警告性标志三种。

包装标志主要是应物流管理的需要而产生的。商品在物流流动中要经过多环节、多层次的运输和中转，要完成各种交接，就需要标志来识别货物。包装货物通常装在密封容器内，经手人很难了解内装物是什么，同时内部产品性质不同，形态不一，轻重有别，体积各异，保护要求也就不一样。物流管理中许多事故和差错常常是因为标志不清或错误而造成的，如错发、错运、搬运装卸操作不当、储存保管不善等。这些都说明包装标志对有效地进行装卸、运输、储存等物流活动起着重要作用。

1．运输标志

运输标志是按运输规定，由托运人在货件上制作的表示货件与运单主要内容相一致的标记。其作用主要是便于识别货物，便于收货人收货，有利于运输、仓储、检验等。运输标志的主要内容有：商品分类图示标志、供货号、货号、品名规格、数量、毛重、净重、体积、生产日期、生产工厂、有效期限、收货地点和单位、发货单位、运输号码、发运件数等。

条形码，是由一组黑白相间的、粗细不同的条状符号组成的，隐含着数字信息、字母信息、标志信息、符号信息，主要用以表示商品的名称、产地、价格、种类等，是全世界通用的商代码的表示方法。随着条形码技术的不断发展，条形码在包裹、货物运输上扮演了越来越重要的角色，逐步成为一种重要的运输标志。特别是近几年来，许多国家的运输公司纷纷采用条形码标签，来实现货物运输中的条形码跟踪和信息传递。图 2-16 是发运条形码。（条形码的详细内容见本书第 8 章。）

Aux(124)-TR

123456

BJ100080

包装/发运条码

图 2-16　发运条形码

2．指示性标志

指示性标志是指根据商品的性能、特点，用简单醒目的图案和文字对一些容易破碎、残损、变质的商品，在包装的一定位置上做出的标志。其目的是在货物运输、装卸和储存过程中，引起作业人员的注意，使他们按图示的标志要求进行操作。如中国物流国家标准在 GB191—2008 的《包装储运图示标志》（见表 2-3）和分类标志图形在 GB6388—86 的《运输包装收发货标志》的规定（见图 2-17）。

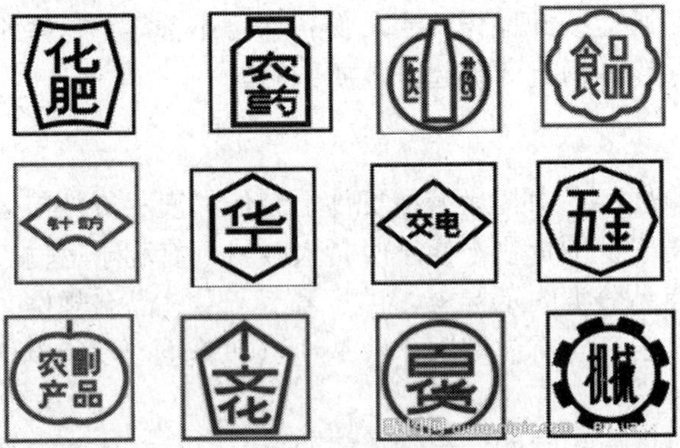

图 2-17　运输包装收发货标志

表 2-3　包装储运图示标志

序号	标志名称	标志图形	含　义	备注/示例
1	易碎物品		运输包装件内装易碎品，因此搬运时应小心轻放	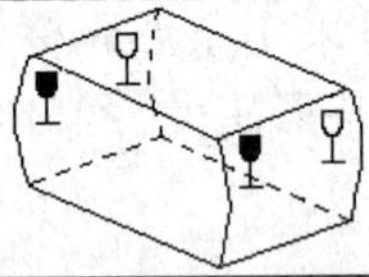
2	禁用手钩		搬运运输包装件时禁用手钩	
3	向上		表明运输包装件的正确位置是竖直向上	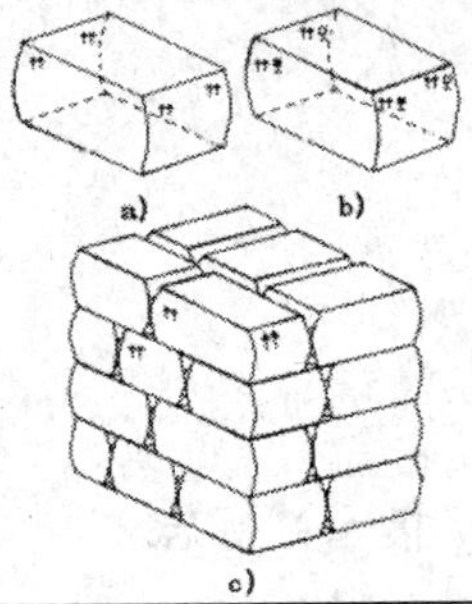
4	怕晒		表明运输包装件不能直接照晒	
5	怕辐射		包装物品一旦受辐射便会完全变质或损坏	
6	怕雨		包装件怕雨淋	

续表

序号	标志名称	标志图形	含　义	备注/示例
7	重心		表明一个单元货物的重心	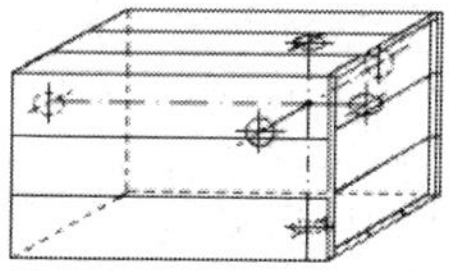 本标志应标在实际的重心位置上
8	禁止翻滚		不能翻滚运输包装	
9	此面禁用手推车		搬运货物时此面禁放手推车	
10	禁用叉车		不能用升降叉车搬运的包装件	
11	由此夹起		表明装运货物时夹钳放置的位置	
12	此处不能卡夹		表明装卸货物时此处不能用夹钳夹持	
13	堆码重量极限		表明该运输包装件所能承受的最大重量极限	
14	堆码层数极限		相同包装的最大堆码层数，n 表示层数极限	
15	禁止堆码	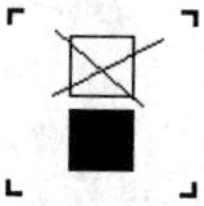	该包装件不能堆码并且其上也不能放置其他负载	
16	由此吊起	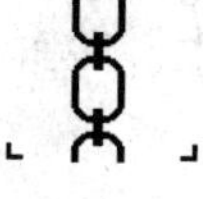	起吊货物时挂链条的位置	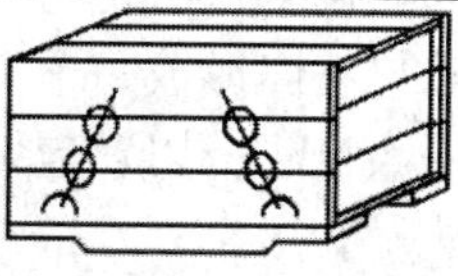 本标志应标在实际的起吊位置上

续表

序号	标志名称	标志图形	含　义	备注/示例
17	温度极限		表明运输包装件应该保持的温度极限	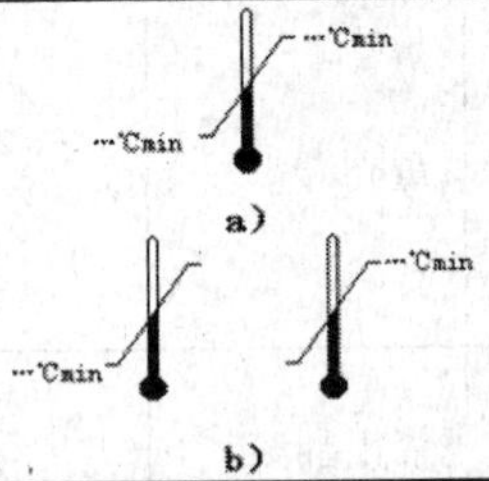

3．警告性标志

警告性标志是在危险货物运输包装上以不同的种类、名称、尺寸、颜色及图案表明不同类别和性质的危险品的标志。中国国家标准《危险货物包装标志》GB190—2009 规定了危险货物包装图示标志的种类、名称、尺寸及颜色等，图 2-18 是《危险货物包装标志》中的几种标志。

图 2-18　危险货物包装标志

2.3.6　包装技法

商品包装技法是指包装操作时所采用的技术和方法。通过包装技法才能使销售包装件和运输包装体形成一个有机的整体。商品包装技法包括包装操作中置放、排列、加固、捆扎等一般技法，以及包装操作中所采用的各种技术如缓冲、保鲜、防潮、防霉、防锈等特殊技法。

1．包装的一般技法

一般包装技法指多数产品都需要考虑采用的技术和方法。包装的一般技法主要包括以下内容。

① 对内状物进行合理放置、固定和压缩。为了达到缩小体积、节省材料、减少损失的目的，要对内装物合理置放、固定和加固，对松泡产品进行体积压缩。

② 选择合理外包装的形状尺寸。对外包装形状尺寸合理选择，要注意避免过高、过扁、过大、过重包装。

③ 选择合理内包装形状尺寸。对内包装形状尺寸合理选择，要与外包装形状尺寸相配合，要有利于商品的销售。

④ 包装外的合理捆扎。根据包装形态、运输方式、容器强度、内装物重量等不同情况，分别采用井字、十字、双十字和平行捆等不同外包装捆扎方法。

2．包装的特殊技法

包装的特殊技法是针对产品的特殊需要而采用的包装技术和方法。由于产品特性不同，在流通过程中受到内外各种因素影响，有的易发生变质，有的易受振动冲击而损坏，所以需要采用一些特殊的技术和方法，来保护产品免受流通环境不利因素的影响。它包括防震、防破损、防锈、防霉腐、防虫和危险品包装技法等。表 2-4 为特殊包装技法的技术内容及具体阐述。

表 2-4 特殊包装技法的技术内容及具体阐述

技法名称	技术内容	阐　述
防震包装技法	全面防震、部分防震、悬浮式防震	将缓冲材料适当地放置在内装物和包装容器之间，用以减轻冲击和振动，保护内装物免受损坏
防破损包装技法	缓冲包装	有较强的防破损能力，是一种有效的防破损包装技术
	捆扎及裹紧包装	使杂货、散货形成一个牢固整体，增加其整体性，以便于处理
	集装	利用集装减少货体与外界的接触，防止破损
	选用高强度保护材料	利用高强度的外包装材料来防止内装物受外力作用而破损
防锈包装技法	防锈油、防锈蚀包装	用防锈油封装金属制品，要求油层要有一定的厚度，连续性好，涂层完整
	气相防锈包装	在密封包装的容器中，利用气相缓蚀剂（具有挥发性）在很短的时间内挥发出的缓蚀气体充满整个包装容器的每个角落和缝隙，同时吸附在金属制品的表面上，从而抑制大气对金属的缓蚀作用

续表

技法名称	技术内容	阐　述
防霉腐包装技法	冷冻包装	减慢细菌活动和化学变化的过程，以延长货物的储备时间，但不能完全消除货物的变质过程
	高温杀菌法	在包装过程中用高温处理可消灭引起食品腐烂的微生物
	真空包装（减压包装或排气包装）	可阻挡外界水汽进入包装容器内，也可防止在密闭着的防潮包装内部存有的潮湿空气在气温下降时结露
	使用防霉剂	食品必须选用无毒防霉剂；机电产品的大型封闭箱，可酌情采用开设通气孔或通风窗等相应的防腐措施
防虫包装技法	使用有毒性的驱虫剂	利用药物在包装中挥发的气体杀灭和驱除各种害虫，常用的驱虫剂有萘、樟脑丸等
	采用真空、充气、脱氧包装等技术	使害虫无生存环境，从而防止虫害
危险品包装技法	防毒技术；包装严密不透气、不漏气	有机农药类的货物应装入沥青麻袋，封口严密不漏；用作杀鼠剂的磷化锌有剧毒，应用塑料袋严封后再装入木箱中，箱内用两层牛皮纸、防潮纸或塑料薄膜衬垫，使其与外界隔绝
	使用铁质容器	对黄磷等易燃货物的包装，宜将其装入壁厚不少于 1mm 的铁桶中，桶内壁需涂耐酸保护层，桶内盛水，并水面浸没货物，桶口严密封闭
	采用塑料桶包装	对于易燃、易爆货物（如有强烈氧化性的、遇有微量不纯物或受热即急剧分解引起爆炸的货物）宜采用塑料桶包装，然后将塑料桶装入铁桶或木箱中，每件净重不超过 50kg，并应有自动放气的安全阀，当桶内达到一定气体压力时，能自动放气

2.3.7 包装合理化

现实生活中存在着很多包装不合理的现象，如市场上一些补品和礼品的过度包装等，包装的体积和多余空位往往是内装实物体积的一倍至数倍，这些已经引起人们的关注，相关专家也积极提出要起草《产品包装法》。商品包装的合理化是物流合理化的组成部分。由于包装与运输、保管、搬运、流通加工均有十分密切的关系，所以包装合理化不仅是包装本身是否合理的问题，也是整个物流合理化前提下的包装合理化。

1. 包装合理化的含义

商品包装的合理化是指适应和克服流通过程中的各种障碍，能够适应物流发展且不断优化，取得最佳经济社会效益，充分发挥包装实体有用功能的包装。商品包装合理化所涉及的问题，既包括商品生产、流通范围内的有关问题，还包括更大范围内的诸如社会法规、废弃物治理、资源利用等有关方面的问题。从多个角度来考察，合理包装应满足八个方面的要求。

① 包装应妥善保护内装的商品，使其质量不受损伤。

② 包装材料和包装容器应当安全无害。

③ 包装的设计要便于摆放、装卸和搬运。

④ 包装的标志要清楚、明了，准确说明商品的特点和功能等信息。

⑤ 包装内商品外围空闲容积不应过大。

⑥ 包装费用要与内装商品相适应。

⑦ 包装设计要经济实用，提倡节省资源的包装。

⑧ 包装要便于废弃物的治理。

2．包装合理化的体现

从物流总体角度出发，包装合理化要朝着包装标准化、包装成本低廉化、包装技术多功能化、包装绿色化、包装机械化和包装智能化的方向不断发展，防止包装不足、包装过剩和包装污染，如图 2-19 所示。

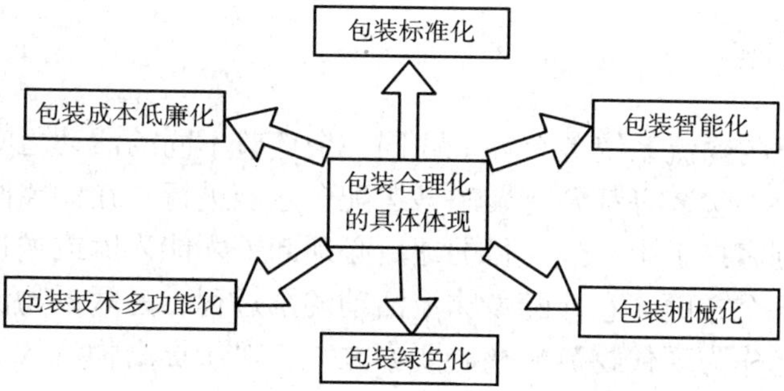

图 2-19　包装合理化的体现

（1）包装标准化

包装标准化是对包装类型、规格、材料、结构、造型、标志及包装实验等所做的统一规定及相关技术政策和技术措施，其中主要包括统一材料、统一规格、统一容量、统一标记和统一封装方法。

（2）包装成本低廉化

包装成本中占比例最大的是包装材料费用。因此在保证包装功能的前提下，要尽量节约材料费用支出，防止包装过剩，做到成本最低。

（3）包装技术多功能化

通过创新开发新的材料和技术，利用各种复合技术、包装容器技术开发新的包装材料和容器是包装合理化的重要内容。这方面的趋势是包装的多功能化，用较少的材料实现多种包装功能等。

（4）包装绿色化

从整个物流流程上看，只有包装这一环节对资源和生态环境依赖性最强。包装工业要消耗大量的资源，同时包装废弃物会导致环境污染等。绿色包装是指无害、少污染的符合环保要求的各类包装物品。绿色包装是对节省材料、资源和能源，废弃物可降解，不致污染环境，对人体健康无害等方面的要求，是包装合理化的发展主流。

（5）包装机械化

过去包装主要是依靠人力作业。进入大量生产、大量消费时代以后，包装的机械化也就应运而生。包装机械化从逐个包装机械化开始，直到装箱、封口、捆扎等外包装作业的完成。包装机械化对于节省劳力、提高作业效率起着重要作用。

（6）包装智能化

物流信息化发展的一个基础是包装智能化，包装上的信息量不足或错误会直接影响物流各个环节的进行。包装上除了标明内装物的品名、数量、重量、生产厂家、保质期及搬运储存所需条件等信息外，还应有商品条形码等，以实现包装智能化。

2.4 装卸与搬运

电子商务环境下的物流系统各个环节或同一个环节不同的活动之间，都必须进行装卸搬运，如运输、储存、包装等都要有装卸搬运配合才能进行。在淘宝网购物中，店上的物品必须装车才能送到客户手中，到达目的地后必须卸下才能入库或送达。装卸搬运已经渗透到了物流领域的各个方面，它伴随着物流活动的全过程，是联系物流其他功能要素的最关键要素。装卸搬运作为现代物流的核心要素之一，对于提高物流效率、降低物流成本、改善物流服务质量，都具有十分重要的意义。

2.4.1 装卸搬运概述

随着电子商务的全面发展，装卸搬运贯穿于物流配送活动的方方面面，越来越得到物流行业的重视。

1. 装卸与搬运的概念

我国物流术语标准（GB/T/18354—2006）中规定：装卸（Loading and Unloading）是指物品在指定地点以人力或机械载入或卸出运输工具的作业过程；搬运（Handing）是指在同一场所内，对物品进行空间移动的作业过程。有时候在特定场合，单称“装卸”或单称“搬运”也包含了“装卸搬运”的完整含义。在习惯使用中，物流领域（如铁路运输）习惯将装卸搬运这一整体活动称作“货物装卸”，生产领域习惯将这一活动称为“物料搬运”。

2. 装卸与搬运的性质

在实际操作中，装卸与搬运往往密不可分，两者是伴随在一起的。因此，在物流学科中并不过分强调两者差别，而是作为一种活动来对待。搬运的“运”与运输的“运”，区别之处在于，搬运是在统一地域的小范围内发生的，而运输则是在较大范围内发生的，两者是由量变到质变的关系，中间并无一个绝对的界限。

装卸搬运的基本功能是改变物品的存放状态和空间位置。无论是在生产领域还是在流通领域，装卸搬运都是影响物流速度和物流费用的重要因素，影响着物流过程的正常进行，决定着物流系统的整体功能和效益。

装卸搬运是连接物流各个环节的桥梁和纽带。物流作业中，不同的物流环节之间甚至某一个环节的不同阶段之间，都是通过装卸搬运作业进行衔接的。正是装卸搬运把“物”运动的各个阶段连接成为连续的“流”，使物流过程真正浑然一体，所以说装卸搬运已经成为生产或流通过程的重要组成部分。据调查，我国机械加工行业用于装卸搬运的成本约为加工总成本的 15.5%；美国有关人士曾经指出，当前美国产品的全部生产时间只有 5%用于加工制造，而 95%的时间都是在装卸搬运、储存和运输等物流过程中消耗掉的。据统计，在运输的全部作业过程中，装卸搬运所占时间约为 50%。可见改善装卸搬运系统能显著提高物流活动的经济效益和社会效益，使装卸搬运系统在提高自身效益的同时，为整个生产系统赢得更大的经济效益。

2.4.2　装卸搬运的功能和特点

1. 装卸搬运的基本功能

装卸搬运作业有六个方面的基本功能，具体如图 2-20 所示。

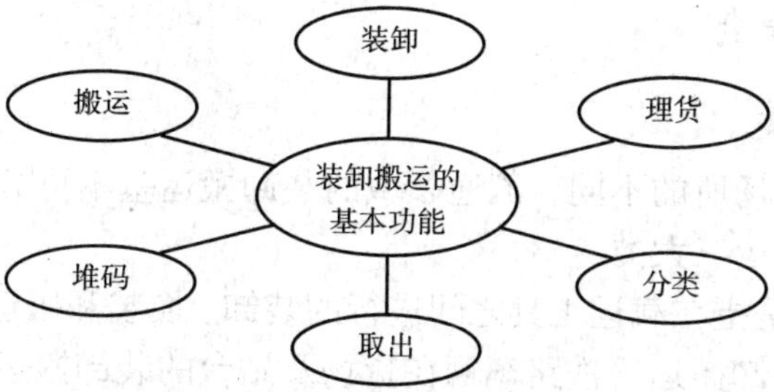

图 2-20　装卸搬运的基本功能

① 装卸——将物品装上运输机具或由运输机具卸下。

② 搬运——使物品在较短的距离内移动。

③ 堆码——将物品或包装货物进行码放、堆垛等有关作业。

④ 取出——从保管场所将物品取出。

⑤ 分类——将物品按品种、发货方向、顾客需求等进行分类。

⑥ 理货——将物品备齐，以便随时装货。

2．装卸搬运的特点

（1）装卸搬运是附属性、伴生性的活动

装卸搬运是物流每一项活动开始及结束时必然发生的活动，因而时常被人忽视，有时被看做其他操作不可缺少的组成部分。例如，一般而言的“汽车运输”，实际就包含了伴随的装卸搬运活动；仓库中泛指的保管活动，也含有装卸搬运活动。

（2）装卸搬运是支持、保障性活动

装卸搬运的附属性不能理解成被动的。实际上，装卸搬运对其他物流活动有一定的决定性。装卸搬运会影响其他物流活动的质量和速度。例如，装车不当，会引起运输过程中的损失；卸放不当，会引起货物转换成下一步运输的困难，迫使劳动强度、作业工作量大幅度增加。物流活动需要在有效的装卸搬运支持下实现其水平的提高。

（3）装卸搬运是衔接性的活动

其他任何物流活动都是通过装卸搬运来衔接的，因而，装卸搬运往往成为整个物流活动的“瓶颈”，是物流各功能之间能否形成有机联系和紧密衔接的关键，而这又是一个系统的关键。建立一个有效的物流系统，关键看这一衔接是否有效。比较先进的物流系统方式——联合运输方式就是着眼解决这种衔接而实现的。

此外，进行装卸操作时往往需要接触货物，因此，这是物流过程中造成货物破损、散失、损耗、混合等损失的主要环节。例如，袋装水泥的纸袋破损和水泥散失主要发生在装卸过程中；玻璃、机械、器皿、煤炭等产品在装卸时最容易造成损失。

2.4.3 装卸搬运的分类

1．按作业场所分类

根据装卸搬运作业场所的不同，流通领域的装卸搬运基本可分为车船装卸搬运、港站装卸搬运、库场装卸搬运三大类。

① 车船装卸搬运是指在载运工具之间进行的装卸、换装和搬运作业，主要包括汽车在铁路货场和站台旁的装卸搬运、铁路车辆在货场及站台的装卸搬运、装卸搬运时进行的加固作业，以及清扫车辆、揭盖篷布、移动车辆、检斤计量等辅助作业。

② 港站装卸搬运是指在港口码头、车站、机场进行的各种装卸搬运作业，主要包括码

头前沿与后方之间的搬运，港站堆场的堆码、拆垛、分拣、理货、配货、中转作业等。

③ 库场装卸搬运通常是指在货主的仓库或储运公司的仓库、堆场、货物集散点、物流中心等处进行的装卸搬运作业。库场装卸搬运经常伴随货物的出库、入库和维护保养活动，其操作内容多以堆垛、上架和取货为主。

在实际运作中，这三类作业往往是相互衔接、难以割裂的，如码头前沿的装卸搬运。由于作业的内容和方式十分复杂，在具体组织实施的过程中，必须认真对待。

2. 按作业内容分类

根据装卸搬运作业内容的不同，装卸搬运可分为堆码拆取作业、分拣配货作业和挪动移位作业（即狭义的装卸搬运作业）等形式。

① 堆码拆取作业包括车厢内、船舱内、仓库内的码垛和拆垛作业，按规定位置、形状和其他要求放置或取出成件包装货物的作业，也包括按规定的位置、形状和按其他要求堆存和取出散堆货物的作业等。

② 分拣配货作业包括将货物按品类、到站、货主等不同特征进行分类的作业；按去向、品类构成等原则要求，将已分类的货物集合为车辆、集装箱、托盘等装货单元的作业。

③ 挪动移位作业即狭义的装卸搬运作业，包括单纯地改变货物的支承状态（如从汽车车厢上将货物挪动到站台上）的作业，显著地（距离稍远）改变货物空间位置的作业等。

3. 按机械及其作业方式分类

根据装卸搬运机械及其作业方式的不同，装卸搬运可分成“吊上吊下”、“叉上叉下”、“滚上滚下”、“移上移下”及“散装散卸”等方式。

① 吊上吊下方式，是利用各种起重机械从货物上部起吊，依靠起吊装置的垂直移动实现装卸，并在吊车运行或回转的范围内实现搬运（包括连同集装器具一起搬运）。

② 叉上叉下方式，是叉车从货物底部托起货物，并依靠叉车的运动进行货物位移，位移完全依靠叉车本身的运行，货物可不经中途落地直接放置到目的地。

③ 滚上滚下方式，主要是指在港口对船舶货物进行水平装卸搬运的一种作业方式。在装货港，用拖车将半挂车或平车拖上船舶，完成装货作业。待载货车辆（包括汽车）连同货物一起由船舶运到目的港后，再用拖车将半挂车或平车拖下船舶，完成卸货作业。

④ 移上移下方式，是将两个载运工具（如火车及汽车）进行对接，把货物从一个载运工具水平移动或上下移动到另一个载运工具上的作业方式。

⑤ 散装散卸方式，是指对散状货物不加包装地直接进行装卸搬运的作业方式。在采用散装散卸方式时，货物在从起始点到终止点的整个过程中不再落地，它是将货物的装卸与搬运作业连为一体的作业方式。

4. 按作业特点分类

根据作业特点的不同，装卸搬运可分为连续装卸搬运与间歇装卸搬运两大类。

① 连续装卸搬运，是指采用皮带机等连续作业机械，对大批量的同种散状货物或小型件杂货进行不间断输送的作业方式。在采用连续装卸搬运时，作业过程中间不停顿、散货之间无间隔、小型件杂货之间的间隔也基本一致。连续装卸搬运适用于批量较大、作业对象无固定形状或难以形成大包的情形。

② 间歇装卸搬运，是指作业过程包括重程和空程两个部分的作业方式。间歇装卸搬运有较强的机动性，广泛适用于批量不大的各类货物，对于大件或包装货物尤其适合，如果配以抓斗或集装袋等辅助工具，也可以对散状货物进行装卸搬运。

5. 按被装卸货物的主要运动形式分类

按被装卸货物的主要运动形式分类可分为垂直装卸、水平装卸两种形式。

① 垂直装卸，采取提升和降落的方式进行装卸，需要消耗较大的能量，采用比较多。所用机具通用性较强，应用领域较广，如吊车、叉车等。

② 水平装卸，平移装卸物实现装卸，它不改变被装物的势能，比较节能，需有专门设施，如和汽车水平接靠的高站台、汽车与火车车皮之间的平移工具等。

6. 按装卸搬运对象分类

按装卸搬运对象分类可分为散装货物装卸、件装货物装卸、集装货物装卸三类。

① 散装货物装卸，主要是对块、粒、粉状货物进行装卸搬运的方式，其特点是从装点直到卸点，中间不落地，集装卸与搬运于一体。

② 件装货物装卸，指对货物进行单件、逐件装卸搬运。对长、大、笨重货物，或集装会增加危险的货物等采用这种作业方式。

③ 集装货物装卸，主要针对集装箱作业，是指以集装箱这种大型容器为载体，将货物集合组装成集装单元，以便在现代流通领域内运用大型装卸机械和大型载运车辆进行装卸、搬运作业。

2.4.4 装卸搬运工作组织

装卸搬运工作组织是提高装卸搬运效率、促进物流合理化的重要一环。

1. 装卸搬运作业组织原则

在物流作业活动中，组织装卸搬运工作应遵循几个基本原则，如图 2-21 所示。

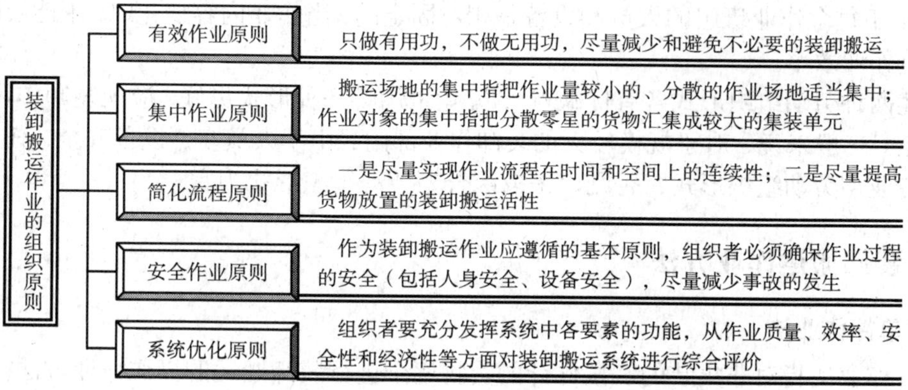

图 2-21　装卸搬运作业的组织原则

2．装卸搬运作业的组织形式

装卸搬运作业的劳动组织就是按照一定的原则，将有关的人员和设备以一定的方式组合起来，形成一个有机的整体。它大致上可分为两种基本形式，即专业型劳动组织和综合型劳动组织。

（1）专业型劳动组织

专业型劳动组织又称工序型劳动组织，是按作业内容或工序，将有关人员和设备分别组合成装卸、搬运、检斤、堆垛、整理等作业班组，由这些班组共同组成一条作业线，共同完成各种装卸搬运作业。

（2）综合型劳动组织

综合型劳动组织，是将分工不同的各种人员和功能不同的设备共同组合成一个班组，装卸搬运活动的全过程均由一个班组承包到底，全面负责。

上述两种组织形式各有利弊，其优缺点比较分析如下。

专业型劳动组织的优缺点：① 按工种划分班组，作业任务单纯明确，作业专业化，有利于提高作业的熟练程度和装卸搬运的劳动效率，并能促进作业质量的提高；② 每个班组的作业内容较固定，可配备专用装卸搬运设备，这样既便于设备的管理，又有利于提高设备利用率，还能促进装卸搬运作业机械化；③由于物资的入出库需要几个作业班组协同完成，工序间、环节间的衔接不易密切，容易出现不协调或脱节现象，不利于组织一次性作业；④ 当装卸搬运作业量不均衡时，或当各工序或环节间进度不一致时，不便于开展班组间的合作，装卸搬运作业能力会因某个薄弱环节的影响而下降。

综合型劳动组织的优缺点：① 由于在一个班组内承担某一项入出库的全过程，有利于各环节和工序之间的衔接配合，便于组织一次性作业；② 当入出库任务比较集中时，可集中调配人员和设备，有利于提高装卸搬运的综合作业能力；③ 由于在一个作业班组内配备不同工种的人员和设备，不便于设备的维护管理，也不易在短期内提高工人的技术熟练程度；④ 由于每个作业班组的人员和设备是相对固定的，当作业内容变化时，不能及时调整，容易影响作业效率。

上述两种劳动组织形式各有优缺点，究竟采用哪一种形式更好，应视装卸作业的具体情况而定。一般来说，对于规模较大的装卸作业部门，由于人员多，设备齐全，任务量大，可采用专业型劳动组织形式，否则以采取综合型劳动组织形式为宜。

2.4.5 装卸搬运作业方法

1. 单件作业法

单件作业法指对非集装的、按件计的货物逐个进行装卸搬运的操作作业方法。单件作业法对机械、装备、装卸条件要求不高，因而机动性较强，可在广泛的地域内进行而不受固定设施、设备的地域局限。单件作业可采取人力装卸、半机械化装卸、机械化装卸及半自动化装卸方式，如图 2-22 所示。由于逐件处理，装卸速度慢，且装卸要逐件接触货体，因而容易出现货损，反复作业次数较多，也容易出现货差。

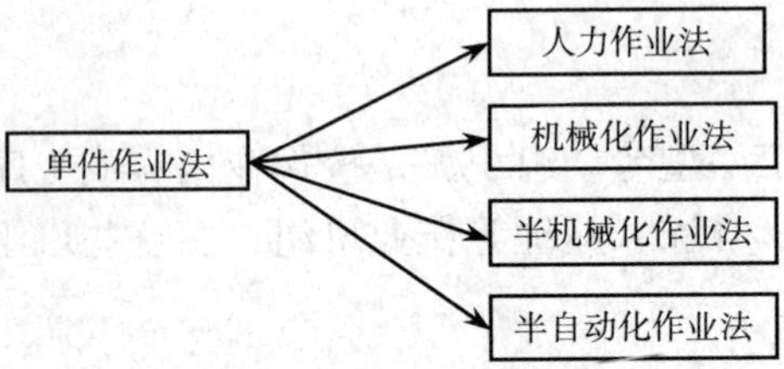

图 2-22 单件作业法

单件作业法对象主要是包装杂货，多种类、少批量货物及单件大型、笨重货物。

2. 集装作业法

集装作业是对集装货载进行装卸搬运的作业方法。装卸的对象是经组合之后的集装货载，在装卸时对集装体逐个进行装卸操作。它和单件装卸的主要不同在于，虽然都是按件处理，但集装作业“件”的单位大大高于单件作业每件的大小。

集装作业由于集装单元较大，只能采用机械进行装卸。同时也必须在有条件的场所进行这种作业，不但受装卸机具的限制，也受集装货载存放条件的限制，因而其机动性较差。

集装作业一次作业装卸量大，装卸速度快，且在装卸时并不逐个接触货体，而仅对集装体进行作业，因而货损较小，货差也小。

集装作业的对象范围较广，一般除特大、重、长的货物和粉、粒、液、气状货物外，都可进行集装。粉、粒、液、气状货物经一定包装后，也可集合成大的集装货载。特大、重、长的货物，经适当分解处置后，也可采用集装方式进行装卸。集装作业法如图 2-23 所示，这里介绍其中的几种。

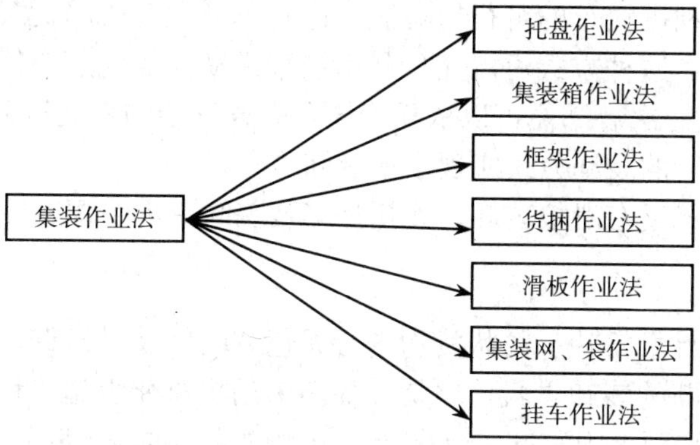

图 2-23　集装作业法

（1）托盘作业法

托盘装卸利用叉车对托盘集装的货载进行装卸，属于“叉上叉下”方式。由于叉车本身有行走装置，所以在装卸的同时可以完成小搬运，而不需落地过渡后再用其他办法进行搬运，因而有水平装卸搬运的特点。托盘装卸受叉车运动的局限，常需将叉车与其他设备、工具配合，这样才能有效完成全部装卸过程。

（2）集装箱作业法

集装箱装卸主要使用港口岸壁吊车、龙门吊车、桁车等各种垂直起吊设备进行“吊上吊下”式的装卸，同时，各种吊车还可以做短距离水平运动，因此可以同时完成小范围的搬运。如需超越吊车运动范围，进行一定距离的搬运，则还需与搬运车相配合。

小型集装箱也可以和托盘一样采用叉车进行装卸。

港口装卸，可利用叉车或半挂车进行“滚上滚下”式装卸。

（3）货捆作业法

货捆装卸主要采用各种类型的起重机进行装卸，货捆的捆具可与吊具、索具有效配套进行“吊上吊下”式装卸。短尺寸货捆还可采用一般叉车装卸，长尺寸货捆则可采用侧式叉车进行装卸。货捆装卸适于长尺寸货物、块条状货物、强度较高无须保护的货物。

（4）集装网、袋作业法

集装网、袋装卸主要采用各种类型的吊车进行“吊上吊下”作业，也可与各种搬运车配合进行吊车所不能及的搬运。

货捆装卸与集装网、袋装卸有一个共同的突出优点，即货捆的捆具及集装袋、集装网本身重量轻，又可折叠，因而无效装卸少，装卸作业效率高；且相对其他集装货物而言，货捆具与集装网、袋成本较低，装卸后又易返运，因而在装卸搬运方面有独特的优势。

（5）挂车作业法

挂车作业法是指利用挂车的可行走功能，连同车上组合成的货载一起拖运到火车车皮上或船上的装卸方式。这种方式可以充分利用挂车机动性的优点，使挂车能够做到“门到门”，货体只需要经过一次装卸便可以依托于挂车完成复杂的物流过程。挂车装卸属水平装卸，采用“滚上滚下”的装卸方式实现水平装卸。

其他集装装卸方式还有滑板装卸、无托盘集装装卸、集装罐装卸等。

3．散装作业法

散装作业指对大批量粉状、粒状货物进行无包装的散装、散卸的装卸方法。装卸可连续进行，也可采取间断的装卸方式。但是，都需采用机械化设施、设备。在特定情况下，且批量不大时，也可采用人力装卸，但是会有很大的劳动强度。散装作业方法主要有四种，如图2-24所示。

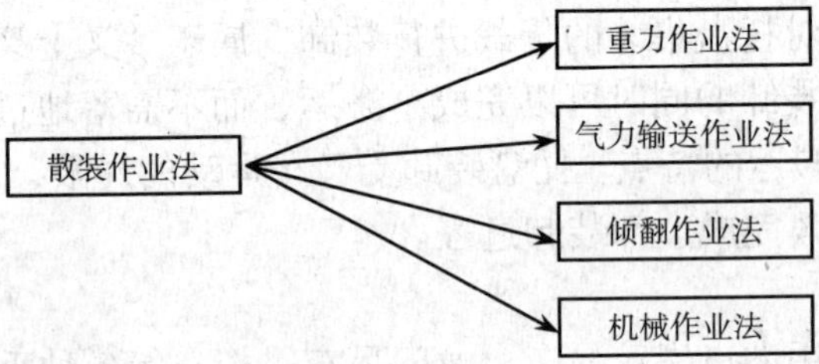

图2-24　散装作业法

（1）重力作业法

重力作业法是指利用散货本身重量进行装卸的方法。这种方法必须与其他方法配合，首先将散货提升到一定高度，具有一定势能之后，才能利用本身重力进行下一步装卸。主要适用于铁路运输，汽车运输有时也可以利用这种装卸作业法。

（2）气力输送作业法

气力输送作业法主要设备是管道及气力输送设备，以气流运动裹携粉状、粒状物沿管道运动而达到装、搬、卸之目的，也可采用负压抽取的办法，使散货沿管道向负压方向运动。管道装卸的特点是密封性好，装卸能力高，容易实现机械化、自动化。

（3）倾翻作业法

倾翻作业法是指将运载工具的载货部分倾翻而将货物卸出的一种作业方法。一般用于铁路敞车和自卸汽车的卸载方法，汽车大部分是靠液压机械装置顶起货箱来实现倾翻卸载的。

（4）机械作业法

机械作业法是指利用能承载粉粒货物的各种机械进行装卸，有两种主要方式。

① 用吊车、叉车改换不同机具或用专用装载机，进行抓、铲、舀等形式的作业，完成装卸及一定的搬运作业。

② 用皮带、刮板等各种输送设备，进行一定距离的搬运卸货作业，并与其他设施配合实现装货。

2.4.6　装卸搬运的合理化

装卸搬运是装卸搬运人员借助装卸搬运机械和工具，作用于货物的生产活动，它必然要消耗劳动，包括活劳动和物化劳动。这些劳动消耗要以价值形态追加到装卸搬运的对象中，从而增加产品的物流成本。因此，应科学合理地组织装卸搬运工作，尽量减少用于装卸搬运的劳动消耗。装卸搬运合理化的主要目标就是节省时间，节约劳动力和降低装卸成本。具体措施包括四个方面。

1. 防止和消除无效的装卸搬运

无效装卸搬运，就是指用于货物必要的装卸搬运劳动之外的多余劳动。防止无效的装卸搬运可从以下几方面入手。

（1）减少装卸搬运次数

装卸搬运次数的减少意味着物流作业量的减少，从而也就意味着劳动消耗的节约和物流费用的节省。同时，物流过程中的货损主要发生在装卸搬运环节中，所以，减少装卸搬运次数，还能减少货物的损耗，加快物流的速度，减少场地的占用和装卸事故的发生。实际情况中影响装卸搬运次数的因素主要有物流设施和设备、装卸搬运作业的组织调度工作等。

① 物流设施和设备。厂房或库房等建筑物的结构类型、结构特点及建筑参数，都对装卸搬运次数有直接的影响。因此，厂房或库房等建筑物尺寸应当与装卸搬运机械相适应，以便于装卸搬运，便于运输设备自由进出，或者直接在车间或库房内进行作业，以减少二次作业。

物流设备的类型与配套，对装卸搬运的次数也会产生影响。如叉车配以托盘出入车间或仓库的作业过程，就是将装卸和搬运两类作业合并完成，减少了作业次数。又如，将电子秤安装在起重机上，可以在装卸作业的同时完成检斤作业，省去了单独的检斤作业环节，也可以达到减少装卸次数之目的。

② 装卸搬运作业的组织调度工作。在物流设施、设备一定的情况下，装卸搬运作业的组织调度水平是影响作业次数的最主要因素。如联运过程中，组织货物不落地完成运输方式和运输工具的转换，就是一种较理想的作业方式。对物流据点而言，要尽量组织一次性作业，使货物不落地、作业无间歇。

（2）消除多余包装

包装本身的重量或体积都会消耗装卸搬运的劳动量。如果包装过大或过重，就会过多地、反复地消耗额外劳动。因此，消除多余包装可以减少无效劳动的消耗，降低物流总成本。

（3）去除无效物质

进入物流过程的货物，有时混杂着没有使用价值或对用户来讲使用价值不对路的各种掺杂物，如煤炭中的研石、矿石中的表面水分、石灰中的未烧熟石灰及过烧石灰等。反复装卸搬运的过程，实际上是这些无效物质在反复消耗劳动的过程。因而要尽量减少物流过程中的无效物质，减少无效装卸搬运。

（4）缩短搬运距离

在工厂里，由于生产工艺的要求，原材料、半成品和产成品总要发生一定距离的水平位移。在物流据点，由于收发保管作业的要求，货物也要发生一定距离的水平位移，这种位移通过搬运实现。从合理搬运的角度看，其搬运距离越短越好。影响搬运距离的因素主要包括工厂和物流据点的平面布局与作业组织工作水平等方面。

① 工厂、物流据点的平面布局对搬运距离的影响。如果车间、库房、堆场、铁路专用线、主要通路的位置和相互关系处理得好，物流顺畅、便捷，就会缩短总的搬运距离，否则就会加大搬运距离。

② 作业组织工作水平对搬运距离的影响。在平面布局一定的情况下，组织工作水平的高低是决定搬运距离的主要因素。如对库房、堆场的合理分配，对货物在库房内、堆场内的合理布置，对收货、发货时专用线轨道及货位的合理确定，都能缩短搬运距离。

2. 充分利用货物自重和消除重力影响，进行少消耗的装卸搬运

在装卸搬运时应适当地利用货物本身的重量，将其重力转变为促使货物移动的动力。例如，从卡车、铁路车厢卸货时，可利用车厢与地面或小搬运车之间的高度差，通过溜槽、溜板之类的简单工具，依靠货物本身的重量，从高处滑到低处，完成货物的装卸搬运作业。

在装卸搬运作业时尽量削弱或消除重力的不利影响，也可以减轻体力劳动及其他劳动消耗。例如，在甲乙两种运输工具之间进行换装作业时，可将两种运输工具进行对接，通过货物的平移，将其从甲工具转移到乙工具上，这也能有效地消除重力的不利影响，实现作业的合理化。人力装卸搬运时如果能配合简单的机具，做到“持物不步行”，也可以大大减轻劳动量，做到装卸搬运的合理化。

3. 充分利用机械设备的作业能力，实现“规模装卸搬运”

规模效益是人所共知的，装卸搬运作业过程中也存在明显的规模效益。当一次装卸搬

运量或连续装卸搬运量达到能充分发挥机械设备最优效率的水准时，可以使平均成本达到最低。追求规模效益的方法，主要是通过各种集装化手段来提高一次操作的最合理作业量，从而达到降低单位作业成本的目的。另外，散装作业则经常采用连续作业的方式来实现其规模效益。

4．提高货物的装卸搬运活性指数

被装卸搬运货物的放置状态，关系到装卸搬运的作业效率。为了便于装卸搬运，人们总是期望货物处于最容易被移动的状态。从图 2-25 中可以看出，活性指数越高，货物越容易被移动。活性指数能够真实地反映货物被装卸搬运的难易程度。需要指出的是，活性指数在不同的领域出现的频率是很不均衡的。例如，活性指数为 4 表示货物放置在移动的输送设备上，活性指数为 3 表示货物放置在搬运车上。这两种情形在工厂的生产物流系统中经常出现，但在各类仓库中则比较少见，而置于托盘上活性指数为 2 的货物，在仓库系统中就比较常见。

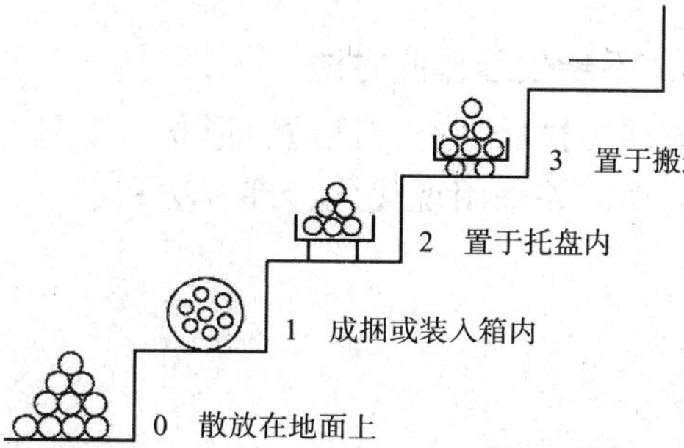

图 2-25　货物装卸搬运活性指数

小知识　装卸搬运活性及装卸搬运活性指数

装卸搬运活性的含义是，从物的静止状态转变为装卸搬运运动状态的难易程度。如果很容易转变为下一步的装卸搬运而不需要过多做装卸搬运的准备工作，则活性就高；如果很难转变为下一步的装卸搬运，则活性就低。日本物流专家元藤健民教授把货物放置的活载程度分为 0、1、2、3、4 五个等级，并将该数值称为货物的活性指数。

由此，为了对装卸搬运活性有所区别，并能有计划地提出活性要求，使每一步装卸搬运都能按一定活性要求进行，对于不同放置状态的货物作出不同的活性规定，这就是“活性指数”。活性指数分为 0～4 共五个等级，如表 2-5 所示。

表 2-5　活性指数作业等级

放置状态	需要进行的作业				活性指数
	整　理	架　起	提　起	拖　运	
散放在地上	√	√	√	√	0
置于一般容器	0	√	√	√	1
集装化	0	0	√	√	2
无动力车	0	0	0	√	3
动力车辆或传送带	0	0	0	0	4

5．保持物流的均衡顺畅

货物的处理量波动大时会使搬运作业变得困难，但是搬运作业受运输、配送等其他环节的影响和制约，其节奏不能完全自主决定，必须综合各方面因素妥善安排，使物流量尽量均衡，避免闲忙不均的现象发生。

6．合理选择装卸搬运方式，不断改善作业方法

在装卸搬运过程中，必须根据货物的种类、性质、形状、重量等特征来合理确定装卸搬运方式，合理分解装卸搬运活动，并采用现代化管理方法和手段，改善作业方法，实现装卸搬运的高效化和合理化。

实践与实训

1．在网上下载一款单机版仓储管理软件，如管易宝进销存软件、小管家仓储管理软件等，安装试用，利用模拟软件了解其具体操作过程，熟悉方法和步骤，对仓储管理的电子化做初步认识。

2．组织学生实地考察一个物流中心或销售卖场，以小组为单位（每组 5～6 人），调研其仓储系统，探究如何实现仓储的合理化。并对其货物的仓位进行简单设计并优化，同时对包装的作业组织和装卸搬运运作过程进行简单的分析。要求：

（1）记录目前该中心仓储的现状，分析其优点和不足。

（2）对其不足提出新的解决方案，对仓储合理化提出改进。

（3）物流中心的货物储存是否需要包装操作，如何进行更具有保障作用，并使其成本最小。

（4）分析整个物流中心涉及的装卸搬运过程有哪些，如何操作更节约成本和提高效率。

复习思考题

一、判断题

1．仓储可以创造商品的“空间效应”。(　　)

2．仓库是保管、储存物品的建筑物和场所的总称。(　　)

3．仓储管理是以最低的仓储成本给客户提供最好的服务。(　　)

4．只有较高的劳动要素投入和较高的产品产出才能实现高效率。(　　)

5．水上仓库就是利用水面或水下来存放物品，在高湿度条件下储存物品的仓库。(　　)

二、单项选择题

1．仓储可以创造商品的（　　）。

A．使用价值　　B．内在价值

C．时间价值　　D．空间价值

2．(　　) 是指在一定劳动要素投入量时的产品产出量。

A．效率　　B．效益

C．时间价值　　D．空间价值

3．运输标志的主要作用不包括（　　）。

A．便于结算　　B．便于识别货物

C．便于收货　　D．便于运输、仓储、检验等

4．(　　) 是指用于货物必要的装卸搬运劳动之外的多余劳动。

A．消除多余包装　　B．去除无效物质

C．无效装卸搬运　　D．缩短搬运距离

5．将物品放置在一般容器中，其搬运活性指数是（　　）。

A．0　　B．1

C．2　　D．3

三、多项选择题

1．仓储管理的目标是（　　）。

A．快进　　B．快出　　C．多储存

D．保管好　　E．费用省

2．仓储效率的具体表现是（　　）。

A．快进　　B．快出　　C．多储存

D．保管好　　E．费用省

3．仓储管理的基本原则应该是（　　）。

A．注重效率　B．讲求效益　C．保证质量

D．确保安全　E．提供服务

4．包装的功能主要有（　　）。

A．保护功能　B．便利功能　C．促销功能

D．增值安全　E．服务功能

5．包装合理化的具体体现有（　　）。

A．包装标准化　B．包装绿色化

C．包装成本低廉化　D．包装技术多功能化

E．包装智能化和机械化

四、简答题

1．简述仓储管理的原则和内容。

2．简述自动化立体仓库的组成和功能。

3．简述仓储基本设备主要包括的内容。

4．简述包装的概念、功能和分类。

5．简述包装技法的主要内容。

6．描述装卸搬运的概念、功能、特点和分类。

7．如何做到装卸搬运的合理化?

第3章

电子商务环境下的运输管理

引导案例　运输莫忘安全——连霍高速义昌大桥“2·1”事故

新华社郑州12月27日电（记者张彩霞 梁鹏）2013年2月1日8时57分，连霍高速三门峡义昌大桥处发生一起运输烟花爆竹爆炸事故，导致义昌大桥部分坍塌，车辆坠落桥下，造成13人死亡，9人受伤。事故发生后，各级政府及相关部门迅速积极展开抢险救援工作。事故导致连霍高速双向封闭。

事故发生后，三门峡市紧急调集公安、消防、武警、卫生、安监等救援力量火速赶往现场展开救援。为迅速做好事故救援工作，省委、省政府在现场成立了抢险救援指挥部，下设抢险搜救、伤员救治、善后处理、道路保通等小组，分工负责，全力以赴开展事故抢险救援工作。

1．事故原因

2月1日晚，由河南省安全监管局牵头的事故调查组成立，邀请了河南省检察院和河北、陕西两省相关部门派员参加，并邀请了国内公路桥梁、爆炸爆破、烟花爆竹和物证等方面的专家组成专家组，参加事故调查工作，对事故发生原因进行技术论证。

调查认为，连霍高速三门峡义昌大桥“2·1”重大运输烟花爆竹爆炸事故是一起生产安全责任事故。石彦飞、李瑞党（2人已在事故中死亡）等人使用不具有危险货物运输资质的冀A 70380号货车，不按照规定进行装载，长途运输违法生产的烟火药剂爆炸物（土地雷）和烟花爆竹（开天雷），途中紧急刹车，导致车厢内爆炸物发生撞击、摩擦引发爆炸，是事故发生的直接原因。冀A 70380号货车实际所有人为石彦飞，挂靠在河北省石家庄开发区凯达运输有限公司下运营。

事故货车所载货物系从陕西省蒲城县宏盛花炮制造有限公司装载的烟火药剂爆炸物（土地雷）和烟花爆竹（开天雷）。经核实，土地雷和开天雷均不属于《烟花爆竹安全与质量标准》所规定的产品，属非法产品。两种货物总重量约 12 365 千克，超载 6 440 千克，装药量共计约 1 085. 2 千克。这辆货车伪装成一般货物运输车辆，在通过检查站时未对其进行检查登记。

调查认为，凯达公司疏于管理，无危险货物道路运输资质，使用普通货运车辆从事危险货物运输；陕西省蒲城县宏盛花炮制造有限公司违法包给无资质人员生产经营，超标准、超范围违法生产；蒲城县小郭货运部、虎子货运部违反危险货物运输管理规定，为不具有危险货物运输资质的企业和车辆联系介绍运输危险货物，用百货名义替代危险物品填写运输合同；河北省石家庄市运输管理处、陕西省蒲城县政府及当地安监、公安、工商、交通、质监等部门在安全生产、日常监管等方面工作不到位，是导致事故发生的间接原因。

2. 责任人处理

目前，包括陕西宏盛花炮制造有限公司、凯达公司，以及蒲城县小郭货运部、虎子货运部等在内的 20 名犯罪嫌疑人，已于 2013 年 7 月 5 日移送三门峡市检察院审查起诉。（资料来源：www.gov.cn，2013 年 12 月 27 日）

学习目标

1. 了解运输的概念和功能。
2. 掌握运输线路及适用哪些运输装备。
3. 懂得运输合理化，降低物流成本。

学习导航

运输对经济增长和贸易至关重要，原材料、劳动力和燃料这样的投入不能在不同地区间流动的话，就不可能进行任何生产活动，制造业产品就不可能被送到消费者手中，大量的服务活动也就无法进行。

不同的产品需要的运输路线不同，怎样选择合理的运输方式？各运输设备有什么特点？如何降低运输成本？是我们要讨论的内容。

3.1 运输的概念、功能

3.1.1 运输的概念

随着社会分工的发展，社会产品的生产量和需求量之间，不可避免地存在着空间和时间上的差异，运输作为社会生产力的有机组成部分，是指利用设备和工具，将物品从一地点向另一地点运送的物流活动，其中包括集货、分配、搬运、中转、装入、卸下、分散等一系列操作。它是在不同地域范围间（如两个城市、两个工厂之间，或一个大企业内相距较远的两车间之间），以改变“物”的空间位置为目的，对“物”进行空间位移的活动。它和搬运的区别在于，运输是较大范围的活动，而搬运是在同一地域之内的活动。

3.1.2　运输的功能

1．运输是物流的主要功能要素之一

按照物流的概念，物流是“物”的物理性运动，这种运动不但改变了物的时间状态，也改变了物的空间状态。而运输承担了改变空间状态的主要任务，运输是改变空间状态的主要手段，运输再配以搬运、配送等活动，就能圆满完成改变空间状态的全部任务。在现代物流观念未诞生之前，甚至就在今天，仍有不少人将运输等同于物流，其原因是物流中很大一部分工作是由运输担任的，是物流的主要部分，因而出现了上述认识上的误差。

2．运输是社会物质生产的必要条件之一

运输是国民经济的基础和先行。马克思将运输称为“第四个物质生产部门”，是将运输看成生产过程的继续，这个继续虽然以生产过程为前提，但如果没有这个继续，生产过程则不能最后完成。所以，虽然运输的这种生产活动和一般生产活动不同，它不创造新的物质产品，不增加社会产品数量，不赋予产品新的使用价值，而只变动其所在的空间位置，但这一变动使生产能继续下去，使社会再生产不断推进，所以将其看成一种物质生产部门。运输作为社会物质生产的必要条件，表现在以下两个方面。

① 在生产过程中，运输是生产的直接组成部分，没有运输，生产内部的各环节就无法连接。

② 在社会上，运输是生产过程的继续，这一活动联结生产与再生产，联结生产与消费的环节，联结国民经济各部门、各企业，联结着城乡，联结着不同国家和地区。

3．运输可以创造“场所效用”

场所效用的含义是：同种“物”由于空间场所不同，其使用价值的实现程度则不同，其效益的实现也不同。由于改变场所而最大限度发挥了使用价值，最大限度提高了产出投入比，这就是“场所效用”。通过运输，将“物”运到场所效用最高的地方，就能发挥“物”的潜力，实现资源的优化配置。从这个意义来讲，也相当于通过运输提高了物的使用价值。

4．运输是“第三个利润源”的主要源泉

① 运输是运动中的活动，它和静止的保管不同，要靠大量的动力消耗才能实现这一活动，而运输又承担大跨度空间转移之任务，所以活动的时间长、距离长，则消耗也大。消

耗的绝对数量大，其节约的潜力也就大。

② 从运费来看，运费在全部物流费中占最高的比例，综合分析社会物流费用，运输费在其中占将近50%的比例，有些产品运费高于产品的生产费，所以节约的潜力大。

③ 由于运输总里程大，运输总量巨大，通过体制改革和运输合理化可大大缩短运输吨公里数，从而获得比较大的节约。

运输的作用主要体现在运输活动产品的移动和短时间产品存放。通过产品的移动，创造出空间效用和时间效用。而对产品进行短时存储主要是将运输工具作为暂时的存储场所。

3.2 物流线路［电子商务师（员）考证知识点］

按照运输工具和设备的不同，可以将运输分为铁路运输、公路运输、水路运输、航空运输和管道运输五种运输方式。下面介绍这五种运输方式的相关知识，如图3-1所示。

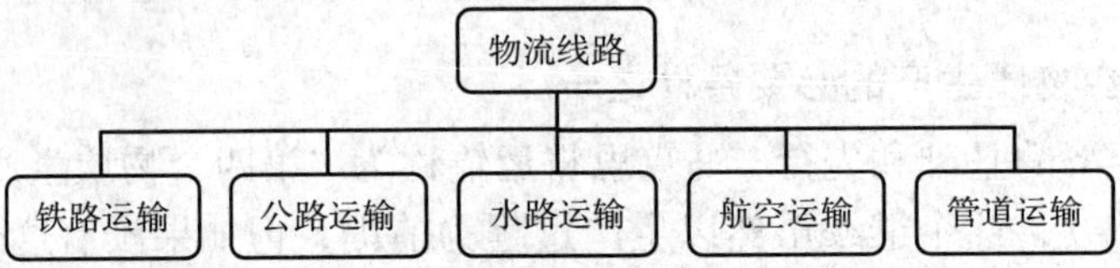

图3-1 物流线路

1. 铁路运输

铁路运输是使用铁路列车运送客货的一种运输方式。铁路运输的优点是：适应性强，受地理和气候条件的限制很少，具有较高的连续性和可靠性；运输能力大，铁路每一列车载运货物和旅客的能力远比汽车和飞机大得多；可快可慢，安全程度高；运送速度较高；能耗小；环境污染小；运输成本较低。

铁路运输的主要缺点是灵活性差，只能在规定的时间在固定线路上实现运输，需要与其他运输手段配合和衔接。

铁路运输主要承担长距离、大数量的货运，在没有水运条件的地区，几乎所有大批量货物都是依靠铁路，是在干线运输中起主力运输作用的运输形式。铁路运输经济里程一般在200公里以上。

2. 公路运输

这是主要使用汽车，也使用其他车辆（如人、畜力车）在公路上进行货客运输的一种方式。公路运输主要承担近距离、小批量的货运和水运、铁路运输难以到达地区的长途、大批量货运，以及铁路、水运优势难以发挥的短途运输。由于公路运输有很强的灵活性，近年来，即使在有铁路、水运的地区，较长途的大批量运输也开始使用公路运输。

公路运输的主要优点是灵活性强，公路建设期短，投资较低，易于因地制宜，对收到站设施要求不高。可以采取“门到门”运输形式，即从发货者门口直到收货者门口，而不需转运或反复装卸搬运。公路运输也可作为其他运输方式的衔接手段。公路运输的经济半径，一般在 200 公里以内。

3. 水路运输

这是使用船舶运送客货的一种运输方式。水运主要承担大数量、长距离的运输，是在干线运输中起主力作用的运输形式。在内河及沿海，水运也常作为小型运输工具使用，担任补充及衔接大批量干线运输的任务。

水运的主要优点是成本低，能进行低成本、大批量、远距离的运输。但是水运也有显而易见的缺点，主要是运输速度慢，受港口、水位、季节、气候影响较大，因而一年中中断运输的时间较长。水运有以下四种形式。

① 沿海运输。是使用船舶通过大陆附近沿海航道运送客货的一种方式，一般使用中、小型船舶。

② 近海运输。是使用船舶通过大陆邻近国家海上航道运送客货的一种运输形式，视航程可使用中型船舶，也可使用小型船舶。

③ 远洋运输。是使用船舶跨大洋的长途运输形式，主要依靠运量大的大型船舶。

④ 内河运输。是使用船舶在陆地内的江、河、湖、川等水道进行运输的一种方式，主要使用中、小型船舶。

4. 航空运输

这是使用飞机或其他航空器进行运输的一种形式。航空运输的单位成本很高，因此，主要适合运载的货物有两类：一类是价值高、运费承担能力很强的货物，如贵重设备的零部件、高档产品等；另一类是紧急需要的物资，如救灾抢险物资等。

航空运输的主要优点是速度快，不受地形的限制。在火车、汽车都达不到的地区也可依靠航空运输，因而有其重要意义。

5. 管道运输

这是利用管道输送气体、液体和粉状固体的一种运输方式。其运输形式是靠物体在管道内顺着压力方向循序移动实现的，和其他运输方式的主要区别在于管道设备是静止不动的。

管道运输的主要优点是，由于采用密封设备，在运输过程中可避免散失、丢失等损失，也不存在其他运输设备本身在运输过程中消耗动力所形成的无效运输问题。另外，其运输量大，适合于运输量大且连续不断运送的物资。

3.3 运输设施与设备

3.3.1 集装箱

集装箱，是指具有一定强度、刚度和规格，专供周转使用的大型装货容器。使用集装箱转运货物，可直接在发货人的仓库装货，运到收货人的仓库卸货，中途更换车、船时，无须将货物从箱内取出换装。因此集装箱是一种伟大的发明。集装箱最大的成功在于其产品的标准化及由此建立的一整套运输体系。能够让一个载重几十吨的庞然大物实现标准化，并且以此为基础逐步实现全球范围内的船舶、港口、航线、公路、中转站、桥梁、隧道，多式联运相配套的物流系统，集装箱如图 3-2 所示。

图 3-2 集装箱

1. 集装箱尺寸

集装箱尺寸包括集装箱外尺寸和集装箱内尺寸。

集装箱外尺寸包括集装箱永久性附件在内的集装箱外部最大的长、宽、高尺寸。它是确定集装箱能否在船舶、底盘车、货车、铁路车辆之间进行换装的主要参数，是各运输部门必须掌握的一项重要技术资料。

集装箱内尺寸是集装箱内部的最大长、宽、高尺寸。高度为箱底板面至箱顶板最下面的距离，宽度为两内侧衬板之间的距离，长度为箱门内侧板量至端壁内衬板之间的距离。它决定集装箱内容积和箱内货物的最大尺寸。

按集装箱内尺寸可以计算出装货容积。同一规格的集装箱，由于结构和制造材料的不同，其内容积略有差异。集装箱内容积是物资部门或其他装箱人必须掌握的重要技术资料，集装箱尺寸如表 3-1 所示。

表 3-1　集装箱尺寸

规　　格	内容积长、宽、高（米）	配货毛重（吨）	体积（立方米）
20 尺柜	5.69×2.13×2.18	17.5	24～26
40 尺柜	11.8×2.13×2.18	22	54
40 尺高柜	11.8×2.13×2.72	22	68
45 尺高柜	13.58×2.34×2.71	29	86
20 尺开顶柜	5.89×2.32×2.31	20	31.5
40 尺开顶柜	12.01×2.33×2.15	30.4	65
20 尺平底货柜	5.85×2.23×2.15	23	28
40 尺平底货柜	12.05×2.12×1.96	36	50

2. 国际标准集装箱规格

国际标准集装箱共有 3 个系列、13 种规格。在国际海上集装箱运输中采用最多的是 IAA 型（40 尺柜）和 IC 型（20 尺柜）两种。将尺寸由米换成英尺即为：20 尺货柜，外尺寸为 20 英尺×8 英尺×8 英尺 6 英寸；40 尺货柜，外尺寸为 40 英尺×8 英尺×8 英尺 6 英寸；40 尺高柜，外尺寸为 40 英尺×8 英尺×9 英尺 6 英寸。

3. 计算单位

集装箱计算单位（Twenty Equivalent Unit, TEU），又称 20 英尺换算单位，是计算集装箱箱数的换算单位。也称国际标准箱单位，通常用来表示船舶装载集装箱的能力，也是集装箱和港口吞吐量的重要统计、换算单位。目前各国大部分集装箱运输，都采用 20 英尺和 40 英尺长的两种集装箱。为使集装箱箱数计算统一化，把 20 英尺集装箱作为一个计算单位，40 尺集装箱作为两个计算单位，以利于统一计算集装箱的营运量。

在统计集装箱数量时有的一个术语——自然箱，也称“实物箱”。自然箱是不进行换算的实物箱，即不论是 40 英尺集装箱、30 英尺集装箱、20 英尺集装箱或 10 英尺集装箱均作为一个集装箱统计。

3.3.2　公路运输装备

公路运输装备主要是指汽车。汽车物流是物流领域的重要组成部分，具有与其他物流种类所不同的特点，是一种复杂程度极高的物流活动。随着中国汽车工业的飞速发展，在成本控制变得越来越重要的今天，汽车物流的成本控制也日益成为人们关注的焦点，通过资源整合来降低物流成本，已经成为汽车企业所必须面对和亟待解决的问题。

货运汽车分为以下几类。

微型：总质量≤1.8t

轻型：1.8t<总质量≤6t

中型：6t<总质量≤14t

重型：总质量>14t

货车按用途分类：普通货车是在敞开式的（平板式）或封闭式的（厢式）载货空间内载运货物的货车。

多用途货车：在其设计和结构上主要用于载运货物，但在驾驶员座椅后带有固定或折叠式座椅，可载运三个以上乘客的货车。

全挂牵引车：是通过车辆自身的牵引挂钩与被牵引挂车的连接杆实现连接的，其中包括电器连接、刹车系统连接。它本身可在附属的载运平台上运载货物。

越野货车：在其设计上所有车轮同时进行驱动（包括一个驱动轴可以脱开的车辆）或其几何特性（接近角、离去角、纵向通过角，最小离地间隙）、技术特性（驱动轴数、差速锁止机构或其他型式机构）和它的性能（爬坡度）允许在非道路上行驶的一种车辆。

专用作业车：在其设计和技术特性上用于特殊工作的货车，如消防车、救险车、垃圾车、应急车、街道清洗车、扫雪车、清洁车等。

专用货车：在其设计和技术特性上用于运输特殊物品的货车，如罐式车、乘用车运输车、集装箱运输车等。

3.3.3 铁路运输装备

1. 铁路机车的分类

从运用上分，有客运机车、货运机车和调车机车。

客运机车也就是牵引客车的机车，相对货运机车来说，客运机车的牵引力要小一些，速度要快些。这是因为客车的编组较少，一般为 20 多节，载重量也比货车小得多，没有必要“大马拉小车”造成浪费。

货运机车当然是用来牵引货车的，我国除了重载列车外，一般的货运列车编组为 60 节，载重量约为 3 500t。显然，货运机车的牵引力要比客运机车大得多，但速度没有客运机车那么快。

调车机车主要在车站完成车辆转线及货场取送车辆等各项调车作业，它的特点是机动灵活，其车身较短，能通过较小的曲线半径，而速度相对要求不高。

机车按牵引动力来划分，目前有蒸汽机车、内燃机车和电力机车。

各种机车及其速度比较如图 3-3 所示。

内燃机车

电力机车

高速列车

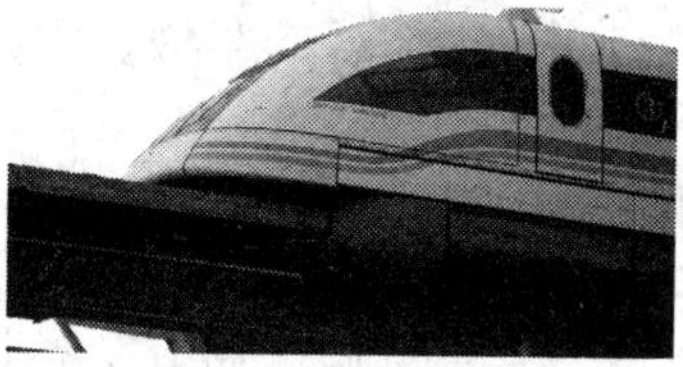

磁悬浮列车

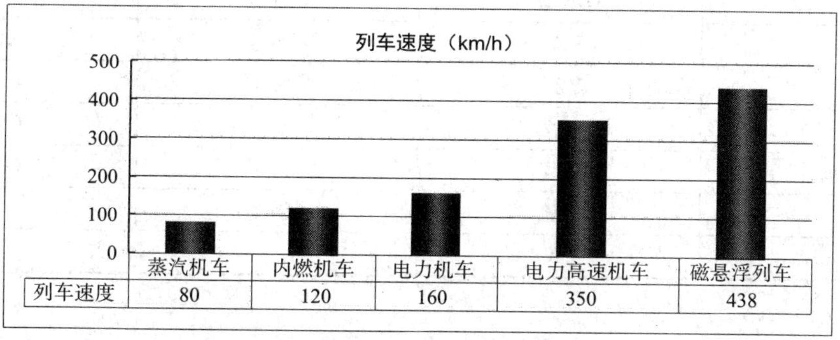

	蒸汽机车	内燃机车	电力机车	电力高速机车	磁悬浮列车
列车速度	80	120	160	350	438

图 3-3　各种机车及其速度比较

2．铁路车辆

铁路车辆分类主要有以下三种：

一是按用途分，有客车和货车两大类。常见的客车有硬座车、软座车、硬卧车、软卧车、餐车、行李车、邮政车等。常见的货车则有平车、敞车、棚车、罐车、保温车等。

二是按车辆的轴数分，有四轴车、六轴车、八轴车等。轴数越多，车轮也越多，载重量就越大。

三是按车辆的载重分，如货车有 50t、60t、75t、90t 等不同的载重量。

小知识 轴重

轴重并不是指车轴本身的重量，而是车辆总重与轴数之比，也就是车辆每一对车轮加于轨道的重力（自重+荷载）。车辆的轴重受制于轨道和桥梁允许的最大荷载。目前，我国铁路线路允许的最大轴重为23t。也就是说，在同一条线路上，要想拉更多的货物（如重载货物列车）就必须增加车辆的轴数，采用多轴车来分担每根轴的重量。

（1）客车

铁路客车是指载运旅客的车辆、为旅客提供服务的车辆及挂运在旅客列车中的其他用途的车辆。

目前，中国铁路客车根据用途的不同，主要有如下几种：硬座车、软座车、硬卧车、软卧车、行李车、餐车、邮政车和试验车。此外，还有公务车、卫生车、医务车、维修车、文教车、特种车等。具体型号如表3-2所示。

表3-2　客车基本型号

车　　种	基本型号	车　　种	基本型号
软座车	RZ	行李车	XL
硬座车	YZ	邮政车	UZ
双层软座车	SRZ	餐车	CA
双层硬座车	SYZ	公务车	GW
软卧车	RW	试验车	SY
硬卧车	YW		

（2）货车

铁路货车则类型较多，随所装货物种类的不同而具有不同的车体，又可分为通用货车和专用货车。

① 敞车。敞车是具有端、侧壁而无车顶的货车，主要供运送煤炭、矿石、矿建物资、木材、钢材等大宗货物用，也可用来运送重量不大的机械设备。若在所装运的货物上蒙盖防水帆布或其他遮篷物后，可代替棚车承运怕雨淋的货物。因此敞车具有很大通用性，在货车组成中数量最多；约占货车总数的50%。敞车按卸货方式不同可分为两类：一类是适用于人工或机械装卸作业的通用敞车；另一类是适用于大型工矿企业、站场、码头之间成列固定编组运输、用翻车机卸货的敞车，敞车如图3-4所示。

图 3-4　敞车

② 棚车。棚车是有侧壁、端壁、地板和车顶，在侧壁上有门和窗的货车，用于运送怕日晒、雨淋、雪侵的货物，包括各种粮谷、日用工业品及贵重仪器设备等。一部分棚车还可以运送人员和马匹。中国旧有的棚车型式很多，多为载重 30t 的小型车。从 1953 年起中国开始制造载重 50t、容积 $101m^3$，车体为全钢结构的 P50 型棚车。1957 年后设计制造了载重 60t、容积为 $120m^3$ 的 P13、P60、P61 型棚车；1980 年设计制造了 P62 型棚车；20 世纪 90 年代后生产了 P63、P64、P70 型棚车。P63 型棚车载重 60t、容积 $137m^3$，车体为全钢电焊结构，钢结构内部装有木质内衬板和木地板，除供运送需要防雨雪和较为贵重的货物外，也可用于装运人员及马匹，车辆长为 16.438m，构造速度 100km/h。

③ 罐车。罐车是车体呈罐形的车辆，用来装运各种液体、液化气体和粉末状货物等。这些货物包括汽油、原油、各种粘油、植物油、液氨、酒精、水、各种酸碱类液体、水泥、氧化铅粉等。罐车在铁路运输中占有很重要的地位，中国在 20 世纪 50 年代初期只能生产载重 25t、有效容积仅为 $30.5m^3$ 的全焊结构罐车，1953 年设计制造了载重 50t、有效容积 $51m^3$ 的全焊结构罐车，以后又制造了有效容积 $60m^3$、载重 52t 及有效容积 $77m^3$、载重 63t 的各种罐车，容积最大的罐车是有效容积为 $110m^3$ 的液化气体罐车，罐体呈鱼腹形。罐车通常有纵向水平置放的圆柱形罐体，以及排卸装置和进入孔、安全阀等附属装置。罐体内有表示装载量的容积标尺。旧型罐车顶上有空气包，作为液体膨胀的附加容器，新型罐车没有空气包，仅在装载时留出供膨胀用的容积。罐体为全封闭型结构，本身有足够的强度和刚度，因此有些新型罐车取消了枕梁间的部分底架，成为无底架罐车。这种罐车自重较轻，但由于所装货物多属易燃品或危险品，为了保证运输安全，罐体连接处必须有极高的可靠性。根据罐车的用途不同，结构也有差异。

粘油罐车：用于装载原油、矿物油等，通常在罐体下部外侧设有夹层加温套，卸车时通入蒸汽对货物进行加温，使其易于从下卸阀排出。

轻油罐车：用于装运汽油等轻质液态货物，这种罐车没有加温套，货物通常由上部进入孔通过抽油管卸出而不用下卸阀，以免渗漏发生危险。

酸碱类罐车：用于装运各种酸类或碱类液态货物。罐体内部通常有耐腐蚀涂层，或用不锈钢制造。罐体下部有加温套，上部设抽液管。

液化气罐车：用于装运液化气体。罐体能承受2兆帕的工作压力，设有气相和液相阀，上部有遮阳罩。

粉状货物罐车：用于装运散装水泥、面粉等粉状货物。罐体为卧式或立式。卸货时把压缩空气通入气室，使罐内货物流态化，随气流经管道输送到指定地点，罐车如图3-5所示。

图3-5 罐车

④ 有盖漏斗车。有盖漏斗车是由棚车派生出来的一种专用货车，用于装运散装粮谷、化肥、水泥、化工原料等怕湿散粒货物。车体下部设有漏斗，侧墙垂直，没有门窗，端墙下部向内倾斜，车顶有装货口，口上有可以锁闭的盖，漏斗底门可以用人力或机械开闭。打开底门，货物靠自身重力自动卸出。

⑤ 家畜车。家畜车是用于装运家畜或家禽的车辆，结构与普通棚车类似，但侧墙、端墙由固定和活动栅格组成，可以调节开口改变通风。车内分2~3层，并有押运人员休息和放置用具、饲料的小间，以及相互连通的水箱。目前此类车已经停止生产，现有家畜车也加改成J5SQ、J6SQ，用于装运小汽车。

⑥ 平车。平车是用于装运原木、钢材、建筑材料等长型货物和集装箱、机械设备等的货车，只有地板而没有侧墙、端墙和车顶。有些平车装有高0.5~0.8米、可以放倒的侧板和端板，需要时可以将其立起，以便装运一些通常由敞车运输的货物。近年来各种专用平车有了很大发展，平车如图3-6所示。

图3-6 平车

⑦ 长大货物车。长大货物车用于装载超长、超重和超限的货物，如大功率变压器、发电机定子和转子、大型机床、轧钢机牌坊、合成反应塔等。长大货物车的载重量可达数十至数百吨。按结构区分有：长大平车，为长度较一般平车长的多轴平车；凹底平车，俗称元宝车，底架中部装货平台比两端降低，可装载截面尺寸较大的货物；重联平车，由两个或两个以上平车或多轴平车重联而成，两端平车上设置可旋转的枕鞍，用于装运长型的自承货物；落下孔车，其装货平台上开孔，使货物的某些部分可以落在地板面以下，从而可以装载更大型的货物；钳夹车，货物通过它下部的耳孔和销、上部的支承同前后钳形梁的相应部位相联结，此时货物本身成为承载车体的一个组成部分，空载时，两钳形梁可相互联结；转向架常采取多轴形式，甚至把几个多轴转向架用桥架联结起来，组成组合转向架来支结车体。

⑧ 背负式平车和集装箱平车：一些国家的铁路在汽车拖挂运输和集装箱运输广泛发展的基础上，为降低运输费用，与公路运输相竞争而发展的专用平车，用于装运汽车挂车或半挂车和集装箱。这种车辆采用关节式结构，相邻车端可共用一台二轴转向架以减轻车辆自重；采用小直径车轮，最大限度地降低装载平台的高度，以适应半拖车或集装箱体积大而重量较轻的特点。背负式平车上设有半挂车的支架，停车时可以放倒，以便用牵引车将半挂车由站台拉到连挂的平车上，或由平车拉到站台上。

⑨ 轿车平车：发达国家铁路上为运输轿车而发展起来的一种专用平车。车体分为 2～3 层。常采用小直径车轮使平车得到较大的装载高度。设有跳板，以便轿车自行上下平车。

⑩ 保温车：保温车又称冷藏车，用于运送易腐货物。外形似棚车，周身遍装隔热材料，侧墙上有可密闭的外开式车门。车内有降温装置，可使车内保持需要的低温；有的车还有加温装置，在寒冷季节可使车内保持高于车外的温度。按制冷方式的不同，保温车有不同类型，如冰箱冷藏车、机械冷藏车、无冷源冷藏车等。

冰箱冷藏车。利用冰盐混合物融化时吸热以降低车内温度。旧型冰箱冷藏车的冰箱设在车体两端，车内温度不够均匀，因而需增设强迫通风装置。后来出现的车顶冰箱式，冰箱沿纵向分布在车顶上，可以改善车内的温度分布，但也存在车辆重心高、需经常加冰加盐和清洗冰箱困难的缺点。冰箱冷藏车还要求在地面上设置加冰站网，有些国家已不采用。我国也于 2000 年后停止生产，现在的该类车辆加改成 PB 车，替代棚车使用，用于专线运输。

机械冷藏车。利用液态制冷剂蒸发，吸收车内热量，再将蒸汽压缩至液态，通过冷凝器将热量散发到车体外部，如此循环，达到制冷的目的。常用的制冷剂有氨、氟利昂 F12 等。同冰箱冷藏车相比，机械冷藏车可以获得较低而较均匀的车内温度，而且温度能自动调节。机械冷藏车有车组和单节两种类型。中国铁路的机械冷藏车组有：23 节式（包括 20 节货物车、1 节柴油发电车、1 节制冷机械车和 1 节乘务员车）和 12 节式（包括 10 节货物车、1节带乘务员室的柴油发电车和1节制冷机械车），由发电车供电，制冷车以氨作制冷剂集中制冷，而以盐水在机械车和货物车间循环作为冷媒。此外还有10节、9节和 5节式，车组中只有1节带乘务员室的柴油发电车，其余为货物车，发电车集中供电，而由各节货物车上以氟利昂F12作制冷剂的制冷设备单独制冷。多节式冷藏车组只有在货物发运量足够大时，它的载重量才能得到充分利用，因而它的组成向着较少节数发展。单节机械冷藏车将发电、制冷、货物间和控制设备设在同一节车上，既可单独使用，也可编成车组，而且还可以自动控制实现无人管理，因而正在迅速发展。

无冷源冷藏车。车上仅有隔热车体而无任何制冷或加温装置。中国铁路新研制成的冷板式冷藏车即属此类。冷板式冷藏车车顶上设有长方形箱状容器——冷冻板，内装低晶共融溶液，靠地面上的制冷装置使溶液冻结。通常一次制冷足够一个运程的需要。车上的溶液可以重复使用，不需要沿途添加，因而可以节约运输时间。无冷源冷藏车在一些国家的铁路上得到越来越多的应用，保温车如图3-7所示。

图3-7 保温车

3.3.4 航空运输装备

飞机，专业术语是固定翼机，泛指比空气重、有动力装置驱动、机翼固定于机身且不会相对机身运动、靠空气对机翼的作用力而产生升力的航空器。这种定义是为了与滑翔机和旋翼机有所区别。固定翼飞机是目前最常见的航空器型态。动力的来源包含活塞发动机、涡轮螺旋桨发动机、涡轮风扇发动机或火箭发动机等。飞机是现代生活中不可缺少的运输工具，飞机具有两个最基本的特征：其一是它自身的密度比空气大，并且它是由动力驱动前进；其二是飞机有固定的机翼，机翼提供升力使飞机翱翔于天空。

不具备以上特征者不能称为飞机，这两条缺一不可。比如：一个飞行器的密度小于空气，那它就是气球或飞艇；如果没有动力装置，只能在空中滑翔，则被称为滑翔机；飞行器的机翼如果不固定，靠机翼旋转产生升力，就是直升机或旋翼机。

飞机机翼的上下两侧的形状是不一样的，上侧的要凸些，而下侧的则要平些。当飞机滑行时，机翼在空气中移动，从相对运动来看，等于是空气沿机翼流动。由于机翼上下侧的形状不一样，在同样的时间内，机翼上侧的空气比下侧的空气流过了较多的路程（曲线长于直线），即机翼上侧的空气流动得比下侧的空气快。根据流动力学的原理，当飞机滑动时，机翼上侧的空气压力要小于下侧，这就使飞机产生了一个向上的升力。当飞机滑行到一定速度时，这个升力就达到了足以使飞机飞起来的力量。于是，飞机就上了天。这就是飞机的原理。

（1）波音系列飞机

美国波音公司生产的喷气民用运输机系列。1958 年，波音公司生产了波音 707 飞机，并投入航线飞行。它采用了涡轮喷气发动机，提高了飞机的飞行速度和飞行高度，增大了载客量和航程，属第一代喷气民用运输机。后来通过改进喷气发动机技术，出现了高流量比涡轮风扇发动机。1963 年，波音公司将它用作动力装置，生产了波音 727 飞机。其耗油率低，发动机噪声小，具有较好的起飞着陆性能和中短程使用的经济性，波音 727 属第二代喷气民用运输机。早期生产的型号有 727-100、727-100C、727-100QC 等，现已停产。仍在生产的有 727-200，是一种加长型飞机，最多可载乘客 189 人。此外还有改进的 727-200 和 727-100C。前者增加了载油量，加大了航程；后者为客货两用型。1967 年，波音公司根据对短程航线需要的估计，生产了波音 737 短程运输机。波音公司相继研制了波音 757、波音 767、波音 777 三种系列的中等运载能力和中等航程的民用运输机，并于 20 世纪 80 年代生产和投入航线飞行。它们装有两台涡轮风扇发动机，可载乘客 200 ~ 300 人。

（2）空中客车系列飞机

空中客车系列飞机共有 5 种主要型别 ：A300、A310、A320、A330、A340。每种又有若干种改型。A300 为基本型，可载客 251 ~ 267 人，有 A300B2、A300B4、A300-600、A300C 和 A300F 等改型。A310 由 A300 发展而成，机翼和机身稍有缩短，可载客 210 ~ 245 人，有 A310-200 和 A310-300 等改型。A320 是普通机身的中近程客机，它采用先进的电传操纵系统，旅客舱典型布局载客 150 人，高密度布局载客 174 人，有 A320-100、A320-200、A319 等改型。A330 在 A300-600 基础上，机身延长，恢复宽机身，航程增大，为中远程客机，有 A330-300 和 A330-300X 改型。A340 属四发中远程大型客机，载客 263 ~ 335 人，在机翼上装四台涡轮风扇发动机，机上装有多普勒导航系统和自动着陆设备等，机翼端部有小翼，大量使用复合材料，提高发动机功率，耗油率有所降低，客舱装有最新声像娱乐设备，拥有完善的通信导航系统。

（3）安系列飞机

安-24 是苏联安东诺夫设计局研制的双发涡轮螺桨支线客机，用来代替 20 世纪 50 年代苏联国内航线上的伊尔 12、伊尔 14、和立-2 等客机。1958 年开始设计，1959 年 12 月第一架原型机首次试飞，1960 年开始批生产，1978 年停产，共生产约 1 100 架，有一部分装备用于空军部队。随后，苏联安东诺夫设计局在安-24 基础上进行不断改进，先后研制出安-26 运输机、安-30 航空观测机、安-32 运输机。

（4）运系列飞机

运系列飞机是陕西飞机制造公司生产的，陕西飞机制造公司是中国大中型运输飞机和微型汽车重要的科研生产基地，公司总部位于陕西省汉中市。运 8 系列飞机是目前国产最大的多用途运输机。运 8 飞机装有 4 台涡轮螺旋桨发动机，载重量 20t，最大航程 5 600 公里，是性能优良、用途广泛、安全可靠、适应性强的运输机种，在满足国内用户的同时已向多个国家出口。作为一种优秀的平台，运 8 飞机目前拥有各类改进改型近三十种，是国产飞机中发展专业机型最多、改进改型潜力最大的机种。运 8 系列飞机现有运 8F100 型、运 8F200 型、运 8F400 型和运 8F600 型四种民用货运飞机，运 8F600 型飞机以其高效率、低噪声、长航程、大载货量的特性，有望成为未来主力支线货运飞机。

（5）新舟系列

新舟系列是我国西安飞机工业公司生产的系列飞机，产品有新舟 600。

3.3.5 水路运输装备

因分类方式的不同，同一条船舶可有不同的称呼。多数船舶是按船舶的用途分类称呼的。按用途的不同，可分为：客货船、普通货船、集装箱船、滚装船、载驳货船、散货船、油船、液化气体船、兼用船等。

1．客货船

除了载运旅客之外，还装载有部分货物（水线以下的船舱尽可能用来装货）。客货船在要求上与客船相同。

2．普通货船

俗称为杂货船。杂货，也称为统货，是指机器设备、建材、日用百货等各种物品。专门运输包装成捆、成包、成箱的杂货的船，称为杂货船或称普通货船。杂货船有下列一些特征。

① 载重量不可能很大，远洋的杂货船总载重量为 10 000～14 000t；近洋的杂货船总载重量为 5 000t 左右；沿海的杂货船总载重量为 3 000t 以下（由于货种多，货源不足，装卸速度慢，停港时间长，杂货船的载重量过大会不经济）。

② 为了理货方便，杂货船一般设有 2～3 层甲板。载重量为万吨级的杂货船，设有 5～6 个货舱。机舱位置多数位于中后，也有的采用尾机型。

③ 杂货船一般都设有首楼，在机舱的上部设有桥楼。老式的 5 000t 级杂货船，多采用

三岛型。

④ 许多万吨级的杂货船，因压载的要求，常设有深舱，同时深舱可以用来装载液体货物（动植物油、糖蜜等）。

⑤ 杂货船一般都装设有起货设备，多数以吊杆为主，也有的装有液压旋转吊。

⑥ 大多数杂货船，每个货舱一个舱口，但少数杂货船根据装卸货物的需要，采用双排舱口。

⑦ 不定期的杂货船一般为低速船。航速过高对于杂货船是很不经济的。远洋杂货船约为 14 ~ 18 节，续航力为 12 000 海里以上；近洋杂货船的船速为 13 ~ 15 节；沿海杂货船的航速为 11 ~ 13 节。

⑧ 杂货船一般都是一部主机，单螺旋桨。集装箱船，是专门运输集装箱货物的船舶，可分为三种类型：全集装箱船，是一种专门装运集装箱的船，不装运其他型式的货物；半集装箱船，在船的中部区域作为集装箱的专用货舱，而船的两端货舱装载其他杂货；可变换的集装箱船，是一种多用途船，这种船的货舱，根据需要可随时改变设施，既可装运集装箱，也可以装运其他普通杂货，以提高船舶的利用率。

3．滚装船

货物装卸不是从甲板上的货舱口垂直地吊进吊出，而是通过船舶首、尾或两舷的开口及搭到码头上的跳板，用拖车或叉式装卸车把集装箱或货物连同带轮子的底盘，从船舱运至码头的一种船舶。滚装船的主要优点是：不需要起货设备，货物在港口不需要转载就可以直接拖运至收货地点，缩短货物周转的时间，减少货损。

4．载驳货船又称子母船

这是一种把驳船作为“浮动集装箱”，利用母船升降机和滚动设备将驳船载入母船，或利用母船上的起重设备把驳船（子船）由水面上吊起，然后放入母船体内的一种船舶，统称为载驳货船。许多载驳货船的甲板上载有集装箱船。典型的载驳货船有下列四种。

① 普通载驳货船。又称拉西式载驳货船（Lighter Aboard Ship，LASH）。它与全集装箱船一样，也是一种分格结构的船，舱内设有许多驳格，每一驳格内可装四层驳船，甲板上可堆装两层。

② 海蜂式载驳货船。又称西比式载驳货船（See-Bee Carrier）。其特点是没有舱口，舱内设有三层全通甲板，驳船的装卸靠船尾升降井内设置的升降平台和小车水平滚动装卸驳船。

③ 双体载驳货船。又称巴卡侍载驳货船（Barge Aboard Catama-ran，BACAT）。这种船为双体结构，首部封闭而尾部分开，依靠升降平台和甲板上的滚轮装卸驳船。

④ 浮坞式载驳货船。又称巴可型载驳货船，系采用母船沉入一定水深，用浮坞船方式将驳船浮进浮出，并可多层装载驳船。

5．散货船

散装运输谷物、煤、矿砂、盐、水泥等大宗干散货物的船舶，都可以称为干散货船，或简称散货船。因为干散货船的货种单一，不需要包装成捆、成包、成箱地装载运输，不怕挤压，便于装卸，所以都是单甲板船。总载重量在50 000t以上的，一般不装起货设备。由于谷物、煤和矿砂等的积载因数（每吨货物所占的体积）相差很大，所要求的货舱容积的大小、船体的结构、布置和设备等许多方面都有所不同。因此，一般习惯上仅把装载粮食、煤等货物积载因数相近的船舶，称为散装货船，而装载积载因数较小的矿砂等货物的船舶，称为矿砂船。用于粮食、煤、矿砂等大宗散货的船通常分为如下几个级别。

① 总载重量DW为100 000t级以上，称为好望角型船。

② 总载重量DW为60 000t级，通常称为巴拿马型。这是一种巴拿马运河所容许通过的最大船型。船长要小于245米，船宽不大于32.2米，最大的容许吃水为12.04米。

③ 总载重量DW为35 000～40 000t级，称为轻便型散货船。吃水较浅，世界上各港口基本都可以停靠。

④ 总载重量DW为20 000～27 000t级，称为小型散货船。可驶入美国五大湖泊的最大船型。最大船长不超过222.5米，最大船宽小于23.1米，最大吃水要小于7.925米。

用于运输矿砂的船，由于载重量越大，运输成本越低，目前，矿砂船最小的总载重量为57 000t，最大的为260 000t，大多数为12 000～150 000t。由于船型高大，在涨潮时岸上的起货设备的高度往往不够高。因此，这种矿砂船在装卸货的同时，利用压载水的多少来调节船舶吃水高低。

6．油船

油船从广义上讲是指散装运输各种油类的船，除了运输石油外，还装运石油的成品油、各种动植物油、液态的天然气和石油气等。但是，通常所称的油船，多数是指运输原油的船。而装运成品油的船，称为成品油船。装运液态的天然气和石油气的船，称为液化气体船。油轮的载重量越大，运输成本越低。由于石油货源充足，装卸速度快，所以油船可以建造得很大。近海油船的总载重量为30 000t左右；近洋油船的总载重量为60 000t左右；远洋的大油轮的总载重量为200 000t左右；超级油轮的总载重量为300 000t以上。最大的油轮已达到 560 000t。油船都是单甲板、单底结构。因为货舱范围内破损后，货油浮在水面上，舱内不至于大量进水，故油船除了在机舱区域内设置双层底以外，货油舱区域一般不设置双层底。但是，油轮发生海损事故会造成污染，近年来有的大型油轮，设置双层底或双层船壳。

7．液化气体船

专门散装运输液态的石油气和天然气的船，也有人称为特种油船。按其运输时液化气的温度和压力，分为三种类型。

① 压力式液化气体船。这种液化气体船适用于近海短途运输少量的液化气体。它是在常温下，将气体加压至液化压力，把液化气贮藏在高压容器中进行运输。这种运输方式，船体结构及操作技术都比较简单，但容器重量大，船舶的容量利用率低，不适用于建造大型高压容器。

② 低温压力式液化气体船。把液化气体的温度控制在常温 45℃以下，但高于液化气体的沸点，在这样的温度范围内，把气体加压至液态进行运输。采用这种方式运输，对于液化气体的温度和压力都需要进行控制，舱内要隔热绝缘，并且设置冷冻装置。

③ 低温式液化气体船。在大气压力下，将气体冷却至液态的温度以下进行运输。船上设有温度和压力控制装置。它适用于大量运输液化气体，目前这种类型的液化气体船较多。

8．兼用船

兼用船是指既可以装载原油，也可以装载散货或矿砂的两用船或三用船。散货船、矿砂船和油船等专用船舶，虽然载重量都比较大，但是由于所运输的货物种类单一，回航不能装运其他种类货物，只好压载空放。兼用船是根据货物种类的变化，船舶在往返航程中，可以装载不同种类的货物。兼用船主要有下列两种类型。

① 矿/油两用船。用于运输矿砂和原油。简称为 O.O 船（Ore/Oil carrier），这种船的中间货舱比较窄，占整个船舶货舱的船容 40%~50%。运输矿砂时装在中间货舱内，而运输原油时，装在两侧边舱和中间舱内。

② 矿/散/油三用船：用于运输矿砂、较轻的散货和原油。简称为 O.B.O 船（Ore/Bulk/Oil carrier）。

3.3.6　装卸工具

1．叉车

叉车是指对成件托盘货物进行装卸、堆垛和短距离运输作业的各种轮式搬运车辆，国际标准化组织 ISO/TC110 称为工业车辆。叉车属于物料搬运机械，广泛应用于车站、港口、机场、工厂、仓库等国民经济各部门，是机械化装卸、堆垛和短距离运输的高效设备，叉车如图 3-8 所示。

图 3-8　叉车

（1）叉车的技术参数

它是用来表明叉车的结构特征和工作性能的。叉车的主要技术参数有：额定起重量、载荷中心距、最大起升高度、门架倾角、最大起升速度、最高行驶速度、最小转弯半径、最小离地间隙、轴距和轮距等。

① 额定起重量。叉车的额定起重量是指货物重心至货叉前壁的距离不大于载荷中心距时，允许起升的货物的最大重量，以t（吨）表示。当货叉上的货物重心超出了规定的载荷中心距时，由于叉车纵向稳定性的限制，起重量应相应减小。

② 载荷中心距。载荷中心距是指在货叉上放置标准的货物时，其重心到货叉垂直段前壁的水平距离，以mm（毫米）表示。对于1t叉车，规定载荷中心距为500mm。

③ 最大起升高度。最大起升高度是指在平坦坚实的地面上，叉车满载，货物升至最高位置时，货叉水平段的上表面离地面的垂直距离。

④ 门架倾角。门架倾角是指无载的叉车在平坦坚实的地面上，门架相对其垂直位置向前或向后的最大倾角。前倾角的作用是为了便于叉取和卸放货物；后倾角的作用是当叉车带货运行时，预防货物从货叉上滑落。根据作业需要，一般叉车前倾角为3º～6º，后倾角为10º～12º。

⑤ 最大起升速度。叉车最大起升速度通常是指叉车满载时，货物起升的最大速度，以m/min（米/分）表示。提高最大起升速度，可以提高作业效率，但起升速度过限，容易发生货损和机损事故。目前国内叉车的最大起升速度已提高到20m/min。

⑥ 最高行驶速度。提高行驶速度对提高叉车的作业效率有很大影响。首起重量为1t的内燃叉车，其满载时最高行驶速度不少于17m/min。

⑦ 最小转弯半径。当叉车在无载低速行驶、打满方向盘转弯时，车体最外侧和最内侧至转弯中心的最小距离，分别称为最小外侧转弯半径和最小内侧转弯半径。最小外侧转弯半径越小，则叉车转弯时需要的地面面积越小，机动性越好。

⑧ 最小离地间隙。最小离地间隙是指车轮以外，车体上固定的最低点至地面的距离，它表示叉车无碰撞地越过地面凸起障碍物的能力。最小离地间隙越大，则叉车的通过性越高。

⑨ 轴距和轮距。叉车轴距是指叉车前后桥中心线的水平距离。轮距是指同一轴上左右轮中心的距离。增大轴距，有利于叉车的纵向稳定性，但使车身长度增加，最小转弯半径增大。增大轮距，有利于叉车的横向稳定性，但会使车身总宽和最小转弯半径增加。

（2）根据工况选择车型和配置

车型和配置的选择一般要从以下几个方面出发。

① 作业功能。叉车的基本作业功能分为水平搬运、堆垛 /取货、装货/卸货、拣选。根据企业所要达到的作业功能，可以从上面介绍的车型中初步确定叉车的种类。另外，特殊的作业功能会影响到叉车的具体配置，例如，搬运的是纸卷、铁水等，需要叉车安装属具来完成特殊功能。

② 作业要求。叉车的作业要求包括托盘或货物规格、提升高度、作业通道宽度、爬坡度等一般要求，同时还需要考虑作业效率（不同的车型其效率不同）、作业习惯（如习惯坐驾还是站驾）等方面的要求。

③ 作业环境。如果企业需要搬运的货物或仓库环境对噪声或尾气排放等环保方面有要求，在选择车型和配置时应有所考虑。如果是在冷库中或是在有防爆要求的环境中，叉车的配置也应该是冷库型或防爆型的。选择车型和原配置时应仔细考察叉车作业时需要经过的地点，设想可能的问题，例如，出入库时门高对叉车是否有影响，进出电梯时电梯高度和承载对叉车的影响，在楼上作业时楼面承载是否达到相应要求，等等。

在选型和确定配置时，要向叉车供应商详细描述工况，并实地勘察，以确保选购的叉车完全符合企业的需要。即使完成以上步骤的分析，仍然可能有几种车型同时都能满足上述要求。此时需要注意以下几个方面。

第一，不同的车型，工作效率不同，那么需要的叉车数量、司机数量也不同，会导致一系列成本发生变化，详见本文中性能评判部分关于成本的论述。

第二，如果叉车在仓库内作业，不同车型所需的通道宽度不同，提升能力也有差异，由此会带来仓库布局的变化，如货物存储量的变化。

第三，车型及其数量的变化，会对车队管理等诸多方面产生影响。

第四，不同车型的市场保有量不同，其售后保障能力也不同。例如，低位驾驶三向堆垛叉车和高位驾驶三向堆垛叉车同属窄通道叉车系列，都可以在很窄的通道内（1.5～2 米）完成堆垛、取货。但是前者驾驶室不能提升，因而操作视野较差，工作效率较低。后者能完全覆盖前者的功能，而且性能更出众，因此在欧洲市场后者的销量比前者超出 4～5 倍，在中国则达到 6 倍以上。因此大部分供应商都侧重发展高位驾驶三向堆垛叉车，而低位驾驶三向堆垛叉车只是用在小吨位、提升高度低（一般在 6 米以内）的工况下。在市场销量很少时，其售后服务的工程师数量、工程师经验、配件库存水平等服务能力就会相对较弱。

要对以上几个方面的影响综合评估，然后选择最合理的方案。

2. 起重设备

起重设备是指搬运或移动重物的机电设备。其范围规定为额定起重量大于或等于 0. 5t 的升降机，额定起重量大于或等于 1t，且提升高度大于或等于 2 米的起重机，以及承重形式固定的电动葫芦、液压搬运车、叉车设备等。

（1）起重设备的分类

起重设备按结构不同可分为轻小型起重设备、升降机、起重机和架空单轨系统等几类。轻小型起重设备主要包括起重滑车、吊具、千斤顶、手动葫芦、电动葫芦和普通绞车，大多体积小、重量轻、使用方便。除电动葫芦和绞车外，绝大多数用人力驱动，适用于工作不繁重的场合。它们可以单独使用，有的也可作为起重机的起升机构。有些轻小型起重设备的起重能力很大，如液压千斤顶的起重量已达750t。升降机主要做垂直或近于垂直的升降运动，具有固定的升降路线，包括电梯、升降台、矿井提升机和料斗升降机等。起重机是在一定范围内垂直提升并水平搬运重物的多动作起重设备。架空单轨系统具有刚性吊挂轨道所形成的线路，能把物料运输到厂房各部分，也可扩展到厂房的外部。

（2）起重设备工作特点

① 起重设备通常结构庞大，机构复杂，能完成起升运动、水平运动。例如，桥式起重机能完成起升、大车运行和小车运行3个运动；门座起重机能完成起升、变幅、回转和大车运行4个运动，在作业过程中，常常是几个不同方向的运动同时操作，技术难度较大。

② 起重设备所吊运的重物多种多样，载荷是变化的。有的重物重达几百吨乃至上千吨，有的物体长达几十米，形状也很不规则，有散粒、热融状态、易燃易爆危险物品等，吊运过程复杂而危险。

③ 大多数起重设备，需要在较大的空间范围内运行，有的要装设轨道和车轮（如塔吊、桥吊等）；有的要装上轮胎或履带在地面上行走（如汽车吊、履带吊等）；有的需要在钢丝绳上行走（如客运、货运架空索道），活动空间较大，一旦造成事故影响的范围也较大。

④ 有的起重机械需要直接载运人员在导轨、平台或钢丝绳上做升降运动（如电梯、升降平台等），其可靠性直接影响人身安全。

⑤ 起重设备暴露的、活动的零部件较多，且常与吊运作业人员直接接触（如吊钩、钢丝绳等），存在许多偶发的危险因素。

⑥ 作业环境复杂。从大型钢铁联合企业，到现代化港口、建筑工地、铁路枢纽、旅游胜地，都有起重机械在运行；作业场所常常会遇有高温、高压、易燃易爆、输电线路、强磁等危险因素，对设备和作业人员形成威胁。

⑦ 起重业中常常需要多人配合，共同进行。一个操作，要求指挥、捆扎、驾驶等作业人员配合熟练、动作协调、互相照应。作业人员应有处理现场紧急情况的能力。多个作业人员之间的密切配合，通常存在较大的难度。

起重设备的工作特点，决定了它与安全生产的关系很大。对起重设备的设计、制造、安装使用和维修等环节上稍有疏忽，就可能造成伤亡或设备事故。一方面造成人员的伤亡，另一方面也会造成很大的经济损失，我们在工作中总结为起重机司机在工作中有十不吊：① 吊物上站人，有浮放物不吊。② 超负荷不吊。③ 信号不明、不清楚、光线暗淡不吊。④ 易燃、易爆物及酸不吊。⑤ 设备带病或吊物直接加工不吊。⑥ 钢丝绳不合格、捆绑不牢不吊。⑦ 埋在地下或凝固在地面的物件，不知重量不吊。⑧ 钢、铁水包过满不吊。⑨ 歪拉斜拖、锐角、刃角不垫好不吊。⑩ 违章指挥的工作不吊。

案例 吊车闸故障，27t1 500℃钢水浇死32人

2007年4月18日上午，辽宁铁岭市清河特殊钢有限公司发生钢水包整体脱落事故，造成32人死亡，其中农民工3人；6人受伤，其中2人伤势较重。事发后，辽宁省主要领导及相关部门负责人先后赶赴现场，依法积极妥善处置该起重特大安全生产事故。目前，事故现场已处理完毕，有关责任人已被控制。

目击者：屋子里只剩70m² 大铁饼

事故发生在4月18日上午7时45分，该公司生产车间的钢水包在平移到铸锭台车上方时，突然整体脱落，钢水包倒向5米外正在进行班组开会的交接班室，造成32人死亡，6人受伤。

事故发生后，辽宁铁岭市委、市政府立即启动应急程序，迅速开展搜救工作，及时把受伤人员送往医院，进行全力救治。

据目击网友称，“去现场了，一屋子人什么都没了，融合到冷却了的钢里了，一块$70m^2$左右的大铁饼子”。

据铁岭市公安局负责人透露，铁岭市清河特殊钢有限责任公司法人代表高峰、发生事故车间的车间主任、操作工和技术员等4名相关责任人目前已被警方控制。

事故生还者讲述最悲惨一瞬——“眼瞅27吨钢水砸向我们”

得到32名工友死亡的确切消息时，几名幸运的逃生者正躺在武警辽宁省总队医院的病床上接受紧急治疗。昨日下午，两名神志清醒的轻伤者，向记者回忆了当天早晨钢水溢出的惊魂一瞬：“那一刻如果回一下头，可能就没命了……”

正开安全会议钢包就砸下来了

“接班的工友肯定都完了，只有我们这些交班的才有幸跑出来！”38岁的矫正岩侧躺在病床上，因为臀部和后背多处被烧烫伤，他不停地扭动着身子。他是清河特殊钢有限公司铸锭班的班长，“当时还差十几分钟就8点了，最后一包钢水铸成钢锭后我们就交班了，工友们是眼瞅着那包钢水砸向交接班会议室的！”

“那包钢水有二十六七吨，当时我在钢包附近正在弯腰拿工具，突然听到钢包吊车闸发出尖叫声，钢包快速下滑，吊车闸失灵了！我抬脚就跑，钢包下坠过程中好像磕到了台车上，一下子倾斜，钢水就涌向附近的会议室了……”当时几十名接班的工人正在里面召开接班安全会议，这是最悲惨的一瞬。

“你想想，钢水1 500多度啊，落到地上，再溅身上，热浪涌上来，把衣服都烤着了，我什么也顾不上了，只顾往前跑，才捡了一条命。”

现场——7 小时后事故车间仍热气不断

昨日上午 11 时 30 分左右，记者驱车来到清河特殊钢有限责任公司，当地百余名群众聚集在公司大门前，部分职工家属放声痛哭。当地警方已控制厂区，限制人员出入。下午 3 时 30 分，记者随辽宁省主要领导进入清河特殊钢有限责任公司，发生钢包脱落事故的地点位于这家公司一处新建厂区。

距离事发超过 7 小时后，记者一进入事故车间，扑面而来的还是一股股热气，地面上撒满了钢水冷却后形成的“钢渣”，最厚处近 20 厘米。记者站在尚有余温的“钢渣”上面，脚底很快就感受到透过鞋底传导的热量。脱落的钢包仍然倾倒在地，犹如一个巨大的球形锅，直径约 2 米，容量为 30 吨。记者在距离钢包 2 米远的地方，仍感到其散发的热量令人无法正常呼吸。在距离钢包不到 5 米的地方，一间简陋的水泥房就是 32 名工人遇难之处。（资料来源：包晶晶，《新快报》，2007 年 4 月 19 日）

3. 输送设备

输送设备是指在一定的线路上连续输送物料的搬运机械，又称流水线。输送流水线可进行水平、倾斜和垂直输送，也可组成空间输送线路，输送线路一般是固定的。输送机输送能力大，运距长，还可在输送过程中同时完成若干工艺操作，所以应用十分广泛。

（1）带式输送机

带式输送机由驱动装置、拉紧装置、输送带、中部构架和托辊组成，输送带作为牵引和承载构件，连续输送散碎物料或成件品。带式输送机是一种摩擦驱动的机械。应用它，可以将物料在一定的输送线上，在最初的供料点到最终的卸料点间形成一种物料的输送流程。它既可以进行碎散物料的输送，也可以进行成件物品的输送。除进行纯粹的物料输送外，还可以与各工业企业生产流程中的工艺过程的要求相配合，形成有节奏的流水作业运输线。所以带式输送机广泛应用于现代化的各种工业企业中。如在矿山的井下巷道、矿井地面运输系统、露天采矿场及选矿厂中，均广泛应用带式输送机进行水平运输或倾斜运输。

通用带式输送机由输送带、托辊、滚筒及驱动、制动、涨紧、改向、装载、卸载、清扫等装置组成。

① 输送带。常用的有橡胶带和塑料带两种。橡胶带适用的工作环境：温度为 −15℃ ~ 40℃，物料温度不超过 50℃，向上输送散粒料的倾角在 12° ~ 24°，大倾角输送可用花纹橡胶带。塑料带具有耐油、酸、碱等优点，但对气候的适应性差，易打滑和老化。带宽是带式输送机的主要技术参数。

② 托辊。托辊分单滚筒（胶带对滚筒的包角为 210° ~ 230°）、双滚筒（包角达 350°）和多滚筒（用于大功率）等。有槽形托辊、平形托辊、调心托辊和缓冲托辊。槽形托辊（由 2 ~ 5 个辊子组成）支承承载分支，用以输送散粒物料；调心托辊用以调整带的横向位置，避免跑偏；缓冲托辊装在受料处，以减小物料对带的冲击。

③ 滚筒。滚筒依据作用分驱动滚筒和改向滚筒。驱动滚筒是传递动力的主要部件。依据数量，滚筒又可分单滚筒（胶带对滚筒的包角为 210° ~ 230°）、双滚筒（包角达 350°）和多滚筒（用于大功率）等。

④ 涨紧装置。其作用是使输送带达到必要的张力，以免在驱动滚筒上打滑，并使输送带在托辊间的挠度保证在规定范围内。

带式输送机的技术优势有以下几个方面：

① 它运行可靠。在许多需要连续运行的重要的生产单位，例如，发电厂煤的输送，钢铁厂和水泥厂散状物料的输送，以及港口内船舶装卸等均采用带式输送机。如在这些场合停机，损失是巨大的。必要时，带式输送机可以一班接一班地连续工作。

② 动力消耗低。由于物料与输送带几乎无相对移动，不仅使运行阻力小（为刮板输送机的 1/5 ~ 1/3），而且对货载的磨损和破碎都小，生产率高。这些均有利于降低生产成本。

③ 输送线路适应性强又灵活。线路长度根据需要而定．短则几米，长可达 10 千米以上。可以安装在小型隧道内，也可以架设在地面交通混乱和危险地区的上空。

④ 根据工艺流程的要求，带式输送机能非常灵活地从一点或多点受料．也可以向多点或几个区段卸料。当同时在几个点向输送带上加料（如选煤厂煤仓下的输送机）或沿带式输送机长度方向上的任一点通过均匀给料设备向输送带给料时，带式输送机就成为一条主要输送干线。带式输送机可以在贮煤场料堆下面的巷道里取料，需要时，还能把各堆不同的物料进行混合。物料可简单地从输送机头部卸出，也可通过犁式卸料器或移动卸料车在输送带长度方向的任一点卸料。

（2）液压升降平台

液压升降平台广泛用于汽车、集装箱、模具制造、木材加工、化工灌装等各类工业企业及生产流水线，满足不同作业高度的升降需求，同时可配装各类台面形式（如滚珠、滚筒、转盘、转向、倾翻、伸缩），配合各种控制方式（分动、联动、防爆），具有升降平稳准确、频繁启动、载重量大等特点，有效解决了工业企业中各类升降作业难题，使生产作业轻松自如。产品特点：整机重量轻，机动性好，适合单人操作；特制的桅柱间导轮装置，升降平稳自如；结构紧凑，运输状态尺寸小，可进入一般电梯的轿厢，能顺利通过门洞和狭小通道。

（3）斗式提升机

斗式提升机用来垂直提升经过破碎机的石灰石、煤、石膏、熟料等块粒状物料及生料、水泥、煤粉等粉状物料。根据料斗运行速度的快慢不同，斗式提升机可分为离心式卸料、重力式卸料和混合式卸料三种形式。离心式卸料的斗速较快，适用于输送粉状、粒状、小块状等磨琢性小的物料；重力式卸料的斗速较慢，适用于输送块状的、比重较大的、磨琢性大的物料，如石灰石、熟料等。斗式提升机的牵引构件有环链、板链和胶带等几种。环链的结构和制造比较简单，与料斗的连接也很牢固，输送磨琢性大的物料时，链条的磨损较小，但其自重较大。板链结构比较牢固，自重较轻，适用于提升量大的提升机，但铰接接头易被磨损；胶带的结构比较简单，但不适宜输送磨琢性大的物料。普通胶带物料温度不超过 60℃，夹钢绳胶带允许物料温度达 80℃，耐热胶带允许物料温度达 120℃，环链、板链输送物料的温度可达 250℃。

3.4 电子商务环境下的运输合理化

合理运输就是在考虑各种实际存在的约束条件下，充分并有效地利用各种运输工具的运输能力，以最少的人、财、物消耗，及时、迅速、按质、按量和安全地完成运输任务。“合理”，就是运输方案符合约束条件，运输方式选择合理，运输路线合理，运输环节最少，运输时间和运输费用最少。合理运输的约束有技术约束、特殊调度约束、用户质量要求约束、供需协调约束、订货发货起点约束、运输约束等。

3.4.1 不合理运输的形式

不合理运输是在现有条件下可以达到的运输水平而未达到，从而造成了运力浪费、运输时间增加、运费超支等问题的运输形式。目前我国主要存在的不合理运输形式有九种。

1. 返程或起程空驶

空车无货载行驶，可以说是不合理运输的最严重形式。在实际运输组织中，有时候必须调运空车，从管理上不能将其看成不合理运输。但是，因调运不当、货源计划不周、不采用运输社会化而形成的空驶，是不合理运输的表现。造成空驶的不合理运输主要有以下几种原因。

① 能利用社会化的运输体系而不利用，却依靠自备车送货提货，这往往出现单程重车、单程空驶的不合理运输。

② 由于工作失误或计划不周，造成货源不实、车辆空去空回，形成双程空驶。

③ 由于车辆过分专用，无法搭运回程货，只能单程实车、单程回空周转。

2. 对流运输

也称“相向运输”、“交错运输”，是指同一种货物，或彼此间可以互相代用而又不影响管理、技术及效益的货物，在同一线路上或平行线路上做相对方向的运送，而与对方运程的全部或一部分发生重迭交错的运输。已经制定了合理流向图的产品，一般必须按合理流向的方向运输，如果与合理流向图指定的方向相反，也属对流运输。

在判断对流运输时需注意的是，有的对流运输是不明显的隐蔽对流，例如，不同时间的相向运输，从发生运输的时间看，并无出现对流，可能导致做出错误的判断，所以要注意隐蔽的对流运输。

例如，甲公司在西安，乙公司在太原，甲公司要把 100t 苹果从西安运往太原，同时乙公司也要把同样品种的 100t 苹果从太原运往西安，这样就导致了对流运输而造成浪费。

3．迂回运输

这是舍近取远的一种运输，可以选取短距离进行运输而不办，却选择路程较长路线进行运输的一种不合理形式。迂回运输有一定复杂性，不能简单处之，只有当计划不周、地理不熟、组织不当而发生的迂回，才属于不合理运输，如果最短距离有交通阻塞、道路情况不好或有对噪声、排气等特殊限制而不能使用时发生的迂回，不能称不合理运输。

4．重复运输

本来可以直接将货物运到目的地，但是在未达目的地之处，或目的地之外的其他场所将货卸下，再重复装运送达目的地，这是重复运输的一种形式。另一种形式是，同品种货物在同一地点一面运进，同时又向外运出。重复运输的最大毛病是增加了非必要的中间环节，这就延缓了流通速度，增加了费用，增大了货损。

5．倒流运输

这是指货物从销地或中转地向产地或起运地回流的一种运输现象。其不合理程度要甚于对流运输，其原因在于，往返两程的运输都是不必要的，形成了双程的浪费。倒流运输也可以看成隐蔽对流的一种特殊形式。

6．过远运输

这是指调运物资舍近求远，近处有资源不调而从远处调，这就造成可采取近程运输而未采取，拉长了货物运距的浪费现象。过远运输占用运力时间长、运输工具周转慢、物资占压资金时间长，远距离自然条件相差大。又易出现货损，增加费用支出。

7．运力选择不当

未根据各种运输工具优势而不正确地利用运输工具造成的不合理现象，常见有以下几种形式。

① 弃水走陆。在同时可以利用水运及陆运时，不利用成本较低的水运或水陆联运，而选择成本较高的铁路运输或汽车运输，使水运优势不能发挥。

② 铁路、大型船舶的过近运输。不是铁路及大型船舶的经济运行里程却利用这些运力进行运输的不合理做法。主要不合理之处在于火车及大型船舶起运及到达目的地的准备、装卸时间长，且机动灵活性不足，在过近距离中利用，发挥不了运速快的优势。相反，由

于装卸时间长，反而会延长运输时间。另外，和小型运输设备比较，火车及大型船舶装卸难度大，费用也较高。

③ 运输工具承载能力选择不当。不根据承运货物数量及重量选择，而盲目决定运输工具，造成过分超载、损坏车辆及货物不满载、浪费运力的现象，尤其是"大马拉小车"现象发生较多。由于装货量小，单位货物运输成本必然增加。

8. 托运方式选择不当

对于货主而言，在可以选择最好托运方式而未选择，造成运力浪费及费用支出加大的一种不合理运输。

例如，应选择整车未选择，反而采取零担托运，应当直达而选择了中转运输，应当中转运输而选择了直达运输等，都属于这一类型的不合理运输。

9. 无效运输

凡装运的物资中有无使用价值的杂质，含量过多或含量超过规定标准的运输，如煤炭中的矸石、原油中的水分、矿石中的泥土及砂石等，这样的运输就是无效运输。

上述的各种不合理运输形式都是在特定条件下表现出来，在进行判断时必须注意其不合理的前提条件，否则就容易出现判断的失误。例如，如果同一种产品，商标不同，价格不同，所发生的对流，不能绝对看成不合理，因为其中存在着市场机制引导的竞争，优胜劣汰，如果强调因为表面的对流而不允许运输，就会起到保护落后、阻碍竞争甚至助长地区封锁的作用。类似的例子，在各种不合理运输形式中都可以举出一些。

再者，以上对不合理运输的描述，主要就形式本身而言，是主要从微观观察得出的结论。在实践中，必须将其放在物流系统中做综合判断，在不做系统分析和综合判断时，很可能出现"效益背反"现象。单从一种情况来看，避免了不合理，做到了合理，但它的合理却使其他部分出现不合理。只有从系统角度，综合进行判断才能有效避免"效益背反"现象，从而优化全系统。

3.4.2 影响运输合理化的因素

1. 运输距离

在运输的过程中，运输时间、运输货损、运费、车辆周转等运输的若干技术经济指标，都与运输距离有一定比例关系，运输距离长短是运输是否合理的一个最基本因素。

2. 运输环节

在运输业务活动中，需要进行装饰、搬运、包装、运输等工作，多一道环节，就会增加起运和最后的运输总费用。因此，减少运输环节，尤其是同类运输工具的运输环节，对合理运输有促进作用。

3．运输时间

在全部物流时间中运输时间占绝大部分，尤其是远程运输，因此，运输时间的缩短对整个流通时间的缩短起决定性的作用。此外，运输时间缩短，还有待加速运输工具的周转，充分发挥运力效能，提高运输线路通过能力。“时间就是金钱，速度就是效益”，运输不及时，造成客户时间浪费，而公司自身也容易因失信而失去客源。

4．运输工具

各种运输工具都有其优势领域，对运输工具进行优化选择，最大限度地发挥运输工具的特点和作用，是运输合理化的重要一环。

5．运输费用

运费在全部物流费用中占很大的比例，运费高低在很大程度上决定整个物流系统的竞争能力。实际上，相对较低的运费，无论对货主还是对物流企业都是运输合理化的一个重要的标志。运费的高低也是各种合理化措施是否行之有效的最终判断依据之一。

上述各因素，既相互联系，又相互影响，有时还相互矛盾，运输时间短，费用却不一定省，这就需要进行综合分析，寻找最佳的方案。在一般情况下，运输时间快，运输费用省，是考虑合理运输的关键，因为这两个因素集中体现了物流运输过程中的经济效益。

3.4.3 合理运输的途径

1．合理选择运输方式

每一种运输方式都有自己合理的经济运输范围。运输方式的选择是物流合理化的重要内容，这种选择不仅限于单一的运输方式，而且还包括通过联合运输方式来实现物流的合理化。

运输方式选择判断的依据主要有以下要素：物资的性质，运输时间，交货时间的适应性，运输成本，批量的适应性，运输的机动性和便利性，运输的安全性和准确性等。具体来说，在选择运输方式时，要考虑物品的种类、运输量、运输距离、运输时间、运输费用。当然在选择具体运输方式的时候，还要考虑当时特定的运输环境的制约，根据运输货物的各种条件，综合考虑确定。

2．合理选择运输工具

综合考虑实际的运输条件，合理选择运输车辆。

3．合理选择运输线路

尽量安排直达运输、快速运输，尽可能缩短运输时间，充分发挥各种运输节点的作用，减少运输环节，从而降低运输费用。

4．提高货物的包装质量，改进包装方法

货物在途时间的长短、装卸搬运次数的多少，都会影响到货物的质量，从而导致运输费用增加。因此，应合理选择包装材料，提高包装质量在降低货物损耗、减少货物费用方面的作用。

5．充分利用运输能力，提高运输工具的实载率

提高实载率，如进行配载运输等，可以充分发挥运输工具的额定能力，减少空驶和不满载行驶的时间，减少浪费，从而形成合理运输。另外，在运输能力固定的情况下，应尽量减少动力能源投入，节约运输费用，降低单位货物的运输成本，达到合理化的目的。例如，在铁路运输中，在机车能力允许的前提下，多加挂车皮；在内河运输中，将泊船编成一定的队形，采取由机动船顶推前进的航行方法；在公路运输中，采用汽车挂车运输等，这些都是在充分利用运输能力的基础上，增加运输能力。

6．发挥社会化的运输体系

运输社会化的含义是发展运输的大生产优势，实现专业分工，打破一家一户自成运输体系的状况。单个物流企业车辆自有，自我服务，不能形成规模，且一家一户运量相对有限，难以进行调节，因而经常容易出现空驶、运力选择不当、不能满载等浪费现象，且配套的接发货设施，装卸搬运设施也很难有效运行，所以造成运力的严重浪费。实行运输社会化，可以统一安排运输工具，避免对流、倒流、空载等多种不合理的运输形式，不但可以追求组织效益，而且可以追求规模效益。

7．开展铁路公路合理分流

在公路运输的合理经济里程范围内，应利用公路运输。

8．尽量发展直达运输

直达运输是追求运输合理化的重要形式，通过减少中转、过载、换载，从而提高运输速度，省去装卸费用，降低中转货损。

此外，还应该积极发展特殊运输技术和运输工具，依靠科学技术来促进运输合理化，同时发挥流通加工的功能，提高运输效率，实现运输的合理化。

实践与实训

分小组安排运输过程，自行设计各种单据并向全班展示（参考流程如下）。

1. 接单

公路运输主管从客户处接受（传真）运输发送计划。

公路运输调度从客户处接出库提货单证。

核对单证。

2. 登记

运输调度在登记表上分送货目的地，分收货客户标定提货号码。

司机（指定人员及车辆）到运输调度中心拿提货单，并在运输登统本上确认签收。

3. 调用安排

填写运输计划。

填写运输在途、送到情况，追踪反馈表。

电脑输单。

4. 车队交接

根据送货方向、重量、体积，统筹安排车辆。

报运输计划给客户处，并确认到厂提货时间。

5. 提货发运

按时到达客户提货仓库。

检查车辆情况。

办理提货手续。

提货，盖好车棚，锁好箱门。

办好出厂手续。

电话通知收货客户预达时间。

6. 在途追踪

建立收货客户档案。

司机及时反馈途中信息。

与收货客户电话联系送货情况。

填写跟踪记录。

有异常情况及时与客户联系。

7．到达签收

电话或传真确认到达时间。

司机将回单用 EMS 或 FAX 传回公司。

签收运输单。

定期将回单送至客户处。

将当地市场的住处及时反馈给客户。

8．回单

按时准确到达指定卸货地点。

9．货物交接

百分之百签收，保证运输产品的数量和质量与客户出库单一致。

了解送货人对客户产品在当地市场的销售情况。

10．运输结算

整理好收费票据。

做好收费汇总表交至客户，确认后交回结算中心。

结算中心开具发票，向客户收取运费。

复习思考题

一、判断题

1．物流中很大一部分工作是由运输担任的，所以运输就是物流。(　　)

2．铁路运输的主要优点是机动灵活，想运到哪里就到哪里，实现“门到门”的运输形式。(　　)

3．在国际海上集装箱运输中采用最多的是 IAA 型（40 尺柜）和 IC 型（20 尺柜）两种。将尺寸由米换成英尺即为：20 尺货柜，外尺寸为 20 英尺×8 英尺×8 英尺 6 英寸；40 尺货柜，外尺寸为 40 英尺×8 英尺×8 英尺 6 英寸；40 尺高柜，外尺寸为 40 英尺×8 英尺×9 英尺 6 英寸。(　　)

4．如果叉车在仓库内作业，不同车型所需的通道宽度不同，提升能力也有差异，由此会带来仓库布局的变化，所以我们要选择适用本仓库的叉车。(　　)

5．在选择运输方式时，要考虑物品的种类、运输量、运输距离、运输时间和运输费用。当然在选择具体运输方式的时候，还要考虑当时特定的运输环境的制约，根据运输货物的各种条件，综合考虑确定。(　　)

二、单项选择题

1．通过运输，将“物”运到场所效用最高的地方，就能发挥“物”的潜力，实现资源的优化配置。从这个意义来讲，也相当于通过运输提高了物的（　　）。

A．使用价值　　B．内在价值

C．花色品种　　D．档次

2．在社会上，运输是生产过程的继续，这一活动联结生产与再生产，联结生产与（　　）的环节。

A．扩大生产　　B．建设

C．次生产　　D．消费

3．运输是（　　）的主要源泉。

A．“第一个利润源”　　B．“第二个利润源”

C．“第三个利润源”　　D．“第四个利润源”

4．输送设备是指在一定的线路上连续输送物料的搬运机械，又称（　　）。

A．第二汽车　　B．搬运工

C．运输机　　D．流水线

5．（　　）是舍近取远的一种运输，可以选取短距离进行运输而不选，却选择路程较长路线进行运输的一种不合理形式。

A．重复运输　　B．迂回运输

C．对流运输　　D．倒流运输

三、多项选择题

1．按照运输工具和设备的不同，运输方式可分为（　　）。

A．铁路运输　　B．公路运输　　C．水路运输

D．航空运输　　E．管道运输

2．水运的主要优点是能进行（　　）的运输。

A．高速度　　B．低成本

C．大批量　　D．远距离

3．轻小型起重设备主要包括起重滑车、吊具、千斤顶、手动葫芦、电动葫芦和普通绞车，大多具有（　　）的特点。

A．体积小　　B．高速度

C．重量轻　　D．使用方便

4．影响运输合理化的因素有（　　）。

A．运输距离　　B．运输环节　　C．运输时间

D．运输工具　　E．运输费用

5．在运输的过程中，有（　　）等运输的若干技术经济指标，都与运输距离有一定比例关系，运输距离长短是运输是否合理的一个最基本因素。

A．运输时间　　B．运输货损

C．运费　　D．车辆周转

四、简答题

1．简述运输的概念和功能。

2．运输线路的类型有哪些？（考证复习题）

3．最常用的集装箱的规格有哪两种？

4．哪些现象是不合理的运输形式？

第4章

电子商务环境下的配送管理

引导案例　电商大战火拼“最后一公里”

对于我们这些习惯了网购的消费者来说，一次完美的网购体验，物流配送是其中相当重要的评分内容。

试想，电商网站打开、刷新的速度都很快，在售的货品种类丰富库存充分，商品的价格极有吸引力，在线客服的态度温柔又贴心，于是你果断的下单、付款、等收货，但等呀等，催呀催，等到脖子都长了才收到，这个时候哪怕心仪的商品在手，也完全兴奋不起来，若是中间因为包装破损、什么时候送货等问题与快递有口角，更是扫兴。几次三番下来，消费者肯定会考虑换个电商买买看。

但对于不少电商来说，在网购中最后也是最贴近消费者的这一环节，却正是它们最无法掌控的部分。目前多数电商都采用第三方物流的方式，但占据国内物流市场90%份额的是中小型物流企业，小、散、乱的行业特征很难满足高速发展的电商行业对于物流配送服务大规模、专业化的要求。

有统计数据为证，《2011—2012 中国快运发展报告》显示，仅今年上半年，我国快递服务业务量同比增长51%，预计全年快递业务量将达到48亿件，收入或将有望首次破千亿大关。其中70%的业务量来自电商，但网购快递的服务整体满意度仅为39.8%。

不甘于为第三方物流所限的电商企业想要争夺市场的主动权，纷纷进军物流领域，自建物流配送队伍。现在市面上主要的电商网站，除天猫是纯社会化物流，京东商城等以自营物流为主外，苏宁、亚马逊、当当等均选择了“自营+第三方物流”的服务方式。

部分电商还申请了快递牌照，比如京东商城、凡客、1 号店，除了自家的业务之外，还转头和物流快递公司抢市场。凡客的“如风达”快递从去年11月开始就已开接外单，为百丽旗下优购网上鞋城在北京、上海提供配送服务。京东商城今年11月也正式开放第三方物流，据称目前非自营日订单量已经超过10万单，京东CEO刘强东还预计，到2015年通过物流开放平台能实现外部订单量超过内部订单量，“从而成为京东收入新增长的关键”。

最近，又一家电商企业加入这一阵营，苏宁电器也向国家邮政局申请了快递业务经营许可。据国家邮政局公告，苏宁已获得南京、苏州、无锡、武汉、呼和浩特、北京、昆明、广州、吉林、长春、哈尔滨、上海、天津、西安等城市的快递经营许可。

按照苏宁易购执行副总裁李斌的说法，苏宁快递重点为用户提供标准化、有保障、安全性强的最后一公里配送，其次是向合作伙伴提供高效、低成本的物流服务。为此，苏宁计划到2015年前在全国建立10～12个自动化拣选中心，并在国内主要城市建立60个现代化物流基地。

可以预见，除了价格等之外，物流配送也将是未来电商竞争的主战场之一，最后一公里的战争已经打响。（资料来源：钱玮珏，南方日报，2012年12月20日）

学习目标

1. 了解电子商务物流配送基础和流程。
2. 学会设计电子商务网站物流配送方案。
3. 了解流通加工内容和方法。

学习导航

很少有商家只经营一种产品的，而大部分顾客一次也不是只买一种商品，但从成本和技术的角度出发，企业生产的产品就相对比较单一，不对称的供应与需求催生了配送行业。

究竟配送在电子商务发展中起到什么作用？配送与普通物流送货有什么区别？区别于生产加工的流通加工主要做什么？这是我们本章要讨论的内容。

4.1 电子商务物流配送基础［电子商务师（员）考证知识点］

4.1.1 物流配送的概念和特点

物流配送是指第三方物流供应商从商品供应者手中接收货物，进行货物配备与仓储（集货、流通加工、拣选、倒装、包装、保管、分货、配货、信息处理），并按照消费者的要求，把商品送达消费者手中，以高水平实现销售和供应服务的过程。通过配送，才能最终使物流活动得以实现，而且，配送活动增加了产品价值，它还有助于提高企业的竞争力。

随着电子商务的发展，物流配送更多的是顾客网络购物背后的敏捷运作，出现了信息化、自动化、网络化、智能化、柔性化的特点，如图4-1所示。

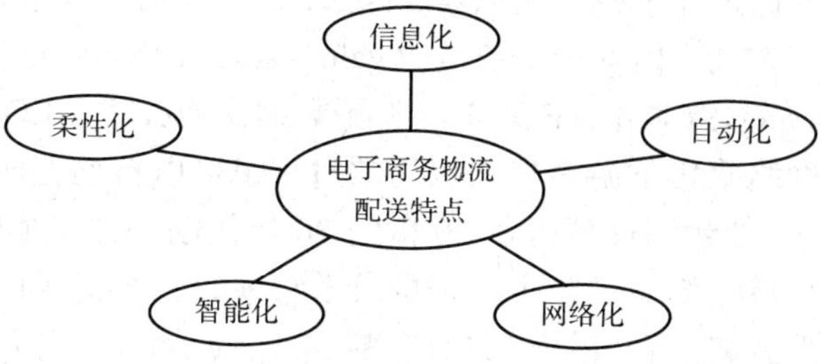

图 4-1　电子商务物流配送特点

1．信息化

物流配送信息化，是适应经济全球化与市场一体化的要求，充分运用信息化手段和现代化方式，对物流配送做出快速反应，对资源进行快速整合，并使物流、资金流和信息流最优集成的管理模式与创新。随着信息技术的快速发展，国际、国内各种商业物流配送中心利用信息技术提升管理水平的企业已经越来越多。例如，目前各企业采用较多的信息管理技术包括产品识别条形码（Bar Code，BC）、企业资源计划系统（Enterprise Resourse Planning，ERP）、管理信息系统（Management Information System，MIS）、电子数据交换系统（Electronic Data Interchange，EDI）、地理信息系统（Geographic Information System，GIS）、自动分拣系统（Automated Sorting System，ASS）、柔性物流系统（Automated Guided Vehicle，AGV）、全球定位系统（Global Positioning System，GPS）、仓库管理系统（Warehouse Management System，WMS）等。信息化是物流配送的基础，没有信息化，任何先进的技术设备都不可能应用于配送领域。

2．自动化

自动化配送系统是根据配送作业的需要，应用现代电子和信息技术及相应的自动化设备，完成货物的自动识辨、分拣、储存和提取，将直接面对服务对象的集货、配货和送货有机地结合起来，是国家“十五”规划和当前重点鼓励发展的产业、产品和技术。自动化的基础是信息化，自动化的核心是机电一体化，自动化的外在表现是无人化，自动化的效果是省力化，它可以扩大物流作业能力、提高劳动生产率、减少物流作业的差错等。中国先进的物流装备和物流技术不断涌现，除了传统的货架、叉车、其他搬运车辆外，诸如自动化立体仓库，各种物流输送设备，高速分拣机，RFID、RF 无线射频技术，AGV 等先进物流装备和技术都得到高速发展。

3．网络化

物流领域网络化的基础也是信息化，这里指的网络化有两层含义：一是物流配送系统的计算机通信网络，包括物流配送中心与供应商或制造商的联系要通过计算机网络。另外与下游顾客的联系也要通过计算机网络通信，比如，配送中心向供应商提出订单这个过程，就可以使用计算机通信方式，借助于增值网（Value- Added Network，VAN）上的电子订货系统（Electronic Ordering System，EOS）和电子数据交换技术（EDI）来自动实现，物流配送中心通过计算机网络收集下游客户的订货的过程也可以自动完成；二是组织网络化及企业内部网（Intranet）。如台湾计算机业 20 世纪 90 年代创造的“全球运筹式产销模式”，其基本点是按照客户订单组织生产，生产采取分散形式，将全世界的计算机生产资源都利用起来，采取外包的形式将一台计算机的所有零部件、元器件、芯片外包给世界各地的制造商去生产，然后通过全球的物流网络将这些零部件、元器件和芯片发往同一个物流配送中心进行组装，由该物流配送中心将组装的计算机迅速发给订户。

物流配送的网络化是物流信息化的必然结果，是电子商务下物流配送活动的主要特征之一。全球网络资源的可用性及网络技术的普及，为物流的网络化提供了良好的外部环境，物流网络化不可阻挡。

4．智能化

物流配送管理智能化是物流科学作业的一个部分，它对现行配送模式进行优化，坚持“打破行政区划，按照经济区域进行配送”的原则，综合考虑客户在物流点间的最短距离及配送中心之间资源的匹配能力，精确计算全局近似最优路径。智能化是物流自动化、信息化的一种高层次应用，在物流自动化的进程中，物流智能化是不可回避的技术难题。好在专家系统、机器人等相关技术在国际上已经有比较成熟的研究成果。为了提高物流现代化的水平，物流的智能化已成为电子商务下物流发展的一个新趋势。

5．柔性化

柔性化本来是为实现“以顾客为中心”理念而在生产领域提出的，但要真正做到柔性化，即真正地能根据消费者需求的变化来灵活调节生产工艺，没有配套的柔性化的物流系统是不可能达到目的的。20 世纪 90 年代，国际生产领域纷纷推出弹性制造系统（Flexible Mannfacture System，FMS）、计算机集成制造系统（Computer Integrated Mannfacturing System，CIMS）、制造资源系统（Manufacturing Resource Planning，MRP）、企业资源计划（ERP）及供应链管理的概念和技术，这些概念和技术的实质是要将生产、流通进行集成，根据需求端的需求组织生产，安排物流活动。因此，柔性化的物流正是适应生产、流通与消费的需求而发展起来的一种新型物流模式。这就要求物流配送中心根据消费需求“多品种、小批量、多批次、短周期”的特色，灵活组织和实施物流作业。

4.1.2 电子商务物流配送的地位与作用

电子商务集金融电子化、管理信息化、商贸信息网络化为一体，是实现物流、资金流与信息流和谐统一的新型贸易方式。电子商务在因特网的基础上，突破传统的时空观念，缩小了生产、流通、分配、消费之间的距离，大大提高了物流、资金流和信息流的有效传输和处理，开辟了世界范围内更为公平、公正、广泛、竞争的大市场，为制造者、销售者和消费者提供了能更好地满足各自需求的极好机会。

但是，最终的资源配置，除了电子产品，如软件、音乐等可以通过网络传递，普通的商品还是需要通过商品的实体转移来实现，这就离不开物流服务的支撑，物流配送对电子商务起到的作用如表 4-1 所示，所以，电子商务物流配送是不可缺少的一环。

表 4-1　物流配送对电子商务起到的作用

目标管理	协调电子商务的目标
	提高电子商务的效率和效益
内部管理	扩大电子商务的市场范围
	实现基于电子商务的供应链集成
	集成电子商务中的商流、信息流和资金流
行业发展	支持电子商务的快速发展
	促使电子商务成为 21 世纪最具竞争力的商务形式

4.2　物流配送中心和工作流程［电子商务师（员）考证知识点］

4.2.1　物流配送中心的概念和分类

《物流手册》对配送中心的定义为：“配送中心是从供应者手中接受多种大量的货物，进行倒装、分类、保管、流通加工和情报处理等作业，然后按照众多需要者的订货要求备齐货物，以令人满意的服务水平进行配送的设施。”

配送中心是一种新兴的经营管理形态，具有满足少量多样的市场需求及降低流通成本的作用，但是，由于建造企业的背景不同，其配送中心的功能、构成和运营方式有很大区别，因此，在规划配送中心时应充分注意配送中心的类别及其特点。

1. 专业物流配送中心

专业物流配送中心是以第三方物流企业（包括传统的仓储企业和运输企业）为主体的配送中心。这种配送中心有很强的运输配送能力，地理位置优越，可迅速将到达的货物配送给用户。它为制造商或供应商提供物流服务，而配送中心的货物仍属于制造商或供应商所有，配送中心只是提供仓储管理和运输配送服务。这种配送中心的现代化程度往往较高。

2．柔性化配送中心

柔性化配送中心是以可实现资源优化、动态配制的系统管理平台为核心，以具有可实现动态组合、完成不同物流作业功能的物流系统及设备为基础的物流节点。柔性化配送中心的硬件系统包括若干台可以动态调整组合的物流装备、控制监测装备、信息管理设备及相应的辅助设施；柔性化配送中心包括多个柔性作业单元，各柔性作业单元内部的结构功能及其与外界的连接方式能进行动态转化，从而可以根据配送中心任务或生产环境的变化迅速进行调整。

3．供应配送中心

供应配送中心是专门为某个或某些用户（如联营商店、联合公司）组织供应的配送中心。例如，为大型连锁超级市场组织供应的配送中心，代替零件加工厂送货的零件配送中心。

4．销售配送中心

销售配送中心是以销售经营为目的，以配送为手段的配送中心。建立销售配送中心大体有三种类型：一种是生产企业用来将自身产品直接销售给消费者的配送中心；另一种是流通企业作为自身经营的一种方式，建立配送中心以扩大销售，我国目前拟建的配送中心大多属于这种类型；第三种是流通企业和生产企业联合的协作性配送中心。从发展趋向来看，配送中心都向以销售配送中心为主的方向发展。销售型配送中心有两方面的特点：一方面，销售型配送中心的用户一般是不确定的，而且用户的数量很大，每一个用户购买的数量又较少；另一方面，销售型配送中心集中库存的库存结构也比较复杂，一般采用拣选式配送工艺，销售型配送中心往往采用共同配送方法才能够取得比较好的经营效果。

5．城市配送中心

城市配送中心是指以某个城市的区域范围作为配送范围的配送中心。由于城市范围一般处于汽车、电动单车运输的经济里程，这种配送中心可直接配送到最终用户，且采用汽车或电动单车进行配送，所以，这种配送中心往往和零售经营相结合。由于运距短，反应能力强，因而从事多品种、少批量、多用户的配送较有优势。城市配送中心所服务的对象大多是零售商、连锁店和生产企业，大多采用和区域配送中心联网的方式运作。

6．区域配送中心

区域配送中心是以较强的幅射能力和库存准备，向省（州）际、全国乃至国际范围的用户配送的配送中心。这种配送中心配送规模较大，一般而言，用户量也较大，配送批量也较大，而且，往往是配送给下一级的城市配送中心，也配送给营业所、商店、批发商和企业用户，虽然也从事零星的配送，但不是主体形式。

7．储存型配送中心

储存型配送中心是有很强储存功能的配送中心，一般来讲，在买方市场下，企业成品销售需要有较大库存支持，其配送中心可能有较强储存功能；在卖方市场下，企业原材料、零部件供应需要有较大库存支持，这种供应配送中心也有较强的储存功能。

8．流通型配送中心

流通型配送中心是基本上没有长期储存功能，仅以暂存或随进随出方式进行配货、送货的配送中心。这种配送中心的典型方式是，大量货物整进并按一定批量零出，采用大型分货机，进货时直接进入分货机传送带，分送到各用户货位或直接分送到配送汽车上，货物在配送中心里仅做少许停滞。

9．加工配送中心

加工配送中心是具有加工职能，根据用户的需要或市场竞争的需要，对配送物进行加工之后进行配送的配送中心。在这种配送中心内，有分装、包装、初级加工、集中下料、组装产品等加工活动。世界著名连锁服务店肯德基和麦当劳的配送中心，就是属于这种类型的配送中心。在工业、建筑领域，生混凝土搅拌的配送中心也是属于这种类型的配送中心。

4.2.2　物流配送中心的功能

配送中心的具体功能及其内容简单介绍如下。

1．商品存储的功能

保管功能是配送中心的主要内容之一，但它与一般的仓库不同，其仓库形式、平面布置、设备组成等，首先要有利于拣选作业、拣选顺序、拣选路线、 拣选方法等。为了充分利用仓库的面积和空间，为了提高保管商品的入出库频率，随着科技和生产的进步，货架向高层化发展，作业向机械化、自动化发展，保管机械向小通道或无通道发展，库存账目管理和货位管理向计算机化（WMS，MRP-2）发展，配送中心与相关企业的信息交换向网络化（ERP）发展。

2．商品周转的功能

配送中心必须及时将各种原材料送到生产商手中，同时，要把生产好的成品送到中间商手中，这就是商品周转的功能。商品生产流通是连续进行的，任何一个环节的疏忽，都会造成不可估量的结果，这就客观上要求配送中心要起到商品周转的作用。

3．商品分类的功能

商品在配送中心保管时，一般是按保管单元的形式来分区域存放。但出库时，首先是按客户订单商品目录来进行拣选的，同一张订单的商品可能只有一种，但通常是若干种；同一订单的商品可能在一个区域内存放，但通常是在不同的区域内存放；所需商品的数量可能是一个整保管单元，但有时不是一个整保管单元。应根据具体情况，是采用一张订单，按顺序到有关保管区去一一拣选，还是先分解若干张订单，只令有关保管区分别拣选有关商品及其数量，然后再按订单一一汇总？这些都增加了配送中心设计的复杂性。

4．商品加工的功能

经济高效的运输、装卸、保管一般需要大的包装形式。但在配送中心下位的零售商、最终客户，一般需要小的包装。为解决这一矛盾，有的配送中心设有流通加工功能。流通加工与制造加工不同，它对商品不做性能和功能的改变，仅仅是商品尺寸、数量和包装形式的改变。例如，粮油配送中心是将大筒包装加工成瓶状小包装，饲料配送中心则是将多种饲料的大包装加工成混合包装的小包装。

5．商品信息处理的功能

配送中心利用现代化的信息技术，如计算机网络技术、车载通信系统、联络系统，形成一个完整的信息流管理系统，将商品信息通过计算机硬件、网络和通信设备、计算机软件、信息资源、信息用户和规章制度组成以处理信息流为目的的人机一体化系统。

4.2.3 电子商务物流配送的基本流程

配送的一般流程有备货—储存—分拣与配货—加工与配装—配送，如图4-2所示。

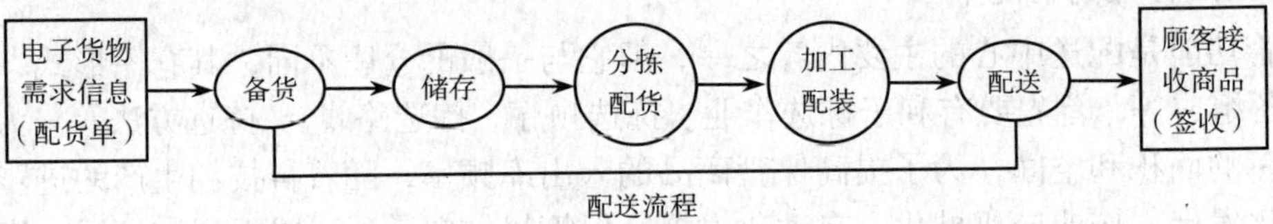

图4-2 电子商务物流配送的基本流程

1．备货

备货是物流配送的基础工作，包括筹集货源、订货或购货、进货和相关的质量检查、款项结算、单据交接等。电子商务下物流配送的优势之一就是集中用户的需求，进行一定规模的货物准备。备货是决定物流配送是否成功的初期工作，如果准备商品的成本太高，会大大降低电子商务和物流配送的经济效益。

2．储存

电子商务下物流配送的储存有储备和暂存两种形态。物流配送储备是按一定时期的物流配送要求，形成对物流配送的一种资源保证。这种类型的商品储备数量大，结构完善。根据货源和到货时间，可以有计划地确定周转储备及安全储备的结构和数量。物流配送的储备保证了电子商务的网上订购得到解决。另一种储存形态是暂存，是在接到电子商务的配送单后，执行配送时，按配送单要求，在暂存区放置的少量储存准备。暂时储备是对周转速度较快的商品进行的一种储存形态，是适应电子商务及时快速物流配送的方法。暂存减少作业次数和劳动力，节约了成本。

3．分拣与配货

分拣与配货是物流配送中很有特点的流程要素，也是决定物流配送成败的一项重要支持性工作。分拣与配货是完善物流配送的准备性工作，是物流配送的必不可少的作业之一，也是不同物流配送企业在配送时进行市场竞争和提高自身经济效益的延伸。分拣与配货会大大提高物流配送服务水平，是决定整个物流配送水平的关键要素。

4．加工与配装

物流配送中，加工要素不具有普遍性，但它往往是有重要作用的要素。通过配送加工，可以大大提高用户的满意程度。如果单个用户在电子商务中达成购买的商品数量，不能达到配送车辆的有效载运负荷时，就存在如何集中不同用户的订购商品，进行搭配装载以充分利用运能、运力的问题，这就需要配装。

5．配送

配送处于物流流程的末端，是把商品送到目的地的最后一个环节。配送是较短距离、较小规模、频率较高的物流形式，一般使用汽车做运输工具。配送的城市运输由于配送用户较多，交通路线又较复杂，因而如何设计最佳路线，如何使配装和路线有效搭配等，是配送中难度较大的工作。配送中的送达商品和用户交接非常重要，有效地、方便地处理相关手续，是大有讲究的最末段管理。

4.3　电子商务物流配送方案设计

4.3.1　配送方案设计原则［电子商务师（员）考证知识点］

配送方案设计原则如图 4-3 所示。

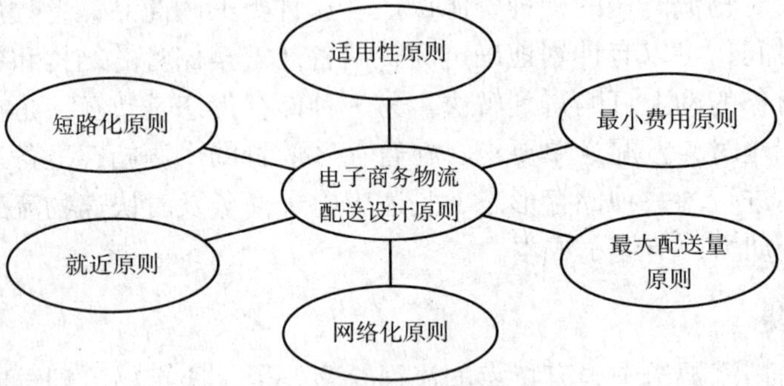

图 4-3 电子商务物流配送设计原则

1. 适用性原则

这是针对物流配送设备是否具有运送货物的能力而言的，包括适应性和实用性。物流企业在选择运输设备时，要充分考虑到物流作业的实际需要，所选设备要符合货物的特性和货运量的大小，能够在不同的作业条件下灵活方便地操作。实用性就涉及恰当选择设备功能的问题。物流设备并不是功能越多越好，因为在实际作业中，并不需要太多的功能，如果设备不能被充分利用，则造成资源和资金的浪费。同样，功能太少也会导致物流企业的效率低下。因此要根据实际情况，正确选择设备功能。

2. 最小费用原则

物流配送的目标是如何使用尽可能小的代价（费用）为用户提供尽可能好的服务。物流费用主要包括仓储作业费用、存货费用、运输费用、管理费用。而我们在第 1 章的学习中知道，物流各项费用之间存在一个背反的情况——其中某项费用的减少，会引起另一项费用的增加。所以，我们在配送方案设计中，需要在各方面费用之间权衡，让物流配送成本最低。

3. 最大配送量原则

充分利用资源，合理配置物流配送资源，通过优化安排仓储、运输、加工等环节的运作能力，达到最大配送量，是物流配送企业快速提升管理能力和市场竞争力的重要举措。同时，应该认识到，最大配送量是在合理的成本的前提下达到的，信息共享是资源优化配置的关键。

4. 网络化原则

在无时空限制的网上交易条件下，市场无限扩大，任何一家物流企业都难以实现全市场、全方位的配送服务，必须实行物流业的整合，即网络化。其中包括物流配送的“纵向整合”和“横向整合”。

纵向整合是把物流的各种功能，如储存、搬运、流通加工、配送、运输等整合成完整的物流系统，它是物流横向整合的基础。而“信息瓶颈”是第三方物流发展中的主要屏障。物流的横向整合，就是物流企业必须采用联盟的方法，通过建立物流网站体系，充分发挥各业者的有效资源作用，化个别企业的服务行为为联盟整体的服务行为。也就是说，通过计算机系统联网，以及在因特网上实现的网上业务委托、网上跟踪、网上车队、网上仓库、网上物流中心等功能，真正构筑长途运输与短途配送相结合，专业配送与社会配送相结合，大批量、远距离运输与多品种、小批量、高频率配送相结合，各种功能的物流据点与输送网络相结合的综合物流网络体系。这种横向整合被称为“策略联盟”，它需要信息技术的支撑，需要合同、协议等各种法律措施的保证。

5．就近原则

就近原则指的是在物流配送节点的安排上，尽量接近服务的顾客群体，或者就近货源地，满足需要的应就近解决，以求既及时满足用户需求，又加快库存物资周转率。

6．短路化原则

运输活动是物流配送系统中最重要的组成部分，通过运输活动，物流系统的各环节才能有机地连接起来，物流系统的目标才能得以实现，运输路线最短成为至关重要的一点，合理的运输应当包括运距短、速度快、运费低等最佳的组织货物运输方式。这些因素的优劣大部分上取决于运输线路的远近，因此运输线路的优化成为物流配送中重要的环节。

4.3.2　配送方案设计方法［电子商务师（员）考证知识点］

配送方案设计方法如图 4-4 所示。

图 4-4　电子商务物流配送设计方法

1．模型法

模型法是根据物流配送需求方的实际情况，经抽象化的数学处理后，建立数学模型，对物流配送费用设定目标函数，利用各种数学方法求解，以确定最优的配送量和配送路线的方法。

2．流程法

流程法按照物流配送需求企业的物流流程逐步来设计物流配送方案，先规划企业的物流流程，然后设计与物流流程相配套的物流配送方案。这种方法以物流流程为基础，将物流流程的每个环节都纳入方案中。

3．仿真法

仿真法是一种模拟方法，对具有物流配送需求的企业的物流配送系统进行系统模拟，用数值方法求解动态系统模拟的过程。这种方法从某个初始状态开始，按照物流时间的进程，一步一步地求解，最后得到一个物流系统特解。每一步计算的结果，都是实际流程中相应的一个时间点上的一种可能状态。仿真法是一种系统方法，从整体效果出发考虑，比较适合于生产制造商的原材料物流配送方案设计。在第三方物流配送企业的方案设计中很少用仿真法。

4.3.3 降低配送成本的五种方法

完成配送活动是需要付出代价的，即需配送成本。对配送的管理就是在配送的目标（满足一定的顾客服务水平）与配送成本之间寻求平衡，即在一定的配送成本下尽量提高顾客服务水平，或在一定的顾客服务水平下使配送成本最小。

1．混合策略

混合策略是指配送业务一部分由企业自身完成，另一部分外包给第三方物流完成。合理安排企业自身完成的配送和外包给第三方物流完成的配送，能使配送成本最低。

2．差异化策略

差异化策略的指导思想是：产品特征不同，顾客服务水平也不同。当企业拥有多种产品线时，不能对所有产品都按同一标准的顾客服务水平来配送，而应按产品的特点、销售水平，来设置不同的库存、不同的运输方式及不同的储存地点。

3．合并策略

共同配送即合并运送，其目的在于将地域内随机发生且重叠运送的零星货物加以整合。合并策略包含两个层次，一是配送方法上的合并，另一个则是共同配送。配送方法上的合并是指：企业在安排车辆完成配送任务时，充分利用车辆的容积和载重量，做到满载满装，这是降低成本的重要途径。由于产品品种繁多，不仅包装形态、储运性能不一，在容重方面，也往往相差甚远。一车上如果只装容重大的货物，往往是达到了载重量，但容积空余很多；只装容重小的货物则相反，看起来车装得满，实际上并未达到车辆载重量。这两种情况实际上都造成了浪费。实行合理的轻重配装、容积大小不同的货物搭配装车，就可以不但在载重方面达到满载，而且也充分利用车辆的有效容积，取得最优效果。共同配送是几个中小型配送中心之间的联合，针对某一地区的用户，由于各配送中心所配物资数量少、车辆利用率低等原因，几个配送中心将用户所需物资集中起来，共同配送。

4. 延迟策略

延迟策略的基本思想就是对产品的外观、形状及其生产、组装、配送，应尽可能推迟到接到顾客订单后再确定。一旦接到订单就要快速反应，因此采用延迟策略的一个基本前提是信息传递要非常快。一般来说，实施延迟策略的企业应具备几个基本条件。① 产品特征：模块化程度高，产品价值密度大，有特定的外形，产品特征易于表述，定制后可改变产品的容积或重量。② 生产技术特征：模块化产品设计，设备智能化程度高，定制工艺与基本工艺差别不大。③ 市场特征：产品生命周期短，销售波动性大，价格竞争激烈，市场变化大，产品的提前期短。

在配送中往往存在着加工活动，所以实施配送延迟策略既可采用形成延迟方式，也可采用时间延迟方式。具体操作时，常常等到顾客下订单后才进行诸如贴标签（形成延迟）、包装（形成延迟）、装配（形成延迟）和发送（时间延迟）等领域。

5. 标准化策略

标准化策略就是尽量多地采用标准零部件、模块化产品。如汽车外型差异很大，但内部的零部件（如车门升降器、灯泡等）很多是通用的。采用标准化策略要求厂家从产品设计开始就要站在消费者的立场去考虑怎样节省配送成本，而不要等到产品定型生产出来了才考虑采用什么技巧降低配送成本。

案例

美国一家干货生产企业为满足遍及全美的 1 000 家连锁店的配送需要，建造了 6 座仓库，并拥有自己的车队。随着经营的发展，企业决定扩大配送系统，计划在芝加哥投资 7 000 万美元再建一座新仓库，并配以新型的物料处理系统。该计划提交董事会讨论时，却发现这样不仅成本较高，而且就算仓库建起来也还是满足不了需要。于是，企业把目光投向租赁公共仓库，结果发现，如果企业在附近租用公共仓库，增加一些必要的设备，再加上原有的仓储设施，企业所需的仓储空间就足够了，但总投资只需 20 万美元的设备购置费，10 万美元的外包运费，即使加上租金，也远没有自建仓库需要的费用多。

任务 电子商务网站物流配送方案设计

1. 项目背景情况

网站商业模式有 B2B、B2C 等，以网上零售模式为主，并提供电子商务服务，由于业务的发展，现有的物流配送机制不能很好地满足需要，需建立一套较全面的物流配送体系。

2. 项目目标

（1）实现配送服务的准确、及时。

（2）总体上降低成本。

（3）提高公司自身物流现代化水平。

3. 方案设计思路。

针对目前电子商务配送方面面临的问题，提出自建物流中心与第三方物流公司、配送公司相结合，加强内部管理与整合社会资源并举的方案，如图 4-5 所示。

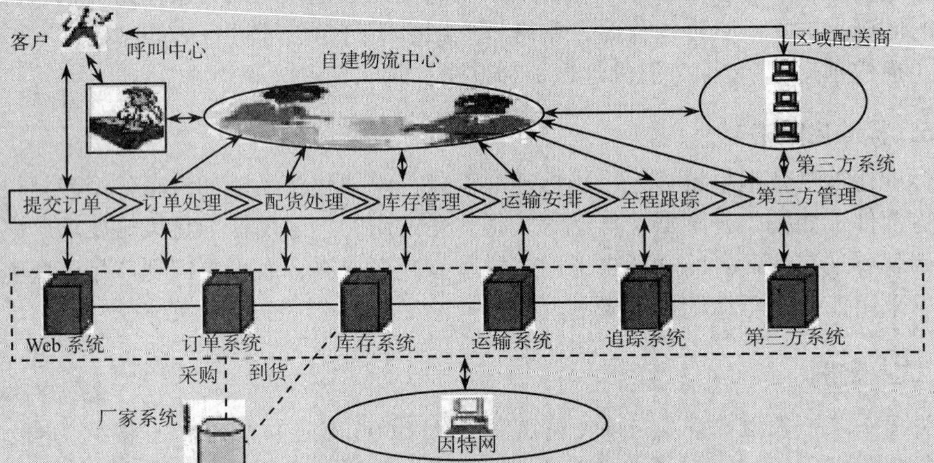

图 4-5 自建物流中心与第三方物流相结合图示

4. 实施步骤

（1）提交订单

客户通过 Web 系统提交订单，首先需要注册成为公司会员，然后依据系统中设定的流程逐步确认订购的品种、数量、付款方式、运输方式、无货处理方式等项目，提交订单成功以后，系统会自动生成一个流水订单号码，同时通过公司的服务器向客户发送一封电子信件确认订单提交成功。如图 4-6 所示。

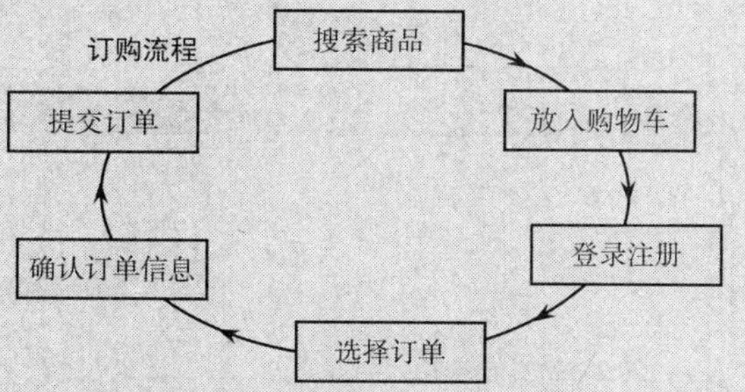

图 4-6　订购流程

具体步骤略。

（2）订单处理

通过订单系统进行订单处理。首先是从 Web 系统中将订单接收完成，然后对客户提交的订单进行逐项检查，如果有问题，需要与客户联系进行修正，检查完毕后需要进行复核，确认无误后将订单投入自动配货系统。如图 4-7 所示。

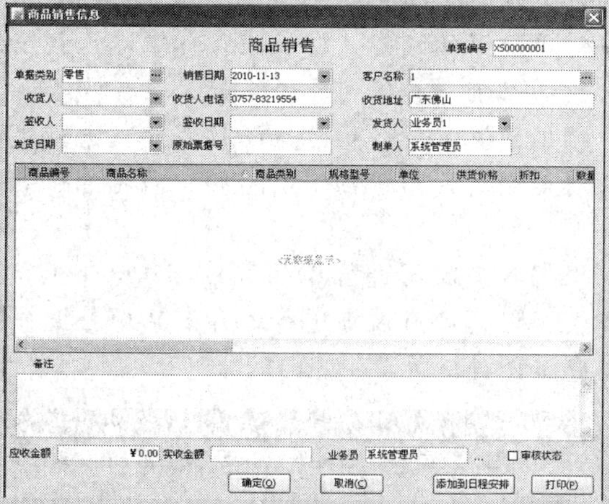

图 4-7　订单处理页面

（3）配货处理

通过自动配货系统完成配货处理。订单进入配货系统以后，根据库存情况对货物进行自动分配。如果遇到库存无货的情况，根据客户的要求，如果可以等候的，系统会自动生成一份采购申请单，并由系统在采购部门自动打印，然后由采购部门与厂家联系，在规定的时间内完成线上或线下采购，如图 4-8 所示；如果客户不想等候，取消订单并通过电子邮件通知客户。

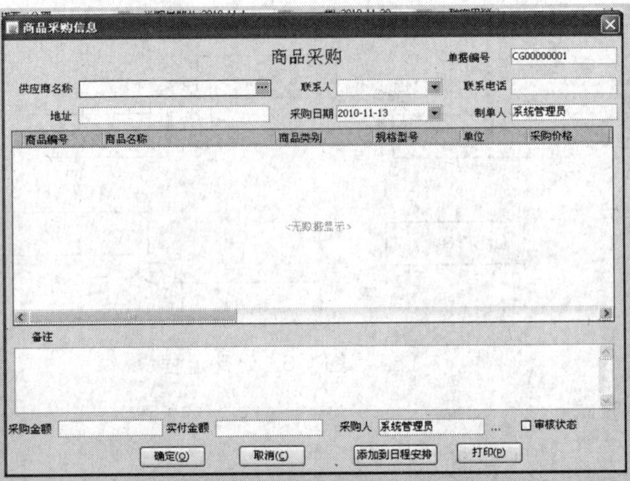

图 4-8 库存无货时自动进行采购

（4）库存管理

通过进销存系统实现仓库管理，包括以下几个程序。

货物入库：对于厂家的到货，根据验收标准进行相应检查，办理实物和账面的入库手续，进行条形码制作和序列号登记等管理。

货物出库：根据系统配货成功订单的货架号，进行实物配货，完成以后需要经过系统核对，核对是通过条形码扫描实现的，同时进行响应的序列号处理，最后进行确认完成出库。

库存管理：根据入库时间进行库存商品的库龄分析和先进先出控制，根据序列号进行库存盘点，根据商品有效期进行库存商品预警报告等。

设置商品信息如图 4-9 所示。

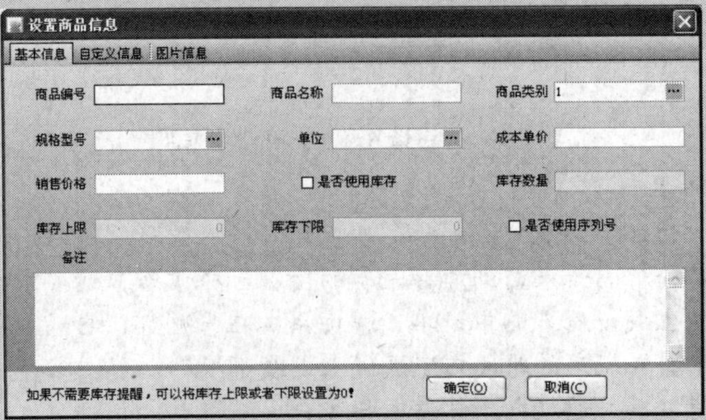

图 4-9 设置商品信息

（5）运输安排

利用运输系统对运输方式进行选择和安排。系统中对每一种运输方式的运输费用和运输时间进行存储，如果输入运输的地点，系统会调出每一种运输方式的费用和时间，最后由运输人员决定采用的运输方式，如图4-10所示。

配送时间和范围

Redbaby所有商品全部采用“红孩子物流送货上门”或者“第三方物流送货上门”的配送方式（部分城市需要到邮局自提），我们将根据你所订购商品的配送地址及商品所在库房的情况，在1-7个工作日之内将商品送到您所填写的配送地址，详细配送时间将在购物车中提示。但由于市场货源变动较大，部分热销商品可能会存在缺货导致送货延时或取消订单的特殊情况，请您谅解！

配送时间说明：红孩子物流送货上门，一般送货时间为24~96个小时，北京以外城市订购北京发货商品的，配送时间为3~7个工作日

省/自治区/直辖市	配送范围	北京发货配送时间	上海发货配送时间	备注
北京	城八区以及大兴、通州、延庆、昌平、房山、怀柔、门头沟、平谷全境	1~2天	3~4天	网上订单处理时间截止至晚20：00！20：00以后的订单次日处理！专业的配送团队为您进行货物配送服务，收货时请认准红孩子统一的服装和胸卡。
上海	市区及嘉定区、金山区松江区青浦区、南汇区、奉贤区全境送货	2~5天	1~2天	
广东省	潮州市、东莞、佛山市、广州市、河源市、惠州市、江门市、揭阳市、茂名市、梅州市、清远市、汕头市、韶关市、深圳、阳江市、云浮市、湛江市、肇庆市、中山市、珠海市	5~7天	4~7天	
安徽省	安庆、蚌埠市、亳州市、巢湖、池州市、滁州市、阜阳市、合肥、淮北市、淮南、黄山、六安市、马鞍山、宿州市、铜陵市、芜湖市、宣城市、淮北市、铜陵市	4~5天	3~5天	
福建省	福州市、龙岩、龙岩市、南平市、宁德市、莆田、莆田市、泉州、泉州市、三明市、厦门、漳州市	5~6天	4~6天	
甘肃省	白银市、嘉峪关市、金昌、酒泉、兰州、天水、武威、张掖	4~7天	4~7天	
广西壮族自治区	崇左市、防城港市、贵港市、桂林市、河池市、贺州市、来宾市、柳州市、南宁市、钦州市、梧州市、玉	4~7天	4~7天	

图4-10　运输安排

配送费收取标准

1. 配送费收取标准：

北京、天津、沈阳（大连）、西安、成都、武汉、上海、杭州、无锡、苏州、南京、广州、深圳、佛山城市用户订购，免收配送费（北京远郊配送订单满50元免运费，50元以内收取10元配送费；其他城市远郊区县按当地物流标准收取超区域配送费用。加钱换购的商品金额不包含在起订范围内。）；其他城市订购按商品体积重量收取配送费。

2. 特殊商品不予配送

部分特殊商品如米、油、奶、酒、水、消毒液、洗手液、洗衣液、奶瓶洗涤剂、柔顺剂、洗发水、玻璃制品、3C电子产品、打火机、摇椅、浴盆、车、床、超大超重物品、果汁饮料、果泥、剪刀、易燃易爆、毒性、放射性物体、联营产品等，不予配送。

3. 如果您在商品配送完成之后，由于个人原因要进行退换货，而并非出于产品质量或我们的服务原因，我们将不退还您已支付的配送费用。

商品签收

您在接收到货物时，请您务必依据发货单及商品外包装信息认真检查所收货物与您订购的型号、数量是否一致，若有质疑，可以立即向配送人员提出退货，我们会根据情况给予处理并承担由此而产生的运输费用，请您不必担心。

由主站配送至除北京外其他区域的订单，不支持部分拒收及部分退货。

如果您当场签收，我们视同为您认可商品完整无缺。

如果您当场签收有明显损坏迹象的外包装后再投诉货物有误或有损坏，恕我们不能受理。

图4-10 运输安排（续）

（6）全程跟踪

客户提交订单→订单确认→财务确认→订单处理→仓库配货→客户收货等各个环节，系统会记录操作时间并进行自动计算，可以调出进行运作分析，同时系统对每一段的处理时间进行标准化，如果超过标准化时间，系统会自动通过报警系统发送电子邮件给相关人员。

（7）第三方管理

目前是通过系统方面的互联和相应的管理体系实现对第三方配送公司或物流公司的监控和管理。前面已经讲过，为了物流联盟成员的物流现代化的实现和联盟的巩固发展，实现网络互联是最佳的选择；同时为加强对合作伙伴的管理力度和提高合作伙伴的自身管理层次，需要制定完整的选择、评估、跟进审核等严格的管理体系，如图4-11所示。

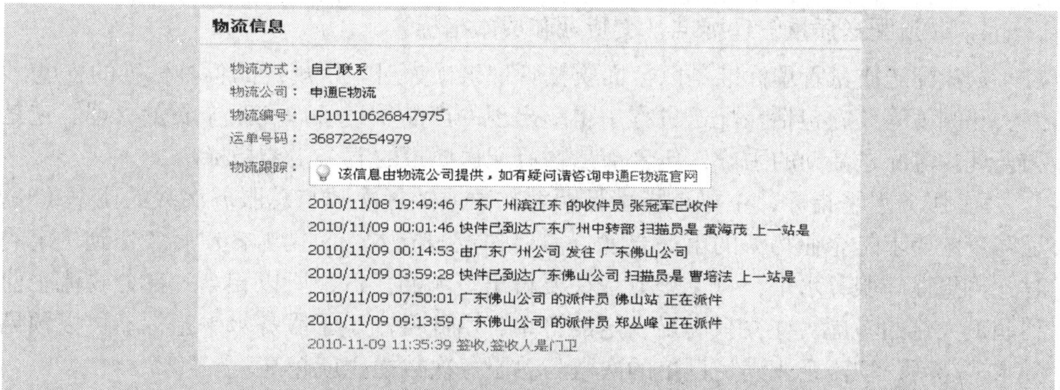

图 4-11　第三方管理

4.4　电子商务物流配送评估

配送不是简单地将货物送达给收货人的过程，而是需要不断降低成本，提高服务质量，提高作业效率，以达到抢占市场，使配送企业获取利润的目的。配送中心是为了提供完善的配送服务而设立的经营组织，其配送活动的基本作业流程是配送中心在进行商品配送作业时展现的整体工艺流程，反映了配送中心配送活动的总体运动过程。

4.4.1　评估的内容［电子商务师（员）考证知识点］

配送中心配送评估包括物流配送质量管理标准、物流配送工作标准和物流配送服务标准，如图 4-12 所示。

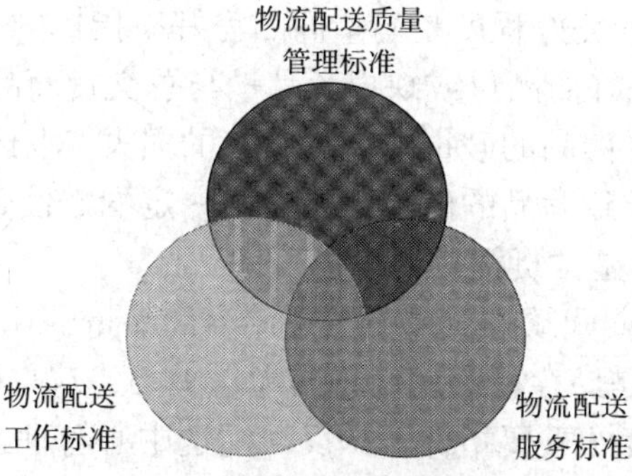

图 4-12　配送中心配送评估

1．物流配送质量管理标准（交货期和成本指标）

物流配送质量管理标准是以全面质量管理事项为对象所规定的各种标准的程度、职责、方法和制度等，它包括在配送过程中重复出现的产品质量管理和工作质量管理。它是组织和管理物流配送活动的手段，包含衡量物流配送质量的五个主要指标。

① 服务水平指标，主要是指满足顾客次数或缺货次数与总服务次数的比率（%）。满足客户的要求是企业物流的第一要素，需要一定的成本，而且当客户服务达到一定的水平时，再想提高服务水平，物流企业往往要付出更大的代价，所以相当一部分物流企业出于利润最大化的考虑，往往只满足一定的订单，由此便产生了服务水平指标。可以预见，服务水平越高，物流企业满足订单的次数与总服务次数之比就越高。

② 满足程度指标，指满足要求数量与总服务数量的比率（%）。物流企业服务水平指标衡量的是企业满足订单的次数的频率，但由于每次订货数量的不同，所以仅以此来衡量是不完全的，于是就产生了满足程度指标，即企业物流能够满足的订货数量与总的订单的订货数量之比。

③ 配送提前期水平指标，指的是提前完成配送次数与配送总次数的比率（%）。

④ 交货期质量指标，交货期指标用来衡量满足交货的时间因素的程度，反映实际交货与规定交货相差的天数（天）与时数（小时）。

⑤ 物流吨费用指标，物流吨费用指标即单位物流量的费用（元/吨），这一指标比同行业的平均水平低，说明运送相同吨位货物费用较低，则此物流公司拥有更高的物流效率，其物流质量较同行高。

2．物流配送工作标准（质量指标）

物流配送工作标准是指训练有素的配送人员完成一定工作所达到的效果，他完成这样的工作应该用预先设定好的方法，用其正常的努力程度和正常的技能（非超常发挥）。

① 商品完好率，商品的完好程度是衡量商品完好率指标的一个重要方面，对于客户来说是很重要的，即交货时完好商品量或缺损商品量与总交货商品量的比率（%）。也可以用“货损货差赔偿费率”来衡量商品的破损给公司带来的损失，对于一个专业的物流公司来说，由于自身的服务水平有限导致商品的破损，要付出一定的赔偿金额，这部分金额占同期业务收入总额的比率（%）即是“货损货差赔偿费率”。

② 库存缺省量，库存期间缺省商品量与总储存商品量的比率。

③ 仓储面积利用率，是储存可利用面积与配送中心建筑总面积的比率。仓储面积利用率是衡量配送中心利用程度的重要指标，是反映配送中心管理工作水平的主要经济指标之一，它为分析配送中心的实际利用效率高低，挖潜多储，提供了依据。

④ 仓容利用率，是库存商品实际数量或容积与配送中心应存放数量或容积的比率。

⑤ 满载率，配送时满载车次与配送总车次的比率。

⑥ 运力利用率，实际吨公里数与运力往返总运输能力的比率。
⑦ 进出货时间率，进出货时间与总工作时间的比率。
⑧ 盘点误差率，盘点误差数量与总盘点数量的比率。

3．物流配送服务标准（过程指标）

服务是指为满足顾客的需要，供方和顾客之间接触的活动，以及供方内部活动所产生的结果。物流配送服务标准是指规定物流配送服务应满足物流配送需求，以确保其适用性的标准。按照 ISO 对标准化对象的划分，服务标准是相对于产品标准和过程标准而言的一大类标准，与服务有关的标准都可以划入这一类别。服务虽然具有无形性，它的形式可以是完全的劳务即无形产品，但是它的表现形式又往往与有形产品的制造和提供结合在一起。

① 及时率，按时送达客户手中的配货量与总配货量的比率，表示配送的准时性。
② 准确率，准确无误到达客户手中的配货量与配送总量的比率，表示配送的准确性。
③ 损耗率，配送过程中损耗的商品与总配送商品的比率，表示配送过程中的损耗情况。
④ 回单率，收到回单与总发单量的比率，表示配送单据的回传情况。
⑤ 平均配送速率，平均每件商品的配送时间，表示配送的快慢程度。
⑥ 配送时间比率，用于配送过程时间与工作时间的比率，物流配送整体效果衡量指标。
⑦ 单位时间配送率，单位时间内配送商品的数量，衡量配送中心的效率。

4.4.2　电子商务物流配送评估方法［电子商务师（员）考证知识点］

电子商务物流配送评估方法主要有三种：观察法，即评估者根据自己的观察，对配送质量进行判断；统计法，即通过积累的资料，进行统计分析，进行配送质量判断；经验值法，即通过积累的经验，进行配送质量判断。

4.4.3　配送成本与配送服务水平之间的权衡

销售额、服务水平和成本的关系如图 4-13 所示。

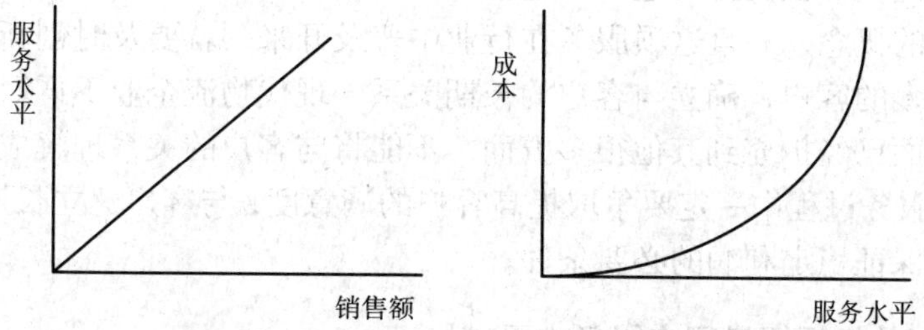

图 4-13　销售额、服务水平、成本关系

1. 销售额、客户服务水平与成本的关系

物流企业所有者关心的是企业利润，要提高企业利润，首先需要提高销售额，这就需要提高服务水平，满足顾客需要，但服务水平的提高，伴随着成本的上升，一般来说较高的服务水平将会带来较高的销售收入，但它也会引起较高的物流成本。可见是否提高客户服务水平取决于销售收入和物流成本随客户服务水平变化的速度。当销售收入增长的速度高于物流成本增长的速度时，提高服务水平是有利的，反之则不予考虑。对物流企业来说，利润等于其销售收入和物流成本之差。

追求利润是企业最根本的动机，但在某些情况下，企业会采用更为迂回的方式来追求利润：企业为了追求长期利润，将会从战略角度出发放弃一定的利润，转而寻求占有市场、打击对手。比如，当企业客户服务水平为 80%（在这里不妨用送货准确率来衡量服务水平）时，市场占有率为 30%，企业利润 1 000 万元，利润达到最大值；当服务水平上升为 90%时，由于成本大幅增加，企业利润下降为 800 万元，但由于服务水平高于对手，市场占有率上升为 50%，这时企业用 20%的利润削减为代价就能得到市场占有率增长 67%，显然企业愿意采用 90%的客户服务水平作为目标，达到占有市场、排挤对手的目的。但如果利润大幅下降为 200 万元，这时即使市场占有率上升到 80%，但利润急剧缩减 80%，对企业来说是不可接受的，此时企业就不会采用 90%作为服务目标。也就是说在竞争战略下，企业确定客户服务水平是从成本、利润和市场占有率等因素综合考虑的。

2. 针对优质客户需求，提供个性化服务

虽说服务就是物流企业的生存之道，但这并不意味着服务的项目越多越好。在确定提供哪些服务项目之前，必须利用好现有的客户资源，多与客户交流，识别客户最重视的各项服务及其相对重要性，进行优先程度排序，对重点和优良客户量身定做服务项目，避免在某些低层次服务项目上投入过度，反而降低企业利润，服务要有灵活性。客户是动态的，有时重点客户和非重点客户的角色是有可能互换的，因此，针对重点客户所设计的服务项目也要根据对象的变化做出相应的调整。同时，客户的需求总是会随自身发展的具体情况而发生变化，因此，要积极行动起来，适应并满足客户不断变化的服务需求。另外，增值服务是一个相对的概念，一旦这项服务在行业中普及开来，就要及时创新出新的增值服务的内容来争取更多的客户，确立与客户的长期关系。现代物流企业不再简单提供仓储和运输的实体，业务面已经扩充到其他很多方面，不能将与客户的关系理解成一次、数次或短期的业务往来，服务过程中一定要争取提高客户的满意度，与客户建立长期合作伙伴关系。稳定的业务，是保证稳定利润的必要条件。

3. 确定恰当的指标衡量客户服务水平

客户服务水平只是一个笼统的概念，要对它进行量化研究必须以一定的可以定量计算

的指标来衡量。但采用怎样的指标来衡量客户服务水平呢？我们一般选择用户最关心的指标来衡量客户服务质量。比如，用户电话订购比萨饼，此时他最关心的当然是在时间和空间上送货的准确性，这时可以用送货的准确性来衡量客户服务水平。值得注意的是，不同行业顾客关注的指标不完全一样。根据调查，在电子产品市场上顾客比较看重误差处理的质量、方便性、时效性；而在生鲜品市场顾客更看重送货的时效性及货品的完好程度。因此企业应根据自己的行业特点、产品特性，进行必要的客户调查，从客户的角度出发确定客户服务水平衡量指标。

案例

企业的销售部门出于自身业绩的需要，往往对客户的要求百依百顺，物流部门照单全发，一张订单刚装车发运，一张送往同样配送点货量只有几件的订单又下来了，这种情况让物流供应商很难办：不发的话，就很难看；发的话，肯定要亏本。如果这种情况偶尔发生，物流公司还可以自己消化，但多的话肯定是“上有政策，下有对策”，货没发，可系统上的订单状态已经变成在途了，报表好看了，但那是虚的。某家物流公司，其客服通过多年的磨合已经做到能够引导一条配送线路上的经销商进行集中周期性下单，从而提高车辆的满载率，降低物流成本。但是这毕竟是靠物流公司与经销商多年积累的关系，如果企业能够有意识地通过一些销售策略改变或引导客户的下单习惯，比如，确定最小订货量或根据车辆吨位确定订单量或提高订单的计划性，甚至限定订货周期，使得最终客户在下单时能够综合考虑后端物流公司的调度和配载，这样将可以节省物流公司的成本，最终降低物流总成本，否则企业一味单向地强压物流企业，结果必然是服务质量下降，最终损害企业的利益。

据了解，一家国内连锁零售企业，其在华南地区的门店配送是委托两三家物流公司做配货管理的，即供应商先交货到物流公司的配送中心，再由物流公司分理合并后配送到各门店，为什么这家企业不像沃尔玛一样自建配送中心。因为门店的规模还不够，自建一定是亏本，但是当门店数达到一定规模后自建配送中心是必然的，正所谓“兵无定式，水无常形，运用之妙，存乎于心”。

以上从利润最大化和满足竞争需要原则讨论了客户服务水平的确定方法，可以看出，企业的客户服务水平应根据企业的经营状况而定，一味地追求高水平客户服务和在低水平客户服务上停步不前，都是不可取的。企业在确定自身客户服务水平时应牢牢记住：首先要依靠先进的管理方法改进客户服务，它见效快成本低；在科学管理的基础上，应积极应用新技术、新设备，提高服务水平。总之，作为服务供应商而存在的物流企业，提供的物流服务与产生的物流成本并不存在本质上的矛盾，相反，只有在进行成本—收益核算的时候，把显性成本与隐性成本放在同等重要的位置考虑，处理好二者的关系，才能真正祛除

"运营的烦恼"，在物流成本与服务水平之间保持平衡。

4.5 流通加工

《现代物流实用词典》中定义，流通加工是指物品在从生产地到使用的过程中，根据需要施加包装、分割、计量、分拣、刷标志、贴标签、组装等简单作业的总称。《中华人民共和国国家标准——物流术语》中指出，流通加工是为了提高物流速度和物品的利用率，在物品进入流通领域后，按客户的要求进行的加工活动，即在物品从生产者向消费者流动的过程中，为了促进销售、维护商品质量和提高物流效率，对物品进行一定程度的加工。流通加工通过改变或完善流通对象的形态来实现"桥梁和纽带"的作用，因此流通加工是流通中的一种特殊形式。随着经济增长，国民收入增多，消费者的需求出现多样化，促使在流通领域开展流通加工。

4.5.1 流通加工与生产加工的区别

1. 加工的对象不同

生产加工的对象是原材料、零部件、半成品，流通加工的对象主要是进行流通过程的成品或最终产品。当然，流通加工当中的组装加工等也是以零配件为对象的，但这些零配件是作为成品的组成部分存在的。

2. 加工的目的不同

生产加工的目的是为了创造新的产品形态，流通加工的目的是完善产品的形质，有时纯粹是为了物流的便利，为提高物流效率创造条件。

4.5.2 流通加工产生的原因

1. 现代生产方式需要流通加工进行补充

现代生产发展趋势之一就是生产规模专业化、大型化，依靠单品种、大批量的生产方式降低生产成本获取规模经济效益，这样就出现了生产相对集中的情况。尽管"用户第一"等口号成为许多生产者的主导思想，但是，生产毕竟有生产的规律，尤其在强调大生产的工业化社会，生产成本与产品的功能（规格、品种、性能）相互矛盾。弥补这一矛盾的方法，就是流通加工。所以，流通加工的诞生实际是现代生产发展的一种必然结果。

2. 个性化的需求促进了流通加工

流通加工的出现与现代社会消费的个性化有关。消费的个性化和产品的标准化之间存在着一定的矛盾，使本来就存在的产需分离变得更加严重。本来，弥补这种产需分离可以采取增加一道生产工序或消费单位加工改制的方法，但在个性化问题十分突出之后，采取上述弥补措施将会使生产及生产管理的复杂性及难度增加，按个性化生产的产品难以组织高效率、大批量的流通。所以，在出现了消费个性化的新形势及新观念之后，就为流通加工开辟了道路。

3．流通加工的出现还与人们对物流价值发现有关

在社会再生产全过程中，生产过程是典型的加工制造过程，是形成产品价值及使用价值的主要过程，再生产型的消费究其本质来看和生产过程一样，通过加工制造消费了某些初级产品而生产出深加工产品。历史上在生产不太复杂、生产规模不大时，所有的加工制造几乎全部集中于生产及再生产过程中，而流通过程只是实现商品价值及使用价值的转移而已。

人们在对物流成本的研究过程中，发现大量的价值是在物流过程中产生的，流通加工的出现使流通过程明显地具有了某种“生产性”，改变了长期以来形成的“价值及使用价值转移”的旧观念，这就从理论上明确了流通过程从价值观念来看是可以主动创造价值及使用价值的，而不单是被动地“保持”和“转移”的过程。因此，人们必须研究流通过程中孕育着多少创造价值的潜在能力，这就有可能在流通过程中进一步提高商品的价值和使用价值，同时，却以很少的代价实现这一目标。这样，就引起了流通过程从观念到方法的巨大变化，流通加工则因适应这种变化而诞生。

案例　常州凌家塘每天加工配送农副产品达万吨

投入运营仅一个半月，每天由凌家塘加工配送中心流向市区的新鲜蔬菜瓜果已增至 1 万吨。从传统的农副产品批发向现代物流配送中心转变，凌家塘市场正在实施的这一战略转型，也因为春节农副产品采购量的激增而显出优势。

本着“一体两翼”发展战略——以市场为主体，重点向农产品基地和社区平价店两头延伸，凌家塘的目标是把市场建设成为一个融农副产品批发交易与综合服务于一体，在“十二五”期末交易额达到 300 亿元的现代农产品物流航母。两年前，凌家塘市场投入 1.4 亿元，开工建造加工配送中心。

凌家塘加工配送中心规模达 13 万平方米，设有仓储和加工配送两大功能区。其中，仓储总规模达到 5 万吨。为了建立自己的产品质量优势，凌家塘专门设立了配送质量监督体系。配送中心内新建了保鲜、速冻蔬菜及副食品类等生产线，同时还聘请专业人员设计节假日菜、家常菜，满足不同层次的消费需求。

2012 年 11 月底，随着凌家塘“万家鲜”生鲜直销店的亮相，其加工配送中心随之进入忙碌生产，不仅是新鲜蔬菜、瓜果，还包括粮油副食品、荤副食品等的配送。除去每天

配送量占大头的新鲜蔬菜、瓜果，粮油副食品的日配送量也已达600多吨，位居第三。配送网点中，除了满足自家“万家鲜”的需要，还积极开拓市场，架起了与企事业单位、学校、超市等集团消费单位的桥梁;而进入加工配送的仓储货物基本满仓，“双汇”“众品”“雨润”等品牌，也相继将配送基地搬进凌家塘。

针对春节期间配送量增多现象，凌家塘还将推出对超市网点盘菜、对市民家庭包月菜配送服务，并牵手部分超市，直接销售蔬菜、水产、豆制品等。同时，依靠自身的配送能力及服务功能，推出了“限时到达”服务，并以自建的电子商务平台为基础，实行即购即配送服务，以此带给消费者优质的网购体验。（资料来源：孙明、孙东青，常州日报，2013年1月16日）

4.5.3 流通加工形式

流通加工是为弥补生产领域加工不足而进行的深加工，有许多产品在生产领域的加工只能到一定程度，这是由于许多因素限制了生产领域完全实现终极的加工。例如，钢铁厂的大规模生产只能按标准规定的规格生产，以使产品有较强的通用性，使生产能有较高的效率和效益；木材如果在产地完成成材制成木制品的话，就会造成运输的极大困难，所以原生产领域只能加工到圆木、板方材这个程度。进一步的下料、切裁、处理等加工则由流通加工完成。这种流通加工实际是生产的延续，是生产加工的深化，对弥补生产领域加工不足有重要意义。

1．为满足需求多样化进行的服务性加工

从需求角度看，需求存在着多样化和变化两个特点，生产部门为了实现高效率、大批量的生产，其产品往往不能完全满足用户的要求。这样，为了满足用户对产品多样化的需要，同时又要保证高效率的大生产，可将生产出来的单一化、标准化的产品进行多样化的改制加工。

2．为保护产品所进行的加工

在物流的整个过程中，都存在对产品的保护问题，为了防止产品在运输、储存、装卸、搬运、包装等过程中遭到损失，使使用价值能顺利实现而进行的加工。这种加工并不改变进入流通领域的“物”的外形及性质。这种加工主要采取稳固、改装、冷冻、保鲜、涂油等方式。例如，水产品、肉类、蛋类的保鲜、保质的冷冻加工，防止金属材料的锈蚀而进行的喷漆、涂防锈油等措施，运用手工、机械或化学方法除锈，木材的防腐朽、防干裂加工，煤炭的防高温自燃加工，水泥的防潮、防湿加工等。

3．为提高物流效率，方便物流的加工

有一些产品本身的形态使之难以进行物流操作，而且商品在运输、装卸搬运过程中极

易受损，因此需要进行适当的流通加工加以弥补，从而使物流各环节易于操作，提高物流效率，降低物流损失。例如，鲜鱼的装卸、储存操作困难，通过加工将鲜鱼冷冻；石油气的液化加工，使很难输送的气态物转变为容易输送的液态物，这都可以提高物流效率。

4．为促进销售的流通加工

流通加工可以从若干方面起到促进销售的作用。从市场营销的角度，70%的客户是根据包装作出购买决定的。例如，在超市里面，包装精美的商品，往往给人质量好的感觉。我们可以将原以保护产品为主的运输包装改换成以促进销售为主的装潢性包装，以起到吸引消费者、指导消费的作用；同样也可以将过大包装或散装物分装成适合一次销售的小包装的分装加工，如将蔬菜、肉类洗净切块以满足消费者要求等。

5．为提高加工效率的流通加工

许多企业由于生产数量有限，导致加工效率不高，也难以投入先进科学技术。流通加工以集中加工形式，利用其综合性强、用户多的特点，可以实行合理规划、合理套裁、集中下料的办法，这就能有效提高原材料利用率，减少损失浪费，解决了单个企业加工效率不高的弊病。以一家流通加工企业代替了若干生产企业的某个加工工序，促使生产水平得到提升。

6．衔接不同运输方式，使物流合理化的流通加工

在干线运输和支线运输的转运节点，设置流通加工环节，可以有效解决大批量、低成本、长距离干线运输和多品种、少批量、多批次末端运输和集货运输之间的衔接问题，在节点处以流通加工中心为核心，组织对多用户的配送。也可在流通加工点将运输包装转换为销售包装，从而有效衔接不同目的的运输方式。

7．以提高企业利润为目的流通加工

流通加工可以形成一种“利润中心”的经营形态，实现从成本中心到利润中心的转变，把流通加工看成是经营的一环，在满足生产和消费要求的基础上取得利润，同时在市场和利润引导下使流通加工在各个领域中能有效地发展。

8．生产—流通一体化的流通加工形式

依靠生产企业与流通企业的联合，或者生产企业涉足流通，或者流通企业涉足生产，形成的对生产与流通加工进行合理分工、合理规划、合理组织，统筹进行生产与流通加工的安排，这就是生产—流通一体化的流通加工形式。这种形式可以促成产品结构及产业结构的调整，充分发挥企业集团的经济技术优势，是目前流通加工领域的新形式。

4.5.4 流通加工合理化

流通加工合理化的含义是实现流通加工的最优配置，不仅做到避免各种不合理现象，使流通加工有存在的价值，而且做到最优的选择。比如：对是否设置流通加工环节，在什么地点设置，选择什么样的加工类型，采用什么样的技术装备等，需要做出正确抉择。

1．不合理流通加工若干形式

流通加工是在流通领域中对生产的辅助性加工，从某种意义来讲它不仅是生产过程的延续，而且是生产本身或生产工艺在流通领域的延续。这个延续可能有正、反两方面的作用，即一方面可能有效地起到补充完善的作用，但是，也需要估计到可能产生的负效应。各种不合理的流通加工都会产生抵消效益的情况。几种不合理流通加工形式如下。

（1）流通加工地点选择不合理

流通加工地点设置即布局状况合理与否，是影响整个流通加工是否有效的重要因素。

① 为衔接单品种大批量生产与多样化需求的流通加工，加工地设置在需求地区，才能实现大批量的干线运输与多品种末端配送的物流优势。如果将流通加工地设置在生产地区，其不合理之处在于：一方面，多样化需求要求的产品品种多、批量小，由产地向需求地的长距离运输不合理；另一方面，在生产地增加了一个加工环节，同时增加了近距离运输、装卸、储存等一系列物流活动。所以，在这种情况下，不如由原生产单位完成这种加工而无须设置专门的流通加工环节。

② 为方便物流的流通加工环节应设在产出地，设置在进入社会物流之前。如果将其设置在物流之后，即设置在消费地，则不但不能解决物流问题，又在流通中增加了一个中转环节，因而也是不合理的。即使是产地或需求地设置流通加工的选择是正确的，还有流通加工在小地域范围的正确选址问题，如果处理不善，仍然会出现不合理。这种不合理主要表现在：交通不便，流通加工与生产企业或用户之间距离较远，流通加工点的投资过高（如受选址的地价影响），加工点周围社会、环境条件不良等。

（2）流通加工方式选择不当

流通加工方式包括流通加工对象、流通加工工艺、流通加工技术、流通加工程度等。流通加工不是对生产加工的代替，而是一种补充和完善。实际上是与生产加工的合理分工，如果分工不合理，本来应由生产加工完成的，却错误地由流通加工完成，本来应由流通加工完成的，却错误地由生产过程去完成，都会成造不合理性。所以，一般而言，如果工艺复杂，技术装备要求较高，或加工可以由生产过程延续或轻易解决的都不宜再设置流通加工，尤其不宜与生产过程争夺技术要求较高、效益较高的最终生产环节，更不宜利用一个时期市场的压迫力使生产者变成初级加工或前期加工，而流通企业完成装配或最终形成产品的加工。如果流通加工方式选择不当，就会出现与生产夺利的情况，一旦市场发生变化，流通加工环节在专业技术等环节的劣势就会暴露出来，产生不良后果。

（3）流通加工成本过高，效益不好

流通加工之所以能够有生命力，重要优势之一是有较大的产出投入比，因而有效起着补充完善的作用。如果投入一些过于简单的流通加工环节，造成成本过高，形成多余环节，则不能实现以较低投入实现更高使用价值的目的。除了一些必须的，从政策要求即使亏损也应进行的加工外，其他都应看成不合理的。

2．流通加工合理化

实现流通加工合理化主要考虑以下几方面。

（1）加工与配送结合

将流通加工设置在配送点中，一方面按配送的需要进行加工，另一方面加工又是配送业务流程中分货、拣货、配货的一环，加工后的产品直接投入配货作业。这就无须单独设置一个加工的中间环节，使流通加工有别于独立的生产，而使流通加工与中转流通巧妙结合在一起。同时，由于配送之前有加工，可使配送服务水平大大提高。这是当前对流通加工做合理选择的重要形式，在煤炭、水泥等产品的流通中已表现出较大的优势。

（2）加工与配套结合

某些商品需要相应的配套材料一起使用，而配套材料不一定来自生产该商品的主体单位，很可能来自其他生产单位，配送点进行适当流通配套加工，可以大大方便顾客，降低顾客采购成本，大大提高流通的桥梁与纽带的能力，从而提高配送的经济效益。

（3）加工与合理运输结合

流通加工能有效衔接干线运输与支线运输，促进两种运输形式的合理化。运输方式的不同，伴随着运输量的区别，利用流通加工，在流通加工停留点，根据不同运输形式的要求进行适当加工，从而大大提高运输及运输转载水平。

（4）加工与合理商流结合

通过加工有效促进销售，使商流合理化，也是流通加工合理化的考虑方向之一。例如，通过简单地改变包装加工，形成方便的购买量，通过组装加工解除用户使用前进行组装、调试的难处，这些都是有效促进商流的例子。通过加工和配送的结合，提高了配送水平，强化了销售，是加工与合理商流相结合的结果。

（5）加工和节约结合

某些商品，过大的包装可能超过顾客的需求，顾客购买后，会造成社会资源的浪费。还有的商品，过度豪华的包装也造成材料的浪费。从节约能源、节约设备、节约人力和节约耗费的角度考虑，也是目前我国设置流通加工，考虑其合理化的较普遍形式。

对于流通加工合理化的最终判断，是看其是否能实现社会和企业本身的两个效益，而且是否取得了最优效益。对流通加工企业而言，与一般生产企业一个重要不同之处是，流通加工企业更应将社会效益作为第一观念。如果只是追求企业的微观效益，不适当地进行加工，甚至与生产企业争利，这就有违于流通加工的初衷，或者其本身已不属于流通加工范畴了。

实践与实训

配送中心入货训练

广州公司总部向国内供应商订货，由供应商送货，放入配送中心。

1．广州公司总部根据业务需要，特向佛山某公司订购以下商品，如表 4-2 所示。

表 4-2　订购商品种类

商品名称	订货箱数	包装数量	订货单价	订货总价
飘柔洗发水	2 箱	20 瓶	240 元/箱	480 元
高钙麦片	4 箱	10 包	150 元/箱	600 元

2．佛山某公司接到订单后，送货至配送中心，送货车号为：粤 EX5920。

3．广州公司总部配送中心验货入库。

要求：6 个学生一组，分配角色，讲述自己的工作内容。具体如表 4-3 所示。

表 4-3　扮演角色分配

岗位分配表			
所属部门	岗　位	人　数	岗位要求
总部	单证操作员	1	制作单证
	部门主管	1	确认订单，信息传递
配送中心	单证操作员	1	制作单证
	仓库管理员	1	验货、收货
客户	单证操作员	1	制作单证
	送货员	1	派车、送货

复习思考题

一、判断题

1．最终的资源配置，除了电子产品，如软件、音乐等可以通过网络传递，普通的商品还是需要通过商品的实体转移来实现，这就离不开物流服务的支撑。（　　）

2．加工型配送中心是以较强的幅射能力和库存准备，向省（州）际、全国乃至国际范

围的用户配送的配送中心。(　　)

3．配送的一般流程有储存—分拣与配货—备货—加工与配装—配送。(　　)

4．配送合并策略的基本思想就是对产品的外观、形状及其生产、组装、配送应尽可能推迟到接到顾客订单后再确定。一旦接到订单就要快速反应，因此采用延迟策略的一个基本前提是信息传递要非常快。(　　)

5．物流企业所有者关心的是企业利润，要提高企业利润，首先需要提高销售额，这就需要提高服务水平，满足顾客需要，但服务水平的提高，伴随着成本的上升，一般来说较高的服务水平将会带来较高的销售收入，但它也会引起较高的物流成本。(　　)

二、单项选择题

1.(　　)是一种新兴的经营管理形态，具有满足少量多样的市场需求及降低流通成本的作用。

A．配送中心　　B．管理中心
C．物流运输　　D．物流活动

2.(　　)是物流配送的基础工作，包括筹集货源、订货或购货、进货和相关的质量检查、款项结算、单据交接等。

A．加工　　B．储存
C．备货　　D．配送

3.(　　)指的是在物流配送节点的安排上，尽量接近服务的顾客群体，或者就近货源地，满足需要的应就近解决，以求既及时满足用户需求，又加快库存物资周转率。

A．最大配送量原则　　B．就近原则
C．网络化原则　　D．最小费用原则

4．生产加工的对象是原材料、零部件、半成品，(　　)的对象主要是进行流通过程的成品或最终产品。

A．产品加工　　B．生产过程加工
C．电子加工　　D．流通加工

5．流通加工可以从若干方面起到促进（　　）的作用。从市场营销的角度，70%的客户是根据包装作出购买决定的。

A．生产　　B．配送
C．销售　　D．增加产品内在价值

三、多项选择题

1．随着电子商务的发展，物流配送更多的是顾客网络购物背后的敏捷运作，出现了(　　)的特点。

A．信息化　　B．自动化　　C．网络化

D．智能化　　E．柔性化

2．配送中心的具体功能有（　　）。

A．商品存储的功能　　B．商品周转的功能

C．商品分类的功能　　D．商品加工的功能

E．商品信息处理的功能

3．配送方案设计方法有（　　）。

A．模型法　　B．流程法

C．仿真法　　D．实用法

4．配送中心配送评估包括（　　）。

A．防止错误发生标准　　B．配送质量管理标准

C．配送工作标准　　D．配送服务标准

5．不合理流通加工形式有（　　）。

A．流通加工地点选择不合理　　B．流通加工方式选择不当

C．流通加工人力资源配置不当　　D．流通加工成本过高

四、简答题

1．简述物流配送的概念和特点。（考证复习题）

2．简述配送方案设计的原则和方法。（考证复习题）

3．降低配送费用的方法有哪些？

第 5 章

电子商务环境下的第三方物流管理和新型物流

引导案例　宝洁与宝供的合作之路

宝洁公司是世界最大的日用消费品生产企业。1992 年，宝洁公司进入中国市场，并在广东地区建立了大型生产基地。对于刚刚进入中国市场的宝洁公司来说，产品能否及时、快速地运送到全国各地是其能否迅速抢占中国市场的重要环节。宝洁公司为了节省运输成本，在公路运输之外，寻求铁路解决方案，满足运输物流服务需求。

作为日用产品生产商，宝洁公司的物流服务需求对响应时间、服务可靠性及质量保护体系具有很高的要求。根据物流服务需求和服务要求，进入宝洁公司视野的物流企业主要有两类：占据物流行业主导地位的国有企业和民营储运企业。经过调查评估，宝洁公司认为当时国有物流企业业务单一，要么只管仓库储存，要么只负责联系铁路运输，而且储存的仓库设备落后，质量保护体系不完善，运输中信息技术落后，员工缺乏服务意识，响应时间和服务可靠性得不到保证。于是，宝洁公司把目光投向了民营储运企业。

在筛选第三方物流企业时，宝洁公司发现宝供承包铁路货运转运站，以“质量第一、顾客至上、24 小时服务”的经营特色，提供“门到门”的服务。于是，宝洁公司将物流需求建议书提交给宝供，对宝供的物流能力和服务水平进行试探性考察。

围绕着宝洁公司的物流需求，宝供设计了业务流程和发展方向，制定了严格的流程管理制度，对宝洁公司产品“呵护备至”，达到了宝洁公司的要求，同时宝供长期良好合作的愿望及认真负责的合作态度，受到了宝洁公司的欢迎，使得宝供顺利通过了考察。宝洁公司最终选择了宝供作为自己的合作伙伴，双方签订了铁路运输的总代理合同，开始了正式的合作。

在实施第三方物流服务过程中，宝供针对宝洁公司的物流服务需求，建立遍布全国的物流运作网络，为宝洁公司提供全过程的增值服务，在运输过程中保证货物按照同样的操作方法、模式和标准来操作，将货物运送到目的地后，由受过专门统一培训的宝供储运的员工进行接货、卸货、运货，为宝洁公司提供门到门的“一条龙”服务，并按照严格的GMP质量管理标准和SOP运作管理程序，将宝洁公司的产品快速、准确、及时地送到全国各地的销售网点。双方的初步合作取得了相当好的成效，宝供帮助宝洁公司在一年内节省成本达600万美元，宝洁公司高质量高标准的物流服务需求也极大提高了宝供的服务水平。

随着宝洁公司在中国业务的增长，仓库存储需求大幅度增加，宝供良好的运作绩效得到了宝洁公司的认同，宝洁进一步外包其仓储业务给宝供。针对宝洁公司的物流需求，宝供规划设计和实施物流管理系统，优化业务流程，整合物流供应链，以“量身定做、一体化运作、个性化服务”模式满足宝洁公司的个性化需求，提高物流的可靠性，降低物流总成本。在双方合作关系推动下，宝供建立高水准的信息技术系统以帮助管理和提供全面有效的信息平台，实现仓储、运输等关键物流信息的实时网上跟踪，实现与宝洁公司电子数据的无缝衔接，使宝洁公司和宝供作业流程与信息有效整合，从而使物流更加高效化、合理化、系统化。宝供严格和高质量的物流服务，极大地降低了宝洁公司的物流成本，缩短了订单周期和运输时间，提高了宝洁公司的客户服务水平；而宝洁公司促使宝供的物流服务水平不断提升，成为当今国内领先的第三方物流企业。

宝洁公司针对自身需求选择宝供作为第三方物流服务提供商，开展了合作伙伴关系，在这种合作模式下，实现了“双赢”的目标。在物流市场需求日益增长和国际国内激烈的市场竞争环境下，宝洁公司应用第三方物流的成功，将为中国工商企业采购第三方物流服务、选择物流服务提供商树立标杆。（资料来源：宝供物流企业集团有限公司网站，http://www.pgl-world.com/）

学习目标

1. 了解第三方物流的概念和特点。
2. 了解电子商务环境下的新型物流。
3. 熟悉第三方物流管理策略。

学习导航

第三方物流企业能降低物流成本，缩短订单周期和运输时间，改善客户响应能力，也能为客户创造价值。工商企业选择合适的第三方物流服务提供商，首先需要准确界定自身的物流需求，然后选择能够满足企业需求和目标的提供商，最后对提供商进行关系管理和绩效评估。企业应用第三方物流在改善服务绩效的同时，能显著降低物流总成本。

电子商务的发展促进了第三方物流的发展，在第三方物流管理过程中应该如何更好地满足电子商务的要求，这是我们本章要讨论的内容。

5.1　第三方物流的概念和特点

5.1.1　第三方物流的概念

1．第三方物流的定义［电子商务师（员）考证知识点］

在我国 2001 年公布的《物流术语》中，将第三方物流定义为“供方与需方以外的第三方物流企业提供物流服务的业务模式”。对于这个定义，我们认为，首先，“第三方”这一词来源于物流服务提供者作为发货人（甲方）和收货人（乙方）之间的第三方这样一个事实，它就是指商品交易企业之外专门提供物流服务的公司。另外，从目前发达国家第三方物流发展的情况来看，运输、仓储、销售物流、财务等服务的提供者都包含在第三方物流提供商的范围之内，目前，这类服务公司的数量并不少，并有继续增加的趋势。然而，从现代物流的整体状况和发展趋势来看，第三方物流提供的服务正在从简单的仓储、运输等单项活动转为更广泛、更全面的物流服务，如物流活动的组织、协调和管理、设计建议最优物流方案、物流全程的信息搜集、管理等，这种服务的特点是更趋个性化、系列化、管理化，需要物流提供商和工商企业双方高级管理层的紧密协调。

本书里的第三方物流包含了以下几层含义。

（1）第三方物流是合同导向的

第三方物流有别于传统的一单对一单的物流服务，如运输公司提供运输服务、仓储公司提供仓储服务，第三方物流是根据合同条款规定的要求，而不是临时需求，提供多功能的物流服务。由于存在确定的合同关系，物流服务变得更加稳定、更加正规。

（2）第三方物流是一种联盟关系

物流服务提供商作为甲乙双方之间的第三方，并不是一个独立的参与者，而是代表甲方或乙方来执行物流职能，它们之间充分共享信息，协作解决一些具体问题，通过合同确定共担风险、共享收益的关系。因此这种关系也可以说是一种物流联盟关系。

（3）第三方物流是个性化的物流服务

工商企业之所以将物流业务外包就是为了集中精力增强核心竞争能力，这就要求第三方所提供的服务必须能够确保客户达到这一目的，因而第三方物流服务应该根据客户特定的业务流程和需求来设计定制，同时这种服务也应该更加广泛，更加注重客户业务的系统性。这也是物流服务思想由提供全面的服务转变为提供个性化服务的体现。

2．第三方物流服务的提供商

第三方物流服务提供商起源于不同的本业，因此其经营业务也不尽相同。以美国为例，一般情况下，从事此项经营的公司，其传统背景是公共仓储业、公共交通运输业、经纪业、货运代理业和银行业（出于对加快资金回笼的需要）等。

目前，合同制物流服务最大的提供商来自仓储业，这些公司大都提供一体化的物流服务，包括各种方式的运输、仓储、EDI 信息处理和其他一些增值服务，如 Exel 物流公司、GATX 物流公司、DSC 物流公司等。它们在美国占有相当大的市场份额，1992 年的营业收入均超过 2 亿美元。总部设在美国的 Exel 物流公司，业务范围遍及美国、加拿大、墨西哥和欧洲大陆。随着经济和产业的快速发展，已经有越来越多的公司加入了这个服务领域当中。

以运输为主的第三方物流服务商比较多，它们在与客户开发合同关系和建立战略联盟方面比较积极，如 LT 运输公司、万络物流公司（Menlo）、联邦快递公司（FedEx）、TNT 物流公司等。1991 年，Menlo 物流公司宣布与 Sears 物流服务公司签订了一份价值 1 亿美元的第三方合同，这是近年来公开报道的最大的一笔合同。运输业的巨大变化是物流业发展变革的重要部分。也有一些制造商为了能利用自身的剩余空间与资源而发展成为第三方物流服务提供商。它们没有显著的市场成绩，一般只是发展并针对有限的客户提供服务。还有一些公司因为缺乏资金或无法占领市场而夭折，大多情况下，试图进入这一领域的服务商低估了物流工作的复杂性，以为拥有经营的基础设施就不成问题。事实上，物流业务日趋复杂，因此必须有专业的、具有竞争力的第三方服务商来解决这些问题。

3．第三方物流服务的用户

第三方物流服务的最大用户主要是超市商品的生产者，如日常洗涤用品、纸制品、化妆品和食品等产品的制造商。另外，药品生产企业也是第三方物流服务的主要用户之一。1989 年，在美国进行了一项针对第三方物流服务用户的调查，研究结果表明，大多数用户有一个重要倾向，就是它们将物流管理视为一个增值过程，它们非常注重实现和保持顾客的满意度，经营灵活有弹性，甚至会接受一些顾客的特殊要求。这项研究还进一步指出，尽管这些企业各自生产不同的产品，但在某些方面它们也存在着一些共同点。

① 它们希望通过物流的力量获得并保持竞争优势。

② 它们寻求增加其产品或服务的利润，并通过建立一个低成本的物流体系来达到这一目标。

③ 它们调整资产，与物流服务提供商结成战略联盟。有效的联盟使得这些企业成为其顾客的最佳供应商。

研究表明，那些通过提高顾客满意度来扩展其市场的企业，已经积极转向与第三方服务商合作，以此来保证其竞争实力。许多企业已经开始选择由一家或几家专业的物流服务商来为自己完成与物流相关的业务。这使得它们能够将精力集中在核心业务上，从而简化管理，实现规模效益。与第三方物流服务商的联盟实际上是一种能使整个系统产生更高效率的双赢联盟。

5.1.2 第三方物流的业务范围与特点

1. 第三方物流的业务范围

通过对前面两节内容的阐述，我们已经知道，目前第三方物流企业的前身一般是从事运输、仓储、货运代理等相关行业的公司，但在客户需求和市场竞争的推动下，第三方物流服务已经从简单的运输、仓储等单项活动转变为更全面更高级的物流服务，包括但不限于物流活动的组织、协调与管理，物流战略的设计与实施，订单分销及库存管理，供应商选择和监督等一系列活动。而且，现代的第三方物流企业与其客户之间不再仅仅是一单对一单的简单交易方式，而是一种长期的业务伙伴或物流联盟关系，利益共享，风险共担。真正意义上的第三方物流更加强调一种通过合同而联系在一起的，长期而共生的联盟关系。第三方物流所提供的服务范围随着市场的变化而不断发展，导入了许多增值服务内容。

第三方物流的服务范围和内容已经非常全面，可以涵盖到物流活动的各个方面和环节，自成体系，在生产物流和消费物流领域都能够发挥重要的作用。对于一个生产型的企业来说，其原材料的采购、运输、仓储，半成品和产成品的仓储和运输，订单处理，客户发货，存货管理和智能补货等具体业务流程乃至整套物流体系的设计和优化，都已经可以外包给第三方物流服务商了。

2. 第三方物流的特点［电子商务师（员）考证知识点］

第三方物流的快速发展，主要得益于它在企业价值链中的增值服务。同时，第三方物流自身的一些特点，也使得它区别于传统的单项服务活动而具有蓬勃的生机。具体来说，第三方物流的特点可以归纳为以下几方面。

（1）第三方物流是物流服务供应方在特定的时间段内按特定的价格向需求方提供个性化系列物流服务的交易方式

① 核心化。第三方物流是适应社会大分工的结果，是企业核心竞争能力分配与组合的新方式。第三方物流作为一种物流的外包方式，是企业对外部资源进行配置，实现对内部功能服务的目的。配置的不仅是外部的资源，也是外部的核心竞争力。因此，企业可以集中精力着重发展自身的核心能力，而将非核心的物流业务交给在这方面有着丰富经验和专业技能的第三方物流服务商来完成。

② 规模化。第三方物流服务商通常不止面对一个客户，它往往是对多个客户物流业务的集成，因此，在规模方面，比单个的客户更能达到规模效应，可以享受到更加优惠的费率，将这部分效益转回客户，是第三方物流服务内容的重要部分。同时，第三方服务商在仓储设施、运输工具、供应链软件、专业技术人员上的大量投资，由于被多个客户的多次服务承担，也达到了规模经济效应。从以上两个特点来看，中小企业尤其适合采用第三方服务。

③ 专业化。第三方物流的服务范围早已超过简单的运输、仓储等活动，而成为一种技术含量较高的专业化行为。从理论方面，与供应链理论体系共同发展，产生零库存、准时制、快速反应、有效的客户反应等管理策略。软件方面，随着 ERP（企业资源计划）的普及，MRP 及 EDI、因特网等已经成为第三方物流不可缺少的信息基础。从应用技术方面来说，条形码、射频技术、GPS（全球定位系统）、GSM（无线移动通信系统）、GIS（地理信息系统）等逐渐得到更加广泛的应用。此外，行业内部的经验，相关的国际贸易和国际惯例等知识，乃至对不同国家、不同地区的社会、经济、法律等环境因素的熟悉等，都是第三方物流专业化的组成部分。

（2）第三方服务的用户与提供者之间的战略联盟、物流伙伴关系均要求彼此公开更多的信息，从基于交易上的业务关系向更为一体的、长期的伙伴关系转变

第三方服务商与客户的关系不是一单对一单的交易方式，而是一种经过合同确认的长期合作的伙伴关系。一般对第三方物流的定义是与客户至少有一年以上的合同。在欧美等国家，它甚至是一种生物链的长期关系，利益共享，风险共担。比如，马士基与宜家家居在物流领域的经典的“点对点”关系，不管宜家的业务发展到哪里，马士基的服务就尽量追随到哪里。这种长期伙伴关系对双方都是一种慎重而关键的选择，它包含着双方对对方业务的深刻理解和企业文化的高度认同，使双方在业务领域共同促进和携手发展。

（3）第三方物流企业以货主企业的物流合理化为设计物流系统运营的目标

① 经济化。对供应链的竞争力来说，成本优势是非常重要的一个因素。物流作为“第三利润源泉”，其贡献也主要在于通过优化供应链而带来的成本下降和服务水平的提高。采用第三方物流服务，企业可以减少固定资产投入，无须将大量的资金投入对物流设施和设备的购买上；可以降低人力资源费用及管理费用，减少物流管理和操作人员的雇佣；避免物流能力的浪费，不会因企业生产规模过小或季节性原因降低物流效率；以较少的投入享受到高级而全面的物流服务，如集装箱运输、国际多式联运等。

② 定制化。由于客户所从事的行业不同，由此带来的客户服务要求也是千差万别。例如，生鲜食品对快速、及时、冷藏条件的要求非常高；而危险化工产品则对安全措施、专业运输和仓储设备等非常重视。这些要求的差异，是第三方物流市场细分的基础，也使第三方服务商更加注重对客户采取量身定制的服务。另外，随着经济全球化的发展，跨国客户的业务网络也辐射到世界范围的各个地点，对于不同的客户，第三方物流也需要因地制宜，设计不同的运输路线，采取不同的运输、仓储方式，这都加强了定制化服务的需求。

③ 发展化。在不同的历史时期，第三方物流的服务方式和服务内容都有所不同。在服务内容方面，从基本的运输和仓储项目增加到各种增值服务。在方式方面，大致可以分成三种方式：一是客户自己从事物流系统设计、库存管理、信息管理等管理性工作，而将运输和仓储等具体物流作业外包；二是第三方服务商将其开发的物流系统提供给客户并承担

物流作业活动；三是第三方服务商全面负责客户的物流业务，包括物流系统的设计及具体的运营操作。美国的摩根・斯坦利公司将物流划分为四个阶段，即第二方物流、第三方物流，以及这之后的第四方物流和第五方物流。其划分依据是信息能力和固定资产。信息能力越强，物流固定资产所占比例越小，其所处的阶段越高。摩根公司认为第三方物流更加侧重对供应链的管理，而与企业所有资产的多少无关。随着市场格局和商业环境的变化，第三方物流的服务内容和服务方式在纵向深度和横向广度等方面都将进一步发展变化。

5.1.3　第三方物流的正负面效应

1. 第三方物流的正面效应

通过前面的学习，我们已经知道了第三方物流自身的一些特点，正是这些领先于传统物流服务的优点，使得第三方物流越来越受到工商企业的青睐。一项对欧洲第三方物流使用者的调查表明，企业对第三方物流总体的评价是肯定的。

下面我们将企业采用第三方物流的正面效应做一个总结。

（1）集中精力发展核心业务

企业能够实现资源优化配置，将有限的人力、财力集中于核心业务，如产品研发、市场开拓、技术改进等。有些企业甚至只从事产品研发和市场拓展两项业务，他们通过外包的形式获得物流和其他资源，如著名的耐克（NIKE）公司就是典型的成功案例。

（2）减少投资，降低风险

现代物流领域的设施、设备及信息系统等的投入是相当大的，通过将物流外包，企业可以减少对此类项目的建设与投资，从而变固定成本为可变成本。而且，由于物流需求的不确定性和复杂性，导致投资具有巨大的财务风险，通过外包，企业也可以将这种财务风险转移给第三方。当需求不确定或有波动的时候，如果采取第三方物流，货主就可以很容易地把成本调整到物流活动所需要的水平，这也克服了需求高峰期企业自身物流能力不足的问题。

（3）节省费用，降低成本

专业的第三方物流提供商利用规模生产的专业优势和成本优势，通过提高各环节能力的利用率实现费用节省，使企业能从分离费用结构中获益。根据对工业用车的调查结果，企业解散自有车队而代之以公共运输服务的主要原因就是减少固定费用，这不仅包括购买车辆的投资，还包括和车间仓库、发货设施、包装器械及与员工有关的开支。

（4）减少库存

企业不能承担多种原料和产品库存的无限增长，尤其是高价值的部件要被及时送往装配点，实现零库存，以保证库存的最小量。第三方物流提供者借助精心策划的物流计划和适时运送手段，最大限度地减少库存，改善了企业的现金流量，实现成本优势。

（5）提高物流水平

由于第三方物流的提供商都是专业的以物流为核心业务的企业，他们所提供的服务具有更高的效率和更高的水平。具体可以表现在以下几个方面。

① 运用新技术。随着现代物流管理和技术水平的提高，物流领域的新技术、新设备层出不穷，第三方物流提供商为了提高自己的竞争能力和专业化水平，经常会采用最新的技术和手段。采用第三方物流，可以使企业在不增加投入的情况下，不断地获得最新的技术服务。

② 熟悉法规与政策。目前在物流领域存在着一些政府的法规、政策的约束，作为一般的工商企业，对此并不一定应对自如。而利用第三方物流公司的专业优势，就可以帮助企业熟悉和适应政府的相关法规与政策，并与政府保持良好的关系。同时，对于某些还处于管制状态的物流区域，利用第三方物流服务，可以开展自身无法从事的物流业务。

③ 更好的信息处理能力。信息化是当前经济发展的重要趋势，信息的获得及处理和分析技术已经成为企业提高竞争能力的重要手段。第三方物流企业也将信息的挖掘和处理作为重要的新型增值服务项目。将物流外包给第三方，可以利用第三方物流的信息技术、信息分析管理的能力，将原始数据转化为可指导工作的有效信息。

④ 加快市场反应速度。采用第三方物流，有助于更快地对市场需求变化做出反应，适应产品生命周期越来越短的挑战。

（6）提升企业形象

第三方物流提供商与客户之间是战略伙伴或联盟的关系，他们从客户的角度出发管理物流业务，通过全球信息网络使客户的供应链管理完全透明化；他们利用完备的设施和训练有素的员工对整个供应链实现完全的控制，减少物流的复杂性；他们通过遍布全球的运送网络大大缩短了客户的交货期，帮助客户改进服务，树立自己的品牌形象；他们为客户定制低成本高效率的物流方案使其在同行业中脱颖而出，为企业在竞争中取胜创造了有利的条件。

2．第三方物流的负面效应

不难看出，第三方物流确实能给用户带来多方面的利益，但这并不意味着物流外包就是所有用户的最佳选择，事实上，第三方物流也不可避免地存在着一些负面效应。

（1）对物流的控制能力降低

在采用物流外包的情况下，由于第三方物流提供商介入企业的采购、生产、分销、售后服务等各个环节，成为企业的物流管理者，这使得企业自身对物流的控制力下降，在双方协调出现问题的情况下，则可能会出现物流失控的风险，即第三方物流服务商不能完全理解并按照企业的要求来完成物流业务，从而使企业的客户服务水平降低。另外，原来由企业内部沟通来解决的问题，在外包的情况下由于外部服务商的存在，容易产生企业内相互推诿的局面，影响物流的效率。

（2）客户关系管理的风险

在第三方物流服务的合作中，直接面对企业客户的往往是第三方物流服务商；同时他们通常也拥有全面的客户信息，甚至包括潜在客户的信息。因此，在客户关系的管理中，至少存在着下列两类风险。

① 企业与客户之间的关系被削弱。由于生产企业是通过第三方来完成产品的配送及售后服务工作，同客户直接接触、观察客户反应和听取客户意见的机会就会减少，这对建立稳定密切的客户关系是非常不利的。

② 客户信息有被泄露的风险。在激烈的市场竞争中，客户信息对企业而言是最重要的资源之一，如果客户资料被泄露，带来的损失是难以计算的。尽管在第三方物流服务关系中，提供商与用户之间对彼此的商业信息保密是重要的合作基础，但由于第三方提供商通常并不只是面对一个客户，当信息在更多的企业间共享的时候，企业的商业秘密被泄露的可能性就会增大。

（3）公司战略机密被泄露的风险

物流是一个企业发展战略的重要组成部分，第三方服务商由于承担着执行这一战略的职能，通常对企业的战略都会有很深的认识，从采购渠道的调整到市场策略，从经营现状到未来预期，从产品转型到客户服务策略，第三方服务商都可能得到相关的信息。因此，使用第三方物流，使企业核心战略被泄露的风险增加。

（4）连带经营的风险

第三方物流是基于合同的比较长期的合作关系，如果第三方服务商自身经营不善，则可能会影响使用方的经营；但如果要解除合同关系又会产生很高的成本。特别是企业选择新的物流服务商并建立起稳定的合作关系，往往需要较长时间的磨合期。在磨合期内，企业将不得不面对新服务商因为对产品不熟悉、信息系统结合不好等造成的低质量服务。

因此，在企业考虑是否外包物流的过程中，不能只看到第三方物流带给企业的利益，多考虑一些负面的效应也是必须的。只有对它的正反面效应都有了清醒的认识和慎重的分析衡量之后，企业才能够做出正确的、适合自身发展的决策。

5.1.4 企业选择第三方物流的具体参考因素

以上我们分析了企业采用第三方物流所可能具有的利益和风险，这些是企业做出正确的物流决策必不可少的知识基础。而决策时有哪些具体的因素可以参考，我们将在下面做一个基本的分析。

1．企业规模

一般而言，大中型企业在资金、实力、规模上都具有优势，有能力自建物流体系，可以根据自己的实际需要，制定适合公司发展的物流计划，保证物流服务质量。而小企业受人员、资金和管理资源的限制，采用第三方物流服务应该是比较合理的选择。

2．企业物流活动的性质和地位

如果企业的物流活动规模较小，频率、数量都较少，而且操作简便，则可以考虑外包。如果物流活动复杂多样，范围较广，环节众多，网络严密，而且具有相当大的特殊性，则需要慎重考虑。如果要外包给第三方，则要在提供商考察、合同洽谈、执行监控、业绩考核等方面都要十分仔细，尽量避免管理漏洞。在某些情况下，物流是企业的核心价值环节，对企业的生存有着重大的意义。例如，沃尔玛（Walmart）一直坚持自营物流，因为物流对这家全球最大的连锁超市集团有着非同寻常的意义，沃尔玛对物流方面的投资巨大，同时它的物流系统在全球都非常先进。一方面是因为沃尔玛物流系统复杂，物流时效要求极为严格；另一方面也是考虑物流的重要地位，如果把物流业务委托给第三方，则需要避免由于第三方掌握巨大的客户信息而对沃尔玛造成威胁的情况。

3．企业对供应链的管理能力

这是指企业的内部是否有专门的人才和管理经验，能够对供应链有全局的把握。从企业的外部环境来说，需要考虑一些问题，如市场是否成熟？是否有足够合适的服务商可供选择？交易成本和交易风险有多高？第三方提供的服务是否处于企业可以控制的范围之内？

4．成本与服务水平的衡量

随着市场竞争的激烈，同类企业间在产品、制造、营销甚至广告方面都出现了同质化的趋势。仅仅依靠产品质量已经不足以构成领先优势。越来越多的企业认识到客户服务的重要性，因此，许多企业将提高服务作为公司的长期战略目标之一。但是，在通常情况下，服务水平的提高与成本的降低之间存在着背反性。在把物流委托给第三方的情况下，成本通常都会降低；但是如果一味地压低物流提供商的报价，挤压其利润空间，必然导致服务质量下降。长期来看，这会对企业造成相当不利的影响。因此，企业需要考虑短期成本和长期成本，以达到综合的平衡。

5．物流职能与企业内部其他业务部门的关系

这其实也是物流职能由内部向外部剥离的难易程度问题。如果物流职能相对独立，而且形成了一定的可量化的衡量参数，则外包的过程相对容易。而如果物流职能与其他业务密不可分，业务多而复杂，业务流程互相交叉，并且有很多无法量化的职能夹杂在里面，

这样的物流活动就不好剥离出去。

6. 公司的长期发展目标

公司的业务范围、业务量和业务重点不是一成不变的，需要随着内外部因素的变化而不断调整，以适应瞬息万变的市场。这样，企业的灵活性变得非常重要。而物流模式也需要随着企业目标的调整而变化，它不光要满足当前的服务要求，而且需要和企业的长期目标保持一致。一般说来，企业自营物流的灵活性相对差一些，一旦业务调整，已经成形的物流模式就会不能适应，需要进行较大的改革。而如果采用外包，则灵活性相对较大，可以随时根据公司业务重点和业务量的变化进行不同的外包组合。所以，在选择物流模式时，一定要有长远的目光，对企业的长期目标心中有数，并预留调整和发展的余地。

具体到企业选择时，需要考虑的细节非常多，具体情况需要具体分析。以上是一些基本的决策依据，根据这些因素，企业可以大致清楚自己的物流模式处于什么阶段，是否具有外包的可能性，然后再结合具体的数据，进行周密的分析和慎重的决定。

5.2 电子商务环境下的第三方物流管理决策

5.2.1 第三方物流企业的来源

国际上，现代意义上的第三方物流是一个较新的行业。在美国，第三方物流被认为处于产品生命周期的成长期；在欧洲，第三方物流市场则具有一定的成熟程度。目前，欧洲使用第三方物流服务的企业比例约为 76%；在美国，这个比例为 58%，而且其需求仍在增长。随着需求的增加，第三方物流的供给也相应地不断增长。有学者指出，第三方物流供给的年增长率在 20% ~ 50%。

而在我国，第三方物流也面临着一个飞速发展的时期。从国外的经验来看，第三方物流市场具有潜力大、渐进性和高增长率的特征。这种情况吸引了越来越多的各类背景不同的企业纷纷转向这个新生领域。一般来说，大多数第三方物流企业是从传统的“类物流”业为起点发展起来的，如运输业、仓储业、货运代理等。

1. 来源于运输企业

这些企业大都是大型运输公司的分公司，有些服务项目是利用其他公司的资产完成的。就国外的情况看，以陆运和空运为主的快运快递公司发展第三方物流的有 UPS（美国联合包裹服务公司）、FedEx、TNT、DHL（敦豪航空货运公司）等；从海运发展起来的有马士基物流、美集物流等。目前国内也出现了这种趋势，许多在国内有一定影响力的运输企业都将第三方物流作为企业新的发展方向，如中国远洋运输（集团）总公司、中国海运（集团）总公司等都宣布了成立第三方物流公司。

传统的运输企业发展第三方物流，主要的优势在于子公司（分公司）能利用母公司（总公司）的运输资产，扩展其运输功能，提供更为综合性的一套物流服务。另外，这类公司还具有客户资源和网络资源的优势。大多数运输企业，尤其是大型的运输公司，都具有丰富的客户资源，而且往往都是比较稳定的客户关系。事实上，一些运输企业发展第三方物流是由客户驱动的，比如，一些大客户在同企业合作的过程中，希望企业能够提供更完整和个性化的综合物流服务，从而产生了物流分公司或专门的物流部门。大型的运输公司也都具有相对完善的运输服务网络，这也为网络化的物流服务提供了基础。

2. 来源于仓储企业

同运输环节一样，仓储也是物流活动当中最重要的一个环节，因此，许多提供公共仓储或合同仓储服务的公司也以传统的业务为基础，通过功能延伸，介入仓储与配送、库存管理等物流活动。如 Exel 物流公司，GATX 物流公司等，都是由仓储业发展成为第三方物流提供商的。我国的公共仓储业向物流企业转变的趋势也较明显，如以仓储业务为重要服务内容的上海商业储运公司，成立了上海商业物流公司从事第三方物流业务。

3. 来源于货代企业

货代企业转为物流公司的在西方也比较多，如 Emery，Kuehne&Nagel（德迅公司），BAX（伯灵顿货运有限公司）等，它们一般没有太多资产，非常独立，并与许多物流服务提供商有来往。货代企业转型第三方物流是在协调原有的信息服务和货运过程的基础上，通过实物存储和运输环节的延伸，达到为客户提供综合一体化物流的目的。由于信息技术的发展和电子商务环境的成熟，如果只是简单地提供以信息为基础的货代服务，企业发展的空间已变得越来越小。在货代业务的基础上发展第三方物流，已经成为国内货代业发展的热点。如华润物流有限公司，就是在华夏货运代理的基础上，于 2001 年 1 月 1 日成立的第三方物流公司，仅一年时间，就赢得了国内外十余家大型客户。

4. 来源于托运人和管理公司

这一类企业是从大公司的物流组织演变而来的。它们拥有一定的物流专业知识和信息技术等资源，并将其用于第三方物流服务。这类提供商一般具有管理母公司物流的经验，因此，在对待外部客户时也具有较强的组织和管理能力。在国外，这类企业有卡特彼勒集团（Caterpillar）的卡特彼勒物流公司、IBM 等。目前在中国，这一类企业也不断增多，如海尔集团组建海尔物流公司、美的组建安得物流等，就是托运人从事第三方物流的典型。

5. 来源于财务和信息咨询服务公司

一些原本致力于建立系统的系统集成商，为了给客户提供更多的增值服务，它们也主动提供如运费支付、审计、成本会计与监控、采购、跟踪和存货管理等有关电子商务、物流和供应链管理的工作。这类企业有 Accenture（埃森哲公司），GE Information Services（通用咨询公司）等。

6．来源于电子分销商

零部件分销商和增值服务分销商也开始进入物流增值服务的领域。它们的服务内容包括：系统配置、EDI、货物跟踪、信息系统集成、库存管理等，比较典型的公司有 Arrow（艾睿电子公司），Avnet（安富利集团）等，而为中国业界所熟悉并奉为电子分销商楷模的英迈国际实际上也是这类企业。

5.2.2　第三方物流企业的类型

这些起源于不同行业的第三方企业经过激烈的市场竞争不断地发展和成熟起来，目前，它们的业务主要以操作为主，但已经具有了向专一管理服务方向发展的趋势。具体来说，这些企业又各自具有不同的特点，存在着差异性和多样性，按照不同的标准有不同的分类方法。

1．按照所提供服务的种类划分

按照这个标准可以将第三方物流企业分为以资产为基础的、以管理为基础的和综合的物流服务企业。

（1）以资产为基础的物流企业

以资产为基础的企业主要是通过运用自己的资产来提供专业的服务。这些资产一般是车队、船舶、仓库等。因此它们所提供的服务也大多是操作性质的。一些快运快递公司就属于这类企业，如 UPS，FedEx，TNT，DHL 等。

（2）以管理为基础的物流企业

这一类企业一般是通过系统数据库和咨询服务来提供物流管理服务，它们经常以一个子承包运输部门的身份，负责部分或全部客户的相关业务。除此之外，它们也具有负责进出口和配送业务的功能。它们与发货人合作，自身并不拥有运输和仓储设施，而只提供人力资源。许多大的物流服务提供商都建立了独立的业务部门，以提供以管理为基础的服务，如 Kuhne&Nagel 公司的 Euro Logistics Ltd.（欧洲后勤公司）。

（3）综合服务物流企业

这类提供综合物流服务的企业一般拥有一定的资产，如卡车、仓库等，但它们所提供的服务又不只局限于使用自己的资产，如果有需要，它们会与其他物流提供商签订子合同以向客户提供全面和系统的物流服务，如 Kuhne&Nagel 就属于这类公司。

2．按照所属的细分的物流市场划分

根据所属的物流市场可将企业分为：操作性的（Operational）、行业倾向性的（Industry

Focused）、多元化的（Diversified）和客户定制化的（Customization）物流企业。

（1）操作性的企业

操作性的细分市场中，服务商通常都是凭借成本优势而在激烈的竞争中赢得市场，它们一般都是特别精于某项或某几项操作。比如快运公司中的 TNT，UPS，FedEx 等就是操作性公司的典型代表。

（2）行业倾向性的企业

这类企业又称为行业性公司，它们往往是为了满足某一特定行业的需求而设计自己的业务能力。如荷兰的 Pakhoed 公司，就是为了满足化工行业的需求而购建了基础设施和作业能力。美国的 United Tran Tankers 和 NFC 等也是类似的公司。

（3）多元化的企业

多元化的企业一般提供一系列彼此相关而又不相互竞争的服务。如班轮运输中的一系列相关服务：集装箱、码头、卡车运输、仓储和水运等。这类公司有 Kuhne&Nagel、P&O Nedlloyd 等。

（4）客户定制化的企业

这一类企业面向一些有很高专业要求的客户，通常使用这类服务的客户都是依靠服务而不是费用来进行市场竞争的。例如 Frans Maas（弗朗斯马斯物流服务公司），这家公司与一家欧洲大公司有着密切的服务关系，Frans Maas 公司不仅为原材料的运入和产成品的运出安排运输服务，还提供最终产品的装配操作并用 Venray 公司的仓库设施为客户做产品测试。

5.2.3 我国第三方物流市场现状

现代商业的发展和流通领域的改革和开放，为各种形式的市场交易活动提供了广阔的空间。随着市场经济体制的确立和逐步完善，我国流通业走向空前繁荣。但是第三方物流的发展仍然面临着种种困境。

1. 市场需求约束

（1）我国对第三方物流的认识和发展起步晚

传统上常常把第三方物流服务局限于仓储运输服务，而且这种服务一般都是低附加值服务。真正意义上的物流概念引入中国只是近 20 来年的事情，对第三方物流的探讨也只是断断续续，没有深入。特别是受传统计划经济体制的影响，在第三方物流成本核算、管理方法上一直存在误区，长时间以来第三方物流处于附庸地位，因而形不成有效的市场需求。

（2）分散的物流活动，缺乏有效的整合

条条管理与块块管理的体制，曾为社会主义制度的初步确立和巩固奠定了基础，但随着改革的深入，它在客观上确实阻碍了市场经济的进程。运输、仓储、物流信息等物流功能曾被作为部门内或行业系统的从属物存在，人为地割裂了物流的整体性，形成分散的物流活动。大大小小的行政区划、各自为政的地方格局也使物流被迫以零散、孤立的状态生存。同时，物流需求的分散化、潜在化，零星分布的现状，使其在传统的产品观念下，无法得到足够的重视，大量的浪费现象被人们忽视了。在这样的背景下，第三方物流至今难以形成像样的规模。

（3）服务单一、原始，存在不规范的交易现象

这制约了物流市场交易的效率。受轻视物流传统思想的影响，第三方物流服务的增值途径往往被人们忽视。随着科学技术的快速发展和社会产品的极大丰富，使人们对物流方面的需求日益多样化、个性化和精确化，这必然要求物流服务的多功能化和全方位化与之适应。另外，人们对物流服务标准没有正确、客观的评价，而代之较多的主观因素，这就造成了物流服务质量的千差万别。因为缺少相关的市场规则、法规和法律约束，物流产品难以形成统一的评定标准。物流服务没有形成系统的制度规范，缺乏制约的制度基础。比如，人们对于单一物流功能运输所要求达到的物流服务标准为：运输距离、物品在途保养、时间要求、交货质量等，这些会有明确的合同条文规定，但与之关联的装卸搬运、风险控制、信息处理等物流功能却很少有具体翔实的条文规定和系统处理。这一方面是由于社会对物流的认识不够全面，另一方面也是由于物流业本身不够发达、物流服务不规范所造成的。

2. 交易主体的约束

市场经济的交易主体是企业。从物流服务交易的过程来看，我国目前的市场交易主体还不够成熟，交易双方都面临着不断发展、规范，不断摸索、完善的过程。

（1）传统企业难以打破原有物流系统的限制

传统企业在决定是自己从事物流还是使用第三方物流时，往往是看自己是否有物流设施、技术，如果有，就自己来处理物流；如果自己处理某项物流功能有困难时才寻找外包。而我国的传统企业受过去“大而全、小而全”作风的影响，绝大多数都拥有自己的仓库、车辆等设施。中国仓储协会的调查显示，企业物流设施设备的保有率很高，因此企业自己从事物流运作，很少考虑物流的效率问题。企业原有的物流体系压制了其考虑使用第三方物流，物流成本与顾客服务水平的决策标准自然也被企业放在次要地位。现代企业制度要求企业产权明确、权责分明、政企分开、管理科学，它从制度上使企业走向规范，符合市场交易主体的要求。同时，科学的管理制度将使企业内部的核算体制更加合理，对于企业在物流方面的记录、分析、监督、控制会更加细致客观。物流将成为衡量和制约企业经济效益的一个重要指标。企业可以把一定规模的物流需求分离出来，弄清内部交易与外部交易的费用关系，摆脱企业内部管理交易的模糊性和主观性，根据客观的经济情况自主决定采取什么样的交易制度安排，控制物流交易成本，从而避免不必要的浪费。

（2）物流企业面临产业升级的考验

目前我国大多数物流企业是由传统的物资和商业储运企业、各部委所属储运基地及港、码头等转运代理据点转变过来的。它们为我国初期的社会主义经济建设作出了巨大的贡献，也为我国现代化物流的发展奠定了一定的物质基础和技术基础。随着我国经济的快速发展，产业不断更新换代，对物流服务提出了许多新的要求。物流企业落后的管理体制和运作方式明显跟不上经济的发展步伐。传统的物流企业是粗放型的经营模式，缺乏专业管理和科学运作。受计划经济模式的影响，“等任务”、“靠政府”、“要指标”的思想支配着企业的战略决策。物流产业的专业化水平不高，缺乏整体规划和经济效益的整体考虑。同时，由于没有相应的产权归属，缺乏独立的自主决策和经营风险意识，成长起来的物流企业主体还不能一下子适应产业升级的严峻形势，满足市场交易制度对其市场主体角色安排的要求。物流社会化、现代化、产业化的社会需求十分迫切。

（3）物流企业管理不规范

我国物流企业管理水平落后的一个重要方面，就是管理不规范。由于管理及流程没有标准，因此管理者往往成为救急者，成为被动的解决问题的人员，而不是主动的价值创造者。对于现代物流企业来说，管理规范化需要解决两个问题，一是确立标准的物流业务模型，二是确立标准化的物流运作程序管理目标。

现代物流强调合作与协同，强调资源整合和系统优化，不同企业之间通过联合来达到共享信息和资源、实现优势互补、提高生产效率、降低物流成本的目的。对于物流企业，特别是对于中小物流企业来说，只有通过业务模型的设计及有效实施，才能够铺设广阔的服务网络和扩充完善的服务项目，才能够增强提供一站式物流服务方案的能力，因此建立符合自身发展需要的业务模型是现代物流企业的基本点。

通过建立业务模型解决了基本流程问题之后，还需要对作业流程进行规范和管理。具体工作包括以下几个方面。

① 管理标准化。管理标准化，包括流程标准化、操作标准化、服务标准化等。企业应该以客户服务为导向，以信息流为驱动，以物流为主线，理顺企业与客户、企业与合作伙伴等上下游左右端的业务流程，把流程层层分解，制定操作和服务标准。各项标准应以服务企业总体目标为前提，按照企业目标、运作流程和具体标准的次序来制定。最有效的办法是自己采用条形码管理，在整个系统内以条形码为线索，进行跟踪管理。

② 信息透明化。信息系统首先应该满足对物流作业的管理，其次能够对作业进行优化并能够对业务数据进行各种方式的汇总提炼，并可以最大限度地在授权客户、作业人员、管理人员、决策人员之间流动，达到运作、管理和决策信息化的目标，在基于流程管理的基础上，使企业信息实现实时化、透明化。

③ 货物全程跟踪。在信息透明化的基础上，实现“可视化”管理，即把物流的所有作

业环节和相关活动都纳入管理系统之中，根据既定标准监控流体、载体、流向等物流各个要素的运行状况，以及信息流和资金流的活动状态。管理的对象是“货物”，通过系统内部统一的条形码应用，货物在系统内的状态变成“可视化”。

④ 确立管理指标化。管理指标是管理效果的定量分析，是对作业及管理活动的监督和考评，管理指标包括订单差错率、事故发生率、客户满意度等。指标的制定必须遵循 SMART 原则，即明确具体的、可衡量的、可接受的、现实可行的和时间性强的这五项，缺一不可，否则，指标不但不具有挑战性，而且不能激发下属的主动性。

在管理规范化的实施过程中，物流企业需要引进具有先进管理经验的管理人员，或者是借用“外脑”，通过应用现代物流管理技术及方法，实现运作的标准化、规范化、透明化，完善物流活动中的计划、组织、执行和控制等环节。物流企业还应当建立起有效的管理文档，进行质量管理认证，提高自己的管理规范，建立高效的管理体系。

3．阻碍第三方物流发展的其他因素

（1）企业本身抵制变化

许多企业，尤其是那些目前财务状况还令人满意的企业，不愿意通过物流外包的方式来改变现有的业务模式。此外，寻求第三方物流的公司有时还会遇到来自企业内部某些部门的抵制。库存管理部门为避免缺货希望拥有仓库；更重要的是如果将物流业务外包出去，很多人目前从事的工作很可能会被第三方物流取代。尤其是一些国有企业，物流外包意味着大批员工失业，这对企业的领导来说要面临极大的风险。

（2）企业害怕失去控制

由于供应链的实施在提高公司竞争力方面的重要作用，许多公司宁愿有一个“小而全”的物流部门，也不情愿把对这些功能的控制交给别人。此外，供应链流程的部分功能需要与客户直接打交道，许多公司担心如果失去内部物流能力，会在与客户交往和其他方面过度依赖第三方物流公司。这种担心在那些从来没有进行过物流外包业务的公司中更为普遍。其实这种担忧没必要，因为最佳的物流设计方案是寻求自营与外包的平衡点，没有人会建议企业必须将一切业务外包出去。大多数已经进行了物流外包的公司表示，它们通过和第三方物流的合作，实际上改善了信息流动，增强了控制力及其他管理业务。

（3）将物流外包自身有其复杂性

供应链流业务通常和公司其他业务，如财务、营销、制造集成在一起，物流业务外包本身就很复杂。对一些实际业务，包括运输和仓储的集成可能会带来组织上、行政上和实施上的一系列问题。此外，公司内部信息系统的集成性特点，使得把物流业务交给第三方物流企业来运作变得很困难。实际上，第三方物流企业在过去几年里获得的业务经验和信息技术应用方面的进展，都大大降低了物流外包的复杂性。目前国内一些著名企业，如“格力空调”和“养生堂”等都开始了物流外包的作业。

（4）衡量第三方物流的效果受诸多因素影响

准确衡量物流成本对信息技术和人力资源的影响比较困难，因为很多公司并没有实施此类系统，很难确定物流业务外包到底能够带来多少潜在的成本好处。另外，各个公司业务的独特性和公司供应链作业的能力，通常被认为是不宜向外部公开的内部信息，因此很难准确地比较公司供应链能力。很多企业并不知道该如何在自营物流和第三方物流中进行选择。幸好，现在许多第三方物流公司已经开发出确定公司物流成本的方法，以帮助客户决策。

（5）短暂的历史使第三方物流举步维艰

第三方物流市场相对较新，因而反映第三方物流公司能力的数据相对较少。尽管到目前为止有些实际例子还是正面的，但这个新行业的短暂历史使得一些公司对第三物流缺乏足够的信心。相信随着有关第三方物流公司取得成绩的数据进一步公布，企业在这方面的担忧会逐步减少。

5.2.4 电子商务环境下第三方物流管理策略思考

中国加入 WTO 后，面对 21 世纪新的考验第三方物流企业必须在经营策略思维方面做出正确的策略思考。新的第三方物流企业经营策略包括：迅速的反应能力；以“创造价值”的观念来取代“开源”；以“避免成本发生”的策略来取代“节流”等。同时，还要树立“以客为本”的经营理念，开展无微不至的物流功能整合服务，其中特别是要努力开展增值服务。此外，还要在加强企业经营管理、减少物流环节、增强物流网络能力、规范操作及人才培养等方面狠下功夫。在此基础上，才能建立起适合中国国情的第三方物流模式，即综合物流代理模式。

1．经营策略思考

21 世纪的经营环境瞬息万变，第三方物流企业的经营决策者不能仅仅局限于试图设法修补传统的管理模式和体制，而应本着全面改造的决心，在制定策略的过程中，以全新的思考来解决企业的经营策略。具体来说，可以从以下几个方面进行思考。

（1）“竞争优势”必须建立在拥有快速反应能力的基础之上

物流业的业务通常包括各式各样的、量小且多频率的交易，物流企业必须具备迅速有效、价格低廉且能正确处理这些交易的能力，并能根据客户的需要，做到及时（Just in Time）运送货物。同时还要能组合、分析各种资料，然后传送给远处的决策者。在现代信息传输系统未建立之前，要想实现这一切几乎是不现实的，而现在有了信息系统的联结，这些都已成为可能。在物流市场上，谁拥有快速反应市场需求的能力，谁便拥有绝佳的竞争优势。

（2）以“创造价值”的理念来取代“开源”

在过去，企业存在的主要目的是创造合理利润，满足客户需求和尽到社会责任。赚钱成为首要目标，多数企业主要的经营活动，莫不以“让有限的资源创造出最大的利益”为终极目标。然而，面对科技力量主导一切的未来，原来的产业架构也许一朝崩溃，传统与习惯不断被新的变化冲击与颠覆。因此，21 世纪的物流企业存在的主要目的是“掌握环境的变化，创造顾客所需要的价值并让其满意，以使企业存活”。这是一种新的思路，它改变了“利润来自客户的传统观念”，通过创造商品的附加值方法，既使客户感到满意，又保证了企业的合理收入，形成了“双赢”的局面。策略是为目标服务的，因此未来企业经营策略是着眼于“价值的创造”，而不是“利益的获得”。物流产业（Logistics Industry）是创造价值的产业，从订单处理、装卸包装、仓储保管到运输配送、流通加工、情报回馈一连串作业活动，都需要有良好的界面管理，以协助顾客完成的运送作业。物品在物流中心里面，通过温湿度的控制、效率化的保管作业，避免物品丧失其原有的功能，因此物流机能中保管的任务是维持了“商品本身的价值”，而经由四通八达的配送网络，在顾客定制的时间、地点完整地交递，又创造了“商品的价值”，使商品得以“增值”。近年来，物流产业之所以在政府推动商业现代化的政策中日显重要，就是这个道理。

（3）以“避免成本发生”的策略来取代“节流”

削减成本、节制浪费往往是所谓创造管理利润的消极手段，企业有时候为寻求短期利润舍本逐末，如裁员、减少研发经费，这样做得不偿失。21 世纪的企业必须具有随环境变化而调整组织构架的弹性性质。采取避免成本发生的策略，是一种重要的管理手段，这里的成本是指“固定的成本”，较少的固定成本或是没有固定成本，自然就不会发生维护这些固定成本资产名目下的变动费用。国际间盛行的“虚拟企业”（Virtual Corporation），就是避免成本发生的典范。

简化（Simplify）也是避免成本发生的一种好办法，P&G（宝洁）公司清洁剂系列产品将近 2 000 种，让顾客眼花缭乱，宝洁预计把这些产品减少到 700 余种，以避免日益沉重的库存压力与衍生的诸多管理问题。也有越来越多的公司把不是自己专精的业务，或烦琐的劳务外包给其他公司，以避免太多的组织包袱。对于中小型企业来说，受到流通革命的冲击，更必须借用后勤联盟（TicAlliance）的策略，降低经营风险，避免分散有限资源的有效性。

2．以客为本的经营理念

第三方物流企业是一个为生产购销企业服务的企业，因此，能否树立以客为本、竭诚为客户服务的经营理念，是企业成败的关键之一。在一个竞争的时代，从事物流服务工作，除了要随时强化自身的能力以外，还要强化客户服务中的以下几个方面。

（1）要了解顾客的服务需要，“量体裁衣”

在众多的客户群里，服务需求呈现多样化的特点，企业必须依照每位顾客、产业、产品特性、通路区域，以专业手法精心设计最合适的全方位服务，并以最合理的价格提供最高效率的服务来面对所有的客户。这种特色服务是企业取得竞争优势的重要途径。

（2）除了满足顾客的需要以外，还要了解未来的需求

因为顾客的要求会越来越高，如果物流企业停顿在某个阶段或不和顾客一同进步的话，很快就会被客户淘汰，所以说“服务”不是光顾眼前就好，能满足顾客的要求只是成功的一半，还要能够预知顾客未来的需求。这样不仅有利于提高企业的利润率，而且更有利于增强企业的技术进步力量。

（3）不断改进客户服务水平，创造增值服务

服务本身就是一个连续、专门的过程。加强对顾客服务的跟踪调查，有利于及时反馈信息，做出评估，以便进一步满足客户变化的需求。

3．物流功能的整合服务

（1）仓库的动态化和运输的合理化

商品实体的物理运动，包括储存、运输、装卸、包装、加工和信息等主要活动，这些活动密不可分，把它们整合起来就是物流，其中的储存和运输在物流活动中处于主体地位。传统的仓库只负责商品整进整出的任务，属于静态管理性质。批发业务部门为满足零售店选购商品花色品种的需要，对选购的某一种品类、规格、花色的商品数量，不满一个运输包装的，则必须拆箱发零。因此，批发业务部门不得不把商品视为自管的、可以进行商品编配和拆箱发零的任务，避免了多次储存、重复运输的不合理现象。同时，凡有利于提高物流效率的工作，仓库都承担了下来，如代为打包、刷写地区标志、代办托运手续和流通加工。这样，仓库在功能和形态方面发生了重大变化，使仓库由储存型向流通型转变，由静态管理向动态管理转变，由只负责商品进货出货的传统仓储向配送中心和物流中心转变。

近代运输系统包括铁路、公路、航空、水路、管道等多种运输方式，各种运输方式采用不同的运输工具，具有各自的特点。但是任何运输方式都具有相对的优势与劣势，都可把货物运送到同一地方，因此有必要也有可能把各种运输方式组成综合的运输体系。这样，既可以充分发挥各种运输方式的作用，又可能进行合理分工、相互取代、相互调剂和补充。运输的关键在于实现合理化，其中有一个提供优质服务与降低企业成本的关系问题，二者是相互背反的。第三方物流企业利用客户多、货源充足的优势，有利于实现运输合理化，可以运用各种运输方式具有互补性这一特点，灵活地选用合理的运输路线和运输方式，本着“及时、准确、安全、经济”的原则，达到加速商品流通、降低物流成本和提高货运质量的目的。

（2）物流服务整合的增值

第三方物流企业是一个微利的企业，传统的做法是通过开拓业务，增加新的客户，以增加盈利，但是，这种传统上开源的做法只是一种面的扩充。通过物流活动增加商品附加

值则是打破原有的惯性，从深度与广度、从立体的空间去思考，是运用一种新的经营策略思维，扩充物流服务内容，从而使物流这个“第三利润源泉”具有更加丰富的内涵。

在英国和德国，第三方物流企业提出了开展店内物流（InStore）的新概念，即零售店将从开门到关门，从清扫店堂、清理商品到补货上架等，原先由商店营业员负责的销售前和销售后的一系列服务工作都交由第三方物流企业承担，使得第三方物流企业把服务范围延伸到店堂内。有些工作要到商店关门后才能进行，商店干脆把锁和钥匙（Fuu Lock and Key）交给信誉好的第三方物流企业，这样做的好处是，物流环节交由第三方物流企业去做，商店可以更加专注于商品销售。目前英国英运物流公司（Exel）还正为客户设计店内物流的电脑管理系统。美国 UPS 为 Fender 公司（是一家以美国为基地的全球吉他制造商）设计的供应链所提供的增值活动，是向零售商分送之前完成所有吉他的校音和安装，当零售商从盒子里拿出吉他后，马上可以弹奏。

4．科学的经营管理

（1）混载化运输

货物运输（包括铁路运输和公路运输）一般分为整车运输和零担运输两种方式，其中零担运费要比整车高出几十个百分点，甚至加倍。分散办理运输的货主单位由于货源不足以凑成一个整车或一个集装箱的，只能以零担方式托运，从而增加了运输费用。而第三方物流企业由于拥有众多的客户和有比较充足的资源优势，完全可以集零为整，把不同客户性能不相抵触的货物混合装载在一个整车或一个集装箱里，实行混载运输，又称拼车或拼箱运输，这样不仅节省了运费支出，还加速了货物发运，减少了资金占压，从而增强了第三方物流企业的竞争力。

各种运输工具一般都有规定的载重量和容积。提高储运工具的装载量就是力求做到“容满量足”。目前，一些发达国家利用集装箱装运货物，国外第三方物流企业在零星货物的运输上也十分重视合装集装箱的拼载组织工作，同时还对车站、港口、航空港到达地集装箱进行再拼箱工作，避免造成运输工具的浪费，从而降低运输成本。近年来，我国的集装箱运输已有一定的发展，在铁路货物运输方面将逐步替代火车车皮。实行集装箱运输同样存在集零为整，轻重拼装和拼箱的工作。

（2）利用集装箱减少物流环节

集装，是把许多需要运输的货物集中成为一个单元，进行一系列的运输、储存和装卸作业，从而可以取得多方面的效果。实行集装化主要是指集装箱化和托盘化。第二次世界大战期间，为保证战争物资供应，美国创造了“后勤”（Logistics）理论，并运用于战争活动中，其中主要成果之一就是集装箱的运输，1955 年美国开始把集装箱运行于铁路，使铁路运输运费低、速度快的特点和汽车运输可以做到“门到门”的特点结合起来，并逐步发展为海陆空联运。半个世纪以来，世界各国的集装箱运输发展很快。

集装箱运输具有安全、迅速、简便、节约的特点，不仅有利于第三方物流企业集零为整，而且能通过拼箱的方法，提高运输设备利用率，达到加速商品发运的目的。除此以外，更为突出的是可以简化多次装卸的物流环节，降低物流成本。

（3）增强物流网络能力

我国幅员辽阔，铁路线四通八达，物流网络一般都是以位于铁路线交叉点和线上的大、中城市为中心而形成的。由于运往这些地点的货物数量较大，容易把货物组配成为一个整车或拼装在一个集装箱里，采取直达的办法直接运送。而对于运往一些小城镇的货物，由于货源少，难以拼成一个整车的，则一般采用中转分运的办法，即把货物先运到大、中城市，再委托有关单位以扇形的方向，通过公路或铁路转运出去。为保证物流畅通，在大、中城市第三方物流企业之间，通过签订合同的方式联合起来，形成了一个辐射全国的物流网络。

物流网络能力首先是指中转网点数量的多少，分布的面是否遍及全国，同时还要看它的转运速度和货运质量。有的第三方物流企业与全国各大、中城市都有中转协议，物流辐射能力很强，中转运输的质量也很高，从而受到了客户的欢迎。而一些分散办理物流业务的单位在物流网络能力方面显然是力不从心的，有的在全国仅有少数几个分销中转网点，物流辐射能力很差，还会造成多次转运，甚至出现货物运输倒流、迂回等不合理现象。商品运往全国各地的单位把物流业务委托给第三方物流企业办理的主要原因之一，就是为了利用它辐射全国的物流网络能力。

5.2.5 电子商务环境下第三方物流模式选择

1．综合物流代理模式的提出

物流企业在考虑策略问题的同时，还应该积极探索适合中国国情的第三方物流运作模式。这里简单介绍一下综合物流代理模式。

从第一方、第二方企业，即从第三方物流的需求方看，开展综合物流代理模式，有利于降低生产成本，提高效益，加强竞争力，走向国际市场。国有大中型企业要走出目前的困境，不仅需要生产适销对路产品，采取正确的营销策略，以及强有力的资金支持，更需要加强“品质经营”，即强调“时效性”，其核心在于服务的及时性、产品的及时性、信息的及时性和决策反馈的及时性。这些都必须以强有力的物流能力作为保证。我国加入世界贸易组织后，中国企业必然要直接面对国际竞争，开拓跨国经营，这对国际物流业提出了迫切的要求。

从第三方物流的供给方，即物流企业或物流代理企业的角度看，开展综合物流代理模式，具有一定的现实性和迫切性。从目前中国物流业的现状分析，物流企业虽然在数量上供大于求，供给数量大于实际能力，但是物流服务质量不高，不能满足市场要求；物流网络资源丰富，但是利用和管理水平低下，缺乏有效的物流管理者；行业内普遍不景气，资产闲置，职工下岗。所以解决问题的思路就是尽快探索和研究一种两全其美的、有效的管理运作方式，一方面，能够提供高质量的物流服务，满足市场需求；另一方面，充分利用闲置物流设施、设备，解决人员下岗问题。

从综合物流代理模式看，该模式的管理思路就是充分利用社会上现有的物流设施、设备、人才，运用自己成熟的物流管理经验，提供多样化的客户定制的物流服务。在目前的经济形势下，我国物流企业完全可以不进行，或者很少进行固定资产的再投资，采用委托代理的形式，以经验和技术，满足物流市场的要求。

2．综合物流代理的开展

国际著名的专门从事第三方物流的企业有：美国的联邦快速，1995 年营业额达到 125 亿美元；日本的佐川急便，1995 年营业额达到 57 亿美元。国内专业化的物流企业主要是一些原来的国家大型仓储运输企业和中外合资或独资企业，如中国储运公司、中外运公司、大通、敦豪、天地快运、EMS、宝隆洋行等。近年来，各公司的营业额均在亿元以上，营业范围涉及全国配送、国际物流服务、多式联运和邮件快递等。其实，上述公司都已经不同程度地进行了综合物流代理运作模式的探索实践。尤其是一些与外方合资或合作的物流企业充分发挥国外公司在物流管理经验、人才、技术观念和理论上的优势，率先进行综合物流代理运作。

从事综合物流代理业务的主要思路为：不进行大的固定资产投入的低成本经营和入市原则；将主要的成本部门及产品服务的生产部门的大部分工作委托他人处理，注重建立自己的销售队伍和管理网络；实行特许代理制，将协作单位纳入自己的经营轨道；公司经营的核心能力就是综合物流代理业务的销售、采购、协调管理及组织设计的方法与经验，并且注重业务流程创新和组织机制创新，使公司经营不断产生新的增长点。

为了提高管理效率、降低成本运作，不但要提出具有竞争力的服务价格，还必须采取以下措施：坚持品牌经营、产品（服务）经营和资本经营相结合的系统经营；企业的发展和目标与员工、供应商、经营商的目标和发展充分结合；重视员工和外部协作经营商的培训，协助其实现经营目标；建立和完善物流网络，分级管理，操作和营销分开；开发建设物流管理信息系统，应用 EDI、GPS、RF、EOS、INTERNET、CODE BAR 等新技术，对货物实施动态跟踪和信息自动处理；实行优先认股内部管理机制，促进企业不断发展；组建客户俱乐部，为公司提供一个稳定的客户群等。

5.3　电子商务环境下的新型物流［电子商务师（员）考证知识点］

新型物流的类型如图 5-1 所示。

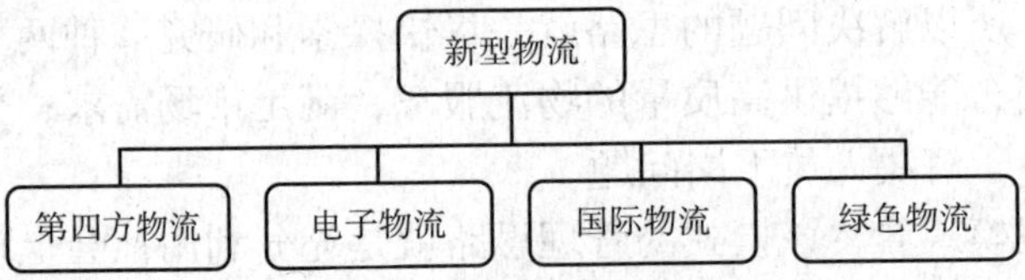

图 5-1　新型物流的类型

5.3.1　第四方物流

近年来供应链整合出现了一种新的模式，即采用第四方物流（Fourth Party Logistics）。第四方物流的概念是由安德森咨询公司（Anderson Consulting），首先提出并注册的，它将第四方物流定义为："一个供应链的整合者及协调者，通过调配与管理组织本身和其他互补性服务所有的资源、能力和技术来提供综合的供应链解决方案。"通过这个定义，我们不难发现，第四方物流服务提供商实际上具有比较强的领导力，通过提供综合的供应链解决方案来影响整个供应链的物流活动。

与第三方物流注重实际操作相比，第四方物流更多地关注整个供应链的物流活动。这种差别主要体现在以下三个方面。

1．第四方物流提供一整套完善的供应链解决方案

第四方物流是通过对客户企业所处供应链，或行业物流的整个系统进行详细分析后，提出具有综合指导意义的解决方案。但是由于供应链的复杂性，第四方物流服务商本身并不能单独完成这个方案，它需要通过物流公司、技术公司等多类公司的协助才能使方案得以实施。

第三方物流服务商能够为客户提供针对企业自身的最优化服务，却很难做到使整个行业或供应链达到最优状态，因此，第四方物流服务商就需要先对现有资源和物流流程进行整合和再造，从而达到方案所预期的目标。

2．第四方物流通过对整个供应链产生影响的能力来增加价值

第四方物流服务商可以通过物流流程的再造，使整个物流系统更合理，效率更高，从而将产生的利益在供应链的各个环节之间进行分配，使每个参与方都可以受益。如果第四方物流服务商只是提出一个解决方案，而没有能力来控制方案的实施过程，那么第四方物流创造价值的潜力也无法被挖掘出来。因此，第四方物流服务供应商对整个供应链所具有的影响能力直接决定了其经营的好坏，也就是说第四方物流除了具有人才、资金和技术的强大优势之外，还应该具有与一系列服务商建立合作关系并起到主要引导作用的能力。

3．第四方物流成功地影响着大批企业

其中包括服务者（第三方物流、网络工程、电子商务、运输企业等），用户及其供应链

中的其他合作伙伴。它作为客户间的连接点，通过合作或联盟提供多样化服务。第四方物流的优点使迅速、高质量、低成本的运送服务得以实现。

以下是一个第四方物流成功运作的案例，读者可以通过这个案例思考第四方物流在供应链的整合中扮演着什么样的角色。

案例

安德森咨询公司在全球组织了许多第四方物流的成功方案，福特公司在西班牙瓦伦西亚市的一家工厂的运作过程就是其中之一。该厂负责生产 KA 和 New Escort 车型，年产量为 345 000 辆，同时每年还生产 400 000 台发动机，是福特公司在欧洲的第一大生产厂。

1996 年，福特决定在瓦伦西亚市引进 KA 车辆生产线，这使得福特必须重新评估工厂的采购物流。这时安德森咨询公司承担了开发该零部件供应链和制定第四方物流方案的业务，它采用了一个全新的包括引进供应商工业园区和物流中心概念的供应链模式。

这个第四方物流方案中涉及了安德森咨询公司自身和三个物流提供商。安德森咨询公司在整个方案中起到了知识和信息合作伙伴的作用。这个第四方物流组织通过物流战略的转型与实施阶段，已成为方案实施过程中的重要支持力量，其结果是使供应链功能实现更大程度的整合，并且使瓦伦西亚市的工厂的表现大大改善，物流成本每年减少 600 万美元，同时又增加了工厂生产的灵活性。

5.3.2　电子物流

电子物流就是利用电子化的手段，尤其是利用因特网技术来完成全过程的协调、控制和管理，实现从网络前端到最终客户的所有中间过程服务，最显著的特点是各种软件技术与物流服务的融合应用，电子物流服务结构如图 5-2 所示。

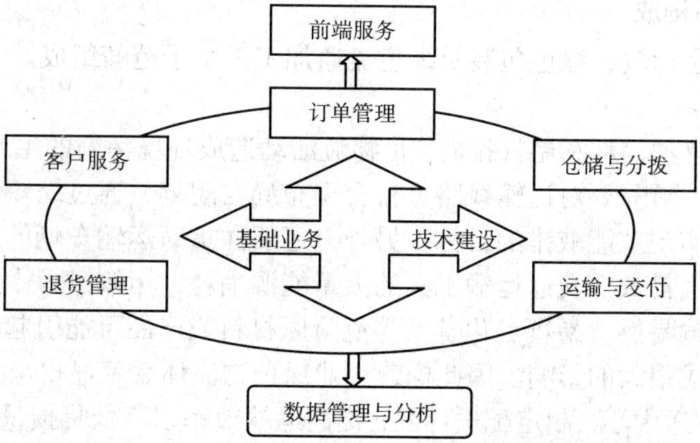

图 5-2　电子物流服务结构

案例

日前，总投资近亿元、占地300多亩的南京仙林电子物流市场正式建成，即将投入运营。据悉，这是目前全国最大的电子物流市场，已入围中国物流协会产学研基地，其“电子物流”项目还被中国物流与采购联合会授予科技进步奖。

仙林物流市场占地约5 500平方米的电子物流信息大厅宽敞明亮，共有488个交易席位。每个区间上方有一块电子显示屏，不停地滚动显示货源等相关信息。该市场线上交易和线下交易结合，目前为止，每天到这里配载货物的汽车达2 000多辆，人流量达五六千人次。

跑运输最怕等货、找货，车子停一天，光停车费就是一笔不小的花销。有了电子交易平台，能够及时了解更多的货源信息，如果成为中心的会员，货源信息还会直接发到会员的手机上。在运输这一趟货的同时，就能知道下一趟活儿在哪里，节省不少时间和成本。建立电子交易平台，并和线下交易渠道整合，使物流数据采集更加透明，促进了交易的公平性，大大提高了线下车辆的配载率。同时可以建立起更加完善的交易记录和信用档案，为入园物流企业提供了一系列的增值服务，从而降低了物流成本、从业风险和管理难度。（资料来源：2010年11月13日，《现代快报》）

5.3.3 国际物流（略，详见第7章）

5.3.4 绿色物流

1．绿色物流的概念

绿色物流（Environmental Logistics）指的是在物流过程中抑制物流对环境造成危害的同时，实现对物流环境的净化，使物流资源得到充分利用。

2．绿色物流的构成

绿色物流由绿色运输、绿色包装及绿色流通加工三个子范畴组成。

（1）绿色运输

运输过程中的燃油消耗和尾气排放，是物流活动造成环境污染的主要原因之一。因此，要想打造绿色物流，首先要对运输线路进行合理布局与规划，通过缩短运输路线、提高车辆装载率等措施，实现节能减排的目标。另外，还要注重对运输车辆的养护，使用清洁燃料，减少能耗及尾气排放。交通运输工具的大量能源消耗，运输过程中排放大量的有害气体和噪声污染，运输易燃、易爆、化学品等危险原材料或产品可能引起的爆炸、泄漏等事故，都会对环境造成很大的影响。因此构建企业绿色物流体系就显得至关重要。

① 合理配置配送中心，制定配送计划，提高运输效率以降低货损量和货运量。开展共同配送，减少污染。共同配送是以城市一定区域内的配送需求为对象，人为地进行有目的、

集约化的配送。它是由同一行业或同一区域的中小企业协同进行的。共同配送统一集货、统一送货可以明显地减少货流，有效地消除交错运输，缓解交通拥挤状况，可以提高市内货物运输效率，减少空载率，有利于提高配送服务水平，使企业库存水平大大降低，甚至实现“零”库存，降低物流成本。

② 实施联合一贯制运输。联合一贯制运输是指以件杂货为对象，以单元装载系统为媒介，有效地巧妙组合各种运输工具，从发货方到收货方始终保持单元货物状态而进行的系统化运输方式。通过运输方式的转换可削减总行车量，包括转向铁路、海上和航空运输。联合一贯制运输是物流现代化的支柱之一。

③ 评价运输者的环境绩效，有专门运输企业使用专门运输工具负责危险品的运输，并制定应急保护措施。

企业如果没有绿色运输，将会加大经济成本和社会环境成本，影响企业经济运行和社会形象。

（2）绿色包装

包装是物流活动的一个重要环节，绿色包装可以提高包装材料的回收利用率，有效控制资源消耗，避免环境污染。

绿色物流建设应该起自于产品设计阶段，以产品生命周期分析等技术提高产品整个生命周期环境绩效，在推动绿色物流建设上发挥先锋作用。包装是绿色物流管理的一个重要方面，乳白色塑料的污染已经引起社会的广泛关注，过度的包装也造成了资源的浪费。在日本，经营食品的商人已放弃塑料包装，在食品界掀起“绿色革命”，取得了较大的成效。他们的食品包装已不只是要好和实用，更要照顾环境需要。当前，人们在给食品包装时，尽量采用不污染环境的原料，用纸袋包装取代塑料容器，这也减少了将用过后的包装收集到工厂再循环所面对的技术和成本困难，绿色包装设计在这方面发挥了很大作用。

（3）绿色流通加工

流通加工具有较强的生产性，也是流通部门对环境保护大有作为的领域。绿色流通加工的途径主要分两个方面：一方面变消费者分散加工为专业集中加工，以规模作业方式提高资源利用效率，以减少环境污染；另一方面是集中处理消费品加工中产生的边角废料，以减少消费者分散加工所造成的废弃物污染。

实践与实训

该实训是通过软件模拟进行的第三方物流实训。

实训目的

通过参与物流软件系统的操作，加深对物流流程的了解和掌握。通过理论与实践相结合，培养创新能力、实际操作能力，为步入社会和下步工作打下良好的基础。通过德意电子商务实训平台，结合实际情况，了解产品从客户发出订单到客户到货签收的商业流通过程，加深对课本理论知识的认识。

实训流程

物流公司出货流程如图 5-3 所示。

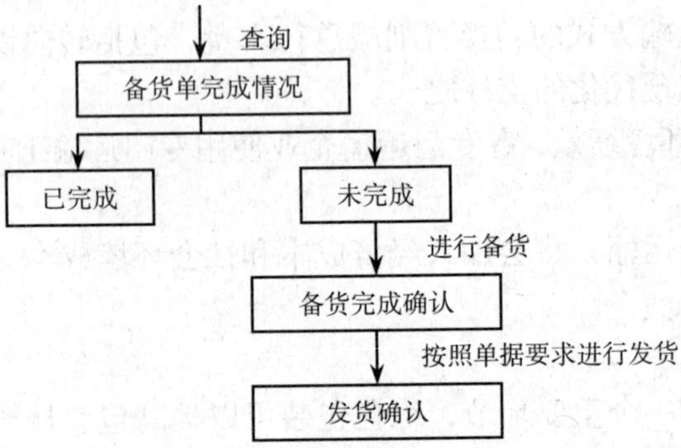

图 5-3　物流公司出货流程

实训步骤

1．打开实训平台，界面如图 5-4 所示。

图 5-4　实训平台界面

2．单击网上交易→B2B 前台→会员注册（注册一个第三方物流公司），如图 5-5 所示。

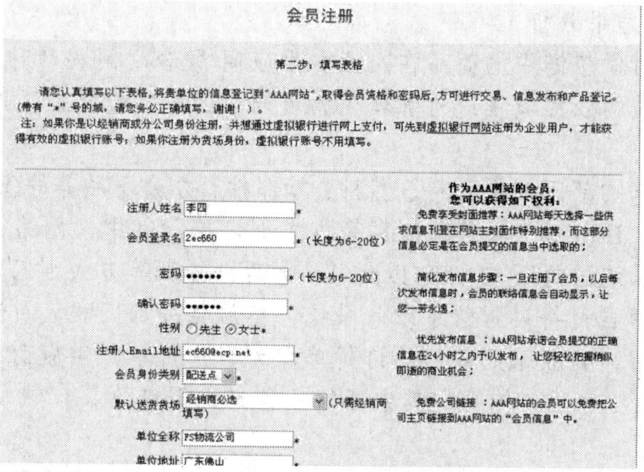

图 5-5　会员注册

3．物流配送后台——进行物流公司登录，如图 5-6 所示。

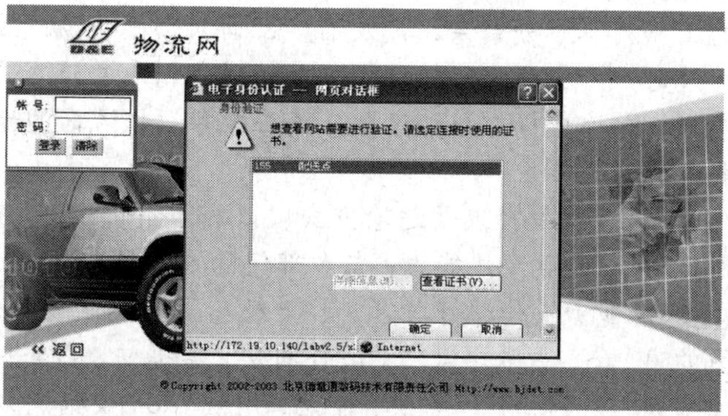

图 5-6　物流公司登录

4．进行收、发货业务处理，如图 5-7 所示。

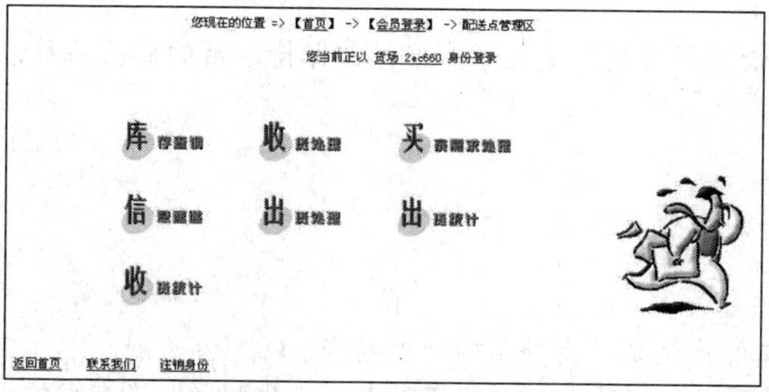

图 5-7　收、发货业务处理

5．实训结果（结果分析）

物流服务是指对供应链中的商品在企业和供应商/顾客之间移动时，与每笔交易相关的资金和信息移动相关的业务流程进行管理。物流职位的职能包括以下四个方面。

（1）客户订单

订单是指企业采购部门向原材料、燃料、零部件、办公用品等的供应者发出的订货单。客户可以通过网络、E-mail、电话、传真等方式下订单，其中，网络方式需要客户进入供应商网络上的订单系统进行下单，而 E-mail、电话、传真等方式则只需客户将订单信息发送给供应商，供应商自行将订货信息录入系统，然后相关部门和人员进行相应的备货、发货处理。在本系统中，企业采购部门的订货单即为客户订单，供应商为物流公司。客户可以通过网络、E-mail、电话、传真中其中任何一种方式下订单。

（2）供应商管理

供应商也就是供货商。在本系统中，供应商的下游就是物流公司，物流公司的下游就是实际的客户，因此物流公司既是上游供应商的客户，也是下游客户的供应商。物流公司通过网上下订单的方式将订货信息发送给供应商，供应商根据订单进行备货、发货。

物流客户服务的工作内容十分繁杂，涉及面广，面对部门多。既要对上级反馈进度，又要对相关人员进行及时跟踪，稍有不慎，即可能铸成大错。物流客户服务人员是指在企业运作过程中，以客户订单为依据，跟踪产品，跟踪服务运作流向的专职人员。

（3）物流客户服务的能力要求

① 分析能力：分析出客户的特点及运输方式，以利于报价。② 表达能力：善于用文字和语言与客户沟通。③ 与人共事的能力：与各部门的人员打成一片，使其自觉完成客户订单。④ 人际关系处理的能力：处理好与客户、上级、同事、外单位人员的关系，通过他们来完成自己想要做的事。⑤ 法律知识：了解合同法、票据法、经济法等与物流客户服务人员工作有关的法律知识，做到知法、守法、懂法、用法。⑥ 谈判能力：有口才，有技巧。⑦ 管理与推销能力：对外推销高手，对内管理行家。⑧ 物流知识：了解运输、装卸搬运、保管、配送、报关等知识。

（4）采购员职责

公司采购员的最高职责是尽最大可能选择和保持丰富的商品品种，为公司的顾客提供商品的最大价值。

复习思考题

一、判断题

1．第三方物流的产生是社会分工的必然结果。（　　）

2．客户企业使用第三方物流后能够实现资源优化配置，将有限的人力、财力集中于核

心企业。(　　)

3. 从地区分布上看，中国第三方物流的发展较平衡。(　　)

4. 第三方物流企业是物流链的组织者，其中有的环节由其自己负责，有的环节需要委托分包商来具体实施。(　　)

5. 由于客户对物流服务需求具有差异性，物流企业所拥有的资源及运作经验也具有差异性，定位目标不同的物流企业的物流能力也就具有差异性。(　　)

二、单项选择题

1. 简单基础功能型的物流项目外包可采用(　　)。

A. 直观判断法　　B. 招标法
C. 协商选择法　　D. 层次分析法

2. (　　)是指在企业范围内进行相关的物流活动的总称。

A. 社会物流　　B. 企业物流
C. 行业物流　　D. 第三方物流

3. (　　)不属于第三方物流运作中的风险。

A. 客观性　　B. 确定性
C. 相对性　　D. 可变性

4. (　　)是从现代企业整体资源管理优化的角度出发，把企业生产经营过程中包括供销链、生产制造、财务、人力资源、设备、成本等各种相关信息实行高度集成，在企业内部协调信息沟通，并组织相应的模块管理，使企业各部门的信息充分共享。

A. ERP　　B. JIT
C. EDI　　D. SCM

5. (　　)是指通过自动读取设备(如收银机)在销售商品时直接读取商品销售信息。

A. 决策支持系统　　B. 销售时点信息系统
C. 电子订货系统　　D. 货物追踪系统

三、多项选择题

1. 第三方物流在发展过程中形成鲜明的特征，归纳起来突出表现在(　　)。

A. 功能专业化　　B. 服务个性化
C. 关系契约化　　D. 管理系统化
E. 信息网络化

2. 第三方物流的增值空间主要来自(　　)。

A. 效率提升　　B. 增值创造　　C. 回避风险
D. 运费支付　　E. 剩余索取

3．第三方物流服务业的参与者通常被认为源于（　　）。
A．承运人企业　　B．货代型企业　　C．信息型企业
D．仓储型企业　　E．客户型企业

4．基于供应链管理的第三方物流运输管理的主要内容是(　　)。
A．运输需求整合　　B．运输线路优化　　C．承运人选择
D．运输费用协商　　E．运输货物管理

5．第三方物流产生的理论背景有（　　）。
A．企业边界　　B．供应链管理　　C．虚拟经营
D．电子商务　　E．库存管理

四、简答题

1．什么是第三方物流？第三方物流有哪些特点？（考证复习题）

2．什么是第四方物流？其基本功能是什么？（考证复习题）

3．什么是电子物流？它有什么特点？（考证复习题）

4．发展绿色物流有哪些优势？

第 6 章

电子商务环境下的供应链管理

引导案例　电商供应链的“道术法”：1 号店 Style

2013 年 4 月初，1 号店水果品类上线，标志其开始试水生鲜食品领域。此前，该领域一直被视为电商禁忌，生鲜难以保存，运输损耗极大，仅此两点就逼退了多家财大气粗的巨头。但在 1 号店看来，自己已有不输于他们的供应链管理，当然可以在生鲜品类里趟一趟深浅。

而 1 号店的供应链水平之高，连号称零售供应链之王的沃尔玛也为之侧目。2012 年年末，沃尔玛宣布控股 1 号店。发布会上，沃尔玛全球电子商务 CEO 尼尔·阿什就说道：“选择投资 1 号店，是因为看好它有竞争力的供应链管理系统。”2012 年，1 号店的销售额增长 1.5 倍，达 67 亿元，商品数量扩张 10 倍，超过 12 万种，完成从“小而美”到“大而全”的蜕变。同期，1 号店总运营成本却下降了 37%，每单仓储成本降低了 50%。经过几年努力，商品库存周转也从原来的 50 多天下降到现在的 20 多天。

在 1 号店看来，电商的供应链玩的都是技术活，谁有前瞻性，会平衡用户体验与成本，明白如何优化模块，谁就能够走在行业前列。

1．前瞻之道

2007 年，PPG 正如日中天，韩军判断电商将成为新潮流，他开始酝酿离开正大集团，转投创业大潮。一次聚会中，他在朋友的介绍下认识了于刚、刘峻岭，两人十分看重韩军的技术背景，就这样，三人一拍即合，韩军成为 1 号店的 1 号员工。“就电商而言，IT 系统决定着整条供应链的运作。”韩军说道。之前，设计过比较购物网站，经营过企业 ERP，他已经将这些经验放在心中发酵，很明确的是，要保证供应链平稳发展，就少不了前瞻性地设计一个柔性的系统。所谓柔性，就是让 IT 构架有足够的扩展性。毕竟电商模式不断推陈出新，社会化电商、移动电商，不一而足。对应的品类管理、库存管理、客户管理、财务管理等必须实时适应这样的变化。最好的办法，就是将这些后台管理系统整合到一起，构筑标准接口，与销售前台对接。“从这种意义上来说，最早的PC端1号店不过是与该接口对接的一条分支。”韩军解释道。

2011年，于刚看到了韩国乐购兴起的地铁购物：消费者可以用手机App扫描地铁墙纸上的二维码，下单购买商品。于是，他第二天就召集骨干开会，不久成立无线事业部，3个月不到，“无限1号店”的虚拟货架墙纸已经遍布各大城市的地铁、公交车站。若按传统模式，开展移动购物这项新业务，后台各项管理需要分别与之适应，调整后再各自对接，如此，至少耗费半年时间。而1号店后台集合成单一的标准接口，移动购物界面只需与之对接，整个供应链管理就顺畅了，“无论是手机订单，还是PC订单，并入一个订单池，后台一并处理、流转，仅有的差别是，订单会被标明来自何处，用于统计分析。”韩军告诉记者。也就是说，即便以后有了2号店、3号店的新业务，只要与该接口对接，后台的供应链同样可以毫不费力地兼容。

有基于此，1号店才没有步京东后尘——受困于业务模式变化，业务量激增，不得不冒着系统崩溃的风险，重构后台，满足供应链管理要求。反而，它可以对各种电商新模式迅速试错，可行，则加速融入，不可行，则立刻剪除。进而平稳地实现每年三位数的销售增长。

2. 平衡之术

当然，柔性技术只是保障供应链稳定的前提之一，另一个不可或缺的前提，是供应链管理的平衡之术。众所周知，在电商界，人人都强调用户体验，其中一个重要指标就是快递的迅速到达，用户希望下单后可以马上拿到货品，但在操作过程中，企业不能为此无上限地烧钱，而是在成本可容忍的情况下，将用户体验最大化，这种成本与体验上的平衡，才是赢得投资人、消费者共同信任的两全之策。

按照1号店统计，平均每个订单有十六七件商品，倘若每一个订单一出现，就立刻开始处理，拣货员为了这十六七件商品，遍览仓库中数万品类，然后，东边拿一件，西边取一盒，沿着仓库，一趟数千米下来，只完成一单，人工成本着实太高。更经济的做法是，5～10分钟做一次切分，将订单池中上千张订单一并处理，拣货员一次路过，可同时拣取不同订单中的相同产品，一趟下来，拣出上百货品分配不同订单，几趟下来，就可以完成N张订单，成就规模经济。同时，顾客们也不会因为多等了十几分钟，感觉到体验下降。

但是，具体切分订单的时间，还要考虑更多状况。像顾客取消订单，大都发生在前15分钟，哪些顾客经常取消订单，他们的订单是否需要延后？抑或是，在交易低谷时段，很久也凑不齐规模经济所需的订单数，如何兼顾好用户体验……“少不了考虑各种情况，综合出一套足以应对的算法，从而实现成本与体验的平衡。”韩军告诉记者。

经常在1号店消费的顾客，常会遇到一种情况：明明是一次下单，但可能会分两批收到货品。常理来说，两次配送的成本更高，但事实却并非如此。“因为，1号店还要算上其他隐性、显性的成本。”韩军说道，有时候合单的成本反而更高。例如，顾客下单的产品分散于两个仓库之中，一个规模大，一个规模小，如此，对订单的处理速度也不同。小仓的货品包 A 已经准备好，但大仓库的速度慢些，迟迟未准备好货品包 B，这时，A 处于等待状态，产生管理成本、占用货架的成本、出现差错的机会成本，而用户却在久等中越来越不耐烦。所以，有时，综合成本大于递送成本，率先将 A 递送给顾客，反而更加经济。此中，拿捏好相关尺度，则是成本与体验的又一种平衡。

相较而言，前两年疯狂烧钱，拼用户体验的 B2C 电商们，这两年融资困难，又一心节约成本，以至供应链导向剧变，体验变差，被消费者抛弃，而之前烧钱无度，又让投资人不爽。反倒是 1 号店这种懂得平衡的玩家，要风得风，要雨得雨。

3. 优化之法

也正是这样稳定的环境，使 1 号店全心投入到供应链的优化中。当然，优化也得有准则。电商是一门生意，自然要优先考虑经济性。对 1 号店而言，按照木桶理论，寻找桶上的最短木板，弥补它，以获取效能和收益上最大改观，这便是最好的优化。就像现在，因为业务快速扩张，1 号店物流、配送成为瓶颈，因此，需要在很多地方新建仓库，但怎样建设才最经济、高效？其一，少不了计算各地区订单的数量，未来成长的趋势，货品的流向，在最能打破瓶颈的地方建设新仓；其二，还得考量这些仓库里放入哪些产品，防止产品卖不动，形成积压库存；其三，也得谋划新仓投入后，怎样重新分配订单池内的订单，保障用户体验的同时，以更低的成本送达。一切都需要繁复的计算，才能优化布局。1 号店多年积攒下来的各类数据足以支撑如此复杂的运算，而且，更有意义的是，数据富矿还可以挖掘出其他极具意义的优化手段。比如，在供应链前端，电商营销都会做搜索引擎管理(SEM)，以确定投放哪些搜索广告词可以有更好的投资回报。按照 1 号店的做法，由 IT 系统选择 100 万左右的关键词，经过数学模型的筛选，将转化率低的词刷掉，投入广告费用，进行试错，经过一段时间，再用模型筛选，下架不合适的旧词，补充新词，改进模型……如此反复，不断优化，搜索关键词的选择越来越准确，投入回报率自然大幅上涨，如今相比过去，这一数字已增长数倍。

另外，将这个系统与后台对接，发现产品库存不够了，即刻下架搜索词，免得引发缺货，浪费营销费用。同时，将这些热门关键词与 1 号店的销售数据、浏览数据对比，会明确，是否有出色的新产品上市，但 1 号店还没有售卖？其他同行玩家，什么东西卖得最好，我们是否需要尝试？相关汇报被交予商品部，由他们对商品策略做进一步调整。

事实上，类似的供应链优化永无止境，供应链须在优化中不断成长，最终形成一个超级系统，变为生态链的关键一环。现在的 1 号店开放了供应链数据，公布品牌商们的销售、库存情况，协助它们管理库存与物流。如今电子商务寒冬未过，比拼供应链内功的时代已经到来，1 号店却从“小而美”的网超升级为“大而全”的平台。（资料来源：2013 年 08 月 16 日，天下网商 http://tech.sina.com.cn/i/2013-08-16/11388645691.shtml）

学习目标

1. 了解供应链管理相关基础知识。
2. 学会供应链设计的具体方法。
3. 了解电子商务供应链管理的实施策略。

学习导航

20 世纪 90 年代以来，供应链管理（SCM）成为学术界研究的热点之一，供应链管理思想在全球范围内受到广泛关注，一些知名的国际企业如惠普（HP）、宝洁（P&T）、IBM 等都采用了供应链管理方法并取得了较好的效果。近几年来，随着信息业的快速发展和网络建设规模的不断扩大，一种新型的商务形式——电子商务在全球范围内迅速推行起来。电子商务的迅猛发展改变了企业赖以生存的市场环境，对全球经济产生了巨大冲击，同时也对供应链管理产生了深远的影响。

供应链管理究竟在电子商务发展中起到什么作用？企业应该如何设计并优化其供应链系统？这是本章要讨论的内容。

6.1 供应链管理基础知识

随着信息技术的迅猛发展和相关外围环境的不断完善，以网上商品购销为核心的电子商务迅速发展起来。在企业活动中，供应链以“链”的形式将供应商、制造商、零售商连接起来，形成了一条不可分割的、能共享技术和资源的业务流程。企业利用现代信息技术，通过改造和整合业务流程，与供应商及客户建立协同的业务伙伴联盟，应用先进的信息技术实施电子商务，实现供应链管理目标，彻底打破“大而全”、“小而全”的局面，快步迈向国际市场，提高企业竞争力，对企业在复杂的市场环境中立于不败之地具有十分重要的意义。

6.1.1 供应链管理产生的背景和内容

21 世纪，随着科学技术的进步和生产力的发展，全球经济一体化的特征越来越明显，国际市场日渐成熟，无国界化的企业经营趋势也越来越明显。这主要表现在：一是顾客消费价值观发生了显著变化；二是面对一个机遇，可以参加竞争的企业越来越多，增加了国际竞争的激烈性；三是全球政治、经济、社会环境发生了巨大变化。这一切导致整个市场需求的不确定性不断增加。此外，高新技术的迅猛发展，提高了生产效率，缩短了产品更新换代周期，加剧了市场竞争的激烈程度，传统的管理思想已不能满足新的竞争形势，以“纵向一体化”为特征的传统的企业经营管理模式受到挑战。

20 世纪 80 年代，美国意识到全球性的竞争使得市场变化太快，单个企业依靠自己的资源进行自我调整的速度赶不上市场变化的速度。为了解决这个影响企业生存和发展的世界性问题，有关报告提出了以虚拟企业或动态联盟为基础的敏捷制造模式，从而奠定了供应链管理的理论基础，并形成了一种新的企业经营模式。从 20 世纪 80 年代后期开始，国际上越来越多的企业开始采用这种经营模式。企业只抓住最核心的产品方向和市场，资源延伸到企业之外的其他地方，借助外部资源快速响应市场需求，避免了自己投资带来的周期长和风险大的问题，赢得产品在低成本、高质量、早进入市场等方面的竞争优势，初步形成了“横向一体化”的思维方式。由此而产生的供应链管理是这种管理思想的一个典型代表。

供应链管理的基本思想是：任何一个企业都不可能在所有业务上成为世界上最杰出的企业，只有优势互补，才能共同增强竞争实力。供应链管理提出的时间虽然不长，但是已经引起了许多学者和企业界人士的广泛关注。从 20 世纪 80 年代以来，工业发达国家中有近 80%的企业放弃了“纵向一体化”模式，取而代之转向全球制造和全球供应链管理这一新的经营管理模式，使供应链从一种作业性的管理工具上升为管理性的方法体系。

由此可见，供应链管理已成为企业在 21 世纪适应全球竞争的一个有效途径。因此，21 世纪的竞争不是企业与企业之间的竞争，而是供应链之间的竞争。

6.1.2　供应链管理的特征

1．供应链就像一条管道，在这条管道里既有物流，又有商流、信息流等

供应链管理，在信息充分流动、共享的前提下，能实现两种明显的功能，即物流功能和商流功能。物流功能是将原材料转化为最终产品，并将它们从供应链的一个节点转移到下一个节点；商流功能是确保各种产品具有一定的市场，能满足顾客的要求，并能实现价值增值。每种功能的实施均需一定的成本。物流成本包括运输、储存、包装、装卸、流通加工、配送等费用；商流成本则包括市场购销行情预测费用、业务洽谈费用、缺货损失费用、供给超过需求的商品降价损失，以及企业因不能满足顾客需求而丧失的潜在顾客收入等。物流成本与商流成本之和构成供应链的总成本。

2．供应链管理的侧重点在于物流

供应链管理是要对整条供应链中的物流和信息流进行管理，范围是供应链中的所有企业，重点是关系较近的几个企业，即由供应链成员（包括供应商、制造商、分销商、第三方物流公司和零售商）对物流实施共同管理。

3. 供应链管理有别于纵向一体化

纵向一体化是指建立一个包含生产和销售所有步骤的组织，从原材料的获取、提炼，经过产品的加工、装配，直到产品销售都集中到一个企业身上。一般而言，纵向一体化的公司独立性非常强，在生产、流通、销售的许多环节都不会依靠别的企业，因而较少受到其他公司的影响。随着经济的发展，人们逐渐认识到社会分工需要各企业集中力量发展核心事业，发挥比较成本优势，企业不擅长的方面则交给伙伴公司去做，于是，纵向一体化日渐被供应链管理所代替。实施供应链管理，可以为参与供应链的各企业带来巨大的效益，也可为消费者提供更好的服务和更大的价值。供应链管理的意义主要体现在下列几个方面。

（1）降低物流费用

供应链管理降低物流费用主要是降低库存成本。在实施供应链管理的企业之间，通过电子数据交换，关于生产、销售、库存、配送的信息和数据能由各方共享，这样，供应链中的每个成员便能及时、准确地掌握整条供应链中原材料、在制品和制成品的流动情况、在途运输或配送的情况、库存状况、商品销售情况和顾客需求状况，使整条供应链的透明度增高，不确定性因素降低。在此基础上，企业就能根据市场需求信息迅速调整生产和配送，不需要备有大量的库存。

（2）降低交易费用

交易过程需要当事人注入精力和时间，支付信息费用和其他一切开支，所以市场的交易是要付出代价的。科斯认为，“通过形成一个组织并让某种权力（企业家）来支配资源，部分市场费用可以节省”。交易费用的理论同样适用于供应链，重复发生的交易费用是社会财富和企业资源的浪费。然而，在供应链管理中，上、下游企业建立的是长期、稳固的关系，能在一定程度上减少谈判和履约费用，为企业节约资金。

（3）提高物流效率

按照产权经济学家阿尔钦和德姆塞茨的团队生产理论，通过团队生产创造的总产品大于每一参与单位的分产出之和。同样，供应链管理所产生的整体效益会大于各个供应链成员单独管理物流所得到的效益之和。它能实现单个企业无法完成的任务。通过上、下游企业的合作，建立快速反应系统，实施及时配送、不间断补货、有效客户回应等项目，可以缩短订货周期，对市场和顾客需求做出更加快捷的反应，提高供应链物流工作的效率。

（4）提高顾客满意度

顾客满意度的提高一方面来源于物流成本的降低，顾客可以买到更加便宜的商品；另一方面来源于物流服务水平的提高，送货速度的加快、缺货次数的减少、配送可靠性的增加和满足顾客个性化需求等都能为客户创造附加价值。

6.1.3　供应链管理的电子商务技术支持

信息技术的迅猛发展促成了电子商务的兴起，电子商务活动及电子商务包含的一系列技术手段为供应链管理提供了强有力的技术支持。当然，供应链管理不是依靠单纯的电子商务技术手段就能够实现的，应该从系统工程的角度看待供应链管理。只有将系统管理技术、电子商务平台技术、供应链技术、决策支持系统等有机的结合起来，并贯穿应用于供应链管理的各个环节，才能实现供应链的科学管理。

1．系统管理技术是实现集成供应链管理的科学方法

所谓系统管理技术，是指用于供应链企业从市场研究、产品设计、加工制作、质量控制、物流、销售与用户服务等一系列活动的管理思想方法和技术的总和，体现在对供应链企业的设计、管理、控制、评价和改善。对供应链企业的战略联盟进行管理是一项复杂而又系统的工作，它既需要先进的电子商务技术手段，又需要科学的管理方法。对于单个企业来说，如何选择合作伙伴、寻求和评估机遇、进行企业流程重组、完成内部条件与外部环境的有机结合、对市场变化做出迅捷反应，都是非常关键的决策，而系统管理技术提供了对这种决策的方法支持。系统管理技术从管理信息系统、决策支持系统、信息接口技术、计算机辅助设计与制造等多方面为企业提供了开发、利用信息资源和智力资源的方法和手段，从而为供应链上资源的总体优化和产品寿命周期的缩短提供了方法上的支持。

2．电子商务平台技术成为供应链管理的技术支持

供应链上的企业都需要产品运动的信息，以便对产品进行接收、跟踪、分拣、存储、提货及包装等。随着供应链上信息数量的增加、信息交互的频繁，对信息进行精确、可靠及快速地采集变得越来越重要。而电子商务平台技术及相关标准正是为了降低信息交互成本、优化业务流程及信息处理自动化而产生的。这些技术包括 ID 代码、条形码、EDI、应用标识符等。

3．电子商务的供应链技术成为更为有力的优化技术

供应链技术主要指快速反应、即时配送、有效客户回应、不间断补货等技术。供应链技术能够使企业联系在一起，大面积地覆盖市场，建立起最大范围的供应链。企业通过十分广泛的网络联系，能够得到更多的市场信息，广泛地选择合作伙伴，使供应链能够灵活地适应市场的变化。

电子商务中供应链技术的应用，一方面可以理解为生产控制自动化向两端延伸，覆盖到企业间业务的无缝连接，从而形成了企业间无边界的、开放式的增值链条。另一方面大大拓展了经济活动的范围，使供应链贯穿于整个生产经营活动全过程。而且这种以企业为中心、以电子商务为技术手段的供应链与传统的生产经营方式，正在发生着越来越明显的背离。

4．决策支持系统可辅助不确定需求管理

在电子商务条件下，供应链上信息流和物流能够顺畅流动的驱动者是最终用户，所以供应链的管理者必须深刻理解现实的和未来的顾客及顾客需求，顾客需求具有不确定的特点，对顾客不确定需求的管理变得非常重要，决策支持系统为解决不确定因素下的供应链管理提供了方法和途径。

在供应链的需求端，可以用一系列的电子商务智能决策支持工具对不确定需求的决策提供支持。利用电子商务智能决策支持工具主要有三个方面：其一，采用含有计算机芯片的智能卡来收集顾客数据、顾客需求水平数据，用来提供个性化仓储类别和顾客定制的产品，满足多样化的需求和全球化的趋势。其二，利用在线分析处理系统，对顾客的各种数据库进行各方面的观察和分析，为决策提供多维思路。其三，利用因特网。随着存放在大型数据库中信息可访问性的提高和扩大，被授权的供应链决策者都能够通过网络得到决策支持的数据。

除此之外，面对供应链中群体企业的集成化管理，决策支持系统演变为虚拟组织的群体决策系统。电子商务改变了企业的传统结构，使供应链企业成为复杂的网状结构，供应链管理的复杂程度和供应链企业之间的战略联盟，使群体决策问题无法回避，群体决策支持成为供应链管理的必要辅助手段。群体决策系统和分布式人工智能相结合，再综合利用电子商务提供的电子会议、电子数据交换等技术手段，可以为战略联盟的群体决策提供强有力的支持。

6.1.4 电子商务与供应链的关系［电子商务师（员）考证知识点］

简单地说，供应链是一种存在于企业与客户之间、企业与企业之间，以及企业内部的联系网络。它最终达到生产、采购、库存、销售及财务和人力资源管理的全面集成，令物流、信息流、资金流发挥最大效果，把理想的供应链运作变为现实。

供应链管理模式要求突破传统的计划、采购、生产、分销的范畴和障碍，把企业内部及供应链节点企业间的各种业务看作一个整体功能过程，通过有效协调供应链中的信息流、物流、资金流，将企业内部的供应链与企业间的供应链有机地集成，以适应新竞争环境下市场对企业生产和管理运作提出的高质量、高柔性和低成本的要求。基于电子商务的供应链管理的主要内容涉及订单处理、生产组织、采购管理、配送与运输管理、库存管理、客户服务、支付管理等几个方面。

电子商务的应用促进了供应链的发展，也弥补了传统供应链的不足。从基础设施的角度看，传统的供应链管理一般建立在私有专用网络上，需要投入大量资金，只有一些大型的企业才有能力进行自己的供应链建设，并且这种供应链缺乏柔性。而电子商务使供应链可以共享全球化网络，使中小型企业以较低的成本加入到全球化供应链中。

从通信的角度看，通过先进的电子商务技术和网络平台，可以灵活地建立起多种组织间的电子连接，从而改善商务伙伴间的通信方式，将供应链上企业各个业务环节“孤岛”联结在一起，使业务和信息实现集成和共享，使一些先进的供应链管理方法变得切实可行。

1．电子商务为供应链管理提供了技术支持

电子商务为供应链管理开辟了一个崭新的世界，全面采用电脑和网络支持企业及其客户之间的交易活动，包括产品销售、服务、支付等。

2．电子商务提高了供应链管理的效率

电子商务的应用技术，可以帮助供应链对大量的信息资源进行有效的管理，提供整个供应链的运作效率。

3．电子商务帮助企业发展战略伙伴关系

电子商务帮助企业拓展市场，拉近企业与客户之间的距离；电子商务促进企业合作，建立企业与客户之间的业务流程的无缝集成，最终达到生产、采购、库存、销售及财务和人力资源管理的全面集成，令物流、信息流、资金流发挥最大效果，把理想的供应链运作变为现实。

6.2 供应链的结构和设计

6.2.1 B2B 电子商务模式与供应链管理之间的关系及特点

哈佛大学的哈默博士于 1990 年提出业务流程再造时指出，“企业的使命是为客户创造价值，能够为客户带来价值的是企业流程；企业的成功来自优异的过程业绩，优异的过程业绩需要有优异的过程管理”。B2B 电子商务模式采用了以客户为中心、面向过程的管理方法，提高了对客户和市场的响应速度，注重整个流程最优的系统思想，消除了企业内部环节的重复、无效的劳动，让资源在每个过程中流动时都实现增值，以达到成本最低、效率最高。因此，B2B 电子商务模式带来了企业价值链的变革。B2B 电子商务模式弥补了传统供应链的不足，它不再局限于企业内部，而是延伸到供应商和客户，甚至供应商的供应商和客户的客户，建立的是一种跨企业的协作，覆盖了从产品设计、需求预测、外协和外购、制造、分销、储运和客户服务等全过程。居于同一供应链的厂商之间不再是零和关系，而是双赢关系。供应链上每一环节增值与否、增值的大小都会成为影响企业竞争力的关键。B2C 电子商务模式只实现了本企业的供应链上的增值，而 B2B 电子商务模式利用 ERP、

CRM（客户关系管理）等手段，将上下游企业组成一个供应链，并且与其他企业、供应链连接，组成了一个动态的、虚拟的、全球的供应链网络，真正做到了降低企业的采购成本和物流成本，在整个供应链网络的每个过程实现最合理的增值，最重要的是提高了企业对市场和最终客户需求的响应速度，从而提高了企业的市场竞争力。电子商务时代的供应链同时存在企业价值链的虚拟化、客户订单管理的网络化、物料采购电子化、生产的电子化等多方面特征。

6.2.2 电子商务供应链体系结构构建的具体方式

供应链管理主要由信息流管理、资金流管理和物流管理三部分组成，而电子商务供应链管理中的信息和资金能迅速、准确地在供应链各节点之间传递。然而，仅有这些还远远不够，只有进一步做好物流管理，大量缩减供应链中物流所需的时间，使物流管理符合信息流和资金流的要求，才能真正建立起一个强大的、快速反应的供应链管理体系。

1．采用第三方物流方式改善企业外部物流情况

第三方物流是在业务外包思想的影响下新兴的一种企业物流解决方案，其主要内容是企业把自己的物流职能交给一个独立的第三方物流公司来做。通过这种方式，企业不但可以集中精力发展自己的核心竞争力，而且还可以充分利用第三方物流的管理能力，大大缩短供应链各节点企业间物流传递的时间。

2．改革企业内部管理链管理模式，缩短企业内部物流时间

企业内部物流时间就是从原材料进入企业开始，到最终产品产出并从企业中发出所经过的时间，这是对供应链中核心企业而言的。而要缩短内部物流时间，可通过以下几种方式改革企业的内部供应链管理模式。① 进行业务流程重组，实施 ERP 系统。ERP 系统能够有效地改善企业内部物流情况，大幅度缩短物流时间。它是企业内部供应链管理改革的一个关键步骤。② 采用准时制（Just In Time，JIT）生产方式。企业采用 JIT 生产方式的前提是和供应商、销售商建立稳定的合作关系，也就是说要做好外部供应链管理。③ 做好客户关系管理（Customer Relationshipo Manage，CRM），使企业得以提供更快捷和周到的优质服务，提高客户满意度，吸引和保持更多的客户，从而增加营业额，并通过信息共享和优化商业流程有效地降低企业经营成本。

3．同其他伙伴建立长期稳定的战略伙伴关系

要构造一个成功有效的电子商务供应链体系，仅加快供应链的响应速度还是不够的，核心企业还必须同其他节点企业建立长期稳定的战略伙伴关系。还需要做好尊重合作伙伴的企业文化，做好和合作伙伴的沟通工作，同合作伙伴合理分担交易成本等几项工作。

6.2.3　供应链的结构和设计的原则和步骤

1．供应链设计的基本思想

（1）供应链设计与物流系统设计

物流系统是供应链的物流通道，是供应链管理的重要内容。物流系统设计是指原材料和外购件所经历的采购入厂、存储、投料、加工制造、装配、包装、运输、分销、零售等一系列物流过程的设计。物流系统设计也称通道设计（Channel Designing），是供应链系统设计中最主要的工作之一。设计一个结构合理的物流通道对于降低库存、减少成本、缩短提前期、实施 JIT 生产与供销、提高供应链的整体运作效率都是很重要的。但供应链设计却不等同于物流系统设计，（集成化）供应链设计是企业模型的设计，它从更广泛的思维空间——企业整体角度去勾画企业蓝图，是扩展的企业模型。它既包括物流系统，还包括信息和组织及价值流和相应的服务体系建设。在供应链的设计（建设）中，创新性的管理思维和观念极为重要，要把供应链的整体思维观融入供应链的构思和建设中，企业之间要有并行的设计才能实现并行的运作模式，这是供应链设计中最为重要的思想。

（2）供应链设计与环境因素的考虑

一个设计精良的供应链在实际运行中并不一定能按照预想的那样，甚至无法达到设想的要求，这是主观设想与实际效果的差距，原因并不一定是设计或构想不完美，而是环境因素在起作用。因此构建和设计一个供应链，一方面要考虑供应链的运行环境（如地区、政治、文化、经济等因素），同时还应考虑未来环境的变化对实施供应链的影响。因此，我们要用发展的、变化的眼光来设计供应链，无论是信息系统的构建还是物流通道设计都应具有较高的柔性，以提高供应链对环境的适应能力。

（3）供应链设计与企业再造工程

从企业的角度来看，供应链的设计是一个企业的改造问题，供应链所涉及的内容任何企业或多或少都在进行。供应链的设计或重构不是要推翻现有的企业模型，而是要从管理思想革新的角度，以创新的观念武装企业（如动态联盟与虚拟企业，精细生产），这种基于系统进化的企业再造思想是符合人类演进式的思维逻辑的，尽管 BPR（业务流程优化）教父哈默和钱皮一再强调其彻底的、巨变式的企业重构思想，但实践证明，实施 BPR 的企业最终还是走向改良道路，所谓“无源之水、无本之木”的企业再造是不存在的。因此在实施供应链的设计与重建时，并不在于是否打碎那个“瓷娃娃”（M．C．杰克逊《透过新潮管理法看系统管理学》），需要的是新的观念、新的思维和新的手段，这是我们实施供应链管理所要明确的。

（4）供应链设计与先进制造模式的关系

供应链设计既是从管理新思维的角度去改造企业，也是先进制造模式的客观要求和推动的结果。如果没有全球制造、虚拟制造这些先进的制造模式的出现，集成化供应链的管理思想是很难实现的。正是先进制造模式的资源配置沿着劳动密集→设备密集→信息密集→知识密集的方向发展，才使得企业的组织模式和管理模式发生相应的变化，从制造技术的技术集成演变为组织和信息等相关资源的集成。供应链管理适应了这种趋势，因此，供应链的设计应把握这种内在的联系，使供应链管理成为适应先进制造模式发展的先进管理思想。

2. 实施供应链设计需要解决的问题

国内多数企业在考虑设计供应链之前没有对本企业和供应链做一个详尽的综合分析，或是供应链设计机构没有深刻认识到企业的核心业务和战略思想，这就给企业造成了许多日后实践应用上的隐患。研究表明，供应链设计失败的原因主要有以下几个方面。

① 供应链企业间的合作与信任程度较低。

② 缺乏对用户服务的明确定义。

③ 信息系统效率低。

④ 库存控制策略过于简单。

⑤ 配套企业订单完成缺乏协调。

⑥ 运输渠道分析不够。

⑦ 库存成本评价不正确。

⑧ 组织间的障碍。

⑨ 产品/流程设计不完整。

⑩ 没有度量供应链的绩效的标准。

⑪ 供应链不完整。

3. 供应链设计的原则

在供应链的设计过程中，应遵循一些基本的原则，以保证供应链的设计和重建能满足供应链管理思想得以实施和贯彻的要求。下面从宏观和微观两个方面来讨论。

（1）总的原则

从宏观角度来把握供应链的设计应遵循以下七条原则。

① 自顶向下和自底向上相结合的设计原则。在系统建模设计方法中，存在两种设计方法，即自顶向下和自底向上的方法。自顶向下的方法是从全局走向局部的方法，自底向上的方法是从局部走向全局的方法；自上而下是系统分解的过程，而自下而上则是一种集成的过程。在设计一个供应链系统时，往往是先由主管高层做出战略规划与决策，规划与决策的依据来自市场需求和企业发展规划，然后由下层部门实施决策，因此供应链的设计是自顶向下和自底向上的综合。

② 简洁性原则。简洁性是供应链的一个重要原则，为了能使供应链具有灵活快速响应

市场的能力，供应链的每个节点都应是精简的、具有活力的、能实现业务流程的快速组合。比如，供应商的选择就应以少而精的原则，通过和少数的供应商建立战略伙伴关系，减少采购成本，推动实施 JIT 采购法和准时生产。生产系统的设计更是应以精细思想（Lean Thinking）为指导，努力实现从精细的制造模式到精细的供应链这一目标。

③ 集优原则（互补性原则）。供应链的各个节点的选择应遵循强—强联合的原则，达到实现资源外用的目的，每个企业只集中精力致力于各自核心的业务过程，就像一个独立的制造单元（独立制造岛），这些所谓单元化企业具有自我组织、自我优化、面向目标、动态运行和充满活力的特点，能够实现供应链业务的快速重组。

④ 协调性原则。供应链业绩好坏取决于供应链合作伙伴关系是否和谐， 因此建立战略伙伴关系的合作企业关系模型是实现供应链最佳效能的保证。席酉民教授认为和谐是反映系统是否形成了充分发挥系统成员和子系统的能动性、创造性及系统与环境的总体协调性的标准。只有和谐而协调的系统才能发挥最佳的效能。

⑤ 动态性（不确定性）原则。不确定性在供应链中随处可见，许多学者在研究供应链运作效率时都提到不确定性问题。由于不确定性的存在，导致需求信息的扭曲。因此要预见各种不确定因素对供应链运作的影响，减少信息传递过程中的信息延迟和失真。降低安全库存总是和服务水平的提高相矛盾。因此，增加透明性，减少不必要的中间环节，提高预测的精度和时效性对降低不确定性的影响都是极为重要的。

⑥ 创新性原则。创新设计是系统设计的重要原则，没有创新性思维，就不可能有创新的管理模式，因此在供应链的设计过程中，创新性是很重要的一个原则。要产生一个创新的系统，就要敢于打破各种陈旧的思维框框，用新的角度、新的视野审视原有的管理模式和体系，大胆地进行创新设计。进行创新设计，要注意几点：一是创新必须在企业总体目标和战略的指导下进行，并与战略目标保持一致；二是要从市场需求的角度出发，综合运用企业的能力和优势；三是发挥企业各类人员的创造性，集思广益，并与其他企业共同协作，发挥供应链整体优势；四是建立科学的供应链和项目评价体系及组织管理系统，进行技术经济分析和可行性论证。

⑦ 战略性原则。供应链的建模应有战略性观点，通过战略的观点考虑减少不确定影响。从供应链的战略管理的角度考虑，我们认为供应链建模的战略性原则还体现在供应链发展的长远规划和预见性上，供应链的系统结构发展应和企业的战略规划保持一致，并在企业战略指导下进行。

（2）一些具体原则

从微观管理的角度，在实际应用中，应注意供应链设计的一些具体原则。

① 总成本最小原则。成本管理是供应链管理的重要内容。供应链管理中常出现成本背反问题，即各种活动的成本的变化模式常常表现出相互冲突的特征。解决冲突的办法是平

衡各项成本使其达到整体最优，供应链管理就是要进行总成本分析，判断哪些因素具有相关性，从而使总成本最小。

② 多样化原则。供应链设计的一条基本原则就是要对不同的产品、不同的客户提供不同的服务水平，要求企业将适当的商品在恰当的时间、恰当的地点传递给恰当的客户。一般的企业分拨多种产品，因此要面对各种产品的不同的客户要求，不同的产品特征，不同的销售水平，也就是意味着企业要在同一产品系列内采用多种分拨战略，比如，在库存管理中，就要区分出销售速度不一的产品，销售最快的产品应放在位于最前列的基层仓库，依次摆放产品。

③ 推迟原则。推迟原则就是在分拨过程中，运输的时间和最终产品的加工时间应推迟到收到客户订单之后。这一思想避免了企业根据预测，在需求没有实际产生的时候运输产品（时间推迟），以及根据对最终产品形式的预测，生产不同形式的产品（形式推迟）。

④ 合并原则。战略规划中，将运输小批量合并成大批量具有明显的经济效益。但是同时要平衡由于运输时间延长而可能造成的客户服务水平下降，与订单合并的成本节约之间的利害关系。通常当运量较小时，合并的概念对制定战略最有用。

⑤ 标准化原则。标准化的提出解决了满足市场多样化产品需求与降低供应链成本的问题。如生产中的标准化可以通过可替换的零配件、模块化的产品和给同样的产品贴加不同的品牌标签而实现。这样可以有效地控制供应链渠道中必须处理的零部件，供给品和原材料的种类。服装制造商不必去存储众多客户需要的确切号码的服装，而是通过改动标准尺寸的产品来满足消费者的要求。

4．供应链设计的步骤

（1）分析市场竞争环境

分析市场竞争环境即要“知彼”。目的在于找到针对哪些产品市场开发供应链才有效，为此，必须知道现在的产品需求是什么，产品的类型和特征是什么。分析市场特征的过程要向卖主、用户和竞争者进行调查，提出诸如用户想要什么、他们在市场中的分量有多大之类的问题，以确认用户的需求和消除因卖主、用户、竞争者产生的压力，这一步骤的输出是每一产品的按重要性排列的市场特征。同时，对于市场的不确定性要有分析和评价。

（2）总结、分析企业现状

总结、分析企业现状即要“知己”。主要分析企业供需管理的现状（如果企业已经有供应链管理，则分析供应链的现状），这一个步骤的目的不在于评价供应链设计策略的重要性和合适性，而是着重于研究供应链开发的方向，分析、找到并总结企业存在的问题及影响供应链设计的阻力等因素。

（3）针对存在的问题提出供应链设计项目，分析其必要性

要了解产品，围绕着供应链“可靠性”和“经济性”两大核心要求，提出供应链设计

的目标，这些目标首先包括提高服务水平和降低库存投资的目标之间的平衡，以及降低成本、保障质量、提高效率、提高客户满意度等目标。

（4）根据基于产品的供应链设计策略，提出供应链设计的目标

主要目标在于获得高用户服务水平和低库存投资、低单位成本两个目标之间的平衡（这两个目标往往有冲突），同时还应包括以下目标。

① 进入新市场。

② 开发新产品。

③ 开发新分销渠道。

④ 改善售后服务水平。

⑤ 提高用户满意程度。

⑥ 降低成本。

⑦ 通过降低库存提高工作效率等。

（5）分析供应链的组成，提出组成供应链的基本框架

供应链中的成员组成分析主要包括制造工厂、设备、工艺和供应商、制造商、分销商、零售商及用户的选择及其定位，以及确定选择与评价的标准。

分析供应链节点的组成，提出组成供应链的基本框架。供应链组成包括产品设计公司、制造工厂、材料商、外发厂（如表面处理）、物流伙伴，以及确定选择和评价的标准，包括质量、价格、准时交货、柔性、提前期（L/T）和批量（MOQ）、服务、管理水平等指标。

（6）分析和评价供应链设计的技术可能性（DFM）

这不仅仅是某种策略或改善技术的推荐清单，也是开发和实现供应链管理的第一步，它在可行性分析的基础上，结合本企业的实际情况为开发供应链提出技术选择建议和支持。这也是一个决策的过程，如果认为方案可行，就可进行下面的设计；如果不可行，就要重新进行设计。结合企业本身和供应链联盟内（如设计公司、外发厂）资源的情况进行可行性分析，并提出建议和支持，如果不可行，则需要重新设计供应链，调整节点企业或建议客户更新产品设计。

（7）设计供应链，主要解决以下问题

① 供应链的成员组成（供应商、设备、工厂、分销中心的选择与定位、计划与控制）。

② 原材料的来源问题（包括供应商、流量、价格、运输等问题）。

③ 生产设计（需求预测、生产什么产品、生产能力、供应给哪些分销中心、价格、生产计划、生产作业计划和跟踪控制、库存管理等问题）。

④ 分销任务与能力设计（产品服务于哪些市场、运输、价格等问题）。

⑤ 信息管理系统设计。

⑥ 物流管理系统设计等。

在供应链设计中，要广泛地应用到许多工具和技术，包括：归纳法、集体解决问题、流程图、模拟和设计软件等；3PL（第三方物流）的选择与定位，计划与控制；确定产品和服务的计划，运送和分配，定价等。设计过程中需要各节点企业的参与交流，以便于以后的有效实施。

（8）检验供应链

供应链设计完成以后，应通过一定的方法、技术进行测试检验或试运行，如不行，返回第四步重新进行设计；如果没有什么问题，就可实施供应链管理了。

（9）实施供应链

供应链实施过程中需要核心企业的协调、控制和信息系统的支持，使整个供应链成为一个整体，并负责从工业设计到批量生产、物流等全方位的供应链控制、协调。

任务 供应链管理系统建立

1. 供应链管理系统建立简介

企业初次建立供应链管理系统的时候，会困惑如此庞大的系统应该如何动手，从哪里开始，又怎样做。答案是从信息系统运行环境建立开始，这里我们称为系统建立。角色是虚拟的企业岗位，用户是企业中的各类业务人员，也是供应链系统的操作员。用户授权用来限制操作员在供应链系统上的操作权限，角色权限用来限制某个岗位在供应链系统上的操作权限。

系统建立的一个重要任务是创建企业的系统账套。因为每个企业的数据，在系统内都以账套体现（会计主体的形式体现）。当建立账套后，所有的“系统管理”平台上建立的用户，都可以进入“企业应用平台”进行业务操作。

2. 供应链管理系统建立步骤

（1）进入系统管理

如图6-1所示。

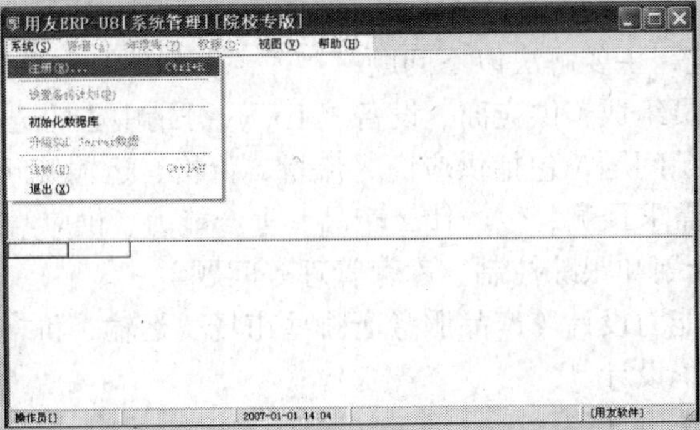

图6-1 进入系统

（2）注册系统管理平台

如图 6-2 所示。

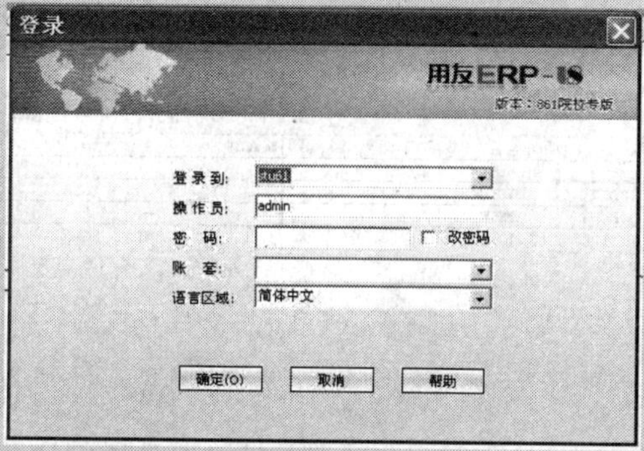

图 6-2　注册

（3）角色管理——增加角色

如图 6-3、图 6-4 所示。

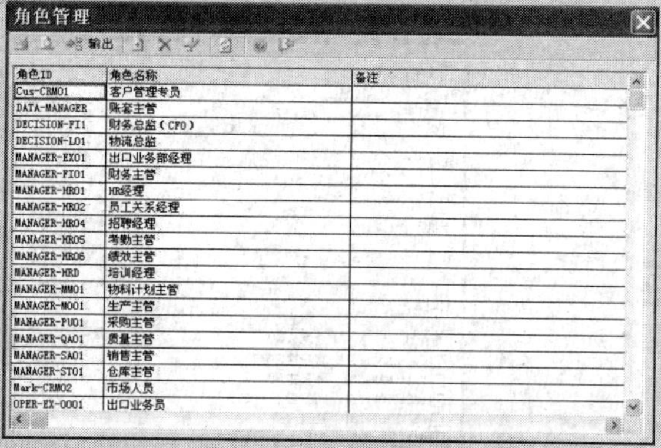

图 6-3　角色管理

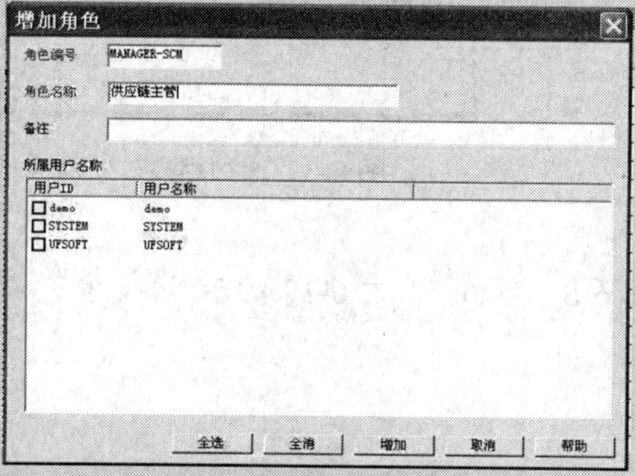

图 6-4　增加角色

（4）用户管理——增加用户

如图 6-5、图 6-6 所示。

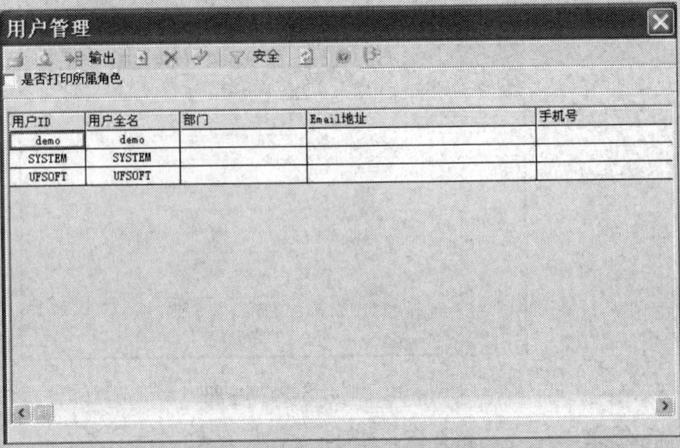

图 6-5　用户管理

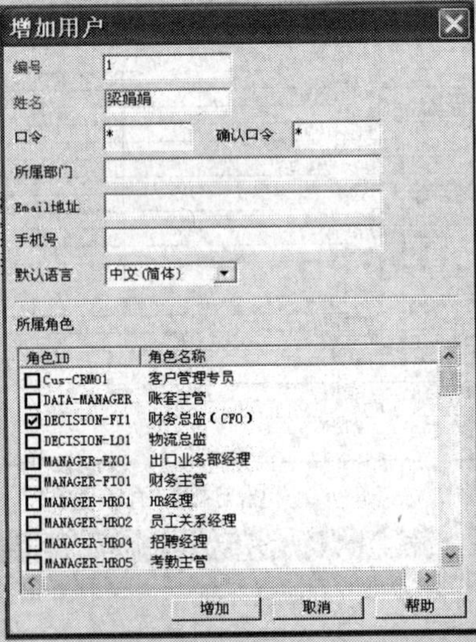

图 6-6　增加用户

（5）创建账套

如图 6-7、图 6-8、图 6-9、图 6-10 所示。

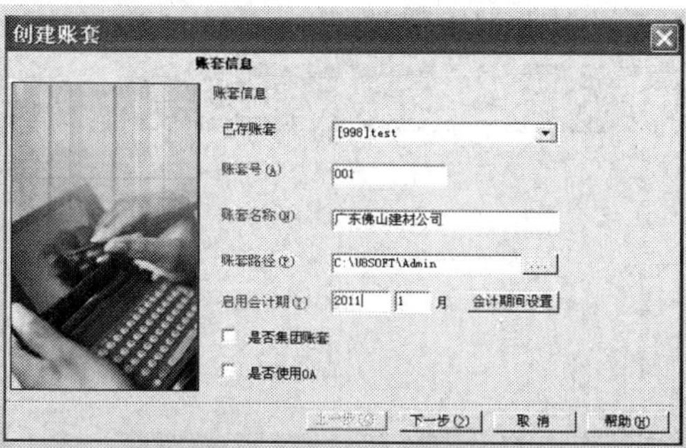

图 6-7　创建账套步骤一

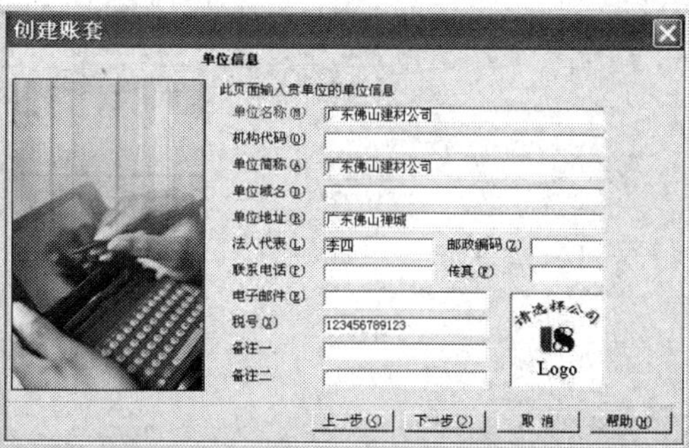

图 6-8　创建账套步骤二

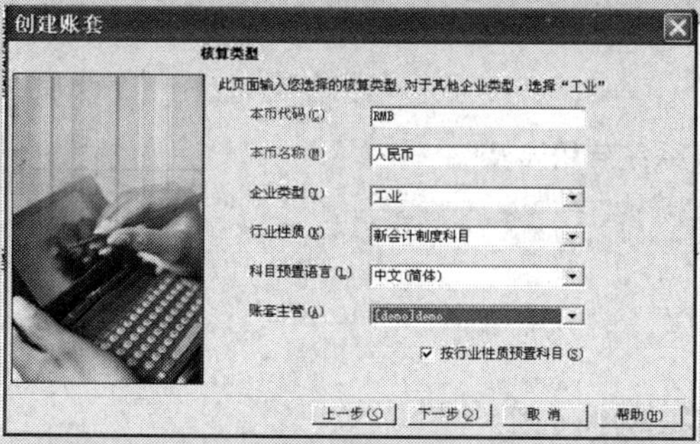

图 6-9　创建账套步骤三

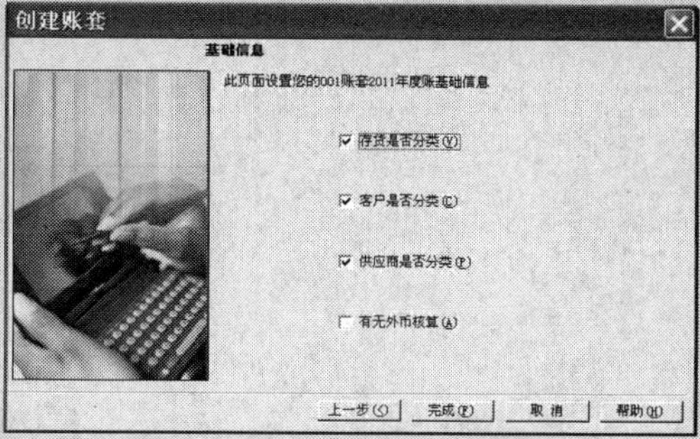

图 6-10　创建账套步骤四

（6）系统启用

如图 6-11、图 6-12、图 6-13 所示。

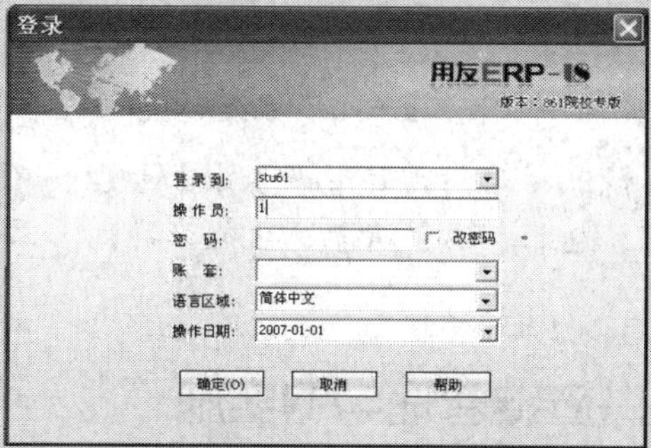

图 6-11　系统启用步骤一

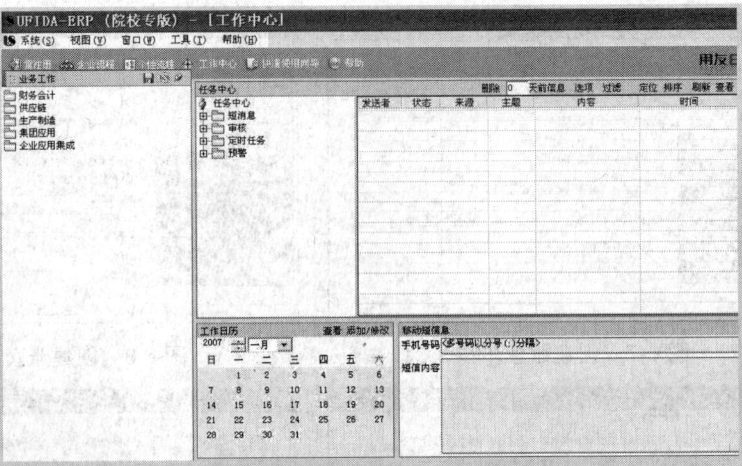

图 6-12　系统启用步骤二

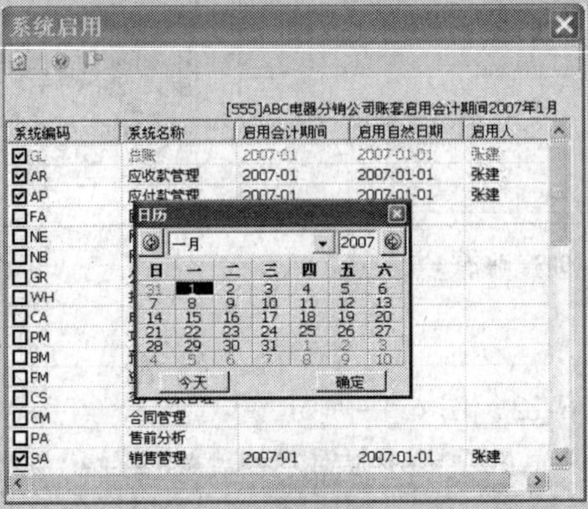

图 6-13　系统启用步骤三

根据企业实际情况，启用销售管理、采购管理、库存管理、存货核算、应收账管理、应付账管理、总账、物料清单、主生产计划、需求规划等模块。

6.3　电子商务在供应链管理中的实施

6.3.1　电子商务环境下的供应链管理优化技术

1．供应链管理的目的

供应链管理的目的，主要是通过“链”上各个企业之间的合作和分工，致力于整个“链”上物流、商流、信息流、资金流的合理化和优化，从而提高整条“链”的竞争能力。与传统的管理模式比较，供应链管理体现了以下几个基本思想。

① 系统观念。不再孤立地看待各个企业及各个部门，而是考虑所有相关的内外联系体（供应商、制造商、销售商等），并把整个供应链看成一个有机联系的整体。

② 共同目标。产品与服务满足最终消费者对成本、质量、服务等要求，应该成为供应链中所有参与者共同的绩效目标，只有这样才能使整条供应链的利润最大化。

③ 主动积极的管理。对在供应链中增加价值的环节及与成本有关的所有联系体（内部的、外部的、直接的、间接的）进行积极主动的管理，不再把存货看作是供应链中供应与需求不平衡的首选调节手段。

④ 采取新型的企业与企业关系。在企业主动地关注整个供应链及其管理的同时，供应链中成员之间的业务伙伴关系得到了强化。通过仔细地选择业务伙伴，减少供应商数目，变过去企业与企业之间的零和关系为紧密合作的双赢关系。

⑤ 开发核心竞争力。只有企业本身具有核心竞争力，供应链业务伙伴关系才能持久，供应链业务伙伴关系是一种强强联合，每个环节只做自己最擅长的部分，再把各自的核心能力集成为供应链的竞争力，所以说，供应链的竞争是最强有力的。

2. 电子商务环境下的供应链管理

优化供应链管理，不仅需要高效快速的物流、资金流，更重要的是需要快速、精确、可靠的信息流，而电子商务的发展，正为信息流的快速、准确提供了保证。假设有一个包括供应商、生产商、批发商、零售商及最终消费者的供应链，且整个供应链内部都建立了Intranet，实现信息共享，那么零售商的顾客消费数据、某产品的市场销售情况都会通过网络，快速地反馈到生产商，生产商再对产品进行合理的改进，这必将提高产品的市场占有率，从而使整个供应链对市场需求做出快速反应，给供应链的内部实体带来极大的经济效益。

利用电子商务技术优化供应链管理，首先要完成企业内部业务流程的一体化，然后再向企业外的合作伙伴延伸，实现信息共享，最终达到生产、采购、库存、销售及财务和人力资源管理的全面集成，令物流、信息流、资金流发挥最大效能，把理想的供应链运作变为现实。因此，我们可以把在电子商务环境下的供应链管理的核心功能归纳为以下四个方面。

（1）动态联盟的系统化管理

企业动态联盟，是指企业与企业之间的加强合作，是一种协作性的竞争组织。随着经济全球化和科学技术的发展，越来越多的企业开始认识到单凭企业自身的力量很难在竞争激烈的市场环境中求得生存和发展。于是，各个企业纷纷从对立竞争走向大规模的合作竞争，建立企业动态联盟。尽管动态联盟能增强企业的竞争优势和为企业创造更多的价值，但企业动态联盟的系统管理是很复杂的。一般而言，需要通过选择合作伙伴、建立联盟组织结构和信任关系、营造合作文化氛围来加强动态联盟的系统化管理。

（2）生产资源的优化管理

电子商务和商品趋同性的发展，使得不同生产领域、不同生产环节的企业在各自的战略环节上努力保持个体与企业群体的一致。因此，企业在采购环节进行了优化管理。同时在生产制造环节上更注重引进各种科学管理方法，如 TQC、JIT、MRPII，使得企业内部变得更加精益起来。

（3）不确定性需求的信息共享管理

在电子商务时代，生产者和消费者的关系发生了彻底改变，现在的市场关系，已经由传统的生产者把产品“推”给消费者转变为消费者需求“拉动”生产。供应链管理的焦点也转到了如何通过对不确定需求的获取和分析，保证信息在整个供应链上的共享。

为减少供应链系统中的不确定因素及其对上下游企业的影响，我们可以建立包括不确定因素的供应链模型，控制不确定的需求，进行战略决策和改变供应链的运作规则和目标。

（4）生产的敏捷化管理

面对激烈的竞争，供应链中任何一个企业的产品战略都应该是“自灭自新”，通过主动创造新产品、淘汰旧产品来创造优势。而在电子商务时代，供应链管理可以依靠持续获取短暂的竞争优势来创造持续的竞争优势。因此，缩短产品的上市周期便成为在日趋激励的市场竞争中获胜的关键。而上市周期的缩短则要求供应链管理必须着眼于从产品研发周期、加工制造周期直至流通配送周期全过程的缩短。

3. 电子商务时代供应链管理的优化

（1）建立基于供应链的动态联盟

动态联盟是企业为了快速响应出现或即将出现的市场机遇，联合不同地域、不同工作性质的其他企业所组成的暂时的利益共同体。它强调通过企业间的利益共享和风险共担，来实现企业间的精诚合作，它强调联合竞争、共同赢利的合作机制。动态联盟是针对某个市场机遇或某项新技术、新发明而产生的，当这一前提失去后，联盟便会自动瓦解，因而这个联盟是动态的，具有一定的生命周期性。动态联盟通常有一个发起者，它往往是最早意识到这一市场机遇存在的企业，或者是某一未来产品的关键技术的持有者。联盟中的每个企业都有它们的专长，都承担共同的风险和分享未来的利益。动态联盟能够帮助企业摆脱内部事务的烦扰，专注于产品的设计、生产和销售，将原本分散的技术资源、人力资源和管理资源快速有效地集成，快捷、高效、低成本地完成整个生产任务。因而，动态联盟具有结构简单、构造快捷、形式灵活、响应快速等特点。当生产任务结束时，合作企业间的暂时性动态联盟即可解体，但参与合作的企业都可以从中获得经验，如生产、组织、管理、协调经验等，这些都可以加强企业的学习、适应能力和应变实力，从而获取更多的市场机遇和效益。例如，波音公司的各分支机构和日本三菱重工等 5 家公司就曾围绕波音 777

喷气式客机组成动态联盟，该联盟由先进的计算机网络协调，实现计算机辅助无纸设计和无纸制造。分散在世界各地的工程师可随时从 777 型客机 300 多万个零部件中，调出任何一种在计算机屏幕上观察与修改。从 1990 年 10 月到 1994 年 6 月，波音 777 只用了 3 年 8 个月就一次试飞成功，投入正常经营。而且该项目有特别好的市场适应性，美国联合公司订购了 34 架飞机，该动态联盟快速地给该公司提供了 34 个型别，架架都根据顾客需求而有所不同。

（2）实施大规模按顾客订单定制

大规模按顾客订单定制（Mass Customization）是优化供应链管理、提高顾客满意度的一种方式。大规模按顾客订单定制不仅仅是一个制造过程、物流系统或营销战略，它还可能成为 21 世纪企业的组织原则，就像大批量生产是 20 世纪的组织原则一样。

大规模按顾客订单定制是供应链管理挑战品牌经营的有力手段，适应了销售模式由生产者推动型向消费者拉动型的转变。在传统的生产模式下，制造商与顾客隔离开来，企业根据市场需求预测来生产产品，这种体系意味着顾客的需求和企业提供给市场的标准化产品只能是近似的吻合，要做到顾客完全满意是根本不可能的。品牌经营正是试图通过形象宣传来弥补这种缺陷的手段，但品牌化在增加顾客忠诚度的同时，也为此付出了高昂的成本。而有效的供应链管理既能实现成本节约与服务改善，实质性地降低企业生产经营费用，又能有更多时间去关注顾客。大规模按顾客订单定制是根据顾客的实际选择，按订单制造、交货的，因而能够充分了解、捕捉与满足顾客的真正需求，从而减少了生产效率的损失，提高了顾客的满意度。大规模按顾客订单定制在提高服务质量的同时，简化了整个需求判断的过程，并且使人们认识到只有提供那些能够反映顾客特定需求的产品才是最好的服务。Intenet 与电子商务的进一步普及与发展，为大规模定制业务的开展创造了良好的基础环境。

目前，某些传统的、以大量生产为核心的企业正在开展大规模按顾客订单定制业务来满足市场需求，以增进与顾客的关系，更好地为顾客服务。例如，Dell 公司为了使自己有别于其他计算机厂商，特别设立了免费电话，让顾客能够详细陈述具体的、个性化要求，随后公司根据顾客要求进行生产并迅速交货。Dell 公司敏锐地抓住为个别需求定制产品及简化物流的机遇，使公司获得了快速成长。Dell 公司的成功为其他计算机厂商树立了榜样。作为 Dell 公司的竞争者之一，IBM 公司过去倾向于根据库存来生产计算机，由于其制造的产品型号众多，常常发现有些地区存储的产品不合适，造成销售时机的丧失。而且计算机技术的日新月异，意味着库存会很快过时，从而造成资源浪费和费用上升。为解决这些问题，IBM 公司和其他众多的计算机厂商正在实现大规模按顾客订单定制，以避免生产的盲目性。

但是，基于现代先进科技上的定制并不是倒退回传统的手工作坊式经营，企业也不会无限度地为顾客提供选择。企业在为顾客提供个性化服务的同时，还必须兼顾效率。总之，一个有效管理的供应链比品牌经营更能为企业和顾客创造价值。它不仅可以获得品牌化所带来的利益，还可以通过促进与顾客之间的良好关系来降低企业的成本，提高企业的核心竞争力。

（3）实现供应链信息共享和应用集成

由于顾客需求的多样化、个性化和动态化，供应商不能准确了解顾客需求的真实变化，只能不断根据顾客需求变化来调整自己向上一级供应商的订货量，这样一级一级向上调整，消费者需求的微小变化会通过供应链放大成巨大的波动，这就是牛鞭效应。牛鞭效应实际上是供应链各成员之间缺乏信息交流，有关顾客需求的实时信息无法及时反馈的结果。要解决牛鞭效应问题，关键是要加强信息管理，实现信息共享，否则有可能导致动态联盟的崩溃。近年来，ERP 系统、EDI 和 Internet 等关键技术的发展和应用为供应链成员间的信息传递与信息共享提供了技术和网络支持。在西方发达国家，供应链成员越来越多地应用电子交易手段（EDI）来获取数据，实施交易。例如，在美国工业产品中，1991 年零售商的消费产品 20%是通过 EDI 传送的，1992 年这一数据接近 40%，1995 年接近 60%。尽管利用信息技术，供应链成员获得了相互有用的信息资源，为信息交流提供了保证，但供应链成员不愿意与他人共享敏感信息、信息不对称性问题仍然存在。供应链的管理效率取决于企业之间的协调，而协调的优劣又取决于信息分享的效果。要解决这个问题，必须建立集成化的管理信息系统，增加供应链成员获得信息的及时性与可见度，提高需求预测精度。同时，还应加强供应链成员间的关系协调，促进它们共享关键信息。例如，英国的两个著名超市公司 Tesco 和 Sainsbury，与有限的供应商共享即时销售数据，通过和供应链伙伴共享信息，它们期望整个供应链的库存量能有实质性的降低。

6.3.2 电子商务环境下供应链管理的业务流程［电子商务师（员）考证知识点］

1．计划

在电子商务条件下，计划过程需要规定三项支持性工作：一是收集客户信息，以适应需求变动；二是使需求信息和数据应用于包括库存周转、安全库存和补货频率在内的库存投资；三是为订单的生成、执行和记录制定完善的操作方案。

2．实施

实施是促进货物和服务在供应链中实际流动。实施系统主要关注的是运作效率。而提高运作效率的第一步在于将一般的商业应用提升为能够运作于整个过程的简单集成系统，以保证产品在供应链中高效地流动。

实施系统的一个中心任务是进行跨职能集成。所谓跨职能集成是指从总体功能出发，将不同职能部门的子系统功能整合起来，使局部利益最大化服从整个供应链效益最大化的目标。这样的大系统需要更高水平的集成化。

3．执行评估

执行评估过程是对供应链运行情况的跟踪。这有利于制定较为开放的政策，对变化的市场做出有效的反应，特别是对于会计和财务管理系统进行定量化的评估，是比较重要的焦点问题，因此它们是系统运行情况的标志和特征表现。可应用电子商务工具和技术来解决这些问题，如数据库管理，进行有效的信息审核和分析。

6.3.3　电子商务物流在供应链管理中的实施［电子商务师（员）考证知识点］

1．有效客户反应（ECR）

（1）ECR 的概念

ECR（Efficient Consumer Response），是在食品杂货业分销系统中，分销商和供应商为消除系统中不必要的成本和费用，给客户带来更大效益而进行密切合作的一种供应链管理方法。

ECR 的最终目标是建立一个具有高效反应能力和以客户需求为基础的系统，使零售商及供应商以业务伙伴方式合作，提高整个食品杂货业供应链的效率，而不是单个环节的效率，从而大大降低整个系统的成本、库存和物资储备，同时为客户提供更好的服务。

要实施有效客户反应，首先应联合整个供应链所涉及的供应商、分销商及零售商，改善供应链中的业务流程，使其最合理有效。然后再以较低的成本，使这些业务流程自动化，以进一步降低供应链的成本和时间。具体地说，实施 ECR 需要将条形码、扫描技术、POS 系统和 EDI 集成起来，在供应链（由生产线直至付款柜台）之间建立一个无纸系统，以确保产品能不间断地由供应商流向最终客户。同时，信息流能够在开放的供应链中循环流动。这样，才能满足客户对产品和信息的需求，即给客户提供最优质的产品和适时准确的信息。

有效客户反应是一种运用于工商业的策略。供应商和零售商通过共同合作（如建立供应商、分销商、零售商联盟），改善其在货物补充过程中的全球性效率，而不是以单方面不协调的行动来提高生产力，这样能节省由生产到最后销售的贸易周期的成本。

通过 ECR，利用计算机辅助订货技术，零售商无须签发订购单，即可实现订货。供应商则可利用 ECR 的连续补货技术，随时满足客户的补货需求，使零售商的存货保持在最优水平，从而提供高水平的客户服务，并进一步加强与客户的关系。同时，供应商也可从商店的销售点数据（POS）中获得新的市场信息，改变销售策略。对于分销商来说，ECR 可使其快速分拣、运输、包装，加快订购货物的流动速度，进而使消费者享用更新鲜的物品，增加购物的便利和选择，并加强消费者对特定物品的偏好。

（2）ECR 的构成

ECR 的系统构成要素如图 6-14 所示。

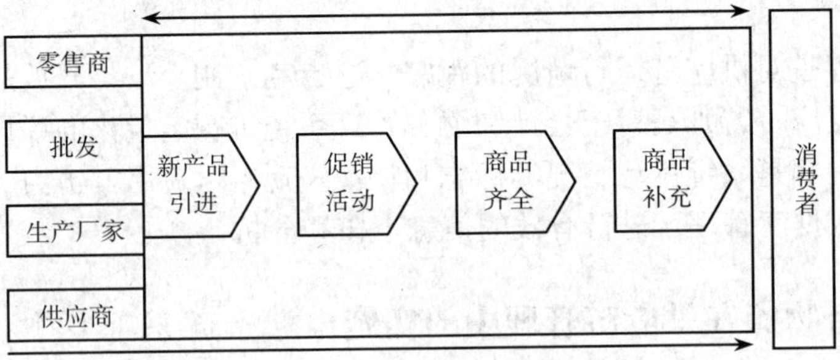

图 6-14　ECR 系统的构成要素

ECR 的构成技术如图 6-15 所示，包括信息技术、物流技术、营销技术、组织创新技术等。

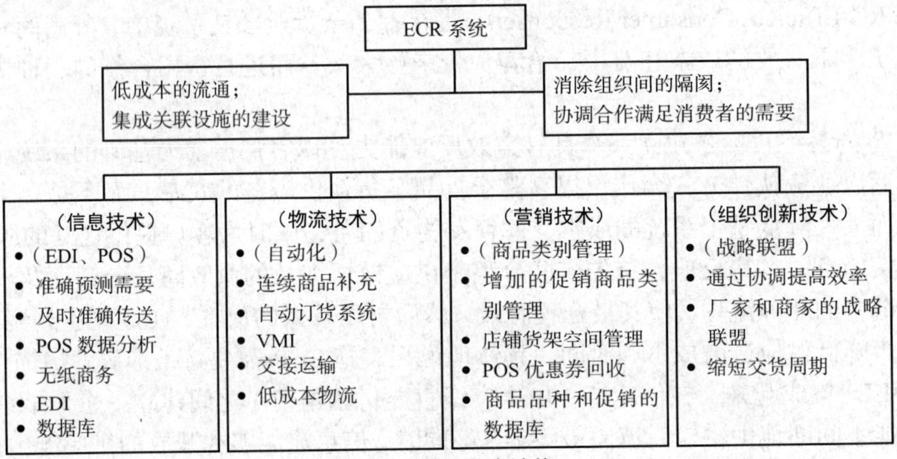

图 6-15　ECR 系统结构

（3）ECR 的实施

① 实施原则。

- 以较少的成本，不断致力于向供应链客户提供更优的产品、更高的质量、更好的分类、更优的库存服务及更多的便利服务。
- 由相关的商业带头人启动。
- 利用准确、适时的信息以支持有效的市场、生产及物流决策。
- 产品在整个商品移动过程中不断产生最大的附加价值，以确保消费者可以及时获得所需的商品。
- 必须采用通用一致的工作措施和回报系统。

② 实施方法。

- 为变革创造氛围。要进行内部教育及通信技术和设施的改善，同时也需要采取新的工作措施和回报系统。

- 选择初期 ECR 同盟伙伴。需要建立 2～4 个初期同盟，通过联席会议，讨论如何启动 ECR 系统。并成立专业小组，专门研究可取得最大效益的项目，比如，提货车的装卸效率，减少损毁，由卖方控制的连续补货等。
- 开发信息技术投资项目，支持 ECR。

2. 快速反应（QR）

快速反应（Quick Response，QR）的目的是减少原材料到销售点的时间和整个供应链上的库存，最大限度地提高供应链管理的运作效率，它是美国纺织服装业发展起来的一种供应链管理方法，是美国零售商、服装制造商及纺织品供应商开发的整体业务概念。QR 可以减少传统上按预期的顾客需求过度地储备存货的情况，快速反应的能力把作业的重点从根据预测和对存货储备的预期，转移到以从装运到装运的方式对顾客需求作出反应方面上来。QR 的缺点在于由于在还不知道货主需求和尚未承担任务之前，存货实际上并没有发生移动，因此，必须仔细安排作业，不能存在任何缺陷。

（1）实施 QR 的成功条件

① 改变传统的经营方式、经营意识和组织结构。

② 开发和应用现代信息处理技术。

③ 与供应链各方建立战略伙伴关系。

④ 改变传统的对企业商业信息保密的做法。

⑤ 缩短生产周期和降低商品库存。

（2）实施 QR 的好处

① 销售额的大幅度增加。应用 QR 系统可以降低经营成本，从而能降低销售价格，增加销售。

② 商品周转率的大幅度提高。应用 QR 系统可以减少商品库存量，并保证畅销商品的正常库存量，加快商品周转。

③ 需求预测误差大幅度减少。

（3）QR 的运作步骤

目前，QR 的运作已经跨入第三个阶段，即联合计划、预测与补货阶段。它是一种建立在贸易伙伴之间密切合作和标准业务流程基础上的经营理念。

3. 电子订货系统（EOS）

（1）EOS 的概念

电子订货系统（Electronic Ordering System，EOS），是指将批发、零售商场所发生的订货数据输入计算机，通过计算机通信网络连接的方式将资料传送至总公司、批发商、商品供货商或制造商处。因此，EOS 能处理从新商品资料的说明直到会计结算等所有商品交易过程中的作业，可以说 EOS 涵盖了整个物流。在寸土寸金的情况下，零售业已没有许多空间用于存放货物，在要求供货商及时补足售出商品的数量且不能有缺货的前提下，必须采用 EOS 系统。EOS 涵盖了许多先进的管理手段，因此在国际上使用非常广泛，并且越来越受到商业界的青睐。

历史：最早把 EOS 引入商业的是连锁店，其目的是追求分店与总店的相互补货业务及管理运行上的合理化。

组成：EOS 系统分为 EOS 中心和 EOS 客户端。

电子订货系统采用电子手段完成供应链上从零售商到供应商的产品交易过程，因此，一个 EOS 系统必须有：

① 供应商，商品的制造者或供应者（生产商、批发商）。

② 零售商，商品的销售者或需求者。

③ 网络，用于传输订货信息（订单、发货单、收货单、发票等）。

④ 计算机系统，用于产生和处理订货信息。

（2）EOS 的特点

① 商业企业内部计算机网络应用功能完善，能及时产生订货信息。

② POS 与 EOS 高度结合，产生高质量的信息。

③ 满足零售商和供应商之间的信息传递。

④ 通过网络传输信息订货。

⑤ 信息传递及时、准确。

⑥ EOS 是许多零售商和供应商之间的整体运作系统，而不是单个零售店和单个供应商之间的系统。电子订货系统在零售商和供应商之间建立起了一条高速通道，使双方的信息及时得到沟通，使订货过程的周期大大缩短，既保障了商品的及时供应，又加速了资金的周转，实现了零库存战略。

（3）EOS 系统的结构和配置结构

电子订货系统的构成内容包括：订货系统、通信网络系统和接单计算机系统。就门店而言，只要配备了订货终端机和货价卡（或订货簿），再配上电话和数据机，就可以说是一套完整的电子订货配置。就供应商来说，凡能接收门店通过数据机发送的订货信息，并可利用终端机设备系统直接做订单处理，打印出出货单和检货单，就可以说已具备电子订货系统的功能。但就整个社会而言，标准的电子订货系统是“多对多”的整体运作，即许多零售店和许多供货商组成的大系统的整体运作方式。

根据电子订货系统的整体运作程序来划分，EOS 大致可以分为以下三类。

① 连锁体系内部的网络型。即连锁门店有电子订货配置，连锁总部有接单计算机系统，并用即时、批次或电子信箱等方式传输订货信息。这是“多对一”与“一对多”相结合的

初级形式的电子订货系统。

② 供应商对连锁门店的网络型。其具体形式有两种：一种是直接的“多对多”，即众多的不同连锁体系下属的门店对供应商，由供应商直接接单发货至门店；另一种是以各连锁体系内部的配送中心为中介的间接的“多对多”，即连锁门店直接向供应商订货，并告知配送中心有关订货信息，供货商按商品类别向配送中心发货，并由配送中心按门店组配向门店送货，这可以说是中级形式的电子订货系统。

③ 众多零售系统共同利用的标准网络型。其特征是利用标准化的传票和社会配套的信息管理系统完成订货作业。其具体形式有两种：一是地区性社会配套的信息管理系统网络，即成立由众多的中小型零售商、批发商构成的区域性社会配套的信息管理系统营运公司和地区性的咨询处理公司，为本地区的零售业服务，支持本地区 EOS 的运行；二是专业性社会配套信息管理系统网络，即按商品的性质划分专业，从而形成各个不同专业的信息网络。这是高级形式的电子订货系统，必须以统一的商品代码、统一的企业代码、统一的传票和订货的规范标准的建立为前提条件。

无论采用何种形式的电子订货系统，皆以门店订货系统的配置为基础。

门店的 EOS 配置包括硬件设备配置与确立电子订货方式两个方面。

第一，硬件设备配置。硬件设备一般由三个部分组成。一是电子订货终端机。其功能是将所需订货的商品和条形码及数量，以扫描和键入的方式，暂时储存在记忆体中，当订货作业完毕时，再将终端机与后台计算机连接，取出储存在记忆体中的订货资料，存入计算机主机。电子订货终端机与手持式扫描器的外型有些相似，但功能却有很大差异，其主要区别是：电子订货终端机具有存储和运算等计算机基本功能，而扫描器即只有阅读及解码功能。二是数据机。它是传递订货主与接单主计算机信息资料的主要通信装置，其功能是将计算机内的数据转换成线性脉冲资料，通过专有数据线路，将订货信息从门店传递给商品供方的数据机，供方以此为依据来发送商品。三是其他设备。如个人计算机、价格标签及店内码的印制设备等。

第二，确立电子订货方式。EOS 的运作除硬件设备外，还必须有记录订货情报的货架卡和订货簿，并确立电子订货方式。常用的电子订货方式有三种。一是电子订货簿。电子订货簿是记录包括商品代码/名称、供应商代号/名称、进/售价等商品资料的书面表式。利用电子订货簿订货就是由订货者携带订货簿及电子订货终端机直接在现场巡视缺货状况，再由订货簿寻找商品，对条形码进行扫描并输入订货数量，然后直接接上数据机，通过电话线传输订货信息。二是电子订货簿与货架卡并用。货架卡就是装设在货架槽上的一张商品信息记录卡，显示内容包括中文名称、商品代码、条形码、售价、最高订量、最低订量、厂商名称等。利用货架卡订货，不需携带订货簿，而只要手持电子订货终端机，一边巡货一边订货，订货手续完成后再直接接上数据机将订货信息传输出去。三是低于安全存量订货法。即将每次进货数量输入计算机，销售时计算机会自动将库存扣减，当库存量低于安全存量时，会自动打印货单或直接传输出去。

（4）EOS 系统的操作流程

① 在零售店的终端利用条形码阅读器获取准备采购的商品条形码，并在终端机上输入订货资料，利用电话线通过调制解调器传到批发商的计算机中。

② 批发商开出提货传票，并根据传票开出拣货单，实施拣货，然后根据送货传票进行商品发货。

③ 送货传票上的资料便成为零售商店的应付账款资料及批发商的应收账款资料，并接到应收账款的系统中去。

④ 零售商对送到的货物进行检验后，就可以陈列出售了。

使用 EOS 时要注意订货业务作业的标准化，这是有效利用 EOS 系统的前提条件：商品代码的设计，商品代码一般采用国家统一规定的标准，这是应用 EOS 系统的基础条件；订货商品目录账册的做成和更新，订货商品目录账册的设计和运用是 EOS 系统成功的重要保证；计算机及订货信息输入和输出终端设备的添置是应用 EOS 系统的基础条件；在应用过程中需要制定 EOS 系统应用手册并协调部门间、企业间的经营活动。

EOS 的工作流程如图 6-16 所示。

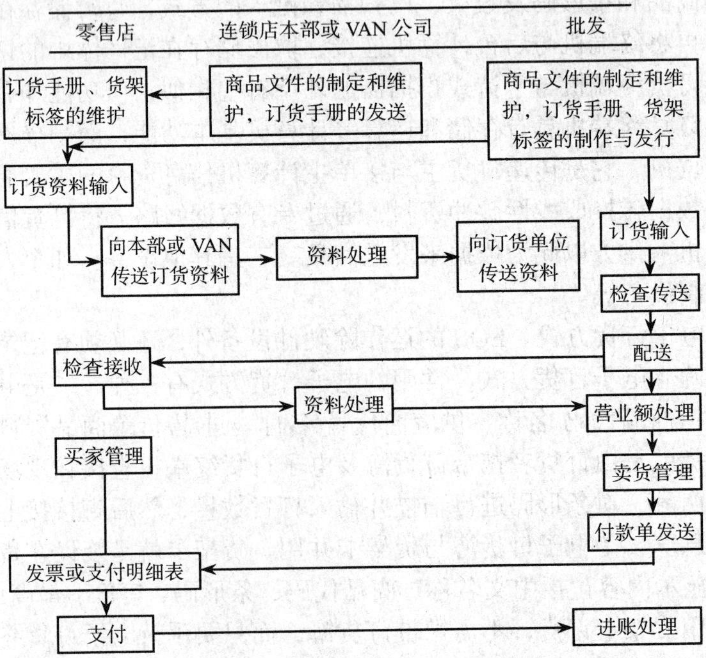

图 6-16 电子订货系统的工作流程

工作流程中，EOS 系统具体包括以下两个流程。

① 销售订货作业过程。

- 各企业根据自己的销售情况，确定所需货物的品种、数量，按照同体系商场，根据实际网络情况、补货需求，通过增值网络中心或实时网络系统发给总公司业务部门；各企业通过商业增值网络中心发出 EOS 订货需求。
- 商业增值网络中心将收到的补货、订货需求资料发送至总公司业务管理部门。
- 业务管理部门对收到的数据汇总处理后，通过商业增值网络中心向不同体系的网点发送批发订单确认。
- 各个网点从商业增值网络中心接收到批发订单的确认信息。
- 业务部门根据库存情况通过商业增值网络或实时网络系统向仓储中心发出配送通知。
- 仓储中心根据接收到的配送通知安排商品配送，并将配送通知通过商业增值网络传送到客户。
- 各个网点从商业增值网络接收到仓储中心对批发订单的配送通知。
- 各批发、零售商场，仓储中心根据实际网络情况，将每天进出货物的情况，通过商业增值网络中心或通过实时网络系统报送至总公司业务管理部门，让业务部及时掌握商品库存数量，以合理保持库存。

② 采购订货作业过程。

- 业务管理部门根据仓储中心商品库存情况，向指定的供货商发出商品采购订单。
- 商业增值网络中心将总公司业务管理部发出的采购订单发送给指定的供货商。
- 指定的供货商在收到采购订单后，根据订单的要求通过商业增值网络中心对采购订单加以确认。
- 商业增值网络中心将供货商发来的采购订单确认发送至业务管理部门。
- 业务管理部门根据供货商发来的采购订单确认，向仓储中心发送订货信息，以便仓储中心安排、检验仓储空间。
- 供货商根据采购单的要求，安排发送货物，并在向总公司交送货物之前，通过商业增值网络中心向仓储中心发送交货通知。
- 仓储中心根据供货商发来的交货通知，安排商品检验并安排仓库、库位或根据配送要求备货。

上述工作流程完成过程实际上是将零售商和供货商之间的商流、信息流结合在一起。在电子订货系统中，物流和信息流紧紧地结合在一起，加上商流和资金流，组成了一个完整并有力的配销管理系统。如图 6-17 所示。

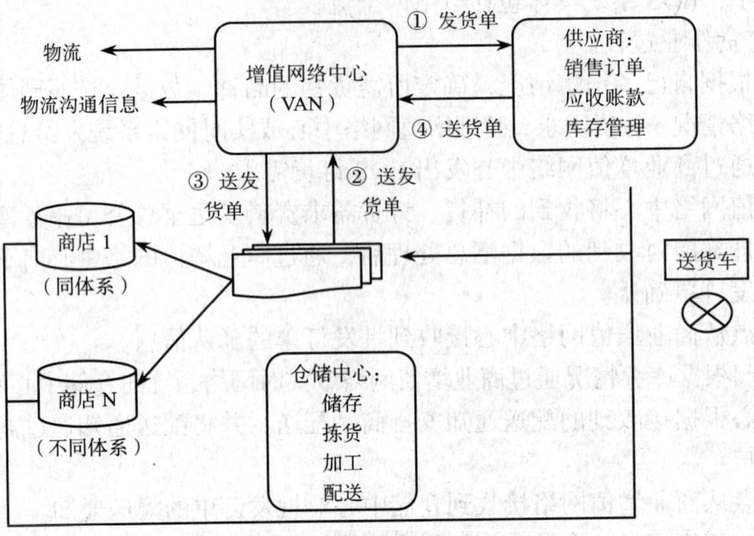

图 6-17　配销管理系统

4．企业在供应链管理实施中的注意事项

企业要想在未来的市场竞争中取得胜利，必须实现电子供应链管理，以满足消费者的需求，电子商务恰好可以满足企业组建供应链网络的需要。具体来说，企业的电子供应链管理从以下四个方面实施。

① 电子商务与企业战略衔接。电子供应链管理下的企业战略是一种受消费者最终需求拉动的战略，企业必须满足消费者的个性化要求，提供个性化的服务，以赢得消费者的信赖，争取更多的客户，这就要求从企业价值链的核心组织开始，使电子商务在每个组织成员的商务战略中发挥更大的核心作用。因此，企业必须将电子商务与企业的战略衔接起来，才能满足电子供应链管理的要求。

具体来说，就是要求企业转变传统的思维观念，逐步采用先进的技术手段，充分利用电子商务的功能特性，实现企业经营方式的变革。实践证明，采用电子商务战略可以使企业获得巨大的成功，如思科系统是世界上最大的电子商务商家，它的业务有 80%都是通过因特网完成的。据百度：2008 年思科销售收入 395 亿美元，2009 年财富 500 强排名 57。

② 企业采购方式的变革。电子供应链管理要求企业将电子采购技巧运用于采购实践，使采购流程由内部自动化发展为外部供应链协同作业。要想实现电子采购，首先，企业必须关注电子网络的形成及对先进供应链管理技巧的运用，统一规划、管理企业各部门的采购行为，由采购部门来集中进行采购，可以从供应商那里获得更多的价格优惠，从而在一定程度上降低采购成本。其次，采购部门应该将采购行为逐步推进到一个新的、技术要求更高的环境当中，它所处的价值链中的其他企业也应当是应用更多基于网络的技巧，从而

使企业可以通过电子方式实现更多的传统采购活动，比如确定产品和服务、作出采购决策、下订单、接受订单和支付供应商，等等。但在此之前，企业需要对供应商进行评估，然后将潜在供应商数目逐渐缩小，直到适合通过电子界面相联系。

③ 工程设计、生产规划、日程安排和生产加工系统的优化。在工程设计、生产规划、日程安排和生产加工领域，企业电子供应链管理的实施主要是通过 ERP（企业资源计划）系统来实现。实施 ERP，可以帮助客户通过电子网络的方式直接访问最新的生产规划、日程安排和制造模块信息，这样企业就可以即时为客户解决疑难问题，并为供应链的供应商和消费者提供它们所需要的解决方案，从而能够更好地控制、改进生产处理流程，并为客户带来更高的满意度。此外，ERP 还有助于企业提高自己进行工程设计和生产规划的能力，以及对实际成本的进一步控制，从而改善企业的会计核算和财务管理能力。

④ 改善企业的销售和客户服务的能力。电子供应链管理要求对销售和服务进行变革，以彻底改变这些活动在人们心目中的定义。同时，企业还必须考虑到对最新技术的应用，以建立起以客户为中心的企业文化。

通过整合电子商务与供应链管理，将一些必要的信息与处理过程转移到网上，能够有效地响应客户需求。在这个过程中，企业除了进行必要的网络硬件配置外，更主要的是实现其销售人员的自动化管理。只有实现销售人员的自动化管理，才能使企业有效地实施电子供应链管理，对客户和消费者数据、最有价值的客户所要求的产品和服务细则，以及多个企业同时发出的联合采购数据进行有效地分析利用和不间断管理。

实现销售人员的自动化管理，主要通过 CRM（客户关系管理）系统来实现。利用 CRM，可以帮助企业争取、培养和保留客户和消费者。此外，电子商务为企业和客户之间的互动提供了一种有效手段。目前，一些主流的软件公司已经开始提供客户互动和因特网交易的整合方案。例如，Oracle 公司提供的 Oracle3I 就是一个用于账单登记和支付的前端办公室的应用程序软件包，它包括一个电子目录、报价表技术、产品配置、一个与交易处理相连接的订购模块，以及一个信用卡认证和支付服务的模块。

实践与实训

请在用友 U8 系统中完成以下实训：

一、启动系统管理，以“Admin”的身份进行注册。

二、增设三位操作员：（[权限] ➔ [操作员]）

001 代方，002 宋岚，003 赵红兵。

三、建立账套信息（[账套] ➔ [建立]）

1. 账套信息：账套号 666，输入账套名称，启用日期为 2011 年 1 月。

2. 单位信息：单位名称为“AAA 电脑公司”，单位简称为“AAA”，税号为 3102256437218。

3．核算类型：企业类型为“工业”，行业性质为“新会计制度科目”并预置科目，账套主管选“代方”。

4．基础信息：存货、客户及供应商均分类，有外币核算。

5．编码方案：

A．客户分类和供应商分类的编码方案为2；

B．部门编码的方案为12；

C．存货分类的编码方案为2233；

D．收发类别的编码级次为11；

E．结算方式的编码方案为2；

F．其他编码项目保持不变。

说明：设置编码方案主要是为以后分级核算、统计和管理打下基础。

6．数据精度：保持系统默认设置。

说明：设置数据精度主要是为了核算更精确。

四、分配操作员权限（[权限]➔权限]）

操作员宋岚：拥有“共用目录设置”、“应收”、“应付”、“采购管理”、“销售管理”、“库存管理”、“存货核算”中的所有权限。

操作员赵红兵：拥有“共用目录设置”、“库存管理”、“存货核算”中的所有权限。

五、启动企业门户，以账套主管身份进行注册。

六、启用“采购管理”、“销售管理”、“库存管理”、“存货核算”、“应收”、“应付”、“总账”系统。启用日期为2011-01-01。（基本信息➔系统启用。）

复习思考题

一、判断题

1．价值链就是供应链。（　　）

2．传统管理模式是以规模化需求和区域性的卖方市场为决策背景，通过规模效应降低成本，获得效益。（　　）

3．供应链管理这一名词最早出现于20世纪80年代，最初是由咨询业提出的。（　　）

4．最终用户对供应链产品满意度指标是供应链绩效评价的一个最终标准。（　　）

5．供应链的结构是由供应链成员及成员之间的联系所组成的网络。（　　）

二、单项选择题

1．（　　）是供应链的驱动因素，一条供应链正是从客户需求开始，逐步向上延伸的。

A．生产计划　　　　B．安全库存

C．战略需要　D．客户需求

2．业务流程再造的英文缩写是（　　）。

A．ERP　B．CRM

C．BPR　D．EDI

3．（　　）是供应链运营中最大的驱动要素。

A．库存　B．运输

C．设施　D．信息

4．供应链运营的制约因素有（　　）。

A．库存　B．设施

C．产品种类的增加　D．运输

5．供给和需求的缓冲作用是通过调节（　　）来实现的。

A．库存储备　B．设备

C．运输　D．物流

三、多项选择题

1．供应链追求（　　）的集成。

A．物流　B．信息流　C．资金流

D．工作流　E．组织流

2．供应链管理涉及的领域主要包括（　　）。

A．供应　B．生产计划　C．物流

D．需求　E．流程

3．供应链管理的目标在于（　　）。

A．总成本最低化　B．客户服务最优化　C．总库存最小化

D．总周期最短化　E．物流质量最优化

4．供应链管理的方法包括（　　）。

A．快速反应法（QR）　B．有效顾客响应（ECR）

C．作业成本法（ABC）　D．协同规划、预测和连续补货法（CPFR）

5．客户关系管理的基本功能是（　　）。

A．客户、客服管理　B．呼叫中心

C．电子商务　D．销售管理

四、简答题

1．简述电子商务与供应链的关系。（考证复习题）

2．简述快速反应的基本概念及其应用。（考证复习题）

3．简述 EOS 工作流程。（考证复习题）

第7章

电子商务环境下的国际物流

引导案例　义乌国际货代物流：从传统走向现代

现代物流指的是将信息、运输、仓储、库存、装卸搬运，以及包装等物流活动综合起来的一种新型的集成式管理，其任务是尽可能降低物流的总成本，为顾客提供最好的服务。

作为生产型服务业和服务贸易的重要组成部分，义乌国际货代业从诞生的那一刻起就紧随市场发展。国际贸易综合改革试点成为义乌再出发的新引擎，社会的新发展为国际货代物流业提供了新的发展空间。新形势下，义乌国际货代业如何与时俱进往前走，成了业内人士思考和研讨的重要课题。

1. 国际货代物流规模不断扩展

“我市的国际货代物流业随着义乌小商品市场对外贸易的扩展而逐渐发展。最初从联托运物流、进出口贸易中衍生而来。”市国际货代物流协会秘书长黄允忠介绍说，2001 年，我市有了第一批国际货代公司，共 10 余家。后来逐步发展，到 2005 年，国际货代物流市场放开，准入门槛有所降低，国际货代物流企业的发展进入了快车道。据有关部门不完全统计，截至去年 9 月底，我市共有物流（货代）仓储经营户、企业 1 500 余家，其中国内物流（货代）经营户、企业 1 000 余家、国际物流（货代）企业近 400 家，航空货代有 100 余家。另外，还有进出口公司 2 500 家。从业人员达 10 万余人。实现年经营额 1 000 亿元。

业内人士称，这些年，作为我市物流市场主体之一的货代物流企业，由传统物流向现代物流转型升级，国际货代物流业对国际贸易经济发展、促进市场繁荣起着十分重要的支撑和服务作用。总体上看，资产实力、经营规模、服务能力、管理手段、队伍结构都在发生重大变化。一些货代物流企业正朝着规模化、集约化、专业化、网络化、信息化等方向转型升级。目前全市经国家标准评估认定的综合服务型 A 级物流企业有 37 家，其中 4A 级物流企业 5 家，3A 级物流企业 27 家，2A 级物流企业 5 家。去年又有 5 家综合服务型物流企业正在申报评估 A 级物流企业。

2. 经营生态趋向多样化

环境在变，市场在变，以服务为主要功能和手段的物流业自然也得顺势而为。近年我市已有部分国际货代物流企业开始向现代化物流迈进，顺应产业链需求延伸服务，注重供应链上下游的整合，从提供单一环节的服务向整合多个环节的综合服务转型，满足多样化物流需求。

众多企业“八仙过海”，针对市场频频出招。有的生产制造企业或商贸企业将物流业务剥离外包，进而创立进出口物流企业；有的国际货代物流企业通过抱团组建物流公司。如浙江义联物流股份有限公司，就是由我市 10 家骨干物流企业联手组建的。“抱团”之后该公司实力大增，并于去年 12 月通过了国家 4A 级综合服务型物流企业的评审。

同时，我市还有不少国际货代企业“走出去”到海外投资创办商贸或物流企业。如“中迪”、“中远、”华晔”、“华皓”、“集海”、“国利”等企业，都在国外或多或少地涉足商贸及物流企业的投资经营。其中，义乌市中迪国际货运代理有限公司在非洲刚果（金）、安哥拉等国创办了 4 家商贸物流企业，投资额超过 2 亿元人民币。

经营生态的多样化，促进了综合实力的增强，我市仓储设施建设已经初具规模。据不完全统计，我市目前各类仓储总面积达 70 多万平方米，其中租用国有仓储面积 20 余万平方米，租用民房、厂房仓储面积 30 余万平方米，临时搭建仓储面积 10 余万平方米，企业自建仓储面积 10 万平方米。另外，我市还有 2 家专业仓储公司，其中浙江“真爱网商”的仓储面积达 5 万平方米，“义乌泰融”的仓储面积达 3 万平方米。

行业在发展中，科技分量也得到增强，许多货代物流企业，注重行业新标准、新技术，重视投入，从而提高了机械化、自动化、智能化水平。

3. 发展瓶颈仍有待突破

一位“老物流”称，近些年我市以市场为依托，积极推进物流业发展，国际货代物流业呈现了良好的发展趋势，但困难和问题依然存在。

一是我市国际货代物流企业多，竞争激烈，再加上一些外地货代物流企业悄然进入我市组货、揽货，压价挣货，使得不良竞争加剧，甚至出现规范企业竞争不过非规范企业，大企业竞争不过小企业，小企业竞争不过个体户的怪现象。二是具有一定规模和档次的企业偏少。在我市近 400 家国际货代物流企业中，员工在 10 人以下的微小企业 140 家，占货代物流企业总数的 35%；员工在 100 人以上的 8 家，仅占 2%。从整体看，企业经营管理水平普遍较低，为数不少的企业局限于仓储、运输等传统服务项目，经营方式单一，局限于价格竞争。此外，我市国际货代物流业还受到与宁波港协调、船公司订舱等诸多因素的制约。

面对困难，黄允忠认为，国际贸易综合改革为义乌外贸和国际货代物流业的发展提供了机遇。企业必须加快转型升级，只有勇于创新，才能在竞争中脱颖而出。传统的中小货代企业，应细分市场和产品，走专业化、特色化之路；实力较强的货代企业，应加大资产设施投入，拓宽经营范围，通过内部资源整合和外部并购重组，做大企业规模。同时，企业的经营模式也需要创新。如根据市场需求对仓储业务重新进行整合，由静态的储存转为动态的储存，注重货物的流转率，为用户提供包括货运、储存、包装加工、配送、信息管理、物流金融等一系列增值服务，实现服务价值最大化。不仅如此，企业还可通过参与服务外包、工程物流、保税物流、国际采购等国际物流服务及多式联运、物流金融等高端服务，提高利润和竞争力。（资料来源：义乌新闻网，http://www.ywnews.cn/system/2014/01/27/010043175.shtml，2014年01月27日）

学习目标

1. 掌握国际物流的概念、特点。
2. 掌握物流运作系统的构成。
3. 掌握国际物流的报关报检过程。
4. 掌握国际物流的报关报检相关单证的填制方法。
5. 掌握保险金额和保险费的计算及对各种赔偿金额的计算。

学习导航

在经济全球化浪潮的大背景下，越来越多的组织已经涉及了某种形式的国际营销、制造和配送，物流活动的范围和影响力将进一步得以扩展。毫无疑问，全球化提出了对现有的物流企业更高水准的要求和更加广泛的服务内容。

那么，国际物流呈现出哪些特点，包括哪些系统，具有怎样的发展趋势呢？作为涉及国际物流业务的企业及相关工作人员应主要掌握哪些方面的技能呢？在本章我们将对这些问题进行研究和讨论。

7.1 国际物流概述［电子商务师（员）考证知识点］

7.1.1 国际物流的概念和特点

不同时期人们关于国际物流有不同定义。广义的国际物流的研究范围包括国际贸易物流、非贸易性国际物流、国际物流合作、国际物流投资等领域，包括了进出口业务、国际展览与展品物流、国际邮政物流等。狭义的国际物流主要指国际贸易物流，即为克服不同国家在生产和消费中出现的时间和空间间隔，而发生的商品在不同国家之间跨越国境的流动。本书所阐述的国际物流主要指狭义的国际物流。

国际物流与国内物流虽然有很多相似的地方，但它们之间最大的区别在于国际物流是物流跨越了国境，远比国内物流复杂。可以用 4 个 D 来概括：距离（Distance）、单证（Documentation）、文化差异（Diversity in Culture）、顾客需求（Demands of Customer）。也就是说，国际物流活动的距离更长、单证更复杂、在产品和服务上顾客的需求更加变化莫测，要满足各种文化差异的要求。国际物流运作有五个特点。

1．国际性

国际物流是国际贸易的一个组成部分，需要经常同国外发生广泛的业务联系。它既是一项经济活动，也是一项重要的外事活动，常常会涉及国际间的政治问题。因此，国际物流不仅要遵循相关国际贸易准则，更要严格按照有关国际公约、法律、法规和国际惯例进行运作。国际物流是国家与国家、国家与地区之间的运输，一般来说，运输的距离都比较长，少则数千公里，多则数万公里，往往需要经由很多国家和地区，使用多种运输工具，通过多次装卸搬运，还要经过许多中间环节，如转船、变换运输方式等。

2．复杂性

在国际间组织货物进行跨国运输是一项复杂的工作。由于各国物流环境的差异，需要在具有不同法律、语言、经济和科技、风俗习惯、人文社会标准的几个国家或地区运行，这无疑增加了物流活动的难度和复杂性。

3．风险性

国际物流不仅要面对物流本身复杂的功能要素、各个环节的沟通因素，还要面对不同国家、不同地区、不同市场错综复杂的不断变化的各种因素，难度和不确定性加大。国际物流的风险主要包括政治风险、经济风险和自然风险。政治风险指因所经过国家的政局动荡，如罢工、战争等原因造成货物可能受到损害或灭失。经济风险指不同国家因经济、金融政策变化所带来的风险，可分为汇率风险和利率风险。从事国际物流必然要发生资金流动，必然要面对各种经济风险。自然风险指在物流过程中可能会因台风、暴雨、地震等自然原因引起的风险。

4．快速准确的信息化系统

物流信息就是物流活动的内容、形式、过程及发展变化的反映。现代物流信息在物流活动中起着神经系统的作用。EDI 和 Internet 的应用将是国际物流在信息化方面的保证。

5．物流标准化程度高

由于国际物流的国际性和复杂性，国际物流统一标准是非常重要的。国际物流标准化有利于实现物流各环节衔接的一致性，减少无效劳动，提高设备、设施及器具的使用效率，有利于对外贸易的发展。

7.1.2 国际物流系统构成

国际物流活动本身就是一个系统。国际物流由商品的包装、储存、流通加工、装卸搬运、运输、检验、保险等子系统组成。根据系统化原理，国际物流系统的一般运作模式包括了系统的输入部分、系统的输出部分以及将系统输入输出的转换部分。国际物流系统遵循一般系统模式原理，依靠各个子系统的良性运转，构成自己独特的物流系统模式。

1. 运输子系统

国际货物运输是国际物流系统的核心，创造物流的空间效应，实现商品在不同国家或地区之间的空间转移。国际货物运输包括国内运输段、国际运输段。国际运输段是国内运输的延伸和扩展，也是衔接出口国和进口国货物运输的桥梁。由于国际物流具有运输路线长、环节多、设计面广、手续繁杂、时间性强等特点，大量新技术应用到国际运输中来，如超巴拿马船和 GPS 定位系统等的应用，极大地提高了国际运输的效率。

2. 仓储子系统

国际贸易和跨国经营中的商品都经历了一个从分散到集中、再由集中到分散的过程，这种在流通过程中短暂的停滞是必需的。商品储存的地点可以是生产厂家的成品仓库，也可能是流通仓库或国际转运站点，主要在各国的保税区和保税仓库进行。从降低物流成本的角度看，应尽量减少储存时间和商品数量，提高国际物流的效率。

3. 商品检验子系统

国际物流是跨越了国境的物流，具有投资大、风险高的特点，商品检验就成为确定卖方交付商品的品质和质量、包装是否符合合同规定的重要环节。我国的商检机构依法对重要进出口商品进行法定检验，对一般进出口商品实施监督管理和鉴定。

4. 商品包装子系统

在国际物流系统中，包装的主要作用是保护商品、便利流通、促进销售。在国际市场上，消费者是通过商品的商标和包装来认识企业的。在考虑商品包装的设计和具体作业过程时，应将包装、储存、装卸搬运、运输等环节进行系统分析，统筹考虑，实现现代物流系统要求的“包、储、运一体化”，以加快物流速度，降低商品物流成本，提高整个物流系统的效率。

5．国际物流信息子系统

国际物流系统作为一个涵盖范围广泛的开放系统，需要具有独特功能、相互关联的各个物流子系统之间的密切协调来实现其有效运作。在国际信息流系统的支撑下，在进出口与中间商（货运代理人）的通力协助下，通过运输、储存、包装和加工等一系列的物流作业活动，利用特定的国际物流方式和设施，共同完成商品在跨越国境之间的实体移动过程。

另外，国际物流中，进出口商品要经过不同国家，必须申请通关。海关按照该国的海关法令和相关规定，审查核对报关人员填写和提交的有关单证，经过查验货物、计算并由货主结清进出口税款、办完通关手续后，才予以放行。

7.2　国际物流的报关报检过程

报检和报关是国际物流最重要的两个环节，因为货物的国际贸易和跨国经营具有投资大、风险高、周期长的特点，为了维护对外贸易有关当事人的合法权益和国家的信誉，促进国内外生产和对外贸易的发展，我国建立了进出口检验检疫制度，并设立了商品检验检疫机构，对进出口商品质量实施监督管理。报关管理是我国海关实施监督管理职责的重要内容，也是促进我国外经贸事业持续健康发展的重要一环。报关是运输工具、货物、物品进出境的基本规则，也是进出境运输工具负责人、进出口货物收发货人、进出境物品所有人必须履行的一项基本义务。报关活动是一项专业要求高、涉及面广、政策性强的工作。

7.2.1　检验检疫及其程序

进出口商品检验检疫是指在国际贸易活动中对买卖双方成交的商品由商品检验检疫机构对商品的重量、数量、质量、包装、安全、卫生及装运条件等进行的检验，并对涉及人、动物、植物的传染病、病虫害、疫情等进行检疫的工作，在国际贸易活动中通常简称为商检工作。商检工作是使国际贸易活动顺利进行的重要环节，也是一个国家为保障国家安全，维护国民健康，保护动物、植物和环境而采取的技术法规和行政措施。

凡属法定检验检疫商品或合同规定需要检疫机构进行检验并出具检验证书的商品，对外贸易关系人均应及时提请检验检疫机构进行检验。我国进出口商品的检验程序主要包括以下五个环节。

1．报验

进出口报验是指对外贸易关系人向检疫机构申请检验。凡属检疫范围内的进出口商品，都必须报验。目前为提高工作效率，可通过“企业端软件”或“网上申报系统”，采用电子报检的方式进行。

出口时，应在发运前 7 天提出报验。向检验检疫机构递交填好的《出境货物报验单》，并附上对外贸易双方签订的贸易合同及合同附件、信用证、生产经营部门自检合格后出具的厂检单正本等规定的单据，凭样成交的应提供双方确认的样品。

进口时，进口商品的报验人应在一定期限内填写“入境货物报验单”，填明申请检验鉴定项目的要求，并附合同、发票、海运提单（或铁路、航空、邮包运单）、品质证书、装箱单、接用货部门已验收的应附验收记录等资料，向当地检验部门申请检验。

报验后，如发现报验单填写有误或客户修改信用证使货物数量、规格有变动时，可提出更改申请，填写“更改申请单”，并说明更改事项和原因。

2．抽样

检疫机构接受报验后，需及时派人到货物堆存地点进行现场检验鉴定。其内容包括货物的数量、重量、包装、外观等项目。现场检验一般采取国际贸易中普遍使用的抽样法（个别特殊商品除外）。抽样时须按规定的抽样方法和一定的比例随机抽样，以便样品能代表整批商品的质量。

3．检验检疫

检疫机构根据抽样和现场检验记录，仔细核对合同及信用证别品质、规格、包装的规定，弄清检验的依据、标准，采用合理的方法实施检验。如属于进境的动植物，还须隔离检验检疫。

4．签发证书

对于出口商品，经检验部门检验合格后，凭“出境货物通关单”进行通关。如合同、信用证规定由检疫部门检验出证，或国外要求签发商检证书的，应根据规定签发所需证书。

5．卫生除害处理

检验检疫机构还需根据法规，对进出境的货物、动植物、运输工具、交通工具、公共场所、病源地和疫源地进行卫生除害处理。检验检疫业务流程如图 7-1 所示。

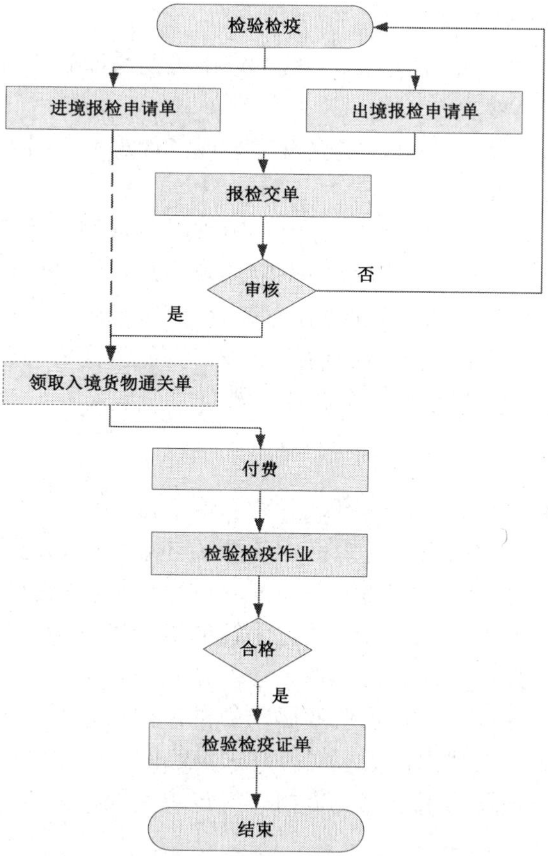

图 7-1 检验检疫业务流程

7.2.2 报关及报关程序

《中华人民共和国海关法》(以下简称《海关法》)第 8、第 9、第 14 条分别规定:"进出境运输工具、货物、物品,必须通过设立海关的地点进境或出境。""进出口货物,除另有规定的以外,可以由进出口货物收发货人自行办理报关纳税手续,也可以由进出口收发货人委托海关准予注册登记的报关企业办理报关纳税手续。进出境物品的所有人可以自行办理报关纳税手续,也可以委托他人办理报关纳税手续。""进出境运输工具到达或驶离设立海关的地点时,运输工具负责人应向海关如实申报,交验单证,并接受海关监督和检查。"由此可见,报关是指进出境运输的工具负责人、进出口货物的收发货人、进出境物品的所有人或者他们的代理人,向海关办理运输工具、货物、物品进出境手续的全过程。

报关程序是报关管理活动的核心内容。报关程序是指进出口货物收发货人、进出境运输工具负责人、进出境物品所有人或其代理人,按照海关的规定办理货物、运输工具、物品进出境及相关海关事务的手续和步骤。

由于海关对进出口货物、进出境运输工具、进出境物品监管不同，因而报关程序有所不同。这里仅介绍进出口货物报关程序。

进出口货物报关程序是指进出口货物收发货人或其代理人，按照海关的规定办理货物进出境及相关事务的手续和步骤。

根据海关监管制度，进出口货物可以分为一般进出口货物、保税货物、特定减免税货物、暂准进出口货物，它们的报关程序存在一定的差异。一般进出口货物报关程序在进出境阶段开始和完成，而其他货物报关程序需在进出境阶段基础上前伸或后延。报关程序按时间先后可分为前期阶段、进出境阶段、后续阶段，具体依次分为备案、申报、查验、征税、放行、核销（销案或解除监管）六个具体步骤。

1. 前期阶段

前期阶段是指根据海关对保税、特定减免税、暂准进出口等货物的监管要求，上述货物的收发货人或其代理人在货物进出境之前，向海关办理合同登记或减免税申请或报批等备案手续的过程。具体而言，保税货物的备案要求进出口货物的收发货人或其代理人应当办理加工贸易合同的备案申请、加工贸易登记手续的申请等手续；特定减免税货物备案要求进出口货物收发货人或其代理人应当办理企业的减免税备案登记、货物减免税申请、减免税证明的申领手续；暂准进出口货物备案要求暂准进出口货物中的展览品在实际进出境之前，进出口货物收发货人或其代理人应当办理展览品的报批手续。

根据定义可见，前期阶段适用于保税货物、特定减免税货物与暂准进出口货物。

2. 进出境阶段

进出境阶段是指进出口货物收发货人或其代理人在货物进出境时，依次向海关办理进出口申报、配合查验、缴纳税费、提取或装运货物手续的过程。

（1）进出口申报

《海关法》第 24 条规定，进出口货物的收发货人、出口货物的发货人应当向海关如实申报，交验进出口许可证和有关单证。

申报是进出口货物收发货人向海关提交报关单证、申请办理查验、征税和放行手续的活动。为确认报关单位的报关行为是否违规、是否走私，海关要求报关单位在进出口申报时，必须内容真实，提供齐全有效的单证，采用纸质报关单和电子数据报关单形式。同时，应在规定的申报地点与时间进行申报。对申报地点的规定是，一般应在进出境地申报，若有特殊情况，经海关批准，进出口货物也可在设有海关的指定地，出口货物在设有海关的启运地申报；经特殊方式运输进出境的货物可在海关指定地申报。对申报时间的规定是，进口货物的收货人应当自运输工具申报进境之日起 14 日内向海关申报，超过该期限的，由海关征收滞报金；出口货物的发货人除海关特准的以外，应当在货物运抵海关监管区后、装货的 24 小时以内向海关申报。

（2）查验

《海关法》第 28 条规定，进出口货物应当接受海关查验。查验是海关对进出口货物实施监管的一种具体行为，通过对进出口货物进行实际的检查，同时确定货单、货证是否一致，有无瞒报、伪报或申报不实等违规行为，从而为征税、统计及后续管理提供依据。

（3）缴纳税费

《海关法》第 53、第 54 条规定，准许进出口的货物、进出境物品，由海关依法征收关税；进口货物的收货人、出口货物的发货人、进出境物品的所有人是关税的纳税义务人。缴纳税费是指进出口货物的收发货人或其代理人接到海关发出的税费缴纳通知书后，在规定期限内用现金或票据，向海关指定的银行办理税费款项的缴纳手续的工作环节。若逾期缴纳，海关将征收滞纳金。若超过 3 个月还未缴纳，经海关关长批准，可以采取变卖应纳税货物或变卖其他财产或从其银行存款中扣款等强行措施抵缴税费。

（4）提取或装运货物

提取货物是指进口货物的收货人或其代理人，在办理了进口申报、配合查验、缴纳税费等手续，经海关决定放行后，持海关加盖"放行章"的进口提货凭证或海关通过计算机发送的放行通知书，提取货物的活动。

装运货物是指出口货物的发货人或其代理人，在办理出口申报、配合查验、缴纳税费等手续，海关决定放行后，持海关加盖"放行章"的出口装货凭证或凭海关通过计算机发送的放行通知书，通知港区、机场、车站及其他有关单位装运出口货物的活动。

提取或装运货物也称放行，放行是口岸海关监管现场作出的最后一项工作。一般进出口货物在被放行后，即完成了所有报关程序，退出了海关监管范围。而保税货物、经海关批准特定减免税货物、暂准进出口货物等缓纳税款或未纳税货物，在提取货物后并不意味着被海关监管过程的结束，而将转入后续管理阶段。

进出境阶段适用于所有进出口货物。当然，不同类型的货物在进出境阶段中的纳税环节上是有区别的，表现为缴纳关税、免税、缓缴，也表现为放行后是否继续接受海关监管。

3．后续阶段

后续阶段是指根据海关对保税货物、特定减免税货物、暂准进出口货物等的监管要求，进出口货物收发货人或其代理人在货物进出境储存、加工、装配、使用后，在规定的期限内按照规定的要求，向海关办理上述进出口货物核销、销案、申请解除监管手续的过程。对保税加工货物而言，进出口货物收发货人或其代理人应当在规定时间内办理保税加工货物登记手册的核销、银行保证金台账的销账等手续。对特定减免税货物而言，进出口货物收发货人或其代理人应当在海关监管期满，或者在海关监管期内，经海关批准出售、转让、退运、放弃特定减免税货物后，向海关申请办理解除海关监管的手续。对于暂准进出口货物而言，进出口货物收发货人或其代理人，应当在暂准进出境期限内，或者经海关批准延长暂准进出境期限到期后，向海关申请办理复运出境或进境或正式进出口销案等手续。后续阶段的监管活动又称结关，即海关对经口岸放行后仍需继续实施监管的货物，在规定的期限内进行核查，对需要补征、补税货物做出处理，直至完全结束海关监管的工作程序。

据此，后续阶段适用于在前期阶段中经过备案、申领登记手册或减免税证明的货物。

至此，我们可以知道，一般进出口货物的报关程序为：申报→配合查验→缴纳税款→提取或装运货物（放行）。保税货物、特定减免税货物、暂准进出口货物的报关程序为：备案→申报→配合查验→缴纳税款→提取或装运货物（放行）→核销。

任务 报关流程设计

一、出口业务管理

出口报关业务流程如图7-2所示。

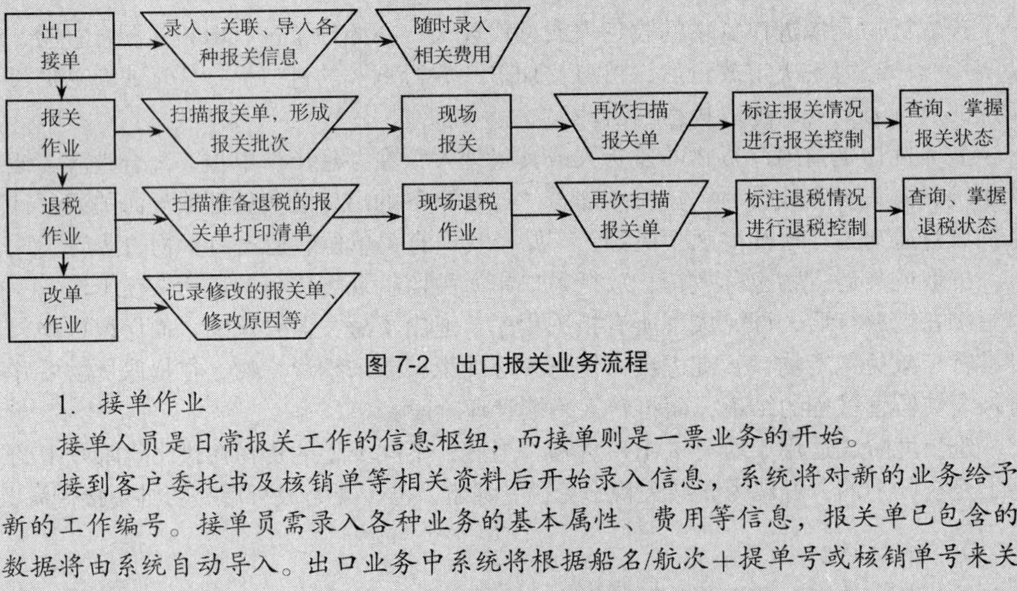

图7-2 出口报关业务流程

1. 接单作业

接单人员是日常报关工作的信息枢纽，而接单则是一票业务的开始。

接到客户委托书及核销单等相关资料后开始录入信息，系统将对新的业务给予新的工作编号。接单员需录入各种业务的基本属性、费用等信息，报关单已包含的数据将由系统自动导入。出口业务中系统将根据船名/航次＋提单号或核销单号来关联报关单数据。

其他作业环节中发生的业务信息将由系统关联并汇总至接单页面，比如，报关单的明细信息（品名、件数、毛重、体积等）可由报关预录入人员录入，并通过H2K接口导入智讯通；归档编号、归档日期可由归档管理模块的操作人员录入后关联进来；拉黄联日期、退税日期可由退税作业模块工作人员录入后自动关联；而转关、商检、扣箱、军品等各种业务属性均由接单员根据实际情况选择记录。

该业务产生的各类费用、收入也由接单员随时录入。

2. 检验检疫

出口商品大多需要进行检验检疫，检验通过方允许报关。报关行中对此工作多由专人操作，记录检验类型、时间、费用等。

出口报检流程：企业端输机→检验检疫局局域端→企业得到“收到”回执→检验检疫局检务审单→企业得到“正确”或“错误”回执（这个过程一般需要30～50分钟。回执状况有三种：①“收到”：表示机审通过，尚未正确受理，产生预录入号为15位数+E。②“错误”：表示系统审查有误退回或检务审核有误退回。③“正确”：表示检务已正式受理报检，产生正式报检号为15位数）→企业打印报检申请单。

检验检疫信息由系统自动根据工作编号汇总、显示到接单页面。

3. 报关作业

（1）报关工作的内容

接单完成后，报关行将赴海关进行现场报关，在此过程中由于涉及多种纸面单证的流转，因此专门设立此功能管理实际的报关工作。报关工作主要包括报关控制、报关状态等。

报关员录入（建议使用扫描枪）报关单的海关编号，相关信息自动关联委托人、单证等信息，设立相应的报关批号，并可打印报关清单；报关员完成现场报关工作后，回到企业并在报关控制中再次录入报关单号，并根据实际情况标注各种报关状态；管理人员则通过对报关状态的查询和监督，优化报关管理。

（2）海关作业

海关作业包括记录报关批次和进行打印。

（3）报关状态

报关状态主要供报关主管等管理人员使用，用于查询各票现场报关工作的状态，并统计数量。

（4）报关控制

报关员将现场报关完毕的报关单拿回来以后，依次扫入每票的报关编号，分别标注报关单的情况（通关——报关完成；所有的报关所需单证都已取回——单证取回；海关需要现场查验——查验；被退回——退单并登记退单原因）。所有业务的状态记录后，可打印报关交接单，以便与退税工作人员进行工作交接，以在单证丢失情况下分清责任。

“当前操作数”下的“交”和“收”指报关交接工作中，报关员和退税工作人员的单证签收，在系统中不必输入，拉出清单以后签名。

4. 退税作业

（1）退税控制

在出口业务中，报关行需要为出口企业取得合法出口的证明文件，以便出口企业办理退税手续，此工作极为重要。其操作过程则类似于报关作业。

（2）退税状态

退税状态与报关作业里的报关状态类似，海关报关完成以后拿黄联回来查询哪些黄联没有拿回来。

（3）错单登记

错单登记是指登记错单编号、出错原因等信息。

5. 改单作业

改单作业用于记录发生报关差错、需要修改的业务，不仅需要记录差错的原因、分清责任，而且对由此产生的费用也需进行统一管理。

6. 出口报关单

报关行工作人员可以方便地在这里查看报关单中的明细信息。当出现类似于到科思达申报等无法获取预录信息的情况时，也可以在此进行报关明细信息的补充录入。

二、进口业务管理

进口报关业务流程如图7-3所示。

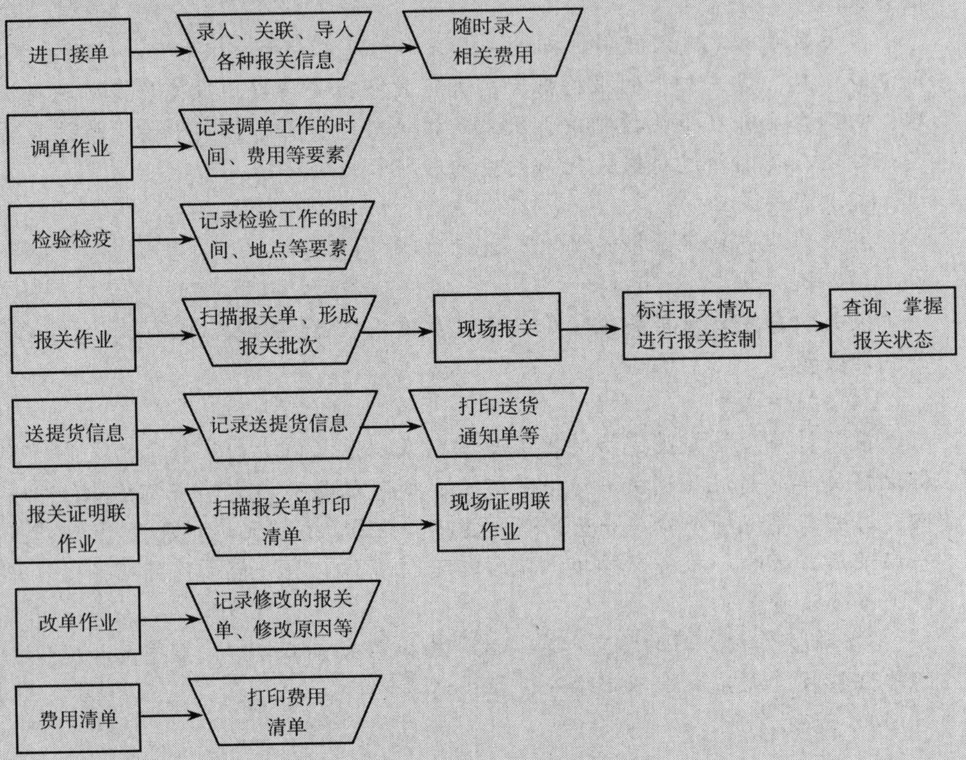

图7-3 进口报关业务流程

1. 接单作业

进口接单的意义与出口完全相同，但工作信息枢纽的地位更显著。接单页面中的信息不仅来自接单员自行录入、H2K 导入、其他模块关联等，还会来自车队、码头等现场部门。

接单员需录入各种业务的基本属性、费用等信息，报关单已包含的数据将由系统自动导入。进口业务中系统将根据“船名/航次＋提单号”来关联报关单数据。

2. 调单作业

报关行在进口申报前，往往需要凭提单到船公司处换取提货单，以便进行后续的港区提货等作业。调单模块即用于记录该项工作过程信息及相关费用信息，并根据工作编号自动汇总、显示到接单页面。

3. 检验检疫

进口商品大多需要进行检验检疫，检验通过方允许报关。报关行中对此工作多由专人操作，记录检验类型、时间、费用等。检验检疫信息由系统自动根据工作编号汇总、显示到接单页面。

4. 报关作业

（1）报关工作的内容

接单完成后，报关行将赴海关进行现场报关，在此过程中由于涉及多种纸面单证的流转，因此专门设立此功能管理实际的报关工作。报关工作主要包括报关控制、报关状态等。

报关员录入（建议使用扫描枪）报关单的海关编号，相关信息自动关联委托人、单证等信息，设立相应的报关批号，并可打印报关清单；报关员完成现场报关工作后，回到企业并在报关控制中再次录入报关单号，并根据实际情况标注各种报关状态；管理人员则通过对报关状态的查询监督报关工作，达到优化报关管理的目的。

（2）海关作业

海关作业记录报关批次并进行打印。

（3）报关状态

报关状态主要供报关主管等管理人员使用，用于查询各票现场报关工作的状态，并统计数量。

（4）报关控制

进口现场报关后不再扫描报关单号，而是直接在报关控制记录中标注报关状态，分别标注报关单的情况（通关——报关完成；所有的报关所需单证都已取回——单证取回；海关需要现场查验——查验；被退回——退单，并登记退单原因）。

5. 送提货查询

进口业务中，部分大型报关行将其服务领域拓展到货物的运输。送提货信息可由车队直接操作，填写送货计划和实际工作记录，记录发生的费用，并可打印各种送货通知单、计划表等，使公司的信息化没有数据死角。

6. 报关单证明联作业

与出口中的退税类似，报关行需要取得客户合法进口的证明，以便客户办理付汇。报关行可在此方便地打印符合海关规则的进口报关证明清单。

7. 改单作业

改单作业记录发生报关差错、需要修改的业务，不仅需要记录差错的原因、分清责任，而且对由此产生的费用也需进行统一管理。

8. 进口报关单

报关行工作人员可以方便地在进口报关单里查看报关单中的明细信息。当出现无法获取预录信息的情况时，也可以在此进行报关明细信息的补充录入。

7.2.3 报检和报关单据

1．出境货物报检单

《出境货物报检单》是出口报检的重要依据之一，如表 7-1 所示。申请报检人必须按照规定完整、准确、清晰地填写各项内容。应附资料要整齐，并与《出境货物报检单》一致。填写说明如下。

表 7-1 《出境货物报检单》

中华人民共和国出入境检验检疫

出境货物报检单

报检单位（加盖公章）： *编号__________

报检单位登记号： 联系人： 电话： 报检期：

发货人	（中文）				
	（外文）				
收货人	（中文）				
	（外文）				
货物名称（中/外文）	H. S. 编码	产地	数/重量	货物总值	包装种类及数量
运输工具名称号码		贸易方式		货物存放地点	
合同号		信用证号		用途	
发货日期		输往国家（地区）		许可证/审批号	号
启运地		到达口岸		生产单位注册号	
集装箱规格、数量及号码					

续表

<table>
<tr><td>合同、信用证订立的检验检疫条款或特殊要求</td><td>标 记 及 号 码</td><td colspan="2">随附单据（划“✓”或补填）</td></tr>
<tr><td rowspan="6"></td><td rowspan="6"></td><td>□合同</td><td>□包装性能结果单</td></tr>
<tr><td>□信用证</td><td>□许可/审批文件</td></tr>
<tr><td>□发票</td><td>□</td></tr>
<tr><td>□换证凭单</td><td>□</td></tr>
<tr><td>□装箱单</td><td>□</td></tr>
<tr><td>□厂检单</td><td>□</td></tr>
</table>

<table>
<tr><td colspan="4">需要证单名称（划“✓”或补填）</td><td colspan="2">*检验检疫费</td></tr>
<tr><td>□品质证书</td><td>__正__副</td><td>□植物检疫证书</td><td>__正__副</td><td rowspan="2">总金额（人民币元）</td><td rowspan="2"></td></tr>
<tr><td>□重量证书</td><td>__正__副</td><td>□熏蒸/消毒证书</td><td>__正__副</td></tr>
<tr><td>□数量证书</td><td>__正__副</td><td>□出境货物换证凭单</td><td>__正__副</td><td rowspan="2">计费人</td><td rowspan="2"></td></tr>
<tr><td>□兽医卫生证书</td><td>__正__副</td><td>□</td><td></td></tr>
<tr><td>□健康证书</td><td>__正__副</td><td>□</td><td></td><td rowspan="3">收费人</td><td rowspan="3"></td></tr>
<tr><td>□卫生证书</td><td>__正__副</td><td>□</td><td></td></tr>
<tr><td>□动物卫生证书</td><td>__正__副</td><td>□</td><td></td></tr>
<tr><td colspan="4" rowspan="3">报检人郑重声明：
1．本人被授权报检。
2．上列填写内容正确属实，货物无伪造或冒用他人的厂名、标志、认证标志，并承担货物质量责任。
签名：________</td><td colspan="2">领 取 证 单</td></tr>
<tr><td>日期</td><td></td></tr>
<tr><td>签名</td><td></td></tr>
</table>

注：有“*”号栏由出入境检验检疫机关填写　　◆国家出入境检验检疫局制

① 报验单位：指向商检机构申请检验、鉴定业务的单位。报验单位应加盖公章，如果报验和交款不是同一单位，须在备注栏注明。

② 发货人：填写对外贸易合同中的卖方名称，须中文、译文对照。

③ 收货人：填写合同、信用证所列买方名称。

④ 生产厂和产地：生产厂填写代码，产地填写生产出口商品的地名。

⑤ 货物批号：按工厂实际生产批号填写。

⑥ 装运日期：填写该批货物的实际装运日期。

⑦ 输往国别：填写该批出口货物输往的目的国家或地区。

⑧ 贸易方式：包括一般贸易，三来一补，边境贸易，其他贸易。

⑨ 卫生注册/许可证号：凡必须向商检机构办理卫生注册及出口质量许可证的商品，报验时必须交付商检机构签发的卫生注册证书、厂检合格单或出口质量许可证，并填写证

书编号。

⑩ 标记及号码：填写唛头，如没有唛头，填写“N/M”或批号。唛头填写不下时可用附页。

⑪ 商品名称、规格：按合同、信用证所列名称及规格填写，须中文、译文对照。

⑫ 报验数/重量：填写实际报验的出口货物的数/重量，重量一般填写净重，如填写毛重或以毛重为净重，则须注明。

⑬ 包装件数及种类：填写该批出口货物运输包装的件数和种类。

⑭ 本批商品总值：按该批出口商品的出口合同或发票所列的总值填写（以美元计），如同一报验单报验多批商品，须列明每批商品的总值。

⑮ 要求证单种类：报验企业根据需要在所列单证下空格中打“√”，该栏没有列出所需的证单种类，可在“其他”栏中填写。证单文种按需要填写，如“英文”、“法文”等。

⑯ 报验单位对商检有特殊要求，如合同或信用证的特殊条款、要求证单日期等可在备注栏填写。

填写货物报检单应注意以下几个方面：

① 报验员必须按规定认真填写出口商品报验单，每份报验单中只限填报一批商品。要做到书写工整，字迹清楚，不得随意涂改，项目填写齐全，译文准确。中文与译文内容一致并加盖报验单位公章。

② 报验员对所需检验证书的内容如有特殊要求，应预先在出口商品报验单上申明。

③ 报验员应预先约定抽样检验、鉴定的时间并提供进行抽样和检验鉴定等必要的工作条件。

④ 已经报验的出口商品，如国外开来信用证修改函中有涉及与商检有关的条款，报检企业必须及时将修改函送商检机构，办理更改手续。

⑤ 报验员因特殊原因须撤销报验时，经书面说明原因后，可以办理撤销。

2．报关单

一切进口货物的收货人、出口货物的发货人，或他们委托的代理人都必须在货物进出口时填写《进口货物报关单》或《出口货物报关单》，向海关申报。这是向海关办理报关手续的一项法律行为。报关单填写的质量直接关系到报关的效率、企业的经济利益，以及海关的征税、减免税查验和放行等工作。

为使报关工作顺利进行，各进出口企业在制作和提交上述单据时要做到：单证齐全、有效；单证相符、单货相符；符合有关法律法规的规定；符合海关的要求。

进口货物报关单样式如表7-2所示。

表 7-2　中华人民共和国海关出口货物报关单

预录入编号：　　　　　　　　　　　　　海关编号：

出口口岸	备案号		出口日期	申报日期
经营单位	运输方式	运输工具名称	提运单号	
发货单位	贸易方式		征免性质	结汇方式
许可证号	运抵国（地区）		指运港	境内货源地
批准文号	成交方式	运费	保险费	杂费
合同协议号	件数	包装种类	毛重（公斤）	净重（公斤）
集装箱号	随附单据		生产厂家	
标记唛码及备注				

项号	商品编号	商品名称、规格型号	数量及单位	最终目的国（地区）	单价	总价	币制	征免

税费征收情况				
录入员	录入单位	兹声明以上申报无讹并承担法律责任	海关审单批注及放行日期（签章）	
报关员		申报单位（签章）	审单	审价
			征税	统计
单位地址				
邮编	电话	填制日期	查验	放行

报关单项目说明如下。

（1）预录入编号

预录入编号是指预录入单位预录入报关单的编号，用于申报单位与海关引用其虽已申报但尚未正式接受申报的报关单。预录入编号由预录入单位决定编号规则。

（2）海关编号

海关编号是海关接受申报时给予报关单的编号，进口报关单和出口报关单分别编号。

（3）进口口岸/出口口岸

进口口岸/出口口岸是指货物实际进出我国关境口岸海关的名称。应根据相应的口岸海关中文名称及四位代码填报（关区代码表）。

（4）备案号（备案审批文件的代码或标记、填报内容）

备案号是指进出口的收发货人办理报关手续时，应向海关递交的备案审批文件的编号，如加工贸易手册编号（B、C）、征免税证明编号（Z）、实行优惠贸易协定项下原产地证书联网管理的原产地证书编号（Y）等。

（5）进口日期/出口日期

进口日期是指运载所申报货物的运输工具申报进境的日期。本栏目填报的日期必须与相应的运输工具进境日期一致。无法确认相应运输工具的实际进境日期时，免予填报。

出口日期是指运载所申报货物的运输工具办结出境手续的日期。本栏目供海关打印报关单证明联用，在申报时免予填报。

无实际进出境的报关单填报办理申报手续的日期，以海关接受申报的日期为准。

（6）申报日期

申报日期指海关接受进出口货物的收发货人或受其委托的报关企业申请的日期。

以电子数据报关单方式申报的，申报日期为海关计算机系统接受申报数据时记录的日期。

以纸质报关单方式申报的，申报日期为海关接受纸质报关单并对报关单进行登记处理的日期。

（7）经营单位

经营单位是指对外签订并执行进出口贸易合同的中国境内企业、单位或个体工商户。

① 本栏目应填报经营单位名称及经营单位在海关办理注册登记的10位编码。

② 报关企业代理报关时，填报委托的进出口企业的名称及其海关注册编码。

③ 没有进出口经营权的企业委托有进出口经营权的企业代理进出口时，填报接受委托的有进出口经营权企业的名称及其海关注册编码。

④ 外商投资企业委托外贸企业进口投资设备、物品时，“经营单位”栏填报外商投资企业的中文名称及编码，并在“标记唛码及备注”栏注明“委托××公司进口”。

例如，上海协通针织有限公司（3101935039）委托上海机械进出口（集团）公司进口“圆形针织机”5台，“经营单位”应填报：上海协通针织有限公司（3101935039），并在“标记唛码及备注”栏注明“委托上海机械进出口（集团）公司进口”。

（8）运输方式

运输方式是指载运货物进出关境所使用的运输工具的分类，包括实际运输方式和海关规定的特殊运输方式。

本栏目应根据实际运输方式按海关规定的“运输方式代码表”选择填报相应的运输方式。

（9）运输工具名称

运输工具名称是指载运货物进出境的运输工具的名称或运输工具编号。

本栏目填报内容应与运输部门向海关申报的载货清单所列相应内容一致。一份报关单只允许填报一个运输工具名称。H2000 系统中，此栏应填报为“运输工具名称/航次号”。“航次号”是指载运货物进出境的运输工具的航次编号。例如，“HUAILAIHE”号轮 V0615E 航次，在“运输工具名称”栏填报为：HUAILAIHE/V0615E。

（10）提运单号

提运单号是指进出口货物提单（水路）或运单（铁路和航空运单及海运单）的编号。

本栏目填报的内容应与运输部门向海关申报的载货清单所列相应内容一致。一份报关单只允许填报一个提运单号，一票货物对应多个提运单时，应分单填报。

无实际进出境的，本栏目免予填报。

（11）收货单位/发货单位

收货单位指已知的进口货物在境内的最终消费、使用单位，包括自行从境外进口货物的单位、委托进出口企业进口货物的单位。

发货单位指出口货物在境内的生产或销售单位，包括自行出口货物的单位、委托进出口企业出口货物的单位。

（12）贸易方式

本栏目应根据实际情况，按海关规定的代码填报相应的贸易方式（简称或代码）。一份报关单只允许填报一种贸易方式。

贸易方式是来料加工，此栏目填来料加工；贸易方式是进料对口，此栏目填进料加工。

（13）征免性质

征免性质是指海关对进出口货物实施征、减、免税管理的性质类别。

本栏目应按照海关核发的“征免税证明”中批注的征免性质填报，或根据实际情况按海关规定的“征免性质代码表”选择填报相应的征免性质（简称或代码）。一份报关单只允许填报一种征免性质。

一般贸易，填一般征税。

（14）结汇方式（主要结汇方式名称、代码）

出口报关单应填报结汇方式，即出口货物的发货人或其代理人收结外汇的方式。

本栏目应按海关规定的“结汇方式代码表”选择填报相应的结汇方式名称或代码。

（15）许可证号

应申领进出口许可证的货物，必须在此栏目填报商务部及其授权发证机关签发的出口货物许可证的编号。一份报关单只允许填报一个许可证号。非许可证管理商品，此栏目空。

（16）运抵国（地区）

运抵国（地区）是指出口货物离开我国关境直接运抵，或者在运输中转国（地）未发生任何商业性交易的情况下最后运抵的国家（地区）。

对发生运输中转的货物，如在中转地未发生任何商业性交易，则运抵地不变；如在中转地发生商业性交易，则以中转地作为运抵国（地区）填报。无实际进出境的，本栏目填报“中国”（代码142）。

上述栏目应按海关规定的“国别（地区）代码表”选择填报相应的国家（地区）名称或代码。

（17）指运港

指运港是指出口货物运往境外的最终目的港。最终目的港不可预知时，可按尽可能预知的目的港填报。

本栏目应根据实际情况按海关规定的“港口航线代码表”选择填报相应的港口中文名称或代码。无实际进出境的，本栏目填报“中国境内”（代码142）。

对于发生运输中转的货物，最后一个中转港为装货港，指运港不受中转影响。

（18）境内货源地

境内货源地是指出口货物在国内的产地或原始发货地。

本栏目应根据出口货物生产厂家或发货单位所属国内地区，并按海关规定的“国内地区代码表”选择填报相应的国内地区名称或代码。

（19）批准文号

本栏目用于填报“出口收汇核销单”编号。

（20）成交方式

本栏目应根据实际成交价格条款，按海关规定的“成交方式代码表”选择填报相应的成交方式代码。

无实际进出境的，出口填报FOB价。

（21）运费

本栏目用于成交价格中含有运费的出口货物，应填报该份报关单所含全部货物的国际运输费用。可按运费单价、总价或运费率三种方式填报，同时注明运费标记，并按海关规定的“货币代码表”选择填报相应的币种代码。

运费标记“1”表示运费率，“2”表示每吨货物的运费单价，“3”表示运费总价。

填制纸质报关单时，“运费”栏不同的运费标记填报如下。

① 运费率：直接填报运费率的数值，如5%的运费率填报为“5”。

② 运费单价：填报运费币值代码+“/”+运费单价的数值+“/”+运费单价标记，如24美元的运费单价填报为“502/24/2”。

③ 运费总价：填报运费币值代码+“/”+运费总价的数值+“/”+运费总价标记，如 7 000 美元的运费总价填报为“502/7 000/3”。

④ 运保费合并计算的，运保费填报在“运费”栏中。

（22）保险费

本栏目用于成交价格中含有保险费的出口货物，应填报该份报关单所含全部货物国际运输的保险费用。可按保险费总价或保险费率两种方式填报，同时注明保险费标记，并按海关规定的“货币代码表”选择填报相应的币种代码。

运保费合并计算的，运保费填报在运费栏目中，本栏目免予填报。

保险费标记“1”表示保险费率，“3”表示保险费总价。

填制纸质报关单时，“保费”栏不同的保费标记填报如下。

① 保费率：直接填报保费率的数值，如 3‰的保险费率填报为“0.3”。

② 保费总价：填报保费币值代码+“/”+保费总价的数值+“/”+保费总价标记，如 10 000 港元保险费总价填报为“110/10 000/3”。

（23）杂费

杂费是指成交价格以外的，按照《中华人民共和国进出口关税条例》相关规定应计入完税价格或应从完税价格中扣除的费用，可按杂费总价或杂费率两种方式之一填报，同时注明杂费标记，并按海关规定的“货币代码表”选择填报相应的币种代码。

应计入完税价格的杂费填报为正值或正率，应从完税价格中扣除的杂费填报为负值或负率。

① 杂费率：直接填报杂费率的数值，如应计入完税价格的 1.5%的杂费率填报为“1.5”，应从完税价格中扣除的 1%的回扣率填报为“–1”。

② 杂费总价：填报杂费币值代码+“/”+杂费总价的数值+“/”+杂费总价标记，如应扣除完税价格的 500 英镑杂费总价填报为“303/–500/3”。

③ 一般从发票中查找，一般在价格附近，注意英文单词“LESS”，如：LESS DISCOUNT 5%。

④ 预付款（Prepayment）、订金（Deposit）不是杂费，是货款的一部分，不填在杂费栏。

（24）合同协议号

本栏目应填报出口货物合同（协议）的全部字头和号码。

（25）件数

本栏目应填报有外包装的出口货物的实际件数。特殊情况填报要求如下。

① 舱单件数为集装箱的，填报集装箱个数。

② 舱单件数为托盘的，填报托盘件数。

③ 裸装、散装货物，“件数”栏填报为“1”。

④ 有关单据仅列明托盘件数，或者既列明托盘件数，又列明单件包装件数的，本栏填报托盘件数。例如“2 PALLETS 100 CTNS”，件数应填报为“2”，包装种类报为“托盘”。

⑤ 如“2 UNIT & 4 CTNS”这样多种包装的，件数应填报为“6”，包装种类统报为“件”。

⑥ 本栏目不得填报为零。

（26）包装种类

此栏填报相应的包装种类中文名称。

① 木箱（wooden case）

② 托盘（pallet）

③ 纸箱（carton，CTNS = cartons）

④ 包（bale，BLS = bales）

⑤ 桶装（drum/ barrel /cask/ keg/ pail）

⑥ 辆，台（unit）

⑦ 散装（bulk）裸装（nude / unpacked）

⑧ 集装箱（container）

⑨ 件（package，PKGS = packages）

（27）毛重

毛重（公斤）是指货物及其包装材料的重量之和。

计量单位为千克，不足1千克的填报为“1”。

如在1千克以上且为非整数，保留四位小数，如9.567 89千克，填报为“9.567 8”千克。

在原始单据中，Gross Weight 所对应的数据就是毛重。

（28）净重

净重（公斤）是指货物的毛重减去外包装材料后的重量，即商品本身的实际重量。

本栏目填报出口货物实际净重，计量单位为千克，不足1千克的填报为“1”。

在原始单据中，Net Weight 所对应的数据就是净重。

（29）集装箱号

本栏目用于填报和打印集装箱编号及数量。集装箱号是在每个集装箱箱体两侧标示的全球唯一的编号。

填报方式为：集装箱号/规格/自重，如 TEXU3605231/20/2376。

有多个集装箱的，第一个集装箱号填报在“集装箱号”栏，其余的依次填报在“标记唛码及备注”栏。

非集装箱货物，填报为“0”。

（30）随附单据

随附单据是指随出口货物报关单一并向海关递交的单证或文件。合同、发票、装箱单、进出口许可证等必备的随附单证不在本栏目填报。

（31）生产厂家

生产厂家是指出口货物的境内生产企业的名称，本栏目供必要时手工填写。

（32）标记唛码及备注

H2000 系统中，此栏填报如下。

① 标记唛码中除图形以外的文字、数字。

② 所申报货物涉及多个监管证件的，除第一个监管证件以外的其余监管证件和代码。格式为“监管证件的代码”＋“:”＋“监管证件编号”。

③ 所申报货物涉及多个集装箱的，除第一个集装箱号以外的其余的集装箱号。格式为“集装箱号”＋“/”＋“规格”＋“/”＋“自重”。

（33）项号

每项商品的“项号”栏分两行填报。

① 第一行填报货物在报关单中的商品排列序号。

② 第二行专用于加工贸易（B、C）、减免税（Z）或实行原产地证书联网管理（Y）等已备案的货物，填报该项货物在加工贸易手册、征免税证明或对应的原产地证书上的商品项号。

加工贸易合同项下进出口货物，必须填报与加工贸易手册一致的商品项号，所填报项号用于核销对应项号下的料件或成品数量。

（34）商品编号

商品编码也称商品编号（H.S. CODE）。

商品编号是指按商品分类编码规则确定的进出口货物的商品编号。应填报 8 位税则号列，以及第 9、第 10 位附加编号。

（35）商品名称、规格型号

本栏目分两行填报并打印。第一行打印进出口货物规范的中文商品名称，第二行打印规格型号。

在“Description of Goods”、“Product and Description”、“Name of Commodity”后面所对应的内容则为商品名称及规格，如果商业发票中的名称不是中文名称要翻译成中文填报，必要时加注原文。

（36）数量及单位

数量及单位是指进出口商品的实际数量及计量单位。本栏目分三行填报及打印，具体填报要求如下。

① 进出口货物必须按海关法定计量单位填报，法定第一计量单位及数量打印在本栏目第一行。

② 凡海关列明第二计量单位的，必须报明该商品第二计量单位及数量，打印在本栏目第二行。无第二计量单位的，本栏目第二行为空。

③ 成交计量单位及数量应当填报并打印在第三行。

（37）原产国（地区）/最终目的国（地区）

原产国（地区）是指进口货物的生产、开采或加工制造国家（地区）。

最终目的国（地区）是指已知的出口货物的最终实际消费、使用或进一步加工制造国家（地区）。

（38）单价

应填报同一项号下进出口货物实际成交的商品单位价格。海关估价时，应在 H2000 通关系统“海关单价”栏修改。

① 填报同一项号下进出口货物实际成交的商品单位价格的金额。单价如非整数，其小数点后保留 4 位，第 5 位及以后略去，而不是四舍五入。

② 无实际成交价格的，填报单位货值。

（39）总价

应填报同一项号下进出口货物实际成交的商品总价。海关估价时，应在 H2000 通关系统“海关总价”栏修改。

① 填报同一项号下进出口货物实际成交的商品总价。总价如非整数，其小数点后保留 4 位，第 5 位及以后略去。

② 无实际成交价格的，填报货值。

（40）币制（常用货币名称、代码）

币制是指进出口货物实际成交价格的币种。

本栏目应根据实际成交情况，按海关规定的“货币代码表”，选择填报相应的货币名称或代码，如“货币代码表”中无实际成交币种，需转换后填报。

（41）征免

征免是指海关对进出口货物进行征税、减税、免税或特案处理的实际操作方式。

本栏目应按照海关核发的“征免税证明”或有关政策规定，对报关单所列每项商品，选择填报海关规定的“征减免税方式代码表”中相应的征减免税方式。

（42）税费征收情况

本栏目供海关批注进（出）口货物税费征收及减免情况。

（43）录入员

本栏目用于预录入和 EDI 报关单，打印录入人员的姓名。

（44）录入单位

本栏目用于预录入和 EDI 报关单，打印录入单位名称。

（45）申报单位

本栏目指报关单左下方用于填报申报单位有关情况的总栏目。申报单位指对申报内容的真实性直接向海关负责的企业或单位。自理报关的，应填报进（出）口货物的经营单位名称及代码；委托代理报关的，应填报经海关批准的专业或代理报关企业名称及代码。本栏目还包括报关单位地址、邮编和电话等分项目，由申报单位的报关员填报。

（46）填制日期

指报关单的填制日期，预录入和 EDI 报关单位由计算机自动打印。本栏目为 6 位数，顺序为年、月、日，各 2 位。在 H2000 通关系统下，本栏目为 8 位数字，顺序为年（4 位）、月（2 位）、日（2 位）。

（47）海关审批注栏

本栏目指供海关内部作业时签注的总栏目，由海关关员手工填写在预录入报关单上。

7.3　国际货物运输保险

7.3.1　国际货物运输保险的概念

国际货物运输保险是指保险人（保险公司）与投保人（国际贸易中的买方或卖方）签订合同，约定投保人支付规定的保险费，在货物遭受国际运输途中约定的保险事故损害时，由保险人负责给予约定的保险受益人（被保险人）补偿的行为。

根据各国法律，国际货运中的投保人和保险人及被保险人在签订和履行合同时必须遵循以下各项基本原则。

1．可保利益原则

可保利益原则是指被保险人必须对保险标的具有可保利益（又称可保权益，是指被保险人对保险标的所拥有的某种合法的经济利益。在国际货物运输保险中，这种经济利益具体体现为被保险人对保险标的船舶、货物、运费、预期利润等享有所有权、担保物权，或承担经济风险和责任；被保险人会因为保险标的的安全或按期到达而获益，或因为该项标的发生灭失或损毁而受到损害或负有责任），才能与保险人订立有效的保险合同，才能在保险标的遇到承保责任范围内的损失时，从保险人处取得损失赔偿。

在国际货物运输保险中，并不要求被保险人在订立保险合同时就拥有可保利益，而只要求在保险标的受损时拥有。

2．最大诚信原则

保险合同作为一种补偿性合同，须以双方当事人的“最大诚信”（Utmost Good Faith）为基础。当事人中的一方如以欺骗或隐瞒的手段诱使他方签订合同，一旦被发现，他方即有权解除合同；如有损害，并可要求赔偿。所谓最大诚信原则，是指投保人和保险人在签订保险合同及在保险有效期内，必须保持最大限度的诚意，恪守信用，互不欺骗隐瞒。保险人应当向投保人说明保险合同的条款内容，并可以就保险标的或被保险人的有关情况提出询问，投保人应当如实告知。

3．近因原则

近因（Proximate Cause）是指造成货物损失的最接近、最直接的原因，即货物的损失是某项原因发生作用的直接结果，该项原因就是近因。近因是从原因发生的效果上，而不是从时间上判断。保险人只对承保风险与保险标的的损失之间有直接因果关系的损失负赔偿责任，这就是保险业中所谓的近因原则。

在保险理赔工作中，近因原则是用来确定保险标的所受损失是否能获得保险赔偿的一项重要依据。

4．补偿原则

补偿原则（Principle of Indemnity）又称损害赔偿原则，是指当保险标的遭受保险责任范围内的损失时，保险人应当依照保险合同的约定履行赔偿义务。但保险人的赔偿金额不能超过保险金额或被保险人所遭受的实际损失。保险人的赔偿也不应使被保险人因此而获得额外利益。

案例

A外贸公司以CIF价（Cost，Insurance and Freight，指成本加保险费、运费）向某日本公司B出口一批豆荚，约定付款方式为T/T电汇，向C保险公司投保海上货物运输一切险。该批货物装载在某航运公司D所属冷藏船舶，D航运公司签发了清洁提单。

货物运抵日本后发现货损，经检验确认系冷藏船的冷藏系统存在缺陷所致，由此引发了B日本公司拒付货款的结果。A外贸公司持保险单向C保险公司索赔，保险公司根据保险合同的内容给予了赔付，并取得权益转让书，代货物方向D航运公司索求赔偿。

为保险利益对簿公堂

承保的C保险公司表示，由其承保的货物在D航运公司承运期间发生货损，公司在根据保单规定、赔付了保单持有人即被保险人A外贸公司的有关损失并取得代为求偿权后，有权向签发清洁提单的货损责任人航运公司追偿。

而D航运公司则认为，货损的确发生在其掌管货物期间，但有权向其提起诉讼的只能是该案的收货人 B 日本公司。因为 A 外贸公司系以 CIF 价出售货物，货物越过船舷后该风险便已转移给了收货人 B 日本公司，外贸公司对货物不再享有保险利益。A 外贸公司既非最终的提单持有人，又不享有保险利益，因此 C 保险公司向 A 外贸公司赔付的行为是不合法的，代为求偿权也因此不成立。双方最终对簿公堂。

本案争议的焦点在于保险利益的确定。作为 CIF 卖方的 A 外贸公司以投保人（被保险人）身份投保时对货物具有保险利益，该保险合同有效成立。货物按约定装上航运公司船舶，在货物越过船舷后，货物所有权和风险都转移给了 CIF 价的买方。尽管保单未按照约定转移给 B 日本公司而仍由外贸公司持有，但由于外贸公司已经丧失对货物的所有权和控制权，因而也丧失对货物的保险利益。因此尽管外贸公司仍持有保单且作为保单项下的被保险人，但因其对货物不具有保险利益，故无权向保险人索赔。

代为求偿权不成立

本案中，C 保险公司赔付给对货物不具有保险利益的 A 外贸公司，就该赔付行为而言，A 外贸公司成为不当得利者。但 C 保险公司无权由此取得代为求偿权，因此无权转向承运人 D 航运公司索赔。

法院经审理认为，A 外贸公司虽与 C 保险公司签订了保险合同，但据外贸公司与 B 日本公司的贸易合同及其约定的 CIF 价格条件，货物越过船舷时风险即转移给日本公司，A 外贸公司应将保险单一并背书转让给日本公司，对货物具有保险利益的人是 B 日本公司。

A 外贸公司遭受的未收到货款的损失系其与日本公司在贸易合同上的纠纷。外贸公司在投保时享有保险利益，但其在货物越过船舷后即已丧失保险利益。因此其虽持有保单也无权要求保险公司赔付保单项下的损失。C 保险公司将保险赔款支付给了对货物不再享有保险利益的托运人外贸公司的行为是不合法的，因此其取得的代为求偿权也是不成立的。

案例点评

保险利益的确定对确认保险合同的效力至关重要。

采用 CIF、FOB（Free On Board，离岸价格）、CFR（Cost and Freight，成本加运费）价格条件的贸易合同，根据《国际贸易术语解释通则》的规定，这些价格条件本身就包含了对所有权、风险转移的约定，应作为确定保险利益的依据。

保险利益原则是《保险法》最重要的基本原则之一。保险利益是保险合同的效力要件，不仅对保险合同的成立有意义，而且对保险合同的效力维持也有意义。中国《保险法》将保险利益定义为“投保人对保险标的具有的法律上承认的利益”；英国 1906 年《海上保险法》第 5 条则规定，保险利益是指被保险人对海上冒险或任何可保财产的法律关系，因可保财产之安全或适时到达而受益，因其毁损或引起责任而受损害。

保险利益的确定对确认保险合同的效力至关重要。保险利益的确定应从以下几方面进行。

1. 根据保险单的规定而确定

英国1906年《海上保险法》中有关于“Lostor Not Lost”的规定，即如果被保险人不知道货物已经发生灭失或损害而进行投保，尤其是在预约保险的情况下，出险后保险人不得以被保险人没有保险利益为由拒赔。如果没有类似约定，则应强调投保人在投保时具有保险利益或被保险人在保险事故发生时对保险标的具有保险利益。

2. 根据贸易合同约定而确定

采用CIF、FOB、CFR价格条件的贸易合同，根据《国际贸易术语解释通则》的规定，这些价格条件本身就包含了对所有权、风险转移的约定，应作为确定保险利益的依据。例如，在CIF价格条件下，受让保单的买方从货物越过船舷那一刻起便承担货物的风险因而具有保险利益，在保险事故发生后有权向保险人索赔。

3. 根据出险时间确定

以保单持有人在损失发生时是否具有保险利益来确定保险合同是否有效。

作为货物保险人的保险公司在理赔时，一定要根据保险货物的价格条件或贸易合同来确定索赔人在保险事故发生时是否承担了货物的风险。即使索赔人在事故发生时仍持有保单和提单，但是货物的风险已经转移给第三方，则索赔人对该票货物就已失去保险利益，保险公司不应向已失去保险利益的索赔人支付赔款。

7.3.2 海运货物保险实务

进出口货物运输保险是由进出口贸易的一方作为投保人同保险公司签订保险合同，将货物运输过程中的风险转嫁给保险人，一旦被保险货物在运输过程中遭到保险责任范围内的损失，保险人将按保险合同的约定，给被保险人以经济补偿。对货物被保险人来说，掌握货物的投保技术，懂得在被保险货物发生损失时如何办理索赔，是处理好海运货物保险实务的必要条件。

1. 保险金额和保险费的计算

（1）保险金额（Insured Amount）

保险金额是被保险人对保险标的的实际投保金额，是保险人承担保险责任的标准和计收保险费的基础。在被保险货物发生保险责任的损失时，保险金额就是保险人赔偿的最高限额。因此，投保人投保运输货物保险时，一般应向保险人申报保险金额。

按照国际保险市场的习惯做法，出口货物的保险金额一般按CIF货价另加10%计算，这增加的10%叫保险加成，也就是买方进行这笔交易所付的费用和预期利润。保险金额计算的公式是：

$$保险金额 = CIF 货值 \times（1+加成率）$$

例如，一批发电机，其CIF价值为5万美元，被保险人或投标人与保险公司约定加成

10%，则该批货物的保险金额为 5 ×（1+10%）= 5.5（万美元）。保险金额既然是以 CIF 价格为基础计算，如对外报价为 CFR，而对方要求该报 CIF，或者在 CFR 合同项下，卖方代买方办理投保，都不能以 CFR 价格作为基础直接加保险费计算，而应先把 CFR 转化为 CIF 价格再加成计算保险金额。从 CFR 价格换算为 CIF 时，应利用下列公式：

CIF = CFR /［1–（1+加成率）×保险费率］

推导过程如下：

CIF=CFR+保险费

=CER+（保险金额×保险费率）

=CFR+CIF（1+加成率）×保险费率

CIF–CIF（1+加成率）×保险费率=CFR

即　CIF=CFR /［1–（1+加成率）×保险费率］

【例】某公司出口一批商品到欧洲，原报 CFR 伦敦，总金额为 10 000 美元，投保一切险（保险费率为 0.6%）及战争险（保险费率为 0.04%），保险加成率为 10%，则该报 CIF 价格是：

CIF=10 000 /［1–（1+10%）×（0.6%+0.04%）］=10 070.90（美元）

该批货物的保险金额是：

保险金额=10 070.90 ×（1+10%）=11 077.99（美元）

（2）保险费（Premium）

投保人按约定方式缴纳保险费是保险合同生效的条件。保险费率（Premium Rate）是由保险公司根据一定时期、不同种类的货物的赔付率，按不同险别和目的地确定的。保险费则根据保险费率表按保险金计算，其计算公式是：

保险费 = 保险金额×保险费率

在我国出口业务中，CFR 和 CIF 是两种常用的术语。鉴于保险费是按 CIF 货值为基础的保险额计算的，两种术语价格应按下述方式换算。

由 CIF 换算成 CFR 价：CFR=CIF×［1–保险费率×（1+加成率）］

由 CFR 换算成 CIF 价：CIF=CFR/［1–保险费率×（1+加成率）］

在进口业务中，按双方签订的预约保险合同承担，保险金额按进口货物的 CIF 货值计算，不另加减，保费率按“特约费率表”规定的平均费率计算；如果是 FOB 进口货物，则按平均运费率换算为 CFR 货值后再计算保险金额，其计算公式如下：

FOB 进口货物：保险金额=［FOB×（1+平均运费率）］/（1–平均保险费率）

CFR 进口货物：保险金额=CFR/（1–平均保险费率）

2．索赔

海上货物运输经常发生货损货差的情况，因而就产生了索赔。货主对因货运事故造成的损失向承运人或船舶所有人提出赔偿要求。如果发生保险责任范围内的损失，被保险人即可按照保险单有关条款的规定向保险人提出索赔。

（1）索赔的原则

① 实事求是。根据事故的实际情况，分析造成事故的原因，确定损失的程度或准确数量。对应该索赔的货物，必须坚持索赔。

② 有理有据。处理对外索赔案件，要进行深入细致的调查研究，掌握货损货差的有效证据。根据运输合同的规定，尊重有关的国际惯例，做到有理有据，这是处理货物索赔的基础。

③ 合情合理。在处理复杂案件时，根据造成损失的各种因素，合理地确定承运人应承担的责任。为使案件得到及时解决，必要时可做些让步，做到合情合理。

④ 讲求实效。在货物索赔中要考虑实际效果。这种效果是多方面的，既要考虑经济利益，也要考虑政治关系；既要考虑当前利益，也要考虑长远利益；力求做到既挽回或减少国家的经济损失，又有利于发展对外经济关系。

（2）索赔必须具备的条件

① 索赔人要有索赔权。提出货物索赔的人原则上是货物所有人、提单上记载的收货人或合法的提单持有人。但是，根据收货人提出的权益转让证书，也可以由有代位求偿权的货运代理人或其他有关当事人提出索赔。货物的保险人也可以是货运事故的索赔人。

在实践中，我国的某些部门和单位还通过委托关系，作为索赔人的代理人进行索赔。如在CIF和CFR价格条件下，港口的外轮代理公司就可以是受货主委托成为向国外航运公司提出货运事故索赔的索赔人。

② 责任方必须负有实际赔偿责任。收货人作为赔偿方提出的索赔应是承运人免责范围之外的，或属保险人承保责任内的，或买卖合同规定由卖方承担的货损货差。

③ 索赔的金额必须是合理的。合理的索赔金额应以货损实际程度为基础。要注意，在实践中，责任人经常会受到赔偿责任限额的保护。

④ 在规定的期限内提出索赔。索赔必须在规定的期限内，即索赔时效内提出，否则，索赔人提出的索赔在时效过后就很难得到赔偿。

（3）索赔单证

决定对外索赔，必须准备下列各项必要的索赔单证。

① 索赔函。

② 索赔清单。根据损失的程度和致损原因，确定对外索赔的比例，按CIF价格计算损失金额，编制索赔清单。如商业发票是FOB价格而按CIF价格索赔，经承运人要求，还应提供运费及保险收据。

③ 货物残、短签证，应由船方和理货人员共同签字。必要时，还应提供检验检疫证书

和船舶检验证书。

④ 提单和保险单的正本或影印本。

⑤ 商业发票。必要时应加附装箱单或磅码单。

⑥ 费用单证。即向船方索赔修理、整理货物的费用的证明文件。

⑦ 其他单证。必要时，还需提供火灾鉴定报告、卫生或动植物检验证明等。

（4）索赔权利和保全措施

为了保证索赔得以实现，需要通过一定的法律程序来采取措施，使得货损事故责任人执行仲裁机构的裁决或法院的判决，这种措施就称为索赔权利的保全措施。

索赔人采取的保全措施主要有提供担保和扣船两种。

① 提供担保。提供担保是指货损事故责任人对执行仲裁机构的裁决或法院的判决提供的担保，主要有现金担保和保函担保两种形式。

现金担保是指货损事故责任人提供一定金额的现金，并以这笔现金作为保证支付赔偿金的担保。现金担保在一定期间内影响着责任人的资金使用，因此较少采用。在实际业务中通常都采用保函担保的形式。

保函担保是使用书面文件的担保形式。保函可由银行出具，也可由事故责任人的保赔协会等出具。银行担保的保函比较安全可靠。保函中一般应包括受益人、担保金额、造成损失事故的船名及国籍、有效期、付款条件（应写明根据什么条件付款，如规定根据商检证书、仲裁机关裁定或法院判决书等）、付款时间和地点。

② 扣船。在货损事故的责任比较明确地判定属于承运人，又不能得到可靠的担保时，索赔人或对货物保险的保险公司可以按照法律程序，向法院提出扣船请求，并由法院核准执行扣船。

扣船的目的是通过对船舶的临时扣押，获得承运人对其承担责任的货损赔偿的担保，这样可避免货损赔偿得不到执行的风险。在承运人按照要求提供保证承担赔偿责任的担保后，应立即释放被扣船舶。

同样，扣船也会带来风险。如果法院判决货损责任不在承运人，那么因不正确的扣船而给承运人带来的经济损失要由提出扣船要求的索赔人承担。同时，扣船也会产生其他不必要的纠纷和负面影响。因此，一些国家，如欧洲大陆国家及日本，规定索赔人提出扣船要求时，必须提供一定的担保作为批准扣船的条件。我国《海事诉讼特别程序法》中也对此做出了相应规定。

（5）损失金额的计算

对损失金额的计算，应按全损、部分损失（单独海损与共同海损）等不同情况，采取不同的计算方法。

① 对全损的赔偿。进出口货物运输保险通常都是定值保险。被保险货物遭受全部损失

（实际全损或推定全损）时，均以保险单载明的保险金额为准，全额赔付。

如保险合同是不定值的，当发生保险责任范围内的实际全损或推定全损时，需按实际价值作为赔款计算的依据。如果出险时货物的实际价值高于保险金额，保险公司可按保险金额赔付。如实际价值低于保险金额，则按实际价值赔付。

② 对单独海损的计算。保险货物中部分货物灭失或数量（重量）短少，以灭失或损失的数量（重量）占保险货物总量之比，按保险金额计算赔款。其计算公式为：

赔款金额=保险金额×损失数量（重量）/保险货物总量

【例】某货物一批共 8 包，每包 500 公斤，保险金额 50 000 英镑，投保短量险，运输途中短 1 000 公斤，赔款金额为：

50 000×1 000/（8×500）=12 500（英镑）

保险货物遭受质量损失时，应先确定货物完好的价值和受损的价值，计算出贬值率，以此乘以保险金额，即可得出赔偿金额。其计算公式为：

赔款金额=保险金额×（货物完好价值–受损后的价值）/货物完好价值

【例】一批货物 500 箱，保险金额 50 000 美元，货物受损后只能按 8 折出售，当地完好价值为 60 000 美元，保险人应付赔款为：

50 000×（60 000–48 000）/60 000=10 000（美元）

【例】500 箱货物中只有 200 箱受损，按当地完好价值每箱 120 美元的 8 折出售，保险人应付赔款为：

20 000×(120×200–96×200)/(120×200)=4 000（美元）

在实际业务中，往往由于一时难以确定当时市价，经协议也可按发票价值计算，其计算公式为：

赔款金额=保险金额×按发票价值计算的损失额/发票金额

另外，按照我国《海商法》第 219 条的规定，在不定值保险条件下，货物保险价值按起运地发票价值加运费和保险费的总和（CIF 价值）计算，因此，其赔偿金额可按以下公式计算：

赔偿金额=按 CIF 价值计算的损失额/CIF 价值×保险金额

案例

某年我国山东某进出口公司（简称 S 公司）与德国某跨国钢铁公司新加坡公司（简称 M 公司）签订进口 1 万吨拉丝盘条的合同，金额为 341 000 美元，付款方式为 L/C180 DAYS SIGHT；检验条款规定以 SGS 验货报告为付款依据，以中国进出口商品检验检疫局（CCIB）商检结果作为索赔依据，同时约定如有争议在中国香港仲裁，以香港地区法律为准。出口方 M 公司收到进口方 S 公司开来的信用证后，及时发运货物并提供了全套提单，进口方 S 公司接受了单据并指示银行承兑。

货物到达青岛港后，S 公司发现货物数量、质量均与合同不符，便立即通知对方。一周后 M 公司德国总部通过其北京办事处转来传真答复，认为 CCIB 的检验方法有问题，并声称其提供的货物与合同相符。后经 S 公司的多次交涉，对方仍无解决问题的诚意。在此情况下，S 公司及时制定索赔计划并采取措施，多方调查取证，向中国香港国际仲裁中心提交仲裁申请，并向当地法院通报此案，以寻求支持。后来，由于合同中没有订明仲裁机构的具体名称，而 M 公司又不同意再签仲裁协议，故中国香港国际仲裁中心不受理本案。

根据上述情况，S 公司立即向当地法院提出诉讼请求，同时向法院申请诉讼保全，根据法院签发的止付令命令开征行暂时停止支付本案项下全部货款。当对方银行提示付款时，开征行回复："由于接到法院止付令，该笔货款已被冻结，请速洽进口商，尽快解决其法律纠纷。"至此，案情急剧变化，S 公司由被动转为主动。

这时，M 公司一反常态，每天电话、传真不断，并主动派人来 S 公司面谈，一再表示道歉，强烈要求 S 公司撤诉。M 公司总裁还亲自来 S 公司谈判，最终，双方通过努力，达成和解协议：M 公司接受退货 50%，其余货款每吨降价 69 美元。

7.3.3　航空运输货物保险实务

航空运输货物保险是以飞机为运输工具的货物运输保险。近年来，随着航空货运的发展，航空运输货物保险业务也在迅速发展。不过，由于航空运输货物保险业务发展的历史不长，航空运输货物保险迄今尚未能像海上货物运输保险那样发展成为一个完整的体系。在英国，伦敦保险协会 1965 年才开始制定有关航空运输货物的保险条款。现行协会空运货物保险条款只有三种，即《协会空运货物条款（不包含邮递）》[*Institute Cargo Clauses* (*Air*)-*Excluding Sending by Post*]、《协会空运货物战争条款（不包含邮递）》[*Institute War Clauses* (*Air Cargo*)-*Excluding Sending by Post*]、《协会空运货物罢工险条款》[*Institute Strikes Clauses* (*Air Cargo*)]。这些条款的首部均标明"本条款仅供新的海上保险单格式使用"。这意味着航空运输货物报销没有独自的保险单格式，空运货物保险条款必须与海上保险单连用。在实际业务中，对空运货物保险条款有关术语的解释，也常需参照英国海上保险法的规定。

航空货物运输赔偿金额的计算可参照海上运输赔偿金额的计算方法。索赔方面则在实务上与海上运输有较大的区别。

1．索赔人

索赔人是指托运人、收货人或其代理人及其获得权益转让书的人员，如承保货物的保险公司、受索赔人之托的律师、有关的其他单位集运货物的主托运人和主收货人。

托运人、收货人是指主运单上填写的托运人或收货人。向航空公司提出索赔的应是主运单上填写的托运人或收货人。客户或分运单上的托运人、收货人或其他代理人应向主运单上填写的托运人或收货人提出索赔。

如果收货人在到达站已将货物提取，则托运人将无权索赔。如托运人要求索赔，应该有收货人出具的权益转让书。

2．索赔地点

托运人、收货人或其代理人在货物的始发站、目的站或损失事故发生的中间站，可以书面形式向承运人（第一承运人或最后承运人或当事承运人）或其代理人提出索赔要求。

3．索赔对象

合同方承运人、目的站承运人、当事承运人或其代理人。

4．索赔所需文件

承运人收到索赔申请后，要求索赔人提供下列文件：

① 正式索赔函 2 份（收货人、发货人向代理公司，代理公司向航空公司）；

② 货运单正本或副本；

③ 损失证明（货物商业发票、装箱清单和其他必要资料）；

④ 货物舱单（航空公司复印）；

⑤ 货物运输事故签证（货物损失的客观详细情况，如表 7-3 所示）；

表 7-3　不正常货物查询报告

到港日期：20050401

始发航站：CAN　航班号：FM310

货运单号码：774-18235641 件数：1　重量：10

货物品名：镜头 包装：纸

收货人姓名/单位：王××

货物不正常情况：有单无货

我处已于当日对广州航站查询，未有明确答复，以下是我查询人员对该票货物的连续查询：

查询日期	联系人	处理
20050401	广州	确已装机
20050403	泛查各航站	

建议：开具货物不正常运输事故记录

⑥ 商检证明（货物损失后由商检等中介机构所做的鉴定报告）；

⑦ 不正常运输事故记录；

⑧ 来往电传等文件。

5．索赔期限

货物损坏（包括短缺）属于明显可见的赔偿要求，收货人或有关当事人应从发现时起立即向承运人提出书面通知，并最迟延至收到货物之日起 14 天内提出书面通知，如规定期限内没有提出，则视为托运人放弃该项索赔。

货物运输延误的赔偿要求，在货物交由收货人处置之日起 21 天内提出。

货物毁灭或遗失的赔偿要求，应自填开货运单之日起 120 天之内提出。

任何异议，均按上述规定期限，向承运人以书面形式提出。承运人有欺骗行为时，有权提取货物的人如果在规定时限内没有提出异议，将会丧失获得赔偿的权利。

对于提出索赔的货物，货运单的法律有效期为两年。

6．理赔程序

（1）货物运输事故签证

当航空地面代理人在卸货时发现货物破损后，即由航空公司地面代理人填写《货物运输事故签证》，这份签证主要是目的站货物出现问题的一个证明；在填写这份签证之前，收货人需要进一步确认内装物的受损程度，可以同航空公司的货运人员共同开箱检查，确认货物的具体受损程度。在开箱检查时会出现两种情况，一是外包装破损，内装物完好；二是外包装破损，内装物破损。对于第二种情况，如果是由于货主没有按照航空货物包装的要求来进行包装而导致的货物受损，这种情况就需要货主和承运人共同承担责任。这份证明要客观地描述货物出现问题的状况，尽量不要出现“短少”等模糊性词语。这份签证由航空公司的货运部门签完后，再由收货人签字，其中一份航空公司留存，另一份由收货人留存。

（2）索赔申请书

发现货物发生问题后，一定要按照公约所规定的赔偿时限提出赔偿要求，向航空公司提出书面的索赔申请书。

索赔申请书和索赔函格式如表 7-4 和表 7-5 所示。

表 7-4　索赔申请书

中国××××航空公司货运分公司： 我公司于 2006 年 11 月 9 日委托贵公司自洛杉矶运输至北京一票货物，货运单号码为 999—12345675，货物品名为机器零件，件数为 8 件，重量为 250kg，见航空货运单（附后）。货物到达北京后，提取货物时，贵公司通知我公司货物丢失 2 件，共 80kg，并为我公司出具了货物运输事故记录（附后）。 现就此票货物的损失向贵公司提出索赔，索赔金额为人民币 20 000 元整。 望贵公司尽快予以办理。 北京×××进出口公司 二零零七年一月二十日

表 7-5 索赔函

中国××××航空公司货运分公司： 本公司在提取来自首尔的一票货，运单号为 999—12345678，1 件共 100kg，由 CA888/09APR 承运。该货在目的地交付时发生严重的外包装破损（详见贵公司开具的事故鉴定书）。 现本着实事求是、维护双方共同利益的原则，我公司向贵公司提出以下处理意见和索赔申请。 该货物价值 2000 美元，请给予原价赔偿。参见托运人出具的受损货物价值证明。 请贵公司予以尽快办理为盼，谢谢合作。 随附：运单、装箱单、发票、事故记录等。 ××××代理公司 二零零九年十二月五日

（3）航空公司审核所有的资料和文件

航空公司受理并接受索赔，同时审核所有的资料和文件，进一步进行以下调查工作：

① 如货物办理保险，保险公司全额赔偿后再向承运人提出，承运人视限额赔偿。

② 事故调查，判明责任，确定赔偿金额。如货物遗失，查看来往电传；如货物破损、潮湿，查看记录是全部损坏还是部分损害。

③ 了解相关各站是否收到索赔函，避免双重索赔。

④ 填写国际货物损失事故调查报告。

（4）填写国际航空货物索赔单

由航空公司填写航空货物索赔单，索赔人签字盖章并由航空公司上报审批，表明航空公司正式认可索赔的有关事项。

（5）货物索赔审批单

航空货物的索赔根据索赔货物的金额不同需要各级领导审批。

（6）责任解除协议书

在索赔人结算赔偿费用并由索赔人签署责任解除协议书后，即放弃诉讼及进一步的索赔权。

（7）赔偿金额确定

货物没有办理声明价值时，承运人按照实际损失的价值进行赔偿，赔偿的最高限额为毛重每公斤 20 美元或 17 特别提款权；已向承运人办理货物声明价值，并支付了生命价值附加费时，则按声明价值赔偿。

（8）内损货物的责任

货物的内损是指货物的外包装完好，但货物本身破损了。对于此类货物的破损，如无确实的证据证明是由承运过程造成的，则承运人不承担。但对于外包装破损或有盗窃痕迹的，则承运人应负责赔偿。如货物的一部分或货物中任何物件发生遗失、破损或延误的情况，用以确定承运人责任限额的重量，仅为该件或件数的总重量。如货物的一部分或货物中任何货物发生遗失、损害或延误的情况，以致影响同一份货运单总共所列的另一包装件或其他包装件的价值时，另一包装件的总重量也应当考虑在内。货物运输事故记录见表 7-6。

表 7-6　货物运输事故记录

编号：

REPORT OF DAMAGE OR LOSS　FILE NO. CA0001

货运单号码　999—12345675　航班/日期　CA984/09NOV
AWB NO.　FLIGHT/DATE
始发站　LAX　目的站　PEX
AIRPORT OF DEPARTURE　AIRPORT OF DESTINATION
托运人姓名、地址　**** IMPORTERS
SHIPPER'S NAME AND ADDRESS
收货人姓名、地址　BEIJING **** CORPORATION
CONSIGNEE'S NAME AND ADDRESS
货物品名 AUTOMOTIVE PARTS　件数/重量　8/250　包装　CARDBOARD BOX
DESCRIPTION OF GOODS　PIECES/WEIGHT　PACKAGING
货物声明价值 USD1 500.00　货物保险价值
DECLARED VALUE FOR CARRIAGE　AMOUNT OF INSURANCE
损失情况：丢失☐　损坏 ☐　短少☑　变质☐　污染 ☐　其他☐
DETERIORATION CONTAMINATION OTHER
货物交付地点　PEK
DELIVERED AT
现场查验情况
DETAILS OF SPOT CHECKING：
收货人提取货物时，发现货物丢失 2 件，实际提取货物 6 件 170 公斤。
损失货物品名 AUTOMOTIVE PARTS　件数 2　重量 80
DESCRIPTION OF DAMAGE OR LOSS　PIECES　WEIGHT
填开地点 PEK　经办人（签字） ***
ISSUED PLACE　PREPARED BY
填开日期 15/NOV/2006　收货人（签字）***
ISSUED DATE　CONSIGNE

注：此货物运输事故记录作为货物交付时的状态的证明。
REMARK：THIS REPORT IS A PROOF OF CARGO STATUS ONLY WITH DETAILS.

（9）赔偿仲裁

关于赔偿，双方可以提前约定仲裁，没有仲裁的，可以向地方法院提起诉讼。

（10）诉讼时效

自航空器到达目的地点之日、应当到达目的地点之日或运输终止之日起两年期间内未提起诉讼的，丧失对损害赔偿的权利。货物赔偿处理报告见表 7-7。

表 7-7 货物赔偿处理报告

收货人名称地址 NAME AND ADDRESS OF CONSIGNEE				电话 TELEPHONE NO.	
托运人名称地址 NAME AND ADDRESS OF SHIPPER				货物声明价值 DECLARED VALUE	
货物品名 NATURE OF GOODS		包装 PACKAGE		货物价值 GOODS VALUE FOR AMOUNT	
货运单号码 AIR WAYBILL NO.		件数 NO. OF PIECES		重量 WEIGHT	
货物情况 GOODS OF CONDITON					
事情发生经过 CAUSE					

赔偿意见 COMMENTS	
赔偿金额 COMPENSORY AMOUNT	
主办单位 IN CHARGE OF OFFICE	
领导审批意见 SIGNATURE OF DIRECTOR	
随附文件资料 THE DOCUMENTS WAS ATTACHED	

案例

一票从罗马经北京中转至大连的货物，一程航班 XY940/05FEB02，二程航班 XY951/08FEB02；货运单号 888—34783442；1件 320kg；品名：尼龙粉；收货人：某市保税区贸易公司；赔偿原因：内物丢失 16kg。

此批为国际货物，适用国际公约。

在调查时发现，2月7日装卸人员在倒板时发现有绿色粉末散落，并告知保管员，但保管员没有理会，随口说就那么装，也没有填开事故记录。

货物价值：13 070马克，每公斤38马克，约折合人民币2 403元；假如按照每公斤20美元折合人民币赔偿，应赔偿2 646.40元。在此取低者，因为能够证明其价值低于最高赔偿责任限额。

7.3.4 陆运货物、空运货物及邮包货物运输保险

在国际贸易中，货物运输除了主要采用海洋运输和航空运输方式以外，还有的采用陆上运输、邮政包裹运输及由海运、陆运、空运中的两种或两种以上运输方式所组成的多种联合运输方式。随着科学技术的发展，国与国之间经济贸易往来的增加，陆上、邮包运输的保险在整个保险业务中的重要性也日益显著。由于现代的陆上、邮包运输保险业务均脱胎于海上运输保险，因而它们在很多方面都与海洋运输保险有相同或近似之处。

实践与实训

1．林立是一名中等职业技术学校国际商务专业的实习生。不久前，他收到了久事报关公司的面试通知。面试的时候，公司人事经理提出了以下几个问题。我公司客户上海红日国际贸易有限公司是一家专门从事机械设备进出口代理的公司，2013年10月13日（周日）该公司从日本进口一批机床，完税价格折合人民币50万元。由“丸红”轮载运到达，停靠外高桥五号码头，“丸红”轮于当日申报入境。现该公司欲委托我公司代理报关，问：① 我们应该选择什么时候、到什么地点去办理该批货物的进口申报手续？② 该批进口货物因客户单证不齐，我公司于2013年11月11日才去申报，会产生什么后果？③ 这批货物在申报前我们需要备齐哪些单证？④ 申报的具体流程是什么？林立虽然在学校的时候学习过报关专业课，但由于学习的时候不够认真，很多知识都已如过眼烟云，他感到困难重重。

假如你是林立的同学，请试着通过本章内容帮助林同学回答出这些问题。

2．请根据下列已知信息，填制出口货物报关单。

一般信息：

佛山耀达纺织品有限公司（海关注册号为3706939699）从内蒙极速羊毛制品有限公司

购进一批羊毛制品，现该佛山公司与美国泰德贸易公司签订一份国际货物买卖合同，预办理该合同项下货物的出口。该佛山公司委托佛山顺达货运代理有限公司（海关注册编号为3706912345）代为在佛山新港（海关代码：5189）办理出口报关等手续。佛山顺达货运代理有限公司于 2013 年 2 月 22 日向海关申报。该货物准备从广州起运，经香港中转（不进行商业交易），运至美国哥本哈根，最后由美国泰德贸易公司卖到日本的一家公司。

信用证号：FLS—JHLC06

起运港：GUANGZHOU，P．R．CHINA（广州）

目的港：COPENHAGEN，DENMARK（哥本哈根）

币种：USD（币种代号为 502）

贸易术语：CIF C5 COPENHAGEN

合同号：JH—FLSSC06

发票号码：JH—FLSINV06

提单号：COSU6006022500

唛头：FLS/9711/COPENHAGEN/CARTON1—1200

船名、航次：YIXIANG，V703

数量、包装：EACH 600 SETS，ALTOGETHER 1 200 SETSIN 1 200 CARTONS

货物信息如表 7-8 所示。

表 7-8　货物信息

品名规格	体积（台）	单价	N. W.	G. W.
FOREVER BRAND BICYCLE YE803 26’	0.456M3	100 SETS USD66.00/SET	28	32
FOREVER BRAND BICYCLE YE600 24’	0.456 M3	100 SETS USD71.00/SET	28	32

出口许可证号：105780015

商品名称：永久牌自行车

集装箱号：FCIU3167100　CBHU5502889　CBHU5662090　CNHU3644122 CBHU3969724

运费：按成交价格的 3%收取

保费：5 000 美元

杂费：不计

集装箱自重：2 280kg（20 英尺标准箱）

复习思考题

一、判断题

1．国际物流是无国界的物流作业，因此国际物流与国内物流相同。(　　)

2．由于国际物流的国际性和复杂性，国际物流统一标准是非常重要的。(　　)

3．报关活动是一项专业要求高、涉及面广、政策性强的工作。(　　)

4．所有的进出口货物都应该报验。(　　)

5．保险费是被保险人对保险标的的实际投保金额。(　　)

二、单项选择题

1．国际物流的经济风险主要是由（　　）造成的。

A．汇率的变动　　B．利率的浮动

C．国际物流环境的复杂性　　D．资金的流动

2．报验后，如发现报验单填写有误或客户修改信用证使货物数量、规格有变动时，可提出更改申请，填写"(　　)"。

A．更改申请单　　B．更正申请书

C．更改申明　　D．更正申请

3．所有的进出口货物都应该经历的报关阶段是（　　）。

A．前期报关　　B．进出口报关

C．后续报关　　D．结关

4．进出口保险业务中，计算保险费的依据不包括（　　）。

A．保险金额　　B．保险费率

C．保险费的计算公式　　D．实际损失的大小

5．航空运输发生货运损失，货主的索赔时效是（　　）。

A．一年　　B．两年

C．三年　　D．六个月

三、多项选择题

1．国际物流的风险主要有（　　）。

A．政治风险　　B．经济风险

C．自然风险　　D．运输风险

2．进出口货物报检经过的程序有（　　）。

A．报验　　B．抽样　　C．检验检疫

D．签发证书　　E．卫生除害处理

3．报关的对象有（　　）。

A．进出口货物　　B．进出境运输工具

C．进出境行李　　D．进出境物品

4．一般进出口货物的报关程序为（　　）。

A．申报　　B．配合查验

C．缴纳税款　　D．提取或装运货物（放行）

5．要经历前期报关和后续报关的货物通常有（　　）。

A．保税货物　　B．一般进出口货物

C．特定减免税货物　　D．暂准进出口货物

四、简答题

1．国际物流的特点有哪些？（考证复习题）

2．国际物流系统包括哪些组成部分？（考证复习题）

3．如何做一个优秀的报检员和报关员？

第 8 章

电子商务环境下的物流信息技术

引导案例 科学管理：RFID 在粮食收购中的数字化应用

2013 年秋粮收购季节，在位于太湖畔的江苏无锡粮食科技物流中心，一辆卡车缓缓驶上地磅台刚刚停稳，电子语音播报器就报出了汽车重量。磅台边竖立的 LED 电子显示屏也显示“重量 10 532 千克，请前往 28 号仓”的字样。

磅台周围，车辆检测器、传感器、RFID（无线射频识别）读写器、摄像头等多个物联网传感设备和自动控制设备，将粮车与车上装载的粮食信息全部记录在电子标签里，包括品种、等级、干湿度、送达粮仓序号等。

负责“数字粮库”软件系统的技术人员介绍，这种数字系统摆脱了以往手工写数、登账、统计的落后方式，实现了自动化数据采集、自动业务流程，业务处理快速、准确。粮库管理员在办公室就可以查看过磅车辆，实时监视过磅情况。

“过去交一车粮要等上老半天，还要拿着各种单据在粮库院里跑来跑去办理各种手续。现在，有了汽车 RFID‘挂件’和手中的这个 e 卡通（植入了 RFID 芯片）的结算卡，交粮入库结算方便多了，既省时又省力。”运粮司机说。

负责人介绍，近年来，我国粮食流通事业不断发展，但也存在着劳动强度大、效率低、管理粗放、数据失真等亟待解决的问题。江苏是“国家粮食信息化试点示范省”和“国家信息化建设重大工程示范点”，并被纳入“国家粮食储运监管物联网应用试点工程”。

2013 年年底，国家粮食局、江苏省粮食局和航天信息公司，签署了“物联网技术在粮食流通行业示范应用与推广的框架合作协议”，建成的“数字粮库”系统，可有效解决粮食收购信息准确采集与分析、粮食出入库作业自动化和舞弊识别、粮食保管自动化与智能化等难题。（资料来源：网易新闻网，2014 年 03 月 03 日）

学习目标

1. 了解物流信息技术主要包括哪些技术。
2. 理解物流信息技术的基本原理。
3. 了解相关物流信息技术的特点和构成。
4. 理解各种信息技术在相关行业的主要应用范围和优势。

学习导航

今天，物流信息技术已经广泛存在于我们的生活中，去商场、超市，每件商品都有各自的条形码，收银台能快速地计算出应收款总额。用上了信息技术，商场每时每刻都可以知道存货数量，再也不用停业盘点。汽车通过收费站，再也不用停车交费，系统在车辆运动的过程中，已经将信息传递到了信息中心，直接从银行系统扣除通行费。信息技术同我们的生活日常相关。

信息技术究竟有哪些？它们各自有什么特点？不同的信息技术适合在哪些场合使用？这是我们本章要讨论的内容。

8.1 物流信息技术概述

物流信息（Logistics Information）（GB/T18354—2006）指反映物流各种活动内容的知识、资料、图像、数据、文件的总称。物流技术（Logistics Technology）（GB/T18354—2006）是指在物流活动中所采用的自然科学与社会科学方面的理论、方法，以及设施、设备、装置与工艺的总称。在计算机网络技术的应用越来越普及的今天，物流技术综合了许多现代信息技术，如 Bar Code（条形码技术）、RFID（射频识别技术）、EDI（电子数据交换）、GIS（地理信息系统）、GPS（全球定位系统）等。物流信息技术是指现代信息技术在物流领域各个作业环节中的应用。高速发展的计算机网络技术的应用使物流信息技术达到了一个新的高度。

物流信息技术是物流现代化的重要标志，也是物流技术中发展最快的领域，从数据采集的条形码系统，到办公自动化系统中的计算机、因特网，各种终端设备等硬件及计算机软件都在日新月异地发展。同时，随着物流信息技术的不断发展，产生了一系列新的物流理念和经营方式，推进了物流的变革。在供应链管理方面，物流信息技术的发展也改变了企业应用供应链管理获得竞争优势的方式，成功的企业通过应用信息技术来支持它的经营战略并选择它的经营业务。通过利用信息技术来提高供应链活动的效率性，增强整个供应链的经营决策能力。

本章主要介绍条形码技术、射频识别技术、电子数据交换技术、GPS/GIS 技术、信息管理系统软件等物流信息技术。

8.2　条形码技术［电子商务师（员）考证知识点］

条形码技术（Bar Code）是在计算机的应用实践中产生和发展起来的一种自动识别技术。它是为了实现对信息的自动扫描而设计的，是实现快速、准确而可靠地采集数据的有效手段。条形码技术的应用解决了数据录入和采集的“瓶颈”问题，为供应链管理提供了有利的技术支持。

8.2.1　条形码基础

条形码是由一组规则排列的条、空及其对应字符组成的，用以表示一定信息的标识。条形码中的条、空分别由深浅不同且满足一定光学对比度的要求的两种颜色（通常为黑、白色）表示。条为深色，空为浅色，这些条和空可以有不同的组合方法，从而构成不同的图形符号，即各种符号体系，也称码制，以适用不同的场合。

1. 条形码的结构

条形码中的一组黑白相间、粗细不同的条状符号隐含着数字信息、标志信息、符号信息等，主要用于表示商品的名称、产地、价格和种类，是国际通用的商品代码的表述方法。条形码中的条纹是由若干黑色“条”和白色“空”单元组成的，因为黑色条纹对光的反射率低而白色“空”对光的反射率高，加上条与空的宽度不同，使得扫描光线产生不同的反射接收效果，在光电转换设备上转换成不同的电脉冲，形成不同的电子信息。

一个完整的条形码结构组成次序为：静空区（前）、起始符、数据符（中间分割符，主要用于 EAN 码）、校验符、终止符、静空区（后），如图 8-1 所示。

图 8-1　条形码的结构

2. 条形码的分类

目前，国际广泛使用的条形码种类有 EAN 码、UPC 码（商品条形码，用于在世界范围内唯一标识一种商品。在超市中常见的就是 EAN 和 UPC 码）、UCC/EAN—128 码、

Code39 码、ITF25 码、Code Bar 码。上述条形码均属于一维条形码，具体描述如表 8-1 所示。二维条形码（2-Dimensional Bar Code）是将一维条形码存储信息的方式在二维空间上扩展，从而存储更多的信息。二维条形码也在迅速发展，并在许多领域得到了应用。常用的二维条形码码制有：Data Matrix，Maxi Code，Aztec Code，QR Code，Vericode，PDF417，Ultra Code，Code 49，Code 16K 等，如图 8-2 所示。

表 8-1　一维条形码的种类

条形码种类	图　示	描　述
EAN 码	6 901234 567892	国际物品编码协会制定的一种商品用条形码，全世界通用
UPC 码	0 89600 12456 9	美国统一代码委员会制定的一种商品用条形码，主要为美国和加拿大使用
UCC/EAN-128 码	A u x (1 2 4) - T R	由国际物品编码协会、美国统一代码委员会和自动识别制造商协会共同设计，是物流条形码
Code 39 码	* 1 2 3 A B C *	主要用于工业、图书及票证的自动化管理领域
ITF25 码	1234567890	在物流管理中应用较多
Code bar 码	a000800a	主要用于医疗卫生、图书情报、物资等领域

Data Matrix　Maxi Code　Aztec Code　QR Code　Vericode

PDF417　Ultra Code　Code 49　Code 16K

图 8-2　常用的二维条形码码制

3．条形码的识别装置

条形码识别装置主要有：光笔扫描器、台式扫描器、卡式阅读器、手持式扫描器、固定式光电及激光快速扫描器、便携式数据采集器等，具体描述如表 8-2 所示。

表 8-2　条形码的识别装置

名　称	图　片	描　述
光笔扫描器		一种光学仪器，似笔形的往返光电扫描器
台式扫描器		固定的扫描装置，手持带有条形码的卡片或证件在扫描器上移动，完成扫描
卡式阅读器		将有条形码的卡式证件插入滑槽区，自动沿轨道做直线运动，在卡片前进过程中，扫描光线将条形码信息读入
手持式扫描器		能手持使用和移动使用的较大的扫描器，常用于静态物品扫描
固定式光电及激光快速扫描器	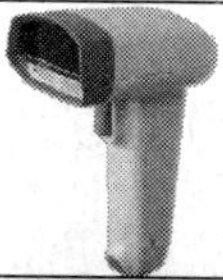	由光电扫描器和光电转换器组成，它是现在物流领域应用较多的固定式扫描设备，安装在物品运动的通道边，对物品进行逐个扫描
便携式数据采集器		又叫数据采集终端或盘点机，根据使用用途不同，可分为两类：在线式和便携式。在线式又可分为台式和连线式，它们大部分直接由交流电源供电，一般是非独立使用的

8.2.2　条形码技术组成

条形码技术是运用条形码进行自动数据采集的技术，主要包括符号表示技术、识读技术、条形码应用系统设计、编码技术、生成与印刷技术等，是实现计算机管理和电子数据交换不可或缺的技术。条形码技术的核心内容是利用光扫描设备识读条形码符号，从而实现机器的自动识别，并快速准确地将信息录入计算机进行数据处理，以达到自动化管理的目的。条形码是生产厂家、批发商、零售商、运输业者等经济主体进行订货和接受订货、销售、运输、保管、出入库检查等活动的信息源，是企业实行管理自动化的基础。条形码的主要系统有 EAN 码和 UPC 码。

1. 符号表示技术

符号表示技术主要研究各种码制条形码的编码规则、特点及应用范围、条形码符号的设计及制作、条形码符号印刷质量的控制等。

2．识读技术

识读技术主要由条形码扫描和译码两部分构成。

3．条形码应用系统设计

条形码应用系统由条形码、识读设备、计算机及通信系统组成。系统设计主要考虑三个因素：条形码设计、符号印制和识读设备。

8.2.3 条形码的特点

在信息输入技术中，采用的自动识别技术种类繁多。条形码作为其中一种图形识别技术，与其他识别技术相比具有如下特点。

1．简单、易于制作、可印刷，被称为“可印刷的计算机语言”

条形码标签易于制作，对印刷技术设备和材料也无特别要求。

2．信息采集速度快

普通计算机的键盘录入速度是 200 字符每分钟，而利用条形码扫描录入信息的速度是键盘录入的 20 倍。

3．采集信息量大

利用条形码扫描一次可以采集十几位字符的信息，而且可以通过选择不同码制的条形码增加字符密度，使录入信息量成倍增加。

4．可靠性高

键盘录入数据，误码率为三百分之一；利用光学字符识别技术，误码率是万分之一；而采用条形码扫描录入方式，误码率仅为百万分之一，首读率可达 98%以上。据统计，键盘录入平均 300 个字符一个错误，而条形码录入平均每 15 000 个字符一个错误，如果加上校验位误码率是千万分之一。

5．设备结构简单、成本低

与其他自动化识别技术相比，推广应用条形码技术所需费用较低。

6．灵活、实用

条形码符号作为一种识别手段，可以单独使用，也可以和有关设备组成识别系统，实现自动化识别，还可和其他控制设备联系起来实现整个系统的自动化管理。同时，在没有自动识别设备时，也可实现手工键盘输入。

7．自由度大

识别装置与条形码标签相对位置的自由度要比 OCR（Optical Character Recognition，光学字符识别技术）大得多。条形码通常只在一维方向上表达信息，而同一条形码上所表示的信息完全相同并且连续，这样即使是标签有部分缺欠，仍可以从正常部分输入正确信息。

8.3 射频识别技术［电子商务师（员）考证知识点］

射频识别技术（Radio Frequency Identification，RFID）是无线电频率识别的简称，是从 20 世纪 80 年代兴起并逐渐走向成熟的一项自动识别技术。随着超大规模集成电路技术的发展，射频识别系统的体积大大缩小，从而应用越来越广泛。

8.3.1 射频识别技术的概念

射频识别技术（GB/T18354—2006）是指通过射频信号识别目标对象并获取相关数据信息的一种非接触式的自动识别技术。它的基本原理是电磁理论，利用无线电波对记录媒体进行读写。射频识别卡可具有读写能力，可携带大量数据，难以伪造。射频识别系统（Radio Frequency Identification System）（GB/T18354—2006）是由射频标签、识读器、计算机网络和应用程序及数据库组成的数据采集系统。射频识别系统具有条形码不具备的防水、防磁、耐高温、使用寿命长、读取距离大、标签上数据可以加密、储存数据容量更大、存储信息更改方便等优点。

8.3.2 射频识别系统的组成和工作原理

射频识别系统在具体的应用过程中，根据不同的应用目的和应用环境，系统的组成会有所不同，但从射频识别系统的工作原理来看，系统一般由信号发射机、信号接收机、编程器、发射接收天线等部分组成。

1．信号发射机

在射频识别系统中，信号发射机就是通常所说的标签，它由耦合元件及芯片组成，标签含有内置天线，用于存储需要识别传输的信息并和射频天线进行通信。标签一般是带有线圈、天线、储存器与控制系统的集成电路。根据工作方式可分为主动式（有源）和被动式（无源）两大类。

2．信号接收机

在射频识别系统中，信号接收机一般又称为阅读器（Reader）、询问器（Interrogator），是对 RFID 标签进行读/写操作的设备，主要包括射频模块和数字信号处理单元两部分。其功能是提供与标签之间进行数据传输的途径。

3．编程器

具有可读写标签的系统才需要编程器，它是向标签写入数据的装置。

4．发射接收天线

天线是 RFID 标签和读写器之间实现射频信号空间传播和建立无线通信连接的设备。RFID 系统中包括两类天线：一类是 RFID 标签上的天线，它已经和 RFID 标签集成为一体；另一类是读写器天线，既可以内置于读写器中，也可以通过同轴电缆与读写器的射频输出端口相连。

RFID 其基本原理如图 8-3 所示。

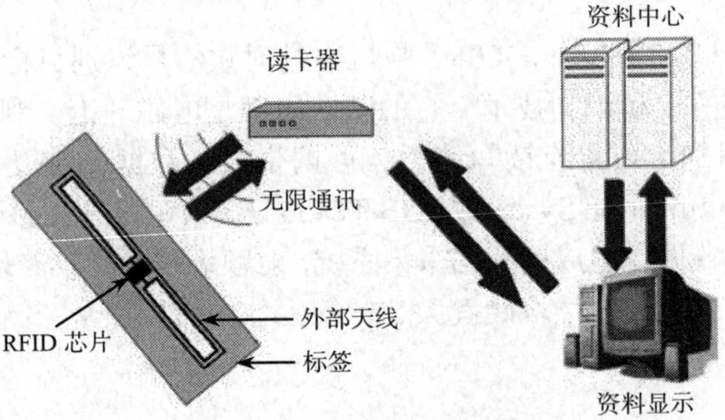

图 8-3 RFID 的工作原理

8.3.3 射频识别系统的分类

根据 RFID 系统的功能不同，可以粗略地把 RFID 系统分成四种类型：EAS 系统、便携式数据采集系统、物流控制系统、定位系统。

1．EAS 系统

EAS（Electronic Article Surveillance）是一种设置在需要控制物品出入的地方的 RFID 技术。这种技术的典型应用场合是商店、图书馆、数据中心等地方，当未被授权的人从这些地方非法取走物品时，EAS 系统会发出警告。典型的 EAS 系统一般由三部分组成：① 附着在商品上的电子标签，电子传感器；② 电子标签灭活装置，以便授权商品能正常出入；③ 监视器，在出口造成一定区域的监视空间。EAS 系统的工作原理是：在监视区，发射器以一定的频率向接收器发射信号（发射器与接受器一般安装在零售店、图书馆的出入口，形成一定的监视空间）；当具有特殊特征的标签进入该区域时，会对发射器发出的信号产生干扰，这种干扰信号也会被接收器接收，再经过微处理器的分析判断，就会控制警报器的鸣响。根据发射器所发出的信号不同，以及标签对信号干扰的原理不同，EAS 可以分成多种类型。

2. 便携式数据采集系统

便携式数据采集系统是使用带有RFID阅读器的手持式数据采集器采集RFID标签上的数据。这种系统具有比较大的灵活性，适用于不宜安装固定式 RFID 系统的应用环境。手持式阅读器（数据输入终端）可以在读取数据的同时，通过无线电波数据传输方式（RFDC）实时地向主计算机系统传输数据，也可以暂时将数据存储在阅读器中，再一批一批地向主计算机系统传输数据。

3. 物流控制系统

在物流控制系统中，固定布置的 RFID 阅读器分散布置在既定的区域，并且阅读器直接与数据管理信息系统相连，信号发射机是移动的，一般安装在移动的物体或人上面。当物体或人经过阅读器时，阅读器会自动扫描标签上的信息并把数据信息输入数据管理信息系统存储、分析、处理，达到控制物流的目的。

4. 定位系统

定位系统用于自动化加工系统中的定位，以及对车辆、轮船等进行运行定位支持。阅读器放置在移动的车辆、轮船上或自动化流水线中移动的物料、半成品、成品上，信号发射机嵌入操作环境的地表下面。信号发射机上存储有位置识别信息，阅读器一般通过无线的方式或有线的方式连接到主信息管理系统。

8.3.4 射频识别技术的应用

1. 高速公路自动收费及交通管理

高速公路自动收费系统是 RFID 技术成功的应用之一。射频识别技术运用于高速公路的收费，可以实现不停车收取费用，车辆可以高速地通过收费站点而系统自动完成收费过程。RFID 技术在高速公路收费上的应用能充分体现它的非接触识别的优势。

2. 门禁保安

运用 RFID 技术，可以提高检查效率，减少保安人数。只要人们都佩戴了射频卡，出入的自动识别与非法闯入报警都能由系统完成。

3. RFID 卡收费

利用 RFID 卡收费适用范围广，可以减少现金收费的不安全性，并可实现一卡多用，方便人们的生活。

8.4 电子数据交换［电子商务师（员）考证知识点］

电子数据交换（Electronic Data Interchange，EDI）是 20 世纪 80 年代发展起来的一种新颖的电子化贸易工具，是计算机、通信和现代管理技术相结合的产物。它通过计算机通信网络将贸易、运输、保险、银行和海关等行业信息，用一种国际公认的标准格式，实现各有关部门或公司与企业之间的数据交换与处理，并完成以贸易为中心的全部过程。

8.4.1 EDI 的概念

EDI（GB/T18354—2006）是指采用标准化的格式，利用计算机网络进行业务数据传输和处理的技术。它是一种在公司之间传输订单、发票等作业文件的电子化手段。国际标准化组织（ISO）将 EDI 描述成“将贸易（商业）或行政事务处理按照一个公认的标准变成结构化的事务处理或信息数据格式，从计算机到计算机的电子传输”。有时也被人们通俗地称为“无纸贸易”。

1995 年版的《美国电子商务辞典》（Haynes. E 1995）将 EDI 定义为：“为了商业用途在计算机之间所进行的标准格式单据的交换。”

美国国家标准局 EDI 标准委员会对 EDI 的解释是：“EDI 指的是在相互独立的组织机构之间所进行的标准格式、非模糊的具有商业或战略意义的信息的传输。”

联合国 EDIFACT 培训指南认为：“EDI 指的是在最少的人工干预下，在贸易伙伴的计算机应用系统之间的标准格式数据的交换。”

8.4.2 EDI 的构成

从 EDI 定义不难看出，EDI 包含了三个方面的内容，即计算机应用、通信网络和数据标准化。其中计算机应用是 EDI 的条件，通信网络是 EDI 应用的基础，标准化是 EDI 的特征。这三方面相互衔接，相互依存，构成 EDI 的基础框架。EDI 系统工作原理的实现过程就是用户将相关数据从自己的计算机信息系统传送到有关交易方的计算机信息系统的过程，如图 8-4 所示。

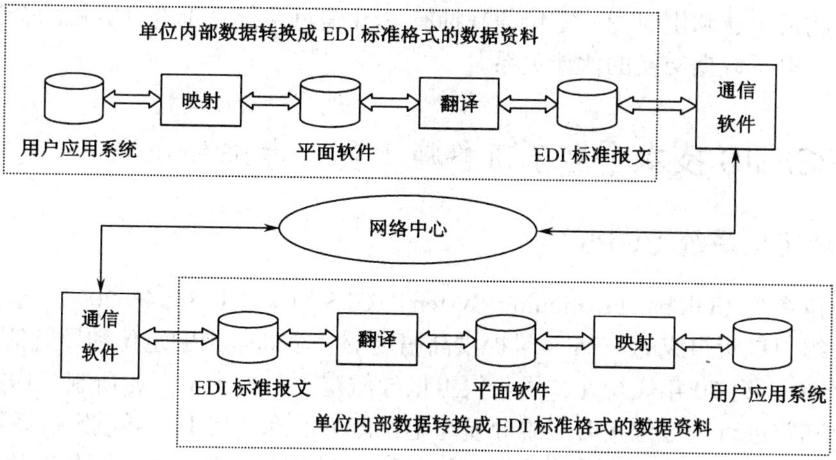

图 8-4　EDI 系统工作原理

8.4.3　EDI 的分类

1. 根据功能的不同，EDI 技术可分为四类

① 订货信息系统，又称贸易数据互换系统（TDI），它用电子数据文件来传输订单、发货票和各类通知。

② 电子金融汇兑系统（EFT），即在银行和其他组织之间实行电子费用汇兑。

③ 交互式应答系统（Interactive Query Response），它可应用于旅行社或航空公司作为机票预订系统。

④ 带有图形资料自动传输的 EDI 技术。

2. 根据通信网络的不同，EDI 技术可分为三类

① 直接型的 EDI，是通过用户与用户之间直接相连而构成的。

② 基于增值网的 EDI，增值网是指能提供额外服务的计算机网络系统。

③ 基于因特网的 EDI。

8.4.4　EDI 在物流中的应用

EDI 在物流中的应用很广，它是现代物流中的重要发展方向，是将商业或行政事务处理按照一个公认的标准形成结构化的事务处理或报文数据格式，再从计算机到计算机的数据传输方法。现代物流中所用的电子数据交换范围包括制造商、配送中心、运输商、批发商、零售商，具体应用于订购、进货、出货、送货、配送、对账、结账等业务，往来的数据交换单据主要有订单、出货单、催款单、对账单、收款凭证等。使用物流 EDI 的三个前

提条件是：物流企业和供应商、零售商都拥有 EDI 信息系统，都有计算机的会计记录，它们之间建立了电子数据交换的伙伴关系。

8.5 GPS/GIS 技术［电子商务师（员）考证知识点］

8.5.1 全球定位系统（GPS）

全球定位系统（Global Positioning System，GPS）（GB/T18354—2006）是由美国建设和控制的一组卫星所组成的、24 小时提供高精度的、全球范围的定位和导航信息的系统。它由美国于 20 世纪 70 年代初在“子午仪卫星导航定位”技术上开始研制，1994 年建成，是具有在海陆空进行全方位实时三维导航与定位能力的新一代卫星导航定位系统。它由 24 颗卫星组成全球定位、导航及授时系统，这 24 颗卫星分布在高度为 2 万公里的 6 个卫星轨道上绕地球飞行，每条轨道上拥有 4 个卫星，在地球上任何地点、任何时候都可以同时接受来自 4 颗卫星的信号。

1. GPS 的组成

GPS 由空间卫星系统、地面监控系统、用户接收系统三大子系统构成，如图 8-5 所示。

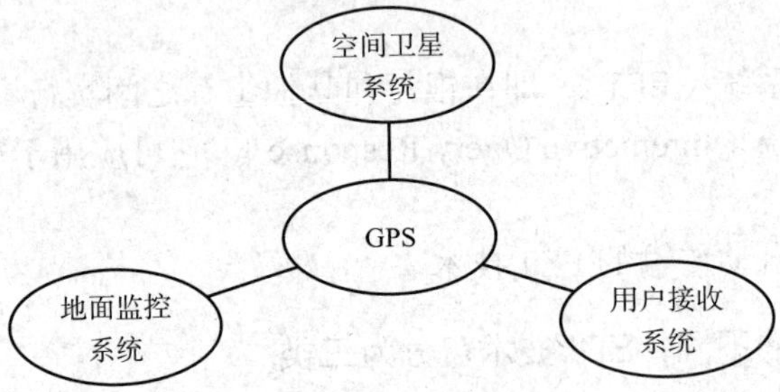

图 8-5 GPS 的构成

（1）空间卫星系统

GPS 的空间卫星系统是由 24 颗工作卫星组成，它位于距地表 20 200 千米的上空，均匀分布在 6 个轨道面上（每个轨道面 4 颗），轨道倾角为 55°。此外，还有 3 颗有源备份卫星在轨运行。卫星的分布使得在全球任何地方、任何时间都可观测到 4 颗以上的卫星，并能在卫星中预存导航信息。随着时间的推移，GPS 的卫星因为大气摩擦等问题，导航精度会逐渐降低。

（2）地面监控系统

地面监控系统由监测站（Monitor Station）、主控制站（Master Monitor Station）、地面天线（Ground Antenna）所组成。监测站的主要任务是对每颗卫星进行观测，精确测定卫星在空间的位置，定时向主控站提供观测数据；主控制站拥有大型电子计算机，接收各监测站的 GPS 卫星观测数据、卫星工作状态数据、各监测站和注入站自身的工作状态数据；地面天线负责收集由卫星传回的信息，并计算卫星星历、相对距离、大气校正等数据。

（3）用户接收系统

用户接收系统即 GPS 信号接收机。其主要功能是能够捕获到按一定卫星截止角所选择的待测卫星，并跟踪这些卫星的运行。当接收机捕获到跟踪的卫星信号后，就可测量出接收天线至卫星的伪距离和距离的变化率，解调出卫星轨道参数等数据。根据这些数据，接收机中的微处理计算机就可按定位解算方法进行定位计算，计算出用户所在地理位置的经纬度、高度、速度、时间等信息。接收机硬件和机内软件及 GPS 数据的后处理软件包构成完整的 GPS 用户设备。GPS 接收机的结构分为天线单元和接收单元两部分。接收机一般采用机内和机外两种直流电源。设置机内电源的目的在于更换外电源时不中断地连续观测。在用机外电源时机内电池自动充电。关机后，机内电池为 RAM 存储器供电，以防止数据丢失。目前各种类型的接受机体积越来越小，重量越来越轻，便于野外观测使用。其次则为使用者接收器，现有单频与双频两种，但由于价格因素，一般使用者所购买的多为单频接收器。

2．GPS 系统特点

① 全球地面连续覆盖。在全球任何位置均可进行车辆的位置监控工作，充分保障网罗 GPS 所有用户的要求都能够得到满足。

② 功能多、精度高。单机定位精度优于 10 米，采用差分定位，精度可达厘米级和毫米级。

③ 实时定位速度快。这一特点有力地保障了物流运输企业能够在业务运作上提高反应速度，降低车辆空驶率，降低运作成本，满足客户需要。

④ 抗干扰性能好、保密性强。信息传输采用 GSM 公用数字移动通信网，具有保密性高、系统容量大、抗干扰能力强、漫游性能好、移动业务数据可靠等优点。

3．基于 GPS 应用的物流配送系统的功能

① 车辆跟踪。利用 GPS 和电子地图可以实时显示出车辆的实际位置，实现多车辆同时跟踪。通过跟踪，使物流运输三方都可对货运车辆进行全程控制，实时掌握运输过程中的车货位置、货物状态、行车轨迹等相关信息，提前完成相应工作安排。

② 线路的规划和导航。货物装车起运后，由司机确定起点和终点，系统自动规划出最佳行车路线，包括最快路线、最简单路线等，使货物快捷、准确地驶向目的地，同时最大限度地降低货物运输费，大大提高物流运输配送效率。

③ 指挥调度。运输公司监控中心可随时与被跟踪目标通话，提供帮助。

④ 信息查询。货物运输过程中，司机可在电子地图上实时查询道路的准确位置、路面状况、沿途设施（如加油站、商店、旅店）等信息。同时，物流运输各方也能通过因特网了解货物在运输过程中的具体细节，从而增强了物流企业和货主之间的相互信任，提高物流企业的服务水平。

⑤ 紧急救援。通过 GPS 定位和监控管理系统可以对遇有险情或发生意外事故的车辆进行紧急援助。监控中心的电子地图可显示求助信息和报警目标，从而快速规划出最优援助方案，由此保证行车安全，提高物流中心或企业的服务质量。

案例 GPS 找回失踪马自达

一家租车行 4 部轿车被两名男青年租走，还车期限过后两天却迟迟不还车，而且男青年留下的联系电话也打不通，这可急坏了租车行。“多亏车上装了 GPS，通过 GPS 公司我们不仅将车追回，还找到了租车的两名男青年，前后只花了 1 小时。”昨日上午，即墨一家车行的李女士向记者反映说，目前即墨警方正在调查此事。

李女士介绍说，她是这家车行租车部的负责人，一周前两名男青年到店里租了 4 部马自达轿车，他们称租车一天用来结婚时使用，第二天会在约定时间将车还回来。办理完相关手续后，两名男青年将车开走。但到了次日交车时间，4 部轿车却迟迟未还，焦急的李女士拨打租车人的电话，但对方的电话却总是关机。此后一天，李女士反复与两名男青年进行联系，一直联系不上，无奈的李女士和车行负责人只好向公安部门报警。在李女士一筹莫展时，一名员工告诉她，车行里的车辆都装备了一家公司的 GPS 定位系统，看能否通过 GPS 公司找回失踪车辆。男青年租车后的第三天下午 3 时，李女士与这家 GPS 公司取得联系。

“仅用了 1 个小时，GPS 公司便为我们找到了租出的 4 部马自达轿车，这真是出乎我们意料。”李女士说。昨日下午，记者联系到这家 GPS 公司的纪经理，他介绍说，接到李女士所在车行的求助电话后，他们立刻启动跟踪系统，4 部轿车的实时位置、行驶路线等信息通过卫星实时信号都显示在电脑屏幕上，当时他们发现 4 部轿车仍在即墨范围，于是立即将此情况反映给即墨公安部门，随后他们和办案民警一起赶到现场，找到了失踪的 4 部轿车及那两名租车的男青年。（资料来源：锡复春，《青岛早报》，2009 年 4 月 28 日）

8.5.2 地理信息系统（GIS）

地理信息系统（GIS）是 20 世纪 60 年代人们在研究计算机图形学基础上发展起来的地理学研究成果。它是人类在生产实践活动中，为描述和处理相关地理信息而逐步产生的软件系统。20 世纪 90 年代后，地理信息系统在全球得到了空前迅速的发展，广泛应用于各个领域，产生了巨大的经济和社会效益。

1．GIS 的概念

地理信息系统（Geographical Information System，GIS）是以地理空间数据库为基础，采用地理模型分析方法，实时提供多种空间的动态的地理信息，为地理研究和决策服务的计算机技术系统。GB/T18354—2006 中规定 GIS 的定义是指由计算机软硬件环境、地理空间数据、系统维护和使用人员四部分组成的空间信息系统，可对整个或部分地球表层（包括大气层）空间中有关地理分布数据进行采集、储存、管理、运算、分析显示和描述。GIS 具有数据获取、数据存储、空间数据分析、空间数据推导、结果表示、导出结果不正确性的描述指标，以及对最终决策进行影响等功能。

2．GIS 的组成

GIS 由五个主要部分组成，如图 8-6 所示。

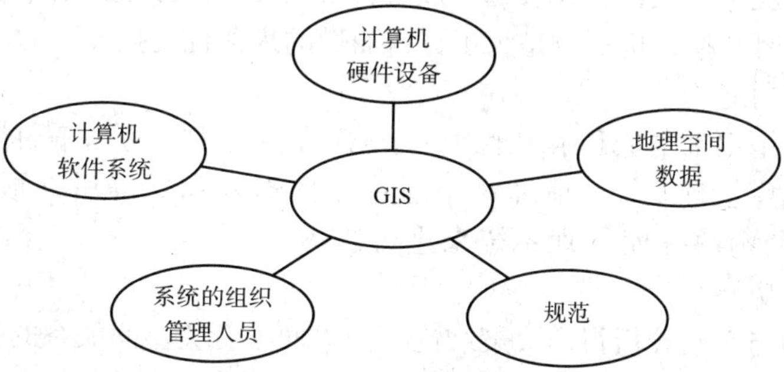

图 8-6　GIS 的组成

（1）计算机硬件设备

计算机硬件设备主要包括计算机和网络设备、存储设备、数据输入、显示和输出的外围设备等，它为 GIS 系统提供运行环境，用于储存、处理、输入输出数字地图及数据。

（2）计算机软件系统

计算机软件系统包括操作系统软件、数据库管理软件、系统开发软件、GIS 软件等。它负责执行系统的各项操作与分析功能，一般根据 GIS 的功能可以将 GIS 系统分为：信息数据输入和处理软件，数据库管理系统，空间查询、分析与视觉化工具，数据输入软件。

（3）地理空间数据

地理空间数据是 GIS 系统中最重要的部件，它反映了 GIS 的管理内容，是系统的操作对象和原料。

（4）系统的组织管理人员

系统的组织管理人员包括系统的建设管理人员和用户，管理人员的技术水平和组织管理能力是决定系统建设成败的重要因素，也是 GIS 系统设计、建库、管理、运行、分析决策处理问题的专门人员，是GIS系统中重要的组成部分。

（5）规范

规范是GIS的标准，成功的GIS系统具有良好的设计计划和本身的事务规律。规范对一个企业来说是具体的、独特的操作实践。

3．GIS的功能

（1）数据输入功能

地理数据必须转换成适当的数字格式才能用于GIS，从图纸数据转换成计算机文件的过程叫作数字化。目前，有很多的地理数据已经是GIS兼容的数据格式，可以直接从数据供应商那里得到并直接装入GIS中，无须再数字化。

（2）数据处理功能

数据处理功能就是将数据转换或处理成某种形式以适应系统的要求。这种处理可以是为了显示而做的临时转换，也可以是为了分析而做的永久性变换。

（3）数据管理功能

数据管理主要是用来构造和组织地理元素的位置、连接关系及属性数据，以便计算机能处理并构建数据库管理系统。地理对象通过数据输入和处理后，形成庞大的地理数据集。对此需要利用数据库管理系统来进行管理。

（4）查询分析功能

通过空间查询与空间分析得出决策结论，用以回答有关空间关系的查询和应用分析，是GIS的出发点和归宿。在GIS中这属于专业性、高层次的功能。

（5）可视化功能

GIS将地面上的实体图形数据和描述它的属性数据输入数据库中，并能编制用户所需要的各种图件来显示。

4．GIS在物流领域的应用

GIS应用于物流领域分析，主要是指用GIS强大的地理数据功能来完善物流分析技术。完整的GIS物流分析软件集成了车辆路线模型、网络物流模型、分配集合模型和设施定位模型等。

（1）车辆路线模型

车辆路线模型主要用来解决在一个起始点、多个终点的货物运输中如何降低物流作业成本费用，并保证物流服务质量的问题，包括决定使用多少辆车、每辆车的行驶路线等。

（2）网络物流模型

网络物流模型一般用于解决寻求最有效的分配货物路径问题，也就是物流网点布局问题。比如，将若干货物从N个仓库转移运往M个商店，每个商店都有固定的需求量，因此需要确定由哪个仓库提货送给哪个商店的运输成本最低。

（3）分配集合模型

分配集合模型可以根据各个要素的相似点把同一层的所有或部分要素分为几个组，用以解决确定服务范围和销售市场范围等问题。比如，某个公司要设立多个分销点，要求这些分销点要覆盖某个地区，而每个分销点的顾客数大概一致等。

（4）设施定位模型

该模型可以用于确定一个或多个设施的位置。在物流系统中，仓库和运输线共同组成了物流网络，仓库处于网络的节点上，节点决定着线路，应根据供求的实际需要，并考虑经济效益等原则，在某个区域设立一定数量的仓库，确定仓库的位置和规模，以及仓库之间的物流关系等。

8.6　信息管理系统软件

物流管理软件包括运输管理系统（TMS）、仓储管理系统（WMS）、货代管理系统（FMS）、供应链管理系统（SCM）等。

8.6.1　运输管理系统

运输管理系统（Transportation Management System, TMS）是一种“供应链”分组下的（基于网络的）操作软件。它能通过多种方法和其他相关的操作来提高物流的管理能力，包括管理装运单位，制定企业内、国内和国外的发货计划，管理运输模型、基准和费用，维护运输数据，生成提单，优化运输计划，选择承运人及服务方式，招标和投标，审计和支付货运账单，处理货损索赔，安排劳力和场所，管理文件（尤其当国际运输时）和管理第三方物流。

1．运输管理系统包含的模块

运输管理系统包含的模块有调度管理、车辆管理、配件管理、油耗管理、费用结算、人员管理、资源管理、财务核算、绩效考核、车辆跟踪、业务跟踪、业务统计、账单查询等。

2．运输管理系统的功能特点

（1）建立统一的调度管理平台

① 专门设立集卡调度中心和整车零担调度中心，使调度管理更具针对性。

② 智能化调度提醒，实现人性化的调度，全面提升企业车辆利用效率。

③ 专门设置值班调度，整合 GPS、SMS 数据，时时跟踪货物流向，及时调整并处理非正常业务运作。

④ 通过符合运作要求的调度机制，根据不同区域、车型要求、报关要求、货物属性、特殊业务类型等多种角度支持调度进行合理排班。

⑤ 灵活的排班方式，支持订单拆分，支持外委派车处理，支持集中的派车单管理。

（2）建立基于网络的一体化业务操作流程

① 建立快速、准确的订单处理机制，网上 EC 订单处理与内部 TMS 无缝连接。

② 统一委托受理平台，订单审核机制，保障业务数据的准确性。

③ 随时获取关键指标：委托处理差错率、委托响应效率。

④ 支持 Excel 等标准文档的信息读入。

⑤ 自定义的订单处理流程。

（3）集中化的财务管理

① 统一的合约管理，保证系统自动、准确地生成费用。

② 加强收付账款管理，完善费用处理流程、备用金管理。

③ 核销支持多种对冲、应收付等核销方式。

④ 账龄分析，备用金结存情况分析。

⑤ 统一的财务处理流程。

（4）完善的成本管理体系和预警管理

① TMS 支持对额定费用、三大耗件库存、车辆维修及进出库等相关成本费用的管理和预警，并且围绕运营业务，实现从维修到仓库进出库、业务到油料的全过程管理。

② 考核单车单司机配件、轮胎、事故违章等 KPI 指标。

③ TMS 报表模块提供整体业务运营多角度、多方位的分析报告，并使用图形化的方式进行关键指标的直观图示。

8.6.2 仓储管理系统

传统的仓储管理运作包括收货、上架、补货、拣货、包装和发货。在目前的竞争环境下，企业必须不断改进以适应供应链竞争的需要。现代仓储管理已经转变成履行中心，它的功能包括传统的仓储管理、交叉转运/在途合并、增值服务流程（组合/装配，包装/贴标，1对1营销等）、退货、质量保证和动态客户服务。

仓储管理系统（Warehouse Management System，WMS）是一个实时的计算机软件系统，它能够按照运作的业务规则和运算法则，对信息、资源、行为、存货和分销运作进行更完美的管理，使其最大化满足有效产出和精确性的要求。这里所称的“仓储”包括生产和供应领域中各种类型的储存仓库和配送中心。

仓库管理系统功能模块如下。

（1）系统功能设定模块

自定义整个系统的管理规则，包括定义管理员及其操作口令的功能。

（2）基本资料维护模块

对每批产品生成唯一的基本条形码序列号标签，用户可以根据自己的需要定义序列号，每种型号的产品都有固定的编码规则，在数据库中可以对产品进行添加、删除和编辑等操作。

（3）采购管理模块

① 采购订单：当需要采购的时候，可以填写采购订单，此时并不影响库存。

② 采购收货：当采购订单被批准，完成采购后到货的时候，首先给货物贴上条形码序列号标签，然后在采购收货单上扫描此条形码，保存之后，库存自动增加。

③ 其他入库：包括借出货物归还、退货等只需要填写采购收货单的情况。

（4）仓库管理模块

① 产品入库：采购入库或其他入库，自动生成入库单号，可以区分正常入库、退货入库等不同的入库方式。

② 产品出库：销售出库或其他出库，可以自动生成出库单号，可以区分正常出库、赠品出库等不同的出库方式。

③ 库存管理：不需要手工管理，当入库和出库时，系统自动生成每类产品的库存数量，查询方便。

④ 特殊品库：当客户需要区分产品时，可以建立虚拟的仓库管理需要区分的产品，各功能和正常品库一致。

⑤ 调拨管理：针对不同的库之间需要调拨，可以自动生成调拨单号，支持货品在不同的仓库中任意调拨。

⑥ 盘点管理：用户随时可以盘点仓库，自动生成盘点单据，使盘点工作方便快捷。

⑦ 库存上限报警：当库存数量不满足一定量的时候，系统报警。

（5）销售管理模块

① 销售订单：当产品销售出库的时候，首先填写销售订单，此时不影响库存。

② 销售出库单：当产品销售出库的时候，将销售出库产品序列号扫描至该出库单上，保存之后，库存报表自动减少该类产品。

（6）报表生成模块

在月末、季度末及年末，销售报表、采购报表及盘点报表的自动生成功能可以让用户自定义需要统计的报表。

（7）查询功能模块

① 采购单查询：如销售单查询、单个产品查询、库存查询等（用户定义）。

② 查询可按照某个条件，如条形码序列号、出库日期、出库客户等来查询。

8.6.3 货代管理系统

货代管理系统（Freight Management System，FMS）是针对货代行业所特有的业务规范和管理流程，利用现代信息技术及信息化的理论和方法，开发出的能够对货代企业的操作层、管理层和战略决策层提供有效支持与帮助的管理系统。

1．货代管理系统的特点

目前，现代货代企业已经超越了传统意义上的业务范畴，逐步从单一的货运代理向综合物流服务延伸，更加关注建立综合型的货代服务模式，关注与客户、供应商、海外代理等合作伙伴之间的资源整合和应用集成。

货代管理系统提供的是一个功能完整，集操作、管理、服务为一体的解决方案，功能覆盖货代公司运营的各个方面，有效支持市场部门、业务运作部门、财务部门的业务操作和管理，形成统一的企业应用平台。业务覆盖海、空运进出口业务、本地增值服务业务，支持空运一代、空运二代、海运出口整柜、拼箱业务、海运进口整柜、海运进口分拨操作模式。

货代管理系统关注企业的集中化管理和货代服务模式的创新，以海、空运进出口的服务和核心作业流程为主线，全面整合企业内外部的客户、合作伙伴、价格、业务和财务信息。

2．货代管理系统的功能

（1）帮助集团化企业实现集中化管理

① 采用区域中心集中的管理模式，总部建立集团管理数据中心，各分公司实现本地的业务操作和结算管理，业务数据汇总到总部集中管理，实现全公司业务、财务数据的自动汇总、集中监控。

② 帮助企业建立了集团结算中心，避免集团财务管理的迟延，提升准确性，提升资金的利用率。

③ 帮助集团化货代企业实现对客户的集中化管理，有效避免客户资源的私有化，更好地开拓集团客户。

④ 集中化管理和维护系统代码，为实现集团的集中管理和不同分公司之间业务协作和统一服务提供基础。

（2）更专业的业务处理，支持个性化的操作模式

① 系统提供直观的空运批量打板操作，帮助包板包舱的业务实现配舱利润最大化。

② 系统为海运出口拼箱提供了完整的操作流程，并提供专业的配箱操作模式与智能提醒，支持拼箱计划、拼箱测算表、拼箱中转管理和拼箱利润分析，帮助提高配箱利润最大化，同时具备海运进口分拨操作流程，包括小提单制作、分拨仓库管理和库存分析。

③ 系统对于信用控制与放单、放货、退单控制有特别处理，支持不同信用等级客户、不同服务类型、不同代理实行不同的放货控制策略。

（3）实现与海外代理集中对账，缩短应收款周期

① 集团化货代企业的各个分支机构与同一家海外代理有业务往来，集团总部建立结算中心，由结算中心负责所有分支机构与海外代理的对账催账，极大提高了对账的准确性和及时性。

② 减少了各分支机构之间的账单流转、重复录入、延误与差错，提高了对账工作的效率。

③ 结算中心不仅帮助集团化企业实现统一的对外对账，同时清晰化和简化集团内各分公司之间的内部结算。

（4）规范财务处理流程，保障财务管理及时、准确

① 系统建立应收款管理流程和应付款审批流程，有效规范了财务的处理过程。

② 系统提供对财务处理流程的重点环节审批和监控，有效控制和规避了一定的风险。

③ 系统可以通过直接凭证导出的方式与专业财务软件的总账系统进行连接，也可以通过应收应付单的形式，将票据导入专业财务软件的应收应付账系统，数据实现无缝连接，保障了及时性和准确性。

④ 系统在集团总部建立结算管理中心，系统自动定期将财务期间中的票据和收付数据汇总到集团总部，基于汇总的财务数据，形成大量财务分析报表图线（包括分公司、业务类型、业务员、集团客户等的横向比较），提高了集团决策层对整个企业的财务状况了解的及时性、准确性。

（5）提高协作能力，建立了稳固、双赢的协作网络

① 通过网上协作平台，将海外代理和本地合作伙伴连接起来建立了共同的业务网络，提升了企业与外部合作伙伴之间的协作能力。

② 通过网上平台的建立，一方面有利于集中进行供应商关系管理，与供应商（海外代理、本地服务提供商）之间建立长期、稳定、双赢的合作关系，另一方面有利于降低协作沟通成本，提升公司内部操作的效率和准确性。

③ 网上服务与协作平台改变了货代企业传统的被动式服务模式，提升了企业的整体形象，树立了企业的服务品牌。

8.6.4　供应链管理系统（SCM）（略，详见第 6 章）

案例　沃尔玛的核心——信息管理系统

沃尔玛总部信息中心共有员工近 3 000 名，其中约有 300～400 名从事项目管理工作，

约800名从事应用软件开发，还有300～400名系统维护人员。员工人数通常根据任务变化进行合理调配，一般约10～20人分为一组。例如，沃尔玛组建有国际财务组、会计组、跨部门业务Netmeeting组、E-mail组等。

公司所有业务和信息系统管理完全按照高度中央集权方式，进行矩阵式的组织管理。信息中心各职能部门负责提供项目资源需求，信息应用分部负责开发软件。例如，沃尔玛公司的客户关系管理系统开发项目由市场部同调查公司拟定40～50项指标，制成调查表交给IT部门，通过E-mail等形式散发到各门店来完成客户调查。如果开发新项目时公司信息中心开发小组技术力量不够，通常会采取业务外包的形式，特殊情况下也会请咨询公司帮助改进业务并提出软件开发需求，然后外包给软件公司。

在一套庞大复杂的系统下，沃尔玛的良性经营运转是需要完全契合的一套内部管理体制和操作流程相配套的。因此从某种意义上说，沃尔玛的成功取决于其拥有一个优秀的CIO（首席信息官），取决于公司职员能完全按照一套操作简单、控制复杂、成本最低、赢利最大的系统管理模式工作。例如，沃尔玛的销售额比凯玛特高，但是信息部门的用工人数不到3 000人，而凯玛特为5 000多人；美国某家零售公司，8位专业人员管理50多台NT服务器和8台UNIX服务器，而沃尔玛的NT服务器组却是1 520人管理6 000～7 000台NT服务器。通过对公司信息系统的开发管理，充分体现出沃尔玛公司整体特别是一个优秀CIO严谨的行事流程及管理风格。

1. 系统缺货分析

依各店缺货率的高低，系统分析缺货商品状态与周期性，分析正常品/促销品的缺货原因和促销品的交货是否影响到正常品，分析不同产品缺货的百分比。系统为采购员提供并保存两年的销售历史记录，包括所有商品，并具体到每一个规格、颜色的单品销售数据，最近各周的销量、存货；系统可自动计算分析并存储店铺内所有销售记录及商品品类管理资料，提供单品的当前库存、已订货数量、由配送中心送货的数量、最近各周的销售数量、建议订货数量及销售终端所能提供的信息资料；系统提供相同的数据给供应商与沃尔玛采购员，使生产商能细致地了解哪些规格、哪种颜色的产品好销售，然后按需组织生产。

2. 及时补货系统

沃尔玛实行的“天天平价”及“最低利润销售”的经营原则，曾经导致公司与其供应商合作伙伴之间的关系一度非常紧张。1986年，由于美国国内的成衣制造周期过长（平均生产周期约125天），造成生产供应存货成本、市场及零售终端缺货率过高，加剧了沃尔玛在行业内的不利位置。为了解决这一系列问题，沃尔玛开始研究如何从制造、配销、零售的过程中缩短中间运转周期，以降低存货成本、增加回转率及降低零售店的缺货率。为了减少不必要的中间采购环节，沃尔玛重新整合了采购供应链，直接与生产商建立供应关系。最关键的是，沃尔玛与IBM合作开发出自己专用的EOS系统，并同时采用了商品条形码代替了大量手工劳动。与合作伙伴之间架设起的EOS系统调整了当年美国国内制衣产业结构，也使原来商品的产销时程从125天减至30天。

今天，供应商坐在自己的办公室里，便可对其在沃尔玛店铺内的各类货物库存和销售情况了如指掌。它们可以随时通过网络发送补货单，实现商品销售情况跟踪及无纸化下采购订单等。这不仅方便了供应商对商品市场终端销售的掌控，大大降低了其物流通路的成本，同时也使沃尔玛商品货架空货率降低。

例如，沃尔玛与宝洁公司之间建立了及时补货系统（Key Accoust Replenishment System，KARS），如图 8-7 所示。KARS 将正式订单反馈进入 ASI（American Software Inc.）的内部订单产生系统，自动进行批次作业，其中包括发票与交货明细通知单等相关文件。方便的系统维护管理功能和系统良好的接口能力，也是沃尔玛整套信息系统管理中最为关键的因素。

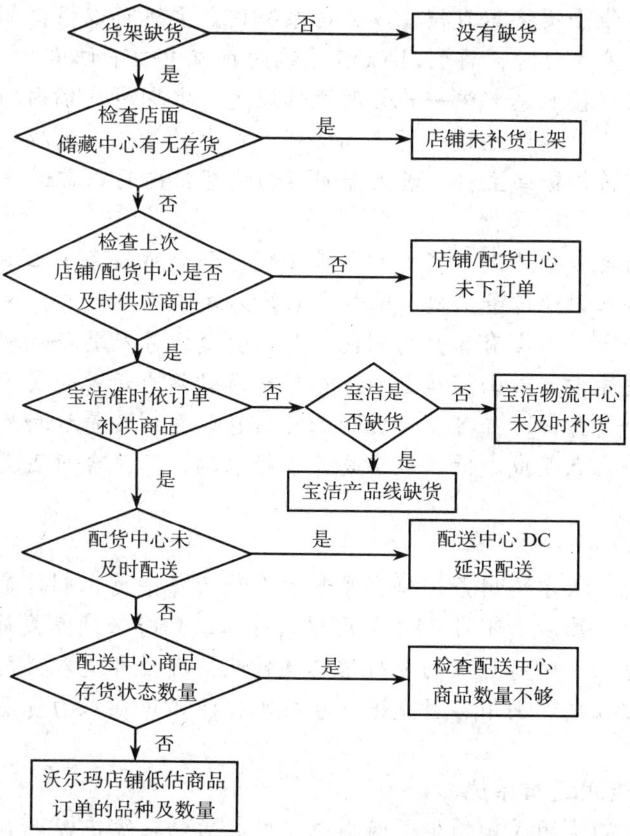

图 8-7　与宝洁建立的及时补货系统

沃尔玛应用了无缝连接即时补货系统以后，其商品管理方面得到细化，与合作供应商之间在商品管理跟踪方面建立了及时与紧密的互动关系。对交易伙伴而言，最重要的是规范彼此的商业行为，以实事求是地评估双方的业务表现。因此，无缝连接即时补货系统的应用不仅完全改善了沃尔玛与其合作伙伴之间的关系，最重要的是明显降低了沃尔玛的销售管理成本，使销量提高了20%左右，保证其“天天平价”、“让利客户”宗旨的体现。

3. POS与条形码应用系统

沃尔玛公司的POS与条形码系统是相辅相承、缺一不可的，其功能包括商品流通管理、客户管理、员工管理。

（1）商品流通管理

沃尔玛盘点系统主要分抽盘和整店盘点两部分。其中，抽盘分几次进行，由负责人根据需要了解的商品销售情况，通过公司统一的信息系统直接输入指示，营业员通过店铺内的电脑收到指令后，用无线手提终端扫描指定商品的条形码，确认商品后对其进行清点。然后，资料通过无线手提终端直接输入公司系统内。系统可以根据相关的分析快速得到商品的存货资料，并产生订货，再利用EOS系统向物流中心下订单。

整店盘点是门店按照总部统一的管理操作规定，定期对店铺内的所有商品进行盘点。由负责该区域的营业员通过无线手提终端得到主机上的指令，按指定的路线、顺序清点货品，然后把清点资料传输回主机。盘点期间不影响店铺内的正常运作。

（2）客户管理

以沃尔玛山姆会员店为例，新加入会员必须先到会员服务中心填写入会表格并办理相关手续，服务中心立刻通过条形码影像制卡系统为客户照相，并在8秒之内把条形码影像会员卡发到客户手上。卡上有客户的彩色照片、会员编号及其条形码、入会时间、类别、单位等资料。会员凭卡进入山姆店选购，在结账时必须出示此会员卡，收款员通过扫描卡上的条形码确认会员身份，并可把会员的购货信息储存到会员资料库，方便以后使用。采用这种方式的主要优点是成本低、效率高、资料准确，而且会员丢失卡后不必担心会被其他人冒用。

（3）员工管理

在员工管理上，沃尔玛用条形码影像制卡系统为每个员工制作员工卡，卡上有员工的彩色照片、员工号、姓名、部门、ID条形码。员工工作时必须佩戴员工卡，并使用员工卡上的条形码记录考勤。所有员工的资料信息及作业情况全部进入公司的信息系统，作为员工工作的基础考核数据。利用各种先进信息技术，沃尔玛在人力资源上的管理成本已经降到了很低的水平。

4. 卫星控制专用通信系统

在沃尔玛庞大的集团式购销渠道网络中，卫星通信系统花费近6亿美元，租赁的一颗人造卫星帮其实现即时通信。目前沃尔玛将这部分工作全部外包给AT&T负责，沃尔玛总公司直接与各管理事业部、远程虚拟办公室、本地卖场店铺、海外各地区卖场店铺、各配货中心、生产及供应商等，通过卫星通信运行统一的补货系统、EDI系统、库存管理系统、会员管理系统、收银系统等。

沃尔玛总部可在1小时内对全球4 000多家分店每种商品的库存量、上架量和销售量全部盘点一遍，还可以了解到任意一家门店的资料并进行管理调配。总部各事业管理部每天通过卫星通信网，对全球各个地区的不同分店实行沃尔玛核心经营体制管理。总部不会由于管理面积庞大、业务信息传递不畅而被悬浮在上层，通过卫星通信系统可以达到对公司战略发展过程的灵活掌控和中央集权管理控制实际直接参与的目的。卫星通信系统的采用，是沃尔玛未来永续发展的战略性里程碑。

5. 库存配送控制

1970年，沃尔玛公司在其总部所在地建立了第一个配送控制中心，应用交叉入库作业（Cross-Docking）和电子数据交换两项技术进行商品配送管理。目前，公司总部在全球已建立了62个配送中心，为全球4 000多个店铺提供配送服务。配送中心提供的专业化物流服务，包括客户订单处理、供应商到货入库管理、仓库保管管理、补货管理、发货配送作业等。总部配送控制中心的IT系统具备支撑大范围物流整体运做的能力，支持沃尔玛全球不同区域的配送中心、各类配送中心的协同商务处理等。供应商把商品送到配送中心后，沃尔玛的检验部门运用多种技术手段对商品质量进行严格检验，以杜绝假冒伪劣商品进入卖场。

沃尔玛的配送中心从业务上看，主要是通过信息系统与供应商（制造商）直接联系，进行商品的采购与运输，并且负责商品的检验、储存、分拣、再加工或包装、重组及商品到各店铺的配送等一系列工作。因此从功能上看，沃尔玛的配送控制中心实际上是一个设施先进、配套完整、将商品仓储从静态变为动态的转送站。

供货商将货物运到配送中心，配送中心根据每个店面的需求量对货物进行重新打包。沃尔玛的价格标签和UPC（Universal Product Code，统一产品码）条形码早已经在供货商那里贴好，服装类商品都已经挂在衣架上。货物在配送中心的一侧作业完毕后，被运到另一侧准备送到各个店面里，也就是说，货物从“配”区运到了“送”区。配送中心配备几英里长的激光制导的传送带，货物成箱地被送上传送带，运送过程中条形码被扫描，这样，这些货物箱就能够在庞大的配送中心自动找到将要装运自己的卡车，而无须在配送中心停留存货。

配送中心共有5 500辆运输卡车，全部装备了卫星定位系统，每天24小时不停地作业。总部对此一目了然，可以根据实际情况合理安排运量和路程，最大限度地发挥运输潜力，提高工作效率。卡车每年的运输总量达到77.5亿箱，总行程6.5亿公里，物流成本被压到最低。

6. 最好的信息系统也隐藏危险

沃尔玛能够长期立于同业无法模仿的现代化科技管理模式，并保持绝对优势，来源于两项具有战略意义的举措：公司自行开发信息管理系统和卫星通信。但是，再先进的技术和管理也有问题存在，因此对于沃尔玛来说，它的最大危机隐患就来自这套成熟完整的信息系统。

入侵检测系统（IDS）技术是安全界富有争议的一个话题。IDS是一种集检测、记录、报警、响应在内的动态安全技术，不仅能检测来自外部的入侵行为，同时也监督内部用户的未授权活动，是近十多年发展起来的新一代安全防范技术。它通过对计算机网络或系统中的若干关键点收集信息并对其进行分析，从中发现是否有违反安全策略的行为和被攻击的迹象。

沃尔玛目前采用的安全防护系统就是 IDS。面对新的黑客攻击手段、大规模程序化攻击、智能程度较高的手工入侵，即使采用最昂贵和最领先的 IDS 产品，也不过是个摆设。因此，未来威胁沃尔玛的最大潜在危机就是其完美成熟的管理信息系统。因为沃尔玛庞大的电子信息系统巨链，一环紧扣一环，这样的管理系统在正常状态下的运行效率极高，其成本相对于原始的管理系统要低，对人员的要求及依赖度不高，但是一旦任何一个环节遭遇网络安全侵袭出现故障，将会直接影响到整体系统的运行，甚至造成系统瘫痪。

沃尔玛的核心管理模式其实就是一个完整而成熟的零售连锁行业电子信息系统的模型。随着市场竞争及管理科学的发展，如何更进一步地安全使用电子信息技术将是沃尔玛面临的紧要战略性问题。这也是沃尔玛在未来行业竞争及永续发展中，以绝对控制渠道而控制市场战略的重要保证。（于海燕，《信息与电脑》，2010 年第 2 期）

实践与实训

班级分组，每组 5~6 人为宜，实地调查一家零售企业或物流企业，分析该企业运用了哪些物流信息技术，它们是如何运作的。如果没有使用相关物流信息技术，请设计一个应用某一项物流信息技术的方案，分析该技术在本企业运行中能起到什么作用。相关要求如下：

（1）该企业目前运用哪几种物流信息技术，主要包括如 Bar Code（条形码技术）、RFID（射频识别技术）、EDI（电子数据交换）、GIS（地理信息系统）、GPS（全球定位系统）等，分析具体的运作过程。

（2）比较使用该技术前后，分析这些技术给企业带来哪些明显的优势。

（3）在这几项信息技术当中，在条件许可的情况下该企业还可以运用哪项技术，分析其原因。

复习思考题

一、判断题

1．物流信息技术是物流现代化的重要标志，也是物流技术中发展最快的领域。（　　）

2．EDI 的应用解决了数据录入和数据采集的“瓶颈”问题，为供应链管理提供了有利

的技术支持。(　　)

3．运用 RFID 技术，可以提高检查效率，减少保安人数。(　　)

4．EDI 技术有时也被人们通俗地称为“无纸贸易”。(　　)

5．仓储管理系统能通过多种方法和其他相关的操作一起提高物流的管理能力。(　　)

二、单项选择题

1．(　　)指反映物流各种活动内容的知识、资料、图像、数据、文件的总称。

A．物流技术　　B．物流信息

C．物流信息技术　　D．物流技术信息

2．将有条形码的卡式证件插入滑槽区，自动沿轨道做直线运动，在卡片前进过程中，扫描光线将条形码信息读入的识别装置是(　　)。

A．光笔扫描器　　B．台式扫描器

C．卡式阅读器　　D．手持式扫描器

3．全球定位系统由(　　)颗卫星组成全球定位、导航及授时系统。

A．21　　B．22

C．23　　D．24

4．运输管理系统的功能特点主要不包括(　　)。

A．建立完整的查询功能模块

B．建立统一的调度管理平台

C．建立基于网络的一体化业务操作流程

D．集中化的财务管理与完善的成本管理体系和预警管理

5．能够提供更专业的业务处理，支持个性化的操作模式是(　　)。

A．运输管理系统（TMS）　　B．仓储管理系统（WMS）

C．货代管理系统（FMS）　　D．供应链管理系统（SCM）

三、多项选择题

1．一个完整的条形码结构组成次序依次为(　　)。

A．静空区　　B．起始符　　C．数据符

D．校验符　　E．终止符和静空区

2．常用的二维条形码码制有(　　)。

A．QR Code　　B．Code Bar 码　　C．PDF417

D．Code 49　　E．Code 16K

3．RFID 系统可以粗略地分成(　　)四种类型。

A．EAS 系统　　B．便携式数据采集系统

C．物流控制系统　　D．定位系统　　E．EDI 系统

4．GIS 主要由（　　）部分组成。

A．计算机硬件设备

B．计算机软件系统

C．系统组织管理人员

D．规范

E．地理空间数据

5．物流管理软件主要包括（　　）。

A．运输管理系统（TMS）

B．仓储管理系统（WMS）

C．货代管理系统（FMS）

D．供应链管理系统（SCM）

E．电子数据交换系统（EDI）

四、简答题

1．物流信息技术包括哪些？（考证复习题）

2．条形码技术有哪些特点？（考证复习题）

3．基于 GPS 应用的物流配送系统的功能有哪些?

4．简述 GIS 在物流中的应用。

第 9 章

电子商务环境下的物流法律制度

引导案例

2009 年 9 月，某科技公司通过某物流公司，将一台电脑服务器托运给深圳某证券公司。物流公司填写了货运单，但未将运输单背面的条款内容告知科技公司。

几天后，深圳公司在收获时，发现货物包装已损坏、箱内硬盘散乱，拒绝收货，并将情况告知了该科技公司。科技公司随即与物流公司进行交涉，要求物流公司退还运费 145 元，赔偿经济损失 26 000 多元。

物流公司虽然承认运输货物破损的事情，但认为科技公司在运输合同中没有标明货物价值，提供的发票也不能证实与损坏的东西一致。所以，最多只能按照运费的 2~5 倍进行赔偿。

诉讼过程中，物流公司向法院出示了货物运输单，并表示，运输单背面的运输条款第 6 条写得很清楚："运输过程中，托运物品损毁或灭失的赔偿额为：货物的赔偿以运费的 3 倍计算，所有的赔偿最高不超过 800 元/票。"所以，物流公司只同意按合同规定的标准进行赔偿。

法院经审理认为，运输条款的形式符合格式条款的定义。其中第 6 条是对承运人赔偿责任金额的限定，具有免除或限制乙方责任的内容，违反了公平原则。而且，双方在订立合同的过程中，物流公司也没有提醒科技公司注意条款的内容，属于无效的格式条款。所以，法院对物流公司依据该无效条款提出的抗辩意见，不予采信。

最终，法院判决物流公司赔偿该科技公司经济损失 28 000 多元。

学习目标

1. 了解我国电子商务环境及有关法律制度。

2. 了解我国物流法律制度的现状及相关法律制度。

3. 学习和掌握我国物流法律仓储法规、运输法规和配送法规的相关内容。

学习导航

随着电子商务的迅速发展，“物流”已成为现代服务业的支柱产业，为了更好地顺应和促进电子商务的发展，使传统物流向现代物流转变，必须以良好的法律制度环境作为依托和保障，建立相对完善的物流法律制度是物流产业得以发展的重要条件。

9.1 电子商务法和物流法概述

9.1.1 电子商务法的概念、特征及调整对象

电子商务法包括了所有调整以数据电文方式进行的商事活动的法律规范，其内容十分丰富，至少可分为调整以电子商务为交易形式的和调整以电子信息为交易内容的两大类规范。目前，学界普遍认为的电子商务法，仅指调整以数据电文为交易手段而形成的因交易形式所引起的商事关系的法律规范体系。

电子商务法作为商事法律的一个新兴的领域，与其他商事法律制度相比较，还存在着一些具体的法律特征，大致有以下几方面。

1. 商法性

商法是规范商事行为运作和商事主体的法律规范。行为法主要实行自由主义，其规定原则上属于任意性规范，而组织法则实行严格主义，其规定原则上属于强行性规范。电子商务法规范主要属于行为法，如数据电文制度、电子签名及其认证制度、电子合同制度、电子信息交易制度、电子支付制度等。但是，电子商务法也含有组织法的内容，如认证机构的设立条件、管理、责任等，就具有组织法的特点。

2. 技术性

在电子商务法中，许多法律规范都是直接或间接地由技术规范演变而成的。如一些国家将运用公开密钥体系生成的数字签名规定为安全的电子签名，如新加坡的《电子交易法》等。这样就将有关公开密钥的技术规范转化为法律要求，对当事人之间的交易形式和权利义务的行使，都有极其重要的影响。另外，由于电子商务的全球性特点，导致全球电子商务主体必须遵守统一的技术标准，如网络协议的技术标准，当事人若不遵守，就不可能在开放环境下进行电子商务交易。所以，技术性特点是电子商务法的重要特点之一。技术规范的强制力，源于其客观规律性，它是当代自然法的主要渊源，理想化的实证法只能接受，

以增加其社会适应性。

3．开放性和兼容性

Internet 是多种技术集成的成果，它容纳了各国的信息资源，遍布世界各个角落，因此，电子商务立法必须考虑网络的这种特性，坚持开放与兼容的原则，实现法律与网络的有机配合，为电子商务创造良好的发展空间。所谓开放性，是指电子商务法要对世界各地区、各种技术网络开放；所谓兼容性，是指电子商务应适应多种技术手段、多种传输媒介的对接与融合。只有坚持这一原则，才能实现世界网络信息资源的共享，保证各种先进技术在电子商务中及时应用，更好地促使一个国家融入到世界电子商务的大潮中。

4．复合性

电子商务行为需要大量的“外力”介入，即第三方的技术及交易平台服务等。首先，其技术手段上的复杂性，需要第三方的技术服务。其次，其交易关系的复合性，即当事人必须在第三方的协助下，完成交易活动。比如在合同订立中，需要有网络服务商提供接入服务，需要有认证机构提供数字证书等。即便在非网络化的、点到点的电信商务环境下，交易人也需要通过电话、电报等传输服务来完成交易。此外，在线合同的履行，需要第三方加入协助履行。实际上，每笔电子商务交易的进行，都必须以多重法律关系的存在为前提，这是在口头或纸面条件下所没有的。一般来说，相比较传统交易手段而言，在线交易应有银行等金融机构、电阻认证机构、符合法律规定的交易平台或网络服务提供商，货物配送机构等服务提供者，交易的复合性极强。

电子商务法是调整以数据电文为交易手段而形成的商事关系的规范体系。联合国国际贸易法律委员会在《电子商务示范法》中所给数据电文的定义是：“就本法而言，数据电文是指以电子手段、光学手段或类似手段生成、发收或储存的信息，这些手段不包括不限于电子数据交换（EDI)、电子邮件、电报、电传或传真。”当以数据电文为交易手段时，一般应由电子商务来调整。

9.1.2　物流法的概念和特征

物流活动涉及生产、流通等各个方面，必然会受到各种法律法规的规范和调整。物流法是指调整与物流活动有关的社会关系的法律规范的总称。到目前为止，我国没有一部统一的物流法。由于物流活动本身涉及社会关系，所以与物流活动有关的法律规范的范围比较广。并具备以下特征。

1．综合性和多样性

由于物流活动涉及运输、仓储、包装、配送、搬运、流通加工和信息管理等各个环节，在每个环节上都存在须用法律对其活动进行规范和约束的问题，而且每个环节的法律规范在表现形式上又分为法律、法规、规章和国际条约、国际惯例，以及各种技术规范和技术法规等不同的层次。所以物流法律呈现综合性和多样性的特点。

2. 广泛性和复杂性

物流活动本身的特点及物流活动的市场管理者众多，所以在物流活动中，既有可能适用横向的民事法律规范，如运输合同、仓储合同、保管合同等合同法律规范；也有可能适用纵向的行政法律规范，如物流企业市场准入、物流市场监督管理等法律规范；在某些情况下还可能适用一些技术标准和技术规范。

3. 国际性

现代物流是经济全球化、一体化发展的产物。国际物流的出现和发展，使物流超越了一国和区域的界限，走向国际化。与物流国际化相适应，物流法律也呈现出国际化的趋势，这种趋势也会带来物流技术标准和工作标准在法律适用上国际化。

4. 技术性

由于物流活动是由运输、包装、仓储和装卸等技术性较强的多个物流环节组成，整个物流活动过程都需要运用现代信息技术和电子商务，所以物流活动自始至终都体现较高的技术含量。而物流法律作为调整物流活动、规范物流市场的法律规范，必然涉及从事物流活动的专业术语、技术标准、设备标准及设备操作规程等，从而具有技术性的特点。运输是生产的直接组成部分，没有运输，生产内部的各环节就无法连接。

9.2 电子合同和电子签名

9.2.1 电子合同的概念和法律特征

电子合同，是指通过 EDI 或 E-mail 等数据电文方式拟订电子合同文本，以可读形式储存在计算机磁性介质上的一组数据信息。该数据信息首先通过一方的计算机键入内存，然后通过通信网络或因特网到达对方计算机内存中或储存在计算机磁性介质上，形成实质的合同。电子数据信息和纸质形式存在很大的区别，因此也被称为“无纸合同”。目前我国对电子合同尚未作出明确的法律定义，世界各国在其有关电子商务的立法中也没有一个权威性的统一解释。联合国《电子商务示范法》第 2 条规定：“‘数据电文’是指经由电子手段、光学手段或类似手段生成、储存或传递的信息，这些手段包括，但不限于电子数据交换（EDI）、电子邮件、电报、电传或传真。”我国《合同法》第 11 条规定：“书面形式是指合同书、信件和数据电文（包括电报、电传、传真、电子数据交换和电子邮件）等可以有形地表现所载内容的形式。”根据联合国《电子商务示范法》及世界各国所颁布的电子商务（交易）法，同时结合我国《合同法》的有关规定，电子合同是平等民事主体之间通过电子信息网络，主要以电子数据交换形式设立、变更、终止财产性民事权利义务关系的协议。

电子合同作为一种法律概念并且是受《合同法》调整的合同，具有如下法律特征。

① 合同是两个以上法律地位平等的当事人意思表示一致的协议。

② 合同以产生、变更或终止债权债务关系为目的。

③ 合同是一种民事法律行为。

电子合同作为一种民事法律行为，是双方或多方民事主体的法律行为，当事人之间以电子的方式设立、变更、终止财产性民事权利义务为目的，当事人之间签订的这种合同是合同的电子化，是合同的新形式。它与传统合同所包含的信息大体相同，即同样是对签订合同各方当事人的权利和义务作出确定的文件，其成立同样要具备要约和承诺两个要件。在订立电子合同的过程中，合同的意义和作用并没有发生改变，但其签订过程和载体已不同于传统的书面合同，其形式也发生了很大的变化。作为一种新的合同形式，电子合同与传统合同仍然有一些不同，通过将电子合同与传统合同进行比较，可以更加清楚地理解其特征。具体分述如下。

（1）载体不同

电子合同是通过计算机和网络，以数据电文的方式订立的。在传统合同的订立过程中，当事人一般通过面对面的谈判或通过信件、电报、电话、电传和传真等方式进行协商，并最终缔结合同。这是电子合同有别于传统书面合同的关键。传统合同一般以纸张等有形材料作为载体，同时对于大宗交易一般要采用书面形式，而电子合同的信息记录在计算机或磁盘等载体中，其修改、流转、储存等过程均通过计算机进行。这种合同方式大大地节约了交易成本，提高了经济效益。但是电子合同所依赖的电子数据是无形的，具有易消失性和易改动性的特点。所以，如果不对合同的信息采用一定的加密、保全措施，其作为证据适用时就具有很大的局限性。同时，由于信息的传递具有网络化、中介性、实时性等特征，故电子合同比传统合同具有更大的风险性。

（2）交易主体的虚拟性和广泛性不同

电子合同订立的整个过程所采用的是电子形式，通过电子邮件、EDI 等方式进行电子合同的谈判、签订及履行等。电子合同的交易主体可以是“地球村”里的任何自然人和法人及其相关组织，订立合同的各方当事人通过在网络上的运作，一般互不谋面。这种交易方式必然需要提供一系列的配套措施，如建立信用制度、电子签名及认证制度，让交易的相对人在交易前知道对方的具体身份乃至资信状况。

（3）意思表示的电子化不同

意思表示的电子化，是指在合同订立的过程中通过相关的电子方式表达自己意愿的一种行为，这种行为的表现方式是通过电子化形式实现的。民事法律行为以意思表示为核心要素，意思表示是行为人将意欲实现的司法效果发表的行为。意思存于内心，是不能产生法律效果的。当事人要使自己的内心意思产生法律效果，就必须将意思表现于外部，即将意思发表。发表则须借助语言、文字或表意的形体语汇。意思表示所发表的意思，不是寻常意思，而是体现为民法效果的意思，亦即关于权利义务取得、丧失及变更的意思。在电子合同订立的过程中，合同当事人可以通过电子方式来表达自己的意愿。电子合同的要约与承诺不需要传统意义上的协商过程和手段，其文件的往来亦可通过因特网进行。《合同法》规定合同的订立需要有要约和承诺这两个过程，电子合同同样也需要具备这些要件，但电子合同中的要约和承诺均可以用电子的形式完成，甚至依靠输入主要相关的信息以符合预先设定的程序时，计算机“代理人”就可以自动做出相应的意思表示。

（4）电子合同生效的方式、时间和地点与传统合同有所不同

传统合同一般以当事人签字或盖章的方式表示合同生效，而在电子合同中，表示合同生效的传统签字盖章方式被电子签名所代替。合同成立的时间和地点对于确定当事人的权利与义务及合同应适用的法律具有重要的意义，但各国合同法对承诺生效的时间并不一致。传统合同的生效地点一般为合同成立的地点，而采用数据电文等形式所订立的合同，一般以收件人的主营业地为合同成立的地点；没有主营业地的，其经常居住地为合同成立的地点。

（5）技术化、标准化程度不同

电子合同是通过计算机网络进行的，这有别于传统的合同订立方式。电子合同的整个交易过程都需要一系列的技术标准予以规范，如电子签名、电子认证等。这些具体的标准是电子合同存在的基础，如果没有相关的技术与标准，电子合同是无法实现和存在的。

9.2.2 电子合同的效力

一般认为电子合同的成立及生效需具备以下法定条件。

1．行为具有相应的民事行为能力

行为人具有相应的民事行为能力的要件，在学理上又被称为有行为能力原则或主体合格原则，即行为人必须具备正确理解自己行为性质和后果，独立地表达自己的意思的能力。

2．电子意思表示真实

这主要是指利用资讯处理系统或计算机而作出真实意思表示的情形。电子意思表示形式是多种多样的，包括但不限于电话、电报、电传、传真、电邮、EDI、因特网数据等。电子意思表示不真实，是指电子设备及程序的最终支配者或利益的享有者，通过电子设备表现于外部的意志与其内心的真实意志不一致，即行为人表示要追求的某种民事后果并非

其内心真正希望出现的后果。电子意思表示不真实，可能因为行为人主观上的原因引起，也可能因为某种客观原因引起（如欺诈、胁迫、乘人之危、重大误解等），还有可能是因为电子错误或电子不可抗力造成的。总之，凡是违背当事人真实意愿的民事行为，即构成意思表示不真实

3．不违反法律和社会公共利益

不违反法律和社会公共利益，是指电子合同的内容合法。合同有效不仅要符合法律的规定，而且在合同的内容上不得违反社会公共利益。在我国，凡属于严重违反公共道德和善良风俗的合同，应当认定其无效。

4．合同必须具备法律所要求的形式

一般情况下，合同要求满足书面形式，若电子合同满足了书面功能要求，就应等同于法律上的“书面合同”文件。部分合同要求符合我国现行法律的特殊规定，如备案、登记等，亦须满足此种条件，方可承认其效力。

9.2.3　电子签名

1．电子签名的概念和适用范围

凡是能在电子通信中，起到证明当事人的身份、证明当事人对文件内容的认可的电子技术手段，都可被称为电子签名。即只要符合下列条件就可认定为电子签名。

① 须体现为电子形式；
② 须依附于数据电文；
③ 须识别签名人的身份并表明签名人认可与电子签名相联系的数据电文内容。

电子签名是现代认证技术的一般性概念，它是电子商务安全的重要保障手段。但在下列文书中不得使用电子签名。

① 涉及婚姻、收养、继承等人身关系的；
② 涉及土地、房屋等不动产权益转让的；
③ 涉及停止供水、供热、供气、供电等公用事业服务的；
④ 法律、行政法规规定的不适用电子文书的其他情形。

2．电子签名的认证和完整性

电子签名的认证，也即电子签名的归属推定，是在交易当事人对签署者身份发生争议时所应采用的规则。在开放性的网络环境下，电子签名的应用存在着诸多不确定的风险，例如，当事人就电子签名是否由称谓者所签署从而产生疑问是不可避免的。其风险可能来自于交易系统的错误、黑客的攻击、恶意串通等。即使有认证机构颁发电子签名认证书，

网络交易存在的风险也是可能产生的。

电子签名的完整性主要是解决电子签名的数据电文在传输或存储中，有无发生被非法修改的问题，即发送方所签署的数据电文是否能够以原件形式存在。当然，在实际的网络交易环境下，接收方收到的永远是副本。其原因在于数据电文具有完全复制性，其原件与副本在内容上可以丝毫不差。

3. 电子签名对签署者的效力

① 签署者不可否认地认可自己是数据电文的发送者。

② 签署者不可否认地认可或承认数据电文的内容，并且不能再事后以任何理由否认对数据电文内容的熟知和了解。

4. 电子签名对数据电文内容的证据效力

《电子签名法》第 7 条规定：“数据电文不得仅因为其是以电子、光学、磁或类似手段生成、发送、接收或储存的而被拒绝作为证据使用。”如果数据使用电文是具有法律效力的文件，经过当事人的电子签名后，不仅在当事人之间作为原件（完整性），还会符合证据法上对原件的要求，作为原始证据向法庭提交。

5. 电子签名对法律行为的效力

《电子签名法》第 3 条第 1 款、第 2 款规定：“民事活动中的合同或其他文件、单证等文书，当事人可以约定使用或不使用电子签名、数据电文。”“当事人约定使用电子签名、数据电文的文书，不得仅因为其采用电子签名、数据电文的形式而否定其法律效力。”

电子签名的行为是否成立或生效，最终要以调整该法律行为的特别法衡量。例如，合同法对电子签名的要约、承诺的生效与否进行判断。当以电子签名的要约、承诺行为符合合同法的基本规范时，对该要约或承诺的电子签名的签署，就决定着合同成立、生效的时间、地点等重要的法律因素。总之，电子签名对法律行为的成立、生效都起着至关重要的作用。

9.3 运输法律法规

9.3.1 货物运输合同基本规定

1. 货物运输合同的概念、特征

（1）货物运输合同概念

根据《合同法》第 288 条规定，货物运输合同是承运人将货物从起运地运输到约定地点，托运人或收运人支付运输费用的合同。

（2）货物运输合同的主要特征

① 货物运输合同的标的是运输行为，而不是被运送货物的本身。托运人与承运人签订运输合同，其目的是要利用承运人法人运输工具将货物由起运地运输到目的地，承运人的运输劳务行为才是双方权利和义务共同指向的目标。

② 货物运输合同是双务合同。承运人负有将货物由起运地运至目的地的义务。托运人有向承运人支付运费的义务。

③ 货物运输合同是有偿合同。在运输合同中，托运人让承运人运输货物，应当支付运费。

④ 货物运输合同大多是诺成合同。大宗货物的长期运输合同一般为诺成合同，双方在协议上签字，合同即告成立；零担货物或集装箱货物运输合同一般为实践合同，以货物的交付验收为成立条件，承运人在运单上加盖承运日期戳时合同成立。

⑤ 货物运输合同可以是“第三人利益合同”。货物运输合同往往有第三人参加，以承运人、托运人之外的第三人为收货人。虽然收货人并非签订合同的当事人，但他可以独立享有合同约定的权利，并承担相应的义务。如果运输合同约定由收货人支付运费，那么这属于由第三方当事人参加的运输合同，必须有收货人的同意，合同才能成立。

⑥ 货物运输合同可以采用留置的方式担保。货物运输合同的托运人或收货人来支付运费、保管费及其他运输费用的，承运人对相应的运输货物享有留置权。承运人依法占有所运输的货物，在托运人或收货人不履行合同义务时，可以与其协商以留置物折价，也可以依法拍卖、变卖留置物，从所得价款中优先受偿。

⑦ 货物运输合同一般为格式合同。大部分货物运输合同的主要内容和条款方独家授权交通运输部门以法规的形式统一规定的，双方当事人无权自行变更，如《铁路运输合同实施细则》、《公路货物运输合同实施细则》、《航空货物运输合同》、《水上运输合同实施细则》等，合同、提单等都是统一印制的，运费率是国家统一规定的，被运送人只有同意或不同意该合同的权利，没有一般的合同自由所包括的就合同条款讨价还价的权利，一旦同意订约，该合同就按照对方所预先拟定的条款而成立。

2．货物运输合同的主体

（1）承运人

承运人是指本人或委托他人以本人名义与托运人订立货物运输合同的人，多为法人，也可以是自然人或其他组织。

（2）托运人

托运人是指与承运人订立货物运输合同的人，包括自然人、法人和其他组织。

（3）收货人

收货人是指货物运输合同中托运人指定提取货物的单位或个人。收货人与托运人可以是同一人，但多为第三人。当第三人为收货人时，收获人就是货物运输合同的关系人，此时货物运输合同就是为第三人的利益进行。

3．货物运输合同当事人的权利与义务

（1）托运方的主要权利

按照《合同法》第308条的规定，在承运人将货物交付收货人之前，托运人可以要求承运人中止运输，返还货物，变更到达地或将货物交给其他收货人，但应当赔偿承运人因此受到的损失。托运人变更或解除运输合同无须提出理由或征得承运人的同意。托运人因变更或撤销运输合同赔偿承认人的损失应当包括装货、卸货和其他有关费用。但收货人变更或解除运输合同，须在货物交付收货人之前，由此给承运造成的损失，收货人应予以赔偿。

（2）托运方的主要义务

① 如实申报货物内容；

② 向承运方提交有关手续文件；

③ 妥善包装；

④ 托运危险品的告知义务。托运人如托运易燃、易爆、有毒、有腐蚀性、有放射性的货物，应将有关危险品的名称、性质和防范措施的书面材料提交承运人。托运人未尽此项义务，承运人有权拒绝运输，也有权采取相应措施以避免损失的发生，因此产生的费用由托运人承担。

（3）承运方的主要权利

① 承运人的留置权。《合同法》第315条规定："托运人或收货人不支付运费、保管费及其他运输费用的，承运人对相应的运输货物享有留置权，但当事人另有约定的除外。"这表明一旦承运人按合同约定的内容，完成运输义务而托运人或收货人不支付运输费用的，承运人可以留置该承运的货物。留置权是担保物权的一种，我国《担保法》规定，运输合同、保管合同、加工承揽合同的债权人享有留置权，当事人另有约定的除外。留置权的担保范围包括主债权的利息、违约金、损害赔偿金、留置物的保管费用和实现留置权的费用。

② 承运人的提存权。《合同法》第316条规定："收货人不明或收货人无正当理由拒绝受领货物的，依照本法第101条规定，承运人可以提存货物。"提存的目的是使债务消灭，提存的方式是承运人向接收货物所在地的公证机关申请公证，由公证机关指定存货场所，其效果是免除承认人因继续占有货物可能带来的风险。货物提存期间，其毁损灭失的风险由债权人承担，提存的保管费用及其他灭失的风险也由债权人承担，而收益应由债权人享有。

③ 收取承运费的权利。

（4）承运方的主要义务

① 承运人应按时、按地，安全地完成运输业务。

② 通知义务。《合同法》第 309 条规定："货物运输到达后，承运人知道收货人的，应当及时通知收货人，收货人应当及时提货。收货人逾期提货的应当向承运人支付保管费等费用。"

4．承运方对运输中的货物毁坏、灭失承担责任

（1）承运人可以免除的赔偿责任

① 不可抗力；

② 货物本身的自然性质或者合理损耗；

③ 托运人、收货人的过错。

（2）在货物发生毁损、灭失的情况下，货物的赔偿额确定

① 当事人对货物毁损、灭失的赔偿额有约定的，应当按约定数额进行赔偿。

② 当事人对赔偿额没有约定或有约定的，根据《合同法》第 61 条的规定，可以补充协议；不能达成补充协议的，按照合同有关条款或交易习惯确定。

③ 如果按照以上规定扔不能确定，则按照交付或应当交付时货物到达地的市场价格来计算货物的赔偿额。

④ 法律、行政法规对赔偿额的计算方法和赔偿限额另有规定的，应当按照其规定进行赔偿。

5．运输过程中货物毁损灭失的赔偿责任

运输过程中的货物发生毁损、灭失时，承运人是否都应承担赔偿责任，这要视具体情况而定。各国法律一般都对承运人的赔偿责任及其范围给予一定的限制，均不实行完全赔偿责任。

目前我国法律对货物毁损灭失的赔偿责任分为两种情况。

① 对未保价货物受损方面的规定。赔偿范围不包括债权人因此所受到的可得利益的损失，并且不能超过主管部门规定的责任限制。但在承运人对货物的损失有主观的故意时，承运人应赔偿全部损失。即根据《合同法》第 312 条的规定，货物毁损、灭失的赔偿额，当事人有约定的，按照其约定赔偿；没有约定或约定不明确的，按照本法第 61 条的规定仍不能确定的，按照交付或应当交付时货物到达地的市场价格计算。法律、行政法规对赔偿额的计算方法和赔偿额另有规定的，依照其规定进行赔偿。

② 对已保价运送的货物赔偿的规定。托运人办理保价运送的，在该货物受损时，承运人应赔偿托运人的实际损失，但要以保价金额或托运人声明的金额为限。如果损失是由于承运人故意或重大过失造成的，不能适用赔偿限额的规定。

9.3.2 海上货物运输合同

1. 海上货物运输合同的概念

海上货物运输合同是指承运人收取运费，负责托运人托运的货物经海路由一港运至另一港的合同。

在海上货物运输合同中，承运人是一方当事人，通常称为船方，是指本人或委托他人以本人名义与托运人订立海上货物运输的合同的人。托运人是另一方当事人，称为货方，是指本人或委托他人以本人名义或委托他人与本人与承运人订立海上货物运输合同的人；本人或委托他人以本人名义或委托他人为本人将货物交给与海上货物运输合同有关的承运人的人。海上货物运输合同的标的物是海上货物，包括活动物和由托运人提供的用于集装货物的集装箱、货盘或类似的装运器具。

2. 海上货物运输合同的种类

（1）件杂货运输合同

件杂货运输合同又称零担运输合同，是指承运人在不出租船舶的情况下负责将件杂货由一港运至另一港，而由托运人支付运费的协议。班轮运输通常采用件杂货运输合同。承运人接受众多托运人的货物，将它们装于同一船舶，按规定的船期，在一定的航线上，以规定的港口顺序运输货物。

（2）航次租船合同

航次租船合同又称航程租船合同，是指船舶出租人向承租人提供船舶或船舶的部分舱位，装运约定的货物，从一港运至另一港，并由承租人支付约定运费的合同。这种合同分为单航次租船合同、往返次租船合同、连续单航次租船合同、连续往返次租船合同等多种形式，适用于不定期船舶运输。

3. 海上货物运输合同的订立

海上货物运输合同的订立过程就是双方当事人协商一致的过程，要经过要约和承诺两个阶段。但是，从实务的角度来看，就独立的具体方式和程序而言，件杂货运输合同与航次租船合同各有特点。

从事件杂货运输的班轮公司，为了从事正常经营，通常在其航线经过的地方或其他地方设有营业场所或代理机构。货物托运人及其处理人在向班轮公司或其上述机构申请货物运输时，通常要填写订舱单，并载明货物的品种、数量、装船期限、卸货港等内容。承运人根据上述内容并结合情况决定是否接受，如果接受托运，即在订舱单上指定船名并签字。至此，双方协商一致，运输合同即告成立。我国各专业进出口公司在出口货物时，通常采取的办法是，有中国对外贸易运输公司作为了件杂货运输合同一般通过订舱的方式成立。

航次租船合同与件杂货运输合同不同，它除了由船舶出租人与承租人直接洽谈协商外，通常还通过船舶经纪人而达成。船舶经纪人受出租人或承租人的委托，代表出租人或承租人磋商租船事宜。在航运实践中，一些航运组织、船公司、货主组织和大货主，为了省时省力和满足自身利益的需要，事先根据不同航线或货种的需要，拟订租船合同标准格式，以供订约时参考。这些标准合同条款比较齐备，当事人只需按自己的需要适当修订便可使用。实际上，几乎所有的租船合同，都是双方当事人在协议选用的标准合同基础上，订立附加条款，对原有条款进行的修改、删减和补充而达成的。根据《合同法》的原则，如果附加条款与原格式合同的印刷内容相抵触，则应以附加条款为准。关于运输合同的形式，我国《海商法》第 43 条规定："承运人或托运人可以要求书面确认海上货物运输合同的成立。但是航次租船合同应当书面订立。电报、电传和传真具有书面效力。"

4．海上货物运输合同当事人的义务和责任

（1）承运人的义务

① 提供船舶并保证适航的义务。船舶是海上货物运输的工具，承运人在海上货物运输合同中最主要的义务是应提供约定的船舶，并保证适航，即"适航义务"，具有法定义务的性质。我国《海商法》第 47 条规定："承运人在船舶开航前和开航时，应当谨慎处理，使船舶处于适航状态，妥善配备船员，装备船舶和配备供应品，并使货舱、冷藏舱、冷气舱和其他载货处所适于并能安全收受、载运和保管货物。"

② 装卸、运送和交付货物的义务。承运人应当妥善、谨慎地装载、搬移、积载、运输、保管、照料和卸载所运货物，即"管货义务"。管货义务也属于法定义务，适用于整个航程的存续期间。

管货义务的主观状态要求承运人做到"妥善"和"谨慎"，并且要求此种主观状态具体地适用于装载、搬移、积载、运输、保管、照料和卸载 7 种管理货物的行为或措施。管货义务的客观标准应依据预定航程的海上危险、船舶的技术标准和状态、货物的性质、航运习惯等因素确定。

③ 合理速遣义务。承运人应当按约定的或习惯的或地理上的航线将货物运往卸货港，即"合理速遣义务"，也属于法定义务，它包括按顺序选航线和不得非合理绕航两方面内容。在班轮运输的情况下，承运人应当按照船期表的约定，使船舶按时在装货港停泊，并将托运人自己备好的货物装船积载。货物装载妥当后，船舶应按船期表的规定准时起航。

船舶起航后，应按约定的或习惯的或地理上的航线航行，除了为救助人命或财产而绕航，或者其他合理绕航外，不得发生不合理的绕航。同时，在航行运输中。承运人还应妥善保管和照料所载货物。货物到目的港后，承运人应将船舶停泊在到达卸货的地点，将货物卸下交付给提单中载明的收货人、提单受让人或其代理人。

（2）承运人的责任

① 承运人的责任期间。承运人的责任期间是指承运人对货物运送负责的期间。

② 承运人的免责范围和赔偿责任原则。我国《海商法》第 51 条规定："在责任期间货物发生的灭失或损坏是由下列原因之一造成的，承运人不负赔偿责任。"

- 船长、船员、引航员或承运人的其他受雇人，在驾驶船舶或管理船舶中的过失；
- 火灾，但是由于承运人本人的过失所造成的除外；
- 天灾，海上或其他科航水域的危险或意外事故；
- 战争或武装冲突；政府或主管部门的行为检疫限制或司法扣押；
- 罢工、停工或劳动受到限制；海上救助或企图救助人命或财产；
- 托运人、货物所有人或他们的代理人的行为；
- 货物的自然特性或固有缺陷；
- 货物包装不良或标志欠缺、不清；
- 经谨慎处理仍未发现的船舶潜在缺陷；
- 非由于赔偿责任范围及赔偿责任限制。

（3）承运人赔偿责任范围及赔偿责任限制

① 承运人赔偿责任范围。承运人赔偿责任范围是指赔偿责任所包括的具体内容，或者说是承运人赔偿数额的大小。我国《海商法》第 55 条关于承运人赔偿责任范围的规定是："货物灭失的赔偿额，按照货物的实际价值计算；货物损坏的赔偿额，按照货物受损前后实际价值的差额或货物的修复费用计算。"

② 承运人赔偿责任限制。承运人（船舶所有人）赔偿责任限制，又称"单位责任限制"，是指承运人应承担的赔偿责任，按计算单位所算，限制在一定范围之内的责任限制制度，即法律规定一个单位最高赔偿额，超过限额的部分承运人不负赔偿责任。

我国《海商法》第 56 条规定："承运人对货物的灭失或损坏的赔偿限额，按照货物件数或其他货运单位数来计算，每件或每个其他货运单位为 666.67 计算单位，或者按照货物毛重计算，每千克为 2 计算单位，以二者中赔偿限额较高的为准。但是，托运人在货物装运前规定的赔偿限额的除外。"

货物集装箱、装盘或类似装运器具集装的，提单中载明装在此类装运器具中的货物件数或其他货运单位数，视为前款所指的货物件数或其他货运单位数；未载明的，每一装运器具视为一件或一个单位。装运器具不属于承运人所有或非由承运人提供的，装运器具本身应当视为一件或一个单位。

③ 承运人对货物因延迟交付造成经济损失的赔偿限额，为所迟延交付的货物的运费数额。货物的灭失或损坏和迟延交付同时发生，承运人的赔偿责任限额适用本法第 56 条第 1 款规定的限额。

④ 承运人赔偿责任的承担和分担。承运人赔偿责任的承担和分担是承运人赔偿责任的一个重要方面，它同上述其他内容一样，都直接关系着海上运输合同当事人和关系人的利益平衡。

此外，我国《海商法》第 60 条规定："承运人将货物运输或部门运输委托给实际承运人履行的，承运人仍然应当按照本章规定对全部运输负责。对实际承运人承担的运输，承运人应当对实际承运人的行为或实际承运人的受雇人、代理人在受雇或委托的范围内的行为负责。"

虽有前款规定，在海上运输合同中明确约定合同所包括的特定的部分运输，由承运人以外的指定的实际承运人履行的，合同可以同时约定的，货物在指定的实际承运人掌管期间发生的灭失、损坏或延迟交付，承运人不负赔偿责任。

此外，《海商法》第 61 条规定："对承运人责任的规定，适用于实际承运人。"而《海商法》第 63 条规定："承运人与实际承运人都负有赔偿责任的，应当在此项责任范围内负连带责任。"在这种场合中，实际承担了赔偿责任的一方，在承担赔偿责任后有权向应当承担责任的另一方追偿。

（4）托运人的义务

① 提供约定货物和运输所需各项单证的义务。《海商法》第 66 条第 1 款规定："托运人托运的货物，应当妥善包装，并向承运人保证，货物装船时所提供的货物的品名、标志、包数或件数、重量或体积的正确性。"

按照《海商法》第 67 条规定："托运人应当及时向港口、海关、检疫、检验和其他主管机关办理货物运输所需要的各项手续，并将已办理各项手续的单证送交承运人。"

托运人托运危险货物，可能会严重危及船货和人身安全。因而《海商法》第 68 条规定："托运人应当依照有关海上危险货物运输的规定，妥善包装，作出危险品标志和标签，并将其正式名称和性质及应当采取的预防危害措施书面通知承运人；托运人未通知或通知有误的，承运人可以在任何时间、任何地点根据情况需要将货物卸下、销毁或使之不能为害，而不负赔偿责任。"

② 付运费及其费用的义务。托运人应当按照约定向承运人支付运费。按照《合同法》第 65 条规定："承运人此时仍有权向托运人提出运费请求。当事人未明确运费为预付或到付的，托运人仍负有支付运费的义务。"

③ 收受货物的义务。在货物运抵目的港后，收受货物既是托运人的一项义务，同时又是托运人的一项重要权利。

5. 运输单证

国际海上货物运输中最常见的运输单证就是提单。

（1）提单的含义

根据《海商法》的规定，提单是指用以证明海上货物运输合同和货物已经由承担人接受或装船，以及承运人保证据以交付货物的单证。提单中载明的向记名人交付货物，或者按照指示人的指示交付货物，或者向提单持有人交付货物的条款，构成承运人据以交付货物的保证。

（2）提单的签发

货物由承运人接受或装船后，应托运人的要求，承运人应当签发提单。提单的签发人一般包括承运人、承运人的代理人和船长。在国际航运实践中，提单通常由船长签发。船长是承运人的当然代理人，无须经承运人的特别授权便可签发提单。但是，如果提单由承运人的代理人签发，则代理人必须得到承运人的合法授权，否则代理人无权签发。

（3）提单的内容

提单内容一般包括下列各项：货物的品名、标志、包数或件数、重量或体积，以及运输危险货物时对危险性质的说明；承运人的名称和主营业所；船舶名称；托运人的名称；收货人的名称；装货港和在装货港接受货物的日期；装卸港；多式联运提单增列接受货物地点和交付货物地点；提单的签发日期、地点和份数；运费的支付；承运人或其代表的签字。

提单缺少上述其中的一项或几项，不影响提单的性质，但是应符合《海商法》有关提单的规定。

（4）提单的种类

① 按提单抬头分类

提单的抬头就是指提单上填写的收货人栏目。提单因抬头填写的内容不同可分为：

- 记名提单
- 指示提单
- 不记名提单

② 按货物是否已装船分类

- 已装船提单
- 备运提单

③ 按运输方式分类

- 直达提单
- 海上联运提单
- 多式联运提单

9.3.3　铁路货物运输法律规定

1. 铁路货物运输合同

（1）铁路货物运输合同含义

铁路货物运输合同是指铁路承运人根据托运人的要求，按期将托运人的货物运至目的地，交与收货人的合同。此时，物流企业通常作为托运人或托运人的代理人与铁路承运人签订铁路货物运输合同。

（2）铁路货物运输合同分类

铁路货物运输合同分类，可分为整车货物运输和零担货物运输合同。

整车货物运输合同，是指铁路承运人和托运人约定将货物用一整辆货车来装载运送的铁路货物运输合同。在运输大宗货物时，一般会按照年度、半年或季度来签订整车货物运输合同。零担货物运输合同是指铁路承运人与托运人就不需要整车运输法人少量货物签订的铁路货物运输合同。

2. 铁路货物运输合同的订立

对于大宗货物的运输，物流企业可以与铁路承运人签订年度、半年度、季度运输合同，双方经过谈判协商，最后双方意思达成一致合同即成立。而零担货物的运输，则以铁路的货物运单代替运输合同。合同订立具体表现为货物的托运和承认，托运人按照货物运单的有关要求填写，经由铁路承运人确认，并验收核对托运货物无误后，合同即告成立。

3. 铁路货物运输合同的变更和解除

铁路货物运输合同经双方同意，并在规定的变更范围内可以办理变更。物流企业由于特殊原因，经承运人同意，对承运后的货物可以按批在货物的中途站或到站办理变更到站、变更收货人。但在下列情况下，不得办理。

（1）违反国家法律、行政法规、物资流向或运输限制

（2）变更后的货物运输期限大于货物容许运送的限制

（3）对一批货物中的部分货物进行变更

（4）第二次变更到站

在承运人同意承运货物后至发货前，经双方协商一致，可以解除铁路货物运输合同。物流企业要求变更或解除合同时，要提交领货凭证和货物运输变更要求书，不能提交领货凭证时，要提交其他的有效证明文件，并在货物运输变更要求书注明。还应该按照规定支付费用。

4．铁路货物运输合同双方的义务

（1）托运人的义务

① 按照货物运输合同约定的时间和要求向承运人交付托运的货物。

② 对运输货物进行包装，以适应运输安全的需要。铁路承运人有权要求托运人改善货物的不良包装，如果托运人拒绝改善，或者改善后仍不符合国家运输包装规定要求的，铁路承运人有权拒绝承运。

③ 如实申报货物的品名、重量和性质。危险品货物必须按照危险品的规定运输；鲜活货物要按照鲜活货物的规定运输。以免造成铁路运输事故。

④ 按规定凭证运输的货物必须出示有关证件。

⑤ 向承运人交付规定的运输费用。如果是保价运输的，必须申报价格，并按保价运输支付保价费。

（2）承运人的基本义务

① 认真清点托运人提供的货物，在与货物运单核对无误后，即可签订。铁路承运人一旦签认，承运手续即行完成。

② 提供符合运输要求的车辆以保证即时运输。

③ 由托运人装车的货物，要负责将车辆送到装车地点。铁路承运人应当指导特殊货物的装车，并办理车辆交接手续。

④ 及时通知收货人到站领取货物，逾期领取要承担保管费。

⑤ 发现多收托运费要退还托运人或收货人。

（3）收货人的基本义务

① 及时到车站领取货物，逾期领取要承担保管费。

② 补充托运人未交的运费及运输途中发生的垫付费用。

③ 规定由收货人组织卸车的要及时组织卸车。卸货完毕后，将货车清扫干净并关好门窗、端侧板，规定需要洗刷消毒的应洗刷消毒。

5．国际铁路货物运输合同双方的义务

（1）托运人的义务

根据《国际货协》的规定，托运人除了要遵守国内铁路运输中托运人必须遵守的义务除外，还有一项非常重要的义务，那就是必须将在货物运送全程中为履行海关和其他规章所需要的添附文件附在运单上，必要时，还须附有证明书和明细书。这些文件只限于运单中所记载的有关货物。如果托运人不履行这项义务，承运人应拒绝承运。这项义务是由国际铁路货物运输跨越国境的特点决定的，这也是在国内铁路运输中所不会遇到的。

（2）承运人的义务

与国内铁路货物运输中承运人的义务基本相同。

（3）承运人的责任

《国际货协》对承运人所承担的责任作了与国内铁路货物运输基本一致的规定，即规定承运人对货物的灭失、损坏和迟延交付负赔偿责任。但对赔偿的范围和金额的计算作了更详细的规定；对于货物全部或部分灭失，铁路的赔偿金额应按外国出口方在账单上所开列的价格计算；如发货人对货物的价格另有声明时，铁路应按声明的价格予以赔偿。

如果货物遭受损毁，铁路应赔偿相当于货物减损金额的款额，不赔偿其他损失。声明价格的货物毁损时，铁路应按照货物减损而减低价格的百分数，支付声明价格的部分赔款。如果货物逾期运到，铁路应以所收运费为基础，按逾期收费的长短，向收货人支付规定的逾期罚款。如果货物在某一铁路逾期，而在其他铁路都早于规定的期限运到，则确定逾期的同时，应将上述期限互相抵消。

对货物全部灭失予以赔偿时，不得要求逾期罚款。如果逾期运到的货物部分灭失，则只对货物的未灭失部分，支付逾期罚款。如果逾期运到的货物毁损时，除货物毁损的赔款额外，还应加上逾期运到罚款。铁路对货物赔偿损失的金额，在任何情况下，都不得超过货物全部灭失的数额。

9.3.4 公路货物运输法律规定

对于运输量少的业务，公路货物运输方便快捷，因此公路货物运输是物流运输中经常性采用的运输方式。物流企业进行公路货物运输一般有三种情况：使用自有汽车进行运输、租用他人汽车进行运输，或者交给专业的汽车承运人来运输。这方面的法律法规主要有《合同法》、交通部的《汽车货物运输规则》。

如果采用集装箱运输货物，还应遵守交通部的《集装箱汽车运输规则》；如果运输的是危险货物，还应遵守交通部的《汽车危险货物运输规则》；如果租用他人的汽车运输，还应该遵守交通部和国家计委共同发布的《汽车租赁业管理暂行规定》。

使用自有汽车进行运输，物流企业是承运人。租用汽车进行运输的，物流企业要签订租赁合同，承担承运人和承租人的义务。最为常见的运输方式是物流企业与汽车承运人签订汽车货物运输合同进行运输。因此，本节只介绍这方面的内容。

1．汽车货物运输合同双方的义务

（1）托运方的义务

① 按合同约定时间准备好货物，在货物起运期内及时发货，收货，所装货物符合合同签订内容，装卸地点，货场具备承运方正常通车条件。

② 负责装卸时，应准备相应的劳力和装卸机具，按约定时间和质量要求搞好装卸。

③ 装运散装货物时，应提供计量设备，按规定标准装载。需要包装的货物，必须符合

国家或国家主管部门规定的包装标准；国家未规定包装标准的货物，应在保证运输安全的原则下进行包装。

④ 托运超限货物，应事先向承运方提供货物说明书，需要特殊加固车厢时，应负担所需费用。

（2）承运方的义务

① 按合同规定的期限、数量、起止点，合理调派车辆，完成运输任务。

② 负责装卸时，应严格遵守作业规程和装载标准，保证装卸质量。

③ 实行责任运输。安排装货的车辆，货厢要完整清洁，货物要捆扎牢固，覆盖严密。运输途中要定时检查，发现异常情况时，应及时采取措施，保证运输质量。

2. 违约责任

（1）承运方责任

① 承运方如将货物错运到货地点或接货人，应无偿运至合同规定的到货地点或接货人。如果货物逾期达到，承运方应偿付逾期交货的违约金。

② 运输过程中货物灭失、短少、变质、污染、损坏，承运方应按货物的实际损失（包括包装费、运杂费）赔偿托运方。

③ 联运的货物发生灭失、短少、变质、污染、损坏，应由承运方承担赔偿责任的，由终点阶段的承运方向负有责任的其他承运方追偿。

④ 在符合法律和合同规定条件下的运输，由于下列原因造成货物灭失、短少、变质、污染、损坏的，承运方不承担违约责任：不可抗力；货物本身的自然属性；货物的合理损耗；托运方或收货方本身的过错。

（2）托运方责任

① 由于在普遍货物中夹带、匿报危险货物，错报笨重货物重量等招致吊具断裂、货物摔损、吊机倾翻、爆炸、腐蚀等事故，托运方应承担赔偿责任。

② 由于货物包装缺陷产生破损，致使其他货物或运输工具、机械设备被污染腐蚀、损坏、造成人身伤亡的，托运方应承担赔偿责任。

③ 在托运方专用线或在港、站共用线、专用线自装的货物，在到站卸货时，发现货物损坏、减少，在车辆施封完好或无异状的情况下，托运方应赔偿收货人的损失。

④ 罐车发运货物，因未随车附带规格质量证明或化验报告，造成收货方无法卸货时，托运方应偿付承运方卸车等存费及违约金。

9.3.5 水路货物运输法律规定

对物流企业来说，如果要运送距离远、时间要求不紧的大批货物，水路货物运输是一个不错的选择。水路货物运输是利用船舶运载工具在水路上的运输，这是一种应用很广的运输方式。我国法律法规中，与水路货物运输有关的包括《合同法》、《海商法》及交通部颁布的《国内水路货物运输规则》。

其中，国内水路货物运输（包括沿海运输）适用《合同法》第 17 章运输合同和交通部《国内水路货物运输规则》的规定；国际海上货物运输则要适用《海商法》第 4 章海上货物运输合同的规定；租用船舶运输的情况，要适用《海商法》第 6 章船舶租用合同的规定。水路货物运输合同双方的基本义务如下。

1．托运人的基本义务

① 托运的货物必须与货物运单记载的品名相符。如实申报货物的状态，不仅对保障货物运输安全有重要的意义，而且对船舶的安全也是至关重要的。因此，托运人应当如实填报货物的有关情况，针对货物的特点采取相应的安全保障措施，避免发生损失。

② 在货物运单上准确地填写货物的重量或体积。对起运港具备符合国家规定计量手段的，托运人应按照起运港核定的数据确定货物重量；对整船散装货物，托运人确定重量有困难时，可以要求承运人提供船舶水尺计量数，作为托运人确定的重量。对按照规定实行重量和体积择大计费的货物，应填写货物的重量和体积。对笨重长大货物，还应列出单件货物的重量和体积（长、宽、高）。

③ 需要包装的货物，必须按照国家或国家主管部门规定的标准包装；没有统一规定包装标准的，应在保证运输安全和货物质量的原则下进行包装；需要随附备用包装的，应提供备用包装。

④ 正确制作货物的运输标志和必要的指示标志。

⑤ 在托运货物的同时，按照合同规定的结算方式付清运输费用。

⑥ 实行保价运输的个人生活用品，应提出货物清单，逐项声明价格，并按声明价格支付规定的保价费。

⑦ 国家规定必须保险的货物，托运人应在托运时投保货物运输险。

⑧ 按规定必须凭证运输的货物，应当提供有关证件。

⑨ 按照货物属性或双方商定需要押运的货物，应派人随船押运。

⑩ 托运危险货物必须按危险货物运输的规定办理，不得匿报品名、隐藏性质或在普通货物中夹带危险货物。

2．承运人的基本义务

① 应按商定的时间和地点调派适航、适载条件的船舶装运，并备妥相应的护货垫隔物料；但按规定应由托运人自行解决的特殊加固、铺垫材料及所需人工除外。

② 对承运货物的配积载、运输、装卸、搬运、保管及交接工作，应谨慎处理，按章作

业，保证货运质量。

③ 对经由其他运输工具集中到港的散装运输、不计件数的货物，如果具备计量手段的，应对托付人确定的重量进行抽查或复查；如果不具备计量手段的，应在保证质量的前提下，负责原来、原转、原交。对按体积计收运输费用的货物，应对托运人确定的体积进行抽查或复查，准确计费。

④ 对经由其他运输工具集中到港的散装运输。不计件数的货物，如果具备计量手段的，应对托运人确定的重量进行抽查或复查；如果不具备计量手段的，应在保证质量的前提下，负责原来、原转、原交。对按体积计收运输费用的货物，应对托运人确定的体积进行抽查或复查，准确计费。

⑤ 组织好安全及时运输，保证运到期限。

⑥ 按照船舶甲板货物运输的规定，谨慎配装甲板货物。

⑦ 按照规定的航线运输货物，到达后，应由到达港发出到货通知，并负责将货物交付给指定的收货人。

⑧ 货物的交付。货物到达港口后，由到达港指定卸货地点，并向收货人及时发出到货通知，在货票内注明通知时间。单位提货，提货人应在提货单上签章并加盖公章（或凭单位介绍信）；个人提货，凭本人工作证或其他证件，并在提货单上签章。

3．收货人的基本义务

① 接到达港到货通知后，应在规定时间内同到达港办妥货物交接验收手续，将货物提离港区。

② 按规定应由收货人支付的运输费用、托运人少缴的费用及运输途中发生的垫款，应在提取货物时一次付清。

③ 由收货人自理卸船的货物，应在商定的时间内完成卸船作业，将船舱、甲板清扫干净；对装运污秽货物、有毒害性货物的，应负责洗刷、消毒，使船舱恢复正常清洁状态。

9.3.6 航空货物运输法律规定

随着航空工业技术的发展和国际贸易市场对货物供应的要求，航空货物运输在货运中所占的比例越来越大。但由于国家对航空业的管理和控制很严格，物流公司使用自有航空器进行运输很难做到，包机运输限制比较多，加之复杂的审批手续大大增加了运输成本，实际开展包机业务的地区并不多。

实践中，物流公司更多的是选择与航空公司签订航空货物运输合同来完成货物运输，在我国，航空货物运输要受《航空法》、《合同法》和中国民用航空总局来颁布的《中国民用航空货物国内运输规则》的调整。

1．货物运输合同的签订和履行

托运人托运货物应向承运人填交货物托运单，并根据国家主管部门规定随附必要的有效证明文件。托运人应对托运单填写内容的真实性和正确性负责。托运人填交的货物托运单经承运人接受，并由承运人填发货运单后，航空货物运输合同即告成立。

2．运输合同双方的义务

（1）托运人的义务

① 托运人要求包用飞机运输货物，应填交包机申请书，经承运人同意接受并签订包机运输协议书后，航空包机货物运输合同即告成立。签订协议书的当事人，均应遵守民航主管机关有关包机运输的规定。

② 托运人对托运的货物，应当按照国家主管部门规定的标准包装；没有统一规定包装标准的，应当根据保证运输安全的原则，按货物的性质和承载飞机等条件包装。凡不符合上述包装要求的，承运人有权拒绝承运。

③ 托运人必须在托运的货件上标明发站、到站和托运人、收货人的单位、姓名和地址，按照国家规定标明包装储运指示标志。

④ 国家规定必须保险的货物，托运人应在托运时投保货物运输险。对于每千克价值在 10 元以上的货物，实行保险与负责运输相结合的补偿制度，托运人可在托运时投保货物运输险，具体办法另行规定。

⑤ 托运人托运货物，应按照民航主管机关规定的费率缴付运费和其他费用。除托运人和承运人另有协议外，运费及其他费用一律于承认开具货物单时一次付清。

（2）承运人的义务

① 承运人承运货物时，应对托运人填交的托运单进行查核，并有权在必要时会同托运人开箱进行安全检查。

② 在运输过程中必须有专人照料、监护的货物，应由托运人指派押运员押运。押运员对货物的安全负责，并遵守民航主管机关的有关规定，承运人应协助押运员完成押运任务。

③ 承运人应按照货运单上填明的地点，按约定的期限将货物运达到货地点。货物错运到货地点，应无偿运至货运单上规定的到货地点，如逾期运到，应承担逾期运到的责任。

④ 承运人应于货物运达到货地点后 24 小时内向收货人发出到货通知。收货人应及时凭提货证明到指定地点提取货物。货物从发出到货通知的次日起，免费保管三日。收货人逾期提取，应按运输规则缴付保管费。

⑤ 货物从发出提货通知的次日起，经过 30 日无人提取时，承运人应及时与托运人联系征求处理意见；再经过 30 日，仍无人提取或托运人未提出处理意见，承运人有权将该货物作为无法交付货物，按运输规则处理。对易腐或不易保管的货物，承运人可视情况及时处理。

⑥ 承运人应按货运单交付货物。交付时，如发现货物灭失、短少、变质、污染、损坏时，应会同收货人查明情况，并填写货运事故记录。收货人在提取货物时，对货物状态或重量无异议，并在货运单上签收，承运人即解除运输责任。

航空货物运输合同当事人，在执行合同过程中发生纠纷时，应及时协商解决。如协商不成，任何一方均可向合同管理机关申请调解或仲裁，也可以直接向人民法院起诉。

9.3.7 多式联运法律规定

多式联运合同又称为“多式联合运输合同”、“混合运输合同”，是指两种以上（含两种）的不同运输方式将旅客（及其行李）或货物运输到约定地点的运输合同。按《合同法》第317条规定，多式联运经营人负责履行，或者组织履行多式联运合同实施，对全程运输享有承运人的权利，承担承运人的义务。

1. 多式联运货物运输的特点

① 它必须包括两种以上的运输方式，而且其中必须有海上运输方式。在我国由于国际海上运输与沿海运输、内河运输分别适用不同的法律，所以国际海上运输与国内沿海、内河运输可以视为不同的运输方式。

② 多式联运虽涉及两种以上不同的运输方式，但托运人只和多式联运经营人订立一份合同，只从多式联运经营人处取得一种多式联运单证，只向多式联运经营人按一种费率交纳运费。这就避免了单一运输方式多程运输手续多、易出错的缺点，为货主确定运输成本和货物出途时间提供了方便。

2. 多式联运合同的法律特征

① 联运合同的承运人一方为两人以上

联运合同的承运人必须为两人以上，若仅为一人，则不为联运。联运合同的承运人虽为两人以上，但联运合同只是一个合同，而不是数个运输合同的组合。

② 相互衔接的不同的运输方式承运

承运虽为二人以上，但各承运人是以同一运输工具完成运输任务的，也不属于联运。联运合同的承运人一方须以不同的运输工具承运，例如，铁路与公路联运、铁路与水路联运、公路与水路联运、铁路与航空联运，以及三种或三种以上运输方式的联运。如果拥有同一运输工具的数个承运人运输同一货物或旅客，则属于单式联运，不属于多式联运。

③ 一次交费并使用同一运输凭证

在多式联运中，货物由一承运人转交另一承运人运输，或者旅客由一种运输工具换乘另一种运输工具时，不需另行交费和办理托付手续或购票。

3．多式联运承运人及合同的订立方式

多式联运承运人，又称多式联运经营人，是指与旅客或托运人订立多式联运合同，并负责履行或组织履行合同，对全程运输负责，享有承运人权利、承担承运人义务的人。

多式联运承运人不仅是订立多式联运合同的承运人，也是对全程运输负责的承运人。他既不是旅客或托运人的代理人或代表，也不是参加多式联运的承运人的代理人或代表，也不是参加联运各区段的具体承运人。多式联运承运人负有履行合同的全部责任，这是他与各区段具体承运人的主要区别所在。

实践中，多式联运合同的订立主要有两种方式。

（1）托运人或旅客与经营多式联运业务的经营人订立合同

在这种情况下，先是由托运人或旅客与经营多式联运业务的经营人订立承揽运输合同，联运经营人为合同的承揽运输人（也即多式联运承运人）一方，托运人或旅客为合同的另一方。然后，联运经营人与各承运人签订运输协议。在这种情形下，联运经营人以自己的名义与托运人或旅客签订运输合同，承担全程运输，而实际上经营人于承揽运输任务后再将运输任务交由其他承运人完成。但托运人或旅客仅与联运经营人直接发生运输合同关系，而与实际承运人并不直接发生合同关系。因此，联运经营人处于一般运输合同的承运人的地位，享受相应的权利，并承担相应的责任。至于联运经营人与实际承运人之间的关系，则依其相互间的协议而定。

（2）托运人或旅客与第一承运人订立运输合同

在这种情况下，各个承运人为合同的一方当事人，而托运或旅客为另一方当事人。各个承运人虽均为联运合同的当事人，但只有第一承运人代表其他承运人与托运人或旅客签订运输合同，其他承运人并不参与订立合同，第一承运则为联运承运人。

4．赔偿责任

按照《合同法》和有关法律的规定，联运经营人对运输的全过程承担义务。货物的毁损、灭失无论发生在哪一运输区段，其都要承担赔偿责任。《合同法》第 321 条规定：“货物的损毁、灭失发生于多式联运的某一运输区段的，多式联运经营人的赔偿责任和责任限额，适用调整该区段运输方式的有关法律规定。货物毁损、灭失发生的运输区段不能确定的，依照本章规定承担损害赔偿责任。”

依照上述规定，联运经营人的赔偿责任和责任限额采用区段责任制（或称分段责任制或网状责任制）。即货物的毁损、灭失发生于多式联运的某一区段时，适用调整该区段运输方式的有关法律规定。例如，货物毁损、灭失发生在铁路区段，则多式联运经营人依照《铁路法》的规定进行赔偿，《铁路法》第 17 条第 1 款第 2 项规定：“未按保价运输承运的，按照实际损失赔偿，但最高不超过国务院铁路主管部门规定的赔偿限额。”再如，货物毁损、灭失发生在航空运输区段的，则联运经营人按照《民用航空法》的规定进行赔偿，等等。

"货物毁损、灭失发生的运输区段不能确定的，依照本章规定承担损害赔偿责任。"即按照《合同法》第321条的规定承担赔偿责任。

9.4 仓储法律法规

9.4.1 仓储合同的概念和法律特征

1. 仓储合同的概念

仓储合同，又称仓储保管合同，是指双方当事人约定一方接受报酬而为他方提供仓储保管服务的合同。仓储合同一方称为存货方，是仓储服务的需求者；另一方称为保管方（也称仓库营业人），是仓储服务的提供者。《合同法》对保管合同和仓储合同各自设有专门的分则，可以适用保管合同的有关规定。

2. 仓储合同的法律特征

仓储合同是我国《合同法》规定的有名合同之一，具有以下法律特征。

（1）仓储合同为诺成合同

我国《合同法》规定："仓储合同即成立时起生效，"即双方根据存货方的委托储存计划及保管方的仓储能力，依法就合同的主要条款协商一致，由双方的法定代表人或授权的经办人签字，单位盖公章或合同专用章，合同即成立。由此可知仓储合同是诺成合同。

（2）仓储合同的一方当事人必须具备专业资格

从事仓储业务资格是指仓持保管人必须取得专门从事，或者兼营仓储业务的营业许可。一般而言，经工商行政管理机关核准，依法从事仓储保管业务的法人、其他组织或个人都可以成为保管人。这是仓储合同不同于一般保管合同的特征之一，因为法律对保管合同的主体未做限制性规定。

（3）仓储合同为双务有偿合同

由于仓储业是一种商业营利活动，因此，仓储合同的双方当事人互负给付义务，一方的义务即是对方的权利。保管人提供仓储服务，存货人给付报酬和其他费用。这与一般的保管合同不同，因为保管合同既可有偿也可无偿。有偿无偿取决于当事人的意愿，在未作约定或约定不明时，应视为无偿。

（4）仓储合同的标的物必须为动产

由于仓储合同是由仓库营业人提供储存、保管及其他服务的合同，存货人应当将仓储物交付给仓库营业人，由仓库营业人按照合同的约定进行储存和保管，这就要求仓储物能够完整地入库、出库，才能保证仓储人利用仓储设备不断地运入、运出货物，从而不断地开展其他业务。因此，仓储合同的标的物只能是动产，不动产不能完整地入库、出库，自然不能成为仓储合同的标的物。但是，并不是所有的动产都能成为仓储合同的标的物，一般情况下是作为生产资料的动产，而不包括一般零星生活用品。

（5）仓单是仓储合同的必备条件

《合同法》第 392 条规定："储存期限届满，仓单持有人应当凭仓单提取仓储物。"仓单是指由保管人在收到仓储物时向存货人签发的、标明已收到一定数量的仓储物的法律文书。仓单作为法定的提取或存入仓储物的书面凭证，是每一仓储合同中必备的，因此仓单是仓储合同中最为重要的法律文件之一。

（6）仓储合同一般是格式合同

经营公共仓库的保管人为了与多数相对人订立仓储合同，通常以存货单、入库单等形式，事先拟订好仓储合同的大部分条款。在实际订立仓储合同时，双方可以通过协商，将议定的内容填进去从而形成仓储合同，而不另行签订独立的仓储合同。

9.4.2　仓储合同的内容

仓储合同的内容是明确保管人和存货人双方权利和义务关系的根据，主要体现为合同的条款。《仓储保管合同实施细则》第 7 条规定了仓储保管合同的主要条款，双方当事人在对仓储合同的内容进行约定时，可以予以参考。

1. 当事人的姓名或名称及住所

当事人是合同权利和义务的承受者，如果没有当事人，就无法实现合同的权利、承担合同的义务。因此仓储合同的首要内容就是标明有关双方当事人的信息，仓储合同的当事人一般是指存货人和保管人（仓库营业人）。

2. 仓储物的品名、品种、规格

仓储合同的标的物是仓储物，对仓储物具体详细地描述有助于维护双方当事人的权利，因此，合同当事人要明确规定仓储物的品名、品种和规格。

3. 仓储物的数量、质量、包装、件数和标记

在仓储合同中，应明确规定仓储物的计量单位、数量和仓储物质量，以保证双方顺利履行合同。同时，双方还要对货物的包装、件数及包装上的货物标记作出约定。双方要根据货物的性质、仓库中原有货物的性质、仓库的保管条件等约定货物进行何种包装。

4. 仓储物验收的项目、标准、方法、期限和相关资料

对仓储物的验收，主要是指保管人按照约定对入库仓储物进行验收，以确定仓储物入库时的状态。仓储物验收的具体项目、标准、方法、期限等应当由当事人根据具体情况在仓储合同中事先做出约定。如果储存易燃、易爆、有毒、有腐蚀性、有放射性等危险物品

或易变质物品，存货人应当说明该物品的性质，并提供有关资料。

5. 仓储物的储存期间、保管要求和保管条件

储存期间是指仓储物在仓库的存放期间，期间届满，存货人或仓单持有人应当及时提取货物。保管要求是指存货人针对仓储物的特征，为保持其状态、性质、功能完好，而要求保管人应当提供的具体条件和标准。对一些特殊性质的仓储物，例如，易燃、易爆、有毒、有腐蚀性、有放射性等危险物品要求保管人储存的，保管人还应该提供相应的保管条件。因此，为便于双方权利、义务和责任的划分，双方当事人一定要对储存期间、保管要求和保管条件做出明确具体的约定。

6. 仓储物进出库手续、时间、地点和运输方式

仓储物的入库，即意味着保管人保管义务的开始，而仓储物的进库，则意味着保管人保管义务的终止。因此，仓储物进出库的时间、地点关系着双方是否实际履行义务。而且，仓储物进出库方式的不同，也会影响到双方权利的实现，乃至影响到双方的责任划分。

7. 仓储物的损耗标准和损耗处理

仓储物在储存、运输、搬运过程中，由于自然现象（如干燥、风化、挥发、黏结等）、货物本身的性质、度量衡的误差等原因，不可避免地要发送一定数量的减少、破损或计量误差。对此，当事人应当约定一个损耗的标准，并约定损耗发生时的处理方法。当事人对损耗标准没有约定的，应当参照国家有关主管部门规定的相应标准。

8. 计费项目、标准的结算方式

仓储合同的一方当事人是专业性和营利性的民事主体，它通过提高仓储服务获得收益，因此会根据仓储物的性质、保管的条件、提供的服务等因素收取费用。因此双方当事人要本着平等、公平原则，友好协商计费标准及结算方式。

9. 违约责任条款

违约责任条款是对一方当事人违反合同约定义务时应如何承担违约责任进行的约定。为保护双方当事人的权利，在仓储合同中应当约定违约责任。违约责任的承担方式包括继续履行、支付违约金、赔偿损失等。

除此之外，双方当事人还可以根据具体情况，就变更和解除合同的条件、期限及争议的解决方式等作出约定。

9.4.3　仓储合同当事人的权利和义务

1．保管方的权利和义务

（1）保管方的的权利

① 有权要求客户按照合同约定交付货物。

② 有权要求客户就所交付的危险货物或易变质货物的性质进行说明并提供相关资料。

③ 对入库货物进行验收时，有权要求客户配合并提供验收资料。

④ 发现货物有变质或其他损坏时，有权催告客户做出必要的处置。

⑤ 有权在情况紧急时，对变质或有其他损坏时的货物进行处置。

⑥ 有权要求客户按时提取货物。

⑦ 客户逾期提取货物时，有权加收仓储费。

⑧ 有权提取客户逾期未提取的货物。

⑨ 有权要求客户按约定支付仓储费和其他费用。

（2）保管方的义务

① 签发、给付仓单的义务。存货人交付仓储物时，保管人应当给付仓单。物流企业在向客户给付仓单时，应当在仓单上签字或盖章，保证仓单的真实性。

② 及时接收货物并验收入库的义务。保管方应按照有关法律规定及合同的约定，对所有保管的货物及时接收并验货。验货的项目包括货物的品种、规格、数量、外包装状况、外观质量等。保管方没有按照合同约定接货的，应承担违约责任。仓储保管方验收时发现与合同约定不符的，应当及时向存货人提出；保管方接收货物时未提出异议的，视为货物品种、数量和质量符合合同约定。

③ 善保管仓储物的义务。保管方要按照约定的储存条件和要求保管货物，特别是对于危险品和易腐物品，要按照国家和合同规定的要求操作、储存。保管方因保管不当造成仓储物灭失、短少、变质、污染的，应当承担赔偿责任。但是，由于不可抗力或货物本身性质发生的毁损，保管方可以免责。

④ 接受检查的义务。存货方或仓单持有人在储存期间请求检查仓储物或提取样品的，保管方应予以准许。物流企业具有允许客户或仓单持有人，及时检查货物或提取样品的义务，以便于客户或仓单持有人及时了解、知悉货物的有关情况及储存、保管情况，并在发现问题后及时采取补救措施。

⑤ 危险通知义务。当货物或外包装上标明了有效期限或合同上申明了有效期的，保管方应在货物临近失效期 60 天前通知存货方；如果发现货物有异常情况，或因第三人主张权利而起诉或被扣押的，应当及时通知存货方。

⑥ 紧急处置的义务。保管人在对入库仓储物发现有变质或其他损坏的，危及其他仓储物的安全和正常保管的，应当通知存货人或仓单持有人作出必要的处置。因情况紧急，保

管人可以做出必要的处置，但事后应当将该情况及时通知存货人或仓单持有人。

⑦ 按期如数出库义务。保管期限届满，保管方应按约定的时间、数量将货物交给存货方或仓单持有人；保管期限未到，但存货方要求返还保管货物的，保管方应及时办理交货手续。保管方没有按约定的时间、数量交货的，应承担违约责任；未按货物出库原则发货而造成货物损坏的，应负责赔偿实际损失。

2．存货方的权利和义务

（1）存货方的权利

① 有权要求保管人给付仓单。

② 有权要求保管人对入库货物进行验收并将不符情况予以通知，保管人未及时通知的，有权认为入库货物符合约定。

③ 有权对入库货物进行检查并提取样品。

④ 保管人没有或怠于将货物的变质或其他损坏情形向物流企业催告的，物流企业有权对因此遭受的损失向保管人请求赔偿。

⑤ 保管人未妥善储存、保管货物造成的损失，有权要求保管人赔偿。

⑥ 储存期满，有权凭仓单提取货物。

⑦ 约定储存期间的，也有权随时提取货物，但应当给予保管人必要的准备时间。

⑧ 储存期间未满，也有权提取货物，但应当加仓储费。

（2）存货方的义务

① 提交储存货物。存货方要按照合同约定的品名、时间、数量向保管方提交储存货物，并向保管方提供必要的入库验收资料。存货方不能全部或部分按合同约定入库时，应承担违约责任；因未提供验收资料或提供的资料不齐全、不及时，造成验收差错及贻误索赔期的，由存货人负责。存货人交付货物有瑕疵，或者按货物的性质需要采取特殊保管措施的，应当告知保管人。存货方因过错未告知保管方瑕疵或特殊保管要求，致使保管方受到损害的，应承担损害赔偿责任。

储存易燃、易爆、有毒、有放射性等危险物品或易腐物品，存货方应当说明货物的性质和预防危险、腐烂的方法，提供有关资料，并采取相应的防范措施。存货人未履行这些义务的，保管人可以拒收该货物；保管人因接收该货物造成的损失，由存货方负责赔偿。

② 负责包装货物。存货方应按照规定负责货物的包装。包装标准有国家或专业标准，按国家或专业标准规定执行；没有国家或专业标准的，按双方约定的标准执行。

③ 支付报酬和必要费用。仓储合同均为有偿合同，因此，存货方在提取货物时应向保管方支付保管费及因保管货物所支出的必要费用。否则，保管方有权对仓储物行使留置权。

④ 按合同规定及时提取货物。合同期限届满，存货方应按合同约定及时提取货物。如因存货方的原因不能如期出库时，存货方应承担违约责任。提前提取的，除当事人另有约

定外，不减少其仓储费。出库货物由保管方代办运输的，存货方应按合同规定提供有关材料、文件，未及时提供包装材料或未按期变更货物的运输方式、到站、收货人的，应承担延期的责任和增加的费用。

⑤ 对变质或有其他损坏的货物进行处置的义务。为了确保其他货物的安全和正常的保管活动，当入库货物发生变质或其他损坏，危机其他货物的安全和正常保管，在保管人催告时，存货人或仓单持有人有做出必要处置的义务。

⑥ 容忍保管人对变质或有其他损坏的货物采取紧急处置措施的义务。在货物发生变质或其他损坏，危及其他货物的安全和正常保管，情况紧急时，保管人可以做出必要的处置，但事后应当将该情况及时通知存货人或仓单持有人。在这种情况下，存货人和仓单持有人事后不得对保管人的紧急处置措施提出异议。但是，保管人采取的紧急处置措施必须符合下列条件。

a．必须是情况紧急，即保管人无法通知存货人、仓单持有人的情况；或者保管人虽然可以通知，但可能会延误时机的情况。

b．处置措施必须是有必要的，即货物已经发生变质或其他损坏的，并危及其他货物的安全和正常保管。

c．所采取的措施应以必要的范围为限，即以能够保证其他货物的安全和正常保管为限。

9.5 加工、配送法律法规

9.5.1 加工承揽合同

在日常生活中，承揽合同是除买卖合同外最常见、最普遍的合同，涉及社会生活的各个方面，承揽合同的种类很多，其中主要有：加工、定做修理、复制、测试、检验等（《合同法》第251条对此作了明确的规定）。另外，还可以根据工作成果是有形的还是无形的，对承揽合同作了一个更细的划分：有形的工作成果主要包括制衣、织衣、修鞋、洗衣、擦鞋、漂染、刺绣、食品加工、碾米、榨油、采伐、收割、粉刷、油漆、清扫、照相、画图、印刷、搬家、洗车、打字、装订、复印、化妆等；无形的则主要包括设计、向导、演剧、鉴定、审查等。

承揽合同制度是合同法的重要内容之一。原经济合同法中就对加工承揽合同做出了具体明确的规定，国务院也专门制定发布了《加工承揽合同条例》，对于规范加工承揽合同秩序，发挥了极其重要的作用。合同法充分吸收了原有这些加工承揽合同制度的内容，同时又结合实践中承揽合同的发展变化，进行了修改、发展和完善。

1．加工承揽合同的概念

根据《合同法》的规定，加工承揽合同是指承揽人按照定做人的要求工作，交付工作成果，定做人给付报酬的合同。其中，按照他方的要求完成一定工作的人是加工承揽人；接受加工承揽人完成的工作成果并按照预约约定给付报酬的人是定做人。

2．加工承揽合同特征

加工承揽合同具有以下特征。

（1）加工承揽合同是以完成一定工作为目的

（2）加工承揽合同的标的具有特定性

（3）加工承揽合同的承揽人在完成工作过程中承担风险

（4）加工承揽合同是双务合同

（5）加工承揽合同是有偿合同

3．加工承揽合同主要内容

加工承揽合同的主要内容如下。

（1）承揽的标的

（2）承揽标的的数量和质量

（3）报酬

（4）承揽方式

（5）材料的提供

（6）履行期限

（7）验收标准和方法

（8）其他条款

4．加工承揽合同当事人的权利和义务

（1）承揽人的义务

① 按照合同的约定完成工作的义务。承揽人按照合同的约定完成工作，是承揽人最基本的义务。一般情况下，承揽人应当以自己的设备、技术和劳动力，亲自完成主要工作。

② 检验和保管原材料的义务。原材料可以由定做人提供，也可以由承揽人提供。定做人提供材料时，定做人应当按照约定提供材料。承揽人对定做人提供的材料，应当及时检验，发现不符合约定时，应当及时通知定做人更换。承揽人提供材料的，应当按照约定选用材料，并接受定做人检验。

③ 接受定做人必要的监督检验的义务。承揽人在工作期间，应当接受定做人必要的监督检验。但是，定做人不得因此而妨碍承揽人的正常工作。

④ 及时通知定做人的义务。在完成承揽工作中，承揽人发现定做人提供的图纸或技术要求不合理的，应当及时通知定做人。

⑤ 向定做人交付工作成果的义务。承揽人完成工作时，应当向定做人交付成果，并提交必要的技术资料和有关质量证明。

⑥ 保守秘密的义务。承揽人应当按照定做人的要求保守秘密，未经定做人许可，不得留存复制品或技术资料。

（2）定做人的义务

① 及时接受完成的工作成果义务。承揽人的基本义务是及时接受定做人交付的工作成果。如果承揽人交付的工作成果不符合质量要求的，定做人可以要求承揽人承担修理、重作、减少报酬、赔偿损失等违约责任。

② 按照合同的约定支付报酬的义务。定做人应当按照合同约定的期限支付报酬。对支付报酬的期限没有约定或约定不明确，依照《合同法》的规定，如果定做人没有向承揽人支付报酬或材料费等价款，承揽人对完成的工作成果享有留置权。

③ 按照合同的约定提供原材料、图纸或技术资料的义务。如果合同约定由定做人提供原材料的，定做人应当按照约定提供。对于提供的不符合约定的材料，定做人应当及时更换、补齐或采取其他补救措施。

④ 协助承揽人完成加工任务的义务。承揽工作需要定做人协助的，定做人有协助的义务。因为定做人不履行协助义务致使承揽工作不能完成的，承揽人可以催告定做人在合理期限内履行义务，并可以顺延履行期限；定做人逾期不履行的，承揽人可以解除合同。

5. 加工承揽合同当事人的违约责任

（1）承揽人的违约责任

① 修理、重作、减少报酬。承揽人交付的工作成果不符合质量要求的，定做人可以要求承揽人承担修理、重作、减少报酬。

② 损害赔偿责任。承揽人在以下情形中应当赔偿损失：承揽人交付的工作成果不符合质量要求的；承揽人对于定做人提供的材料及完成的工作成果，因保管不善造成毁损、灭失的。

（2）定做人的违约责任

① 更换、补齐或采取其他补救措施。定做人提供的材料不符合约束时，应当及时更换、补齐或采取其他补救措施。

② 赔偿损失。定做人应当赔偿损失的情形有：定做人提供的图纸或技术要求不合理，并且因定做人怠于答复等原因造成承揽人损失的；定做人中途变更承揽工作的要求，造成承揽人损失的；定做人因解除承揽合同，造成承揽人损失的。

9.5.2 物流配送法律制度

物流企业与用户签订配送合同，为用户提供短距离的货物配送服务，包括拣选、配货、包装、加工、配货、送货、订货、购货等全部或部分配送环节，还可以根据用户要求提供长距离干线运输或专门仓储服务。

物流企业作为配送人，与用户形成配送服务合同法律关系，双方的权利义务按配送服务合同的约定，适用《合同法》总则要求，并参照法律最相类似的规定确定。

1. 配送合同的概念

配送合同是配送人根据用户需要为用户配送商品，用户支付配送费的合同。用户是配送或送的需求者，配送人是配送或送的提供者。配送合同是具有仓储、运输、买卖、加工承揽和委托合同的某些特征的一种无名合同。在我国现行法律规定中，没有关于配送合同的专门规定，所以配送合同是属于一种无名合同。

2. 配送合同的种类

（1）配送服务合同

配送服务合同，是指配送人接收用户的货物，予以保管，并按照用户的要求对货物进行拣选、加工、包装、分割、组配作业后，最后按照用户指定时间、指定地点交付，并由用户方支付服务费的合同。

（2）销售配送合同

销售配送合同，是指配送人将物品所有权转移给用户的同时为用户提供配送服务，由用户支付配送费（包括标的物价款和配送服务费）的合同。有以下几种情况。

① 销售企业与买受人签订的销售配送合同。在销售配送与销售—供应一体化配送中，销售企业与买受人签订的合同就是销售配送合同，销售企业出于促销目的，在向用户出售商品的同时又向买受人承诺提供配送服务。销售企业为用户提供配送服务的承诺构成了销售合同的一个部分，不存在独立的配送合同。用户作为商品的购买者，双方的权利和义务主要依据销售合同约定，这是在销售配送经营形式中普遍采用的方式。

② 物流企业与用户签订的销售配送合同。在物流企业与用户签订的销售配送合同中，除约定物流企业的配货、送货等流通服务义务之外，还约定物流企业应负责订货、购货，实质是买卖合同与配送合同紧密结合的有机体，这是一种商流合一的配送服务形式。即物流企业，由根据用户所需的商品型号、种类、规格、颜色、数量、各部件的要求等信息，负责为用户订货、购货（包括原材料、零部件等）、配货、送货等活动。

3. 配送合同的主要内容

（1）配送人与用户姓名或名称和住所

（2）服务目标
（3）服务区域
（4）配送服务项目
（5）服务资格管理
（6）交货
（7）检验
（8）配送费及支付
（9）合同期限
（10）合同变更与终止
（11）违约责任
（12）争议解决

实践与实训

以小组为单位，讨论仓储合同双方权利和义务，并参照仓储合同示范文本，拟定一份具体的仓储合同。

仓储合同示范文本

存货方（甲方）名称：__________________

地址：________　邮编：__________　电话：___________

法定代表人：_____________　职务：_____________

保管方（乙方）名称：__________________

地址：__________　邮编：___________　电话：___________

法定代表人：___________　职务：_______________

根据《中华人民共和国合同法》的有关规定，存货方和保管方根据委托储存计划和仓储容量，经双方协商一致，签订合同。

第一条　储存货物的品名、品种规格、数量、质量

1．货物品名

2．品种规格

3．数量

4．质量

第二条　货物包装

1．存货方负责货物的包装，包装标准，按国家或专业标准规定执行（没有以上标准的，在保证运输和储存安全的前提下，可由合同当事人议定）。

2．包装不符合国家或合同规定，造成货物损坏、变质的，由存货方负责。

第三条　保管方法

根据有关规定进行保管，或者根据双方协商的方法进行保管。

第四条　保管期限

自____年____月____日至____年____月____日止。

第五条　验收项目和验收方法

1．存货方应当向保管方提供必要的货物验收资料，如未提供必要的货物验收资料或提供的资料不齐全、不及时，所造成的验收差错及贻误索赔期，或者发生货物品种、数量、质量不符合合同规定时，保管方不承担赔偿责任。

2．保管方应按照合同规定的包装外观、货物品种、数量和质量，对入库货物进行验收，如果发现入库货物与合同规定不符，应及时通知存货方。保管方法未按规定的项目、方法和期限验收，或验收不准确而造成的实际经济损失，由保管方负责。

3．验收期限为_____天（一般来说，国内货物不超过10日，国外到货不超过30日）超过验收期限所造成的损失由保管方负责。货物验收期限，是以货物和验收资料全部送达的签收日期为准。

第六条　入库和出库的手续

按照有关入库、出库的规定办理（如无规定，按双方协议办理）。入库和出库时，双方代表或经办人都应在场，检验后的记录要由双方代表或经办人签字。该记录视为合同的有效组成部分，当事人双方各保存一份。

第七条　损耗标准和损耗处理

按照有关损耗标准和损耗处理的规定处理（如无规定，按双方协议办理）。

第八条　费用负担、结算办法

确定保管方提供仓库____平方米由存货方使用，仓库租金按月包库制，每月每平方米____元，合计月租为____元整。

第九条　违约责任

一、保管方的责任

1．由于保管方的责任。造成退仓或不能入库时，应按合同规定赔偿存货方运费和支付违约金。

2．对危险物品和易腐货物，不按规程操作或妥善保管，造成毁损的，负责赔偿损失。

3．货物在储存期间，由于保管不善而发生货物灭失、短少、变质、污染、损坏的，负责赔偿损失。如属包装不符合合同规定或超过有效储存期而造成货物损坏、变质的，不负赔偿责任。

4．由保管方负责发运的货物，不能按期发货，赔偿存货方逾期交货的损失；错发到货地点，除按合同规定无偿运到规定的到货地点外，并赔偿存货方因此而造成的实际损失。

二、存货方的责任

1. 易燃、易爆、有毒等危险物品和易腐物品，必须在合同中注明，并提供必要的资料，否则造成货物毁损或人事伤亡，由存货方承担赔偿责任直至由司法机关追究刑事责任。

2. 存货方不能按期存货，应偿付保管方的损失。

3. 超议定储存量储存或逾期不提时，除交纳保管费外，还应偿付违约金。

三、违约金和赔偿方法

1. 违反货物入库计划的执行和货物出库的规定时，当事人必须向对方交付违约金。违约金的数额，为违约所涉及的那一部分货物的3个月保管费（或租金）或3倍的劳务费。

2. 因违约使对方遭受经济损失时，如违约金不足以抵偿实际损失，还应以赔偿金的形式补偿其差额部分。

3. 前述违约行为，给对方造成经济损失的，一律赔偿实际损失。

4. 赔偿货物的损失，一律按照进货价或国家批准调整后的价格计算；有残值的，应扣除其残值部分或残件归赔偿方，不负责赔偿实物。

第十条　不可抗力

由于不能预见并且对其发生和后果不能防止或避免的不可抗力事故，致使直接影响合同的履行或不能按约定的条件履行时，遇有不可抗力事故的一方，应立即将事故情况电报通知对方，并应在____日内（如5日内），提供事故详情及合同不能履行，或者部分不能履行，或者需要延期履行理由的有效证明文件。

第十一条　其他约定

保管方：______　　　　　　　　存货方：_______

法定代表人：_______　　　　　法定代表人：_______

____年____月____日　　　　　____年____月____日

复习思考题

一、判断题

1. 电子商务技术手段上的复杂性及需要第三方的技术服务，体现了电子商务法的技术性这一法律特征。(　　)

2. 当事人约定使用电子签名、数据电文的文书，不得仅因为其采用电子签名、数据电文的形式而否定其法律效力。(　　)

3. 航空货物运输中承运人应于货物运达到货地点后12小时内向收货人发出到货通知。(　　)

4. 仓储合同的标的物必须为动产。(　　)

5．承揽人对于定做人提供的材料及完成的工作成果，因保管不善造成毁损、灭失的，承揽人可以不承担赔偿损失。(　　)

二、单项选择题

1．电子商务法的调整对象是（　　）。

A．民事法律关系

B．商事法律关系

C．与物流活动有关的社会关系

D．以数据电文为交易手段而形成的商事关系

2．下列有关电子合同表述不正确的是（　　）。

A．电子合同是一种民事法律行为

B．电子合同的交易主体具有虚拟性

C．电子合同以当事人签名或盖章表示生效

D．电子合同是通过计算机网络进行的

3．货物运输中承运方可以免责的情形不包括（　　）。

A．不可抗力　　B．货物本身的合理损耗

C．收货人的过错　　D．承运人自己的过失

4．有关多式联运合同说法正确的是（　　）。

A．多式联运必须包括公路运输方式

B．多式联运合同只是一个合同，不是数个运输合同

C．多式联运合同的托运人为两人以上

D．多次联运合同须多次交费

5．加工承揽合同的主要内容不包括（　　）。

A．标的　　B．报酬

C．材料的提供　　D．服务资格管理

三、多项选择题

1．以下属于物流法的特征的是（　　）。

A．技术性　　B．国际性

C．多样性　　D．商法性

2．不得使用电子签名的情形有（　　）。

A．涉及土地房屋转让的　　B．涉及危险品货物买卖的

C．涉及公共事业服务的　　D．涉及婚姻关系的

3．货物运输合同的特征包括（　　）。

A．货物运输合同是无偿合同　　B．货物运输合同是诺成合同

C．货物运输合同是格式合同　　D．货物运输合同是双务合同

4．海上运输中托运人的义务有（　　）。

A．提供有关单证　　B．支付运费

C．收受货物　　D．合理速遣

5．铁路货物运输合同分为（　　）。

A．件杂货运输合同　　B．整车货物运输合同

C．大宗货物运输合同　　D．零担货物运输合同

四、案例分析题

1．甲贸易公司与乙物流公司签订货物运输合同 1 份，合同约定：由乙物流公司为甲贸易公司托运 10 箱机器配件，收货人为丙公司。物流运单背书条款约定为不保价运输，如货物发生毁损、灭失的，承运人按本次托运货物毁损或灭失部分的运费的 2~5 倍赔偿。

合同订立后，甲贸易公司将价值 120 000 元的货物交付给乙物流公司。但是，在运输过程中，乙物流公司丢失了 2 箱货物，价值 24 000 元。甲贸易公司向乙物流公司提出索赔，在赔偿金额上，双方发生纠纷，经过多次协商未果，甲贸易公司遂向法院提出诉讼。

请问，本案如何处理？

2．甲公司与乙公司签订一份合同，合同约定：甲公司将一批电子线路板委托乙公司进行加工。在乙公司交付部分已加工产品给甲公司时，甲公司对产品抽样检验，发现部分产品存在质量问题，在实测 6 个型号的产品中，有 3 个不合格。

甲公司将检验情况告知乙公司，并具体说明了 3 种型号的电子线路板存在的质量问题，乙公司的质量部门负责人签字予以确认。甲公司认为乙公司所加工的产品质量不合格，并由此给自己造成损失，该项损失应当由乙公司赔偿。双方就赔偿问题产生纠纷，甲公司遂诉至法院，请求乙公司赔偿损失 30 万元并承担本案诉讼费用。

请问，甲公司的请求是否合理，为什么？

参考文献

[1] 刘磊．物流学概论[M]．北京：中国人民大学出版社，2012．
[2] 郑绮萍，张涛．电子商务模拟实训指导[M]．广州：广东高等教育出版社，2008．
[3] 文官．电子商务实用教程[M]．北京：高等教育出版社，2010．
[4] 马士华，林勇．供应链管理（第 2 版）[M]．北京：机械工业出版社，2005．
[5] 宋华．现代物流与供应链管理[M]．北京：经济管理出版社，2000．
[6] 司林胜．电子商务案例分析[M]．重庆：重庆大学出版社，2007．
[7] 曹淑艳，林政．电子商务教程[M]．北京：清华大学出版社，2008．
[8] 王冠宁．电子商务概论[M]．北京：中国电力出版社，2009．
[9] 潘军．电子商务物流管理[M]．南京：东南大学出版社，2007．
[10] 董千里．功能型物流图解操作版[M]．大连：东北财经大学出版社，2009．
[11] 何飞．电子商务物流[M]．大连：大连理工大学出版社，2010．
[12] 魏莺．电子商务物流管理[M]．北京：清华大学出版社，2006．
[13] 俞立平．电子商务物流管理[M]．北京：化学工业出版社，2007．
[14] 王绍军．电子商务与物流[M]．上海：上海交通大学出版社，2006．
[15]《物流技术与应用》编辑部．中外物流运作案例集[M]．北京：中国物资出版社，2006．
[16] 陈修齐．电子商务物流管理[M]．北京：电子工业出版社，2006．
[17] 王金萍．物理设施与设备[M]．大连：东北财经大学出版社，2006．
[18] 孙红．物流设备与技术[M]．南京：东南大学出版社，2006．
[19] 梁露，林亚．电子商务案例[M]．北京：清华大学出版社，2009．
[20] 戴夫·纳尔逊等著．刘祥亚等译．供应链管理最佳实践[M]．北京：机械工业出版社，2003．
[21] 吴志攀．经济法学家（2009）[M]．北京：北京大学出版社，2010．
[22] 朱晓妹，林井萍．电子商务时代供应链管理的思考[J]．华东交通大学学报，2002（12）．
[23] 马丽君，何有世．基于电子商务环境下的供应链管理[J]．商业研究，2004（23）．
[24] 孟琪．物流法概论[M]．第 2 版．上海：上海财经大学出版社，2010．
[25] 姚会平．物流法理论与实务[M]．第 2 版．成都：西南财经大学出版社，2010．

[26] 孟琪．物流法教程[M]．上海：复旦大学出版社，2010.
[27] 杨路明．电子商务物流管理[M]．北京：机械工业出版社，2007.
[28] 包庆华．物流企业法律风险与管理对策[M]．北京：中国纺织出版社，2007.
[29] 徐康平．现代物流法导论[M]．北京：中国物资出版社，2007.
[30] 王芸．物流法律法规与实务[M]．北京：电子工业出版社，2007.
[31] 王峰．物流法律法规知识[M]．北京：北京理工大学出版社，2007.
[32] 黎孝先，石玉川．国际贸易实务[M]．北京：对外贸易大学出版社，2008.
[33] 左海聪．国际商法[M]．北京：法律出版社，2008.
[34] 张长青，张林．物流法教程[M]．北京：法律出版社，2009.
[35] 刘忠．物流法律法规[M]．北京：化学工业出版社，2009.
[36] 电子商务与供应链管理，http．//www．lidongsheng．com．cn．
[37] 刘宗梅，李智宇．电子商务法律环境的构建[J]．法学与实践，2007，(01).
[38] 宋磊．电子商务的安全隐患及其防范[J]．福建行政学院福建经济管理干部学院学报，2008，(02).

反侵权盗版声明